国家社科基金
GUOJIA SHEKE JIJIN HOUQI ZIZHU XIANGMU
后期资助项目

王伯群年谱

The Chronicle of Wang boqun

汤涛 著

上海三联书店

旦伯龙年谱

作画 敬题

王伯群（1885-1944），祖籍江西，贵州兴义人。

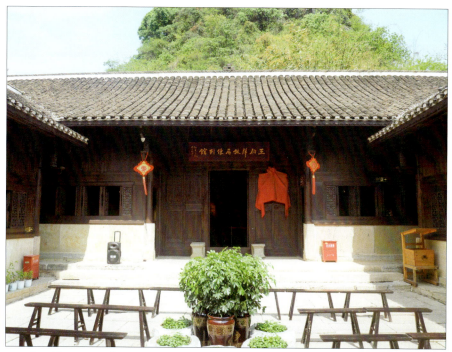

1885年9月6日，王伯群出生于贵州兴义市景家屯（摄于2018年4月19日）。

1906年，王伯群（前排左二）留学日本中央大学时与黔籍同学合影。

1912年，王伯群（左二）自日本返国，担任中华民国联合会干事。

1916年，王伯群（前排中）被任命为贵州省黔中道尹。

1918年，贵阳护国路王伯群公馆竣工。1938年至1944年为大夏大学校务会议中心。

1919年，王伯群（左一）作为南方政府代表在上海参加南北和议。

王伯群胞弟、黔军总司令王文华上将（1888－1921）。

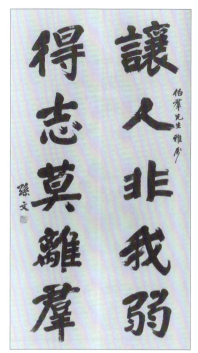

1920年代初，孙中山先生题赠王伯群五言联和"博爱"，以示激励。

1926年2月16日，王伯群（左一）与何纵炎（右一）等赴杭州孤山为王文华扫墓。

1928年7月30日，王伯群（右二）视察武汉交通建设。

1928年8月10日，王伯群主持召开全国交通会议。

1928年10月3日，王伯群（二排右一）出席国民党中央政治会议后合影。

1929年1月25日，王伯群（前排左二）在国军编遣委员会闭幕大会上合影。

1930年，王伯群为大夏大学群贤堂题写匾额。

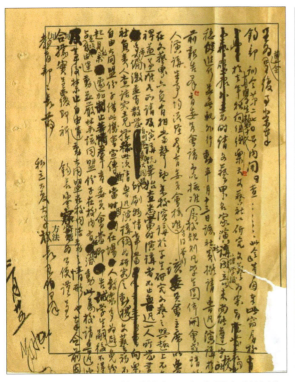

1930年3月25日，王伯群就鲁迅来大夏大学演讲过程函复教育部手稿。

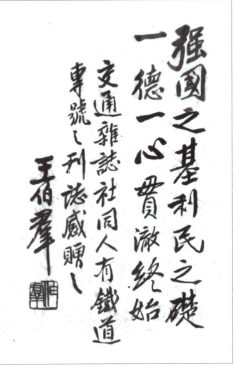

1933年，王伯群为《交通杂志》题词。

1932年，王伯群、保志宁（前排中）与大夏大学教职员合影。

巍巍孝府在彼舊都廿年
作育髦士蜚聲海宇
振翼雲衢維茲偉績允為
楷模前路宏遠載忻載愉

清華大學成立廿年紀念特刊

王伯群敬題

1931年，王伯群为清华大学成立20周年题词。

1933年竣工的王伯群住宅（今上海市长宁区少年宫），1933至1937年为大夏大学校务会议中心。

1937年10月，王伯群（前排中）与复旦大夏联合大学负责人于庐山图书馆前合影。

1942年5月，王伯群（前排左二）与大夏大学护校委员会成员于贵阳公馆前合影。

伯羣大哥
志寧大嫂
存念

妹婿 何應欽
妹 文湘 敬贈

抗战期间，三妹大何应钦赠工伯群照片。

1944年12月20日，王伯群于重庆病逝，葬于江北区猫儿石久安墓地（摄于2017年11月30日）。

自　　序

　　王伯群是民主革命先驱、政治家和爱国教育家,能为这样一位先贤编撰年谱,并执着且执迷,因缘际会,源于二十三年前与王伯群的一次"相遇"。

　　二〇〇〇年,华东师大大礼堂修缮完竣,学校宣传部方部长指定我研究一下这座建筑的来龙去脉。随着对大礼堂档案文献的搜集,在时光的隧道深处,一座艰苦卓绝的建筑往事和一位隐秘而伟大的人物向我走来。大礼堂,原名思群堂,是学校前身大夏大学为纪念创始人王伯群校长而命名。雨果说:"建筑是用石头写成的史书。"在这部建筑史书的背后,隐藏着被人们遗忘了半个多世纪的一所著名私立大学和一群为中国近现代高等教育奉献的学者和教育家。

　　在初步研究不久,我先后被派往日本留学,赴上海市教卫党委研究室、教育部社科司挂职,转岗校长办公室和国际汉语文化学院,同时我业余的主要精力聚焦上海市老市长汪道涵先生的研究,以致几乎遗忘了这座建筑的历史。直到十年前,我受命担任学校档案馆馆长,多年来一直潜藏在历史隧道的神秘人物,像一道光,重新唤醒了我的好奇和兴趣。不过,这个时候,我的视野已越过建筑空间,开始探究被思群堂纪念的王伯群究竟是位什么样的人物? 他为何要在上海创办大夏大学及其系列附中? 大夏之于近现代中国高等教育有何等意义? 以及一种"联想现象",即当人们提到北大时,会联想到蔡元培校长,谈论清华、南开时,即联想到梅贻琦和张伯苓校长。而当提到华东师大及其前身时,联想似乎是一片空白。

　　这是为什么?

　　也许我们可以找出无数理由安慰自己,但其实不外乎是遗忘和割裂。

　　为满足内心的好奇,以及重建这种联想,我花费大量的业余时间,东奔西跑,查档钩沉,广事搜求,终把王伯群一生经历、事功及其友朋圈等基本脉络盘理清楚。

　　王伯群(一八八五——一九四四),祖籍江西,贵州兴义人。一生跨越"革命救国"、"交通救国"和"教育救国"。一九〇五年留学日本,加入同盟会。

历任贵州省黔中道尹、广州军政府交通部长、贵州省省长。北伐时任东路军总参议。南京国民政府时期，历任中央政治会议委员、国民党中央执委、国府委员、交通部部长兼招商局监督。担任交通大学校长、交通部吴淞商船专科学校校长。一九二四年创办大夏大学并任董事长和校长。

二〇一四年我在整理王伯群与大夏大学相关档案时，专门撰写一篇五万余字的《王伯群与大夏大学编年纪事》。书稿出版后，感觉意犹未尽，便再萌生编撰一部反映王伯群一生年谱之构想。《王伯群年谱》自收集资料到编撰完稿，九易其稿，历经十个寒暑。年谱的编写，力求详尽展现王伯群早年护国、护法革命生涯，擘画国家交通建设，以及执掌交通大学、吴淞商船专科学校，创办大夏大学等经历、活动、思想和业绩，体现资料性、学术性和传记性相统一，从而展示王伯群的民主革命思想、民族主义精神和复兴民族教育的人格风范。

在年谱即将出版之际，请允许我对年谱的编撰过程、原则和体会，向亲爱的读者略作介绍。

一、动手动脚，广征博采

傅斯年曾曰"史学就是史料学"。我决定结合王伯群的革命经历、政治活动和教育生涯，从谱主自身资料、他人所撰谱主资料、与谱主有关人物的著述、谱主所处时代的官书方志和后人对谱主的论述评价等五个方面广征博采，搜集采择。

（一）发掘馆藏档案及档案汇编资料

我先后赴中国第二历史档案馆、上海档案馆、贵州省档案馆、兴义市档案馆、重庆市档案馆、上海交通大学档案馆、西南交通大学图书馆、华东师大档案馆等查阅大量的档案资料，同时委托朋友查阅了台北"国史馆"的相关档案，查阅公开出版的档案资料汇编和朵云轩、香港保利等书画艺术品拍卖宣传册，总计搜集到八百余万字的史料，试举数例。

譬如一：我曾赴王伯群出生地贵州兴义市档案馆查阅到《王氏家族谱系简表》。王伯群祖籍江西，先祖王玺于明末随定南侯景双鼎平定黔乱后，定居在兴义景家屯。二世祖王辉亮、三世祖王尚礼、四世祖王锡朋、祖父王永隆，及至王伯群父亲王起元这代，肆力耕读，热心地方自治。一八五七年太平军入黔，王起元"集练乡团，筑固防守，闾里藉以自保。"[①]王伯群兄弟姊妹五人，弟弟王文华为黔军总司令，三妹王文湘适何应钦，母亲刘显屏曾创办

---

① 保志宁：《王伯群生平》，《文史天地》，1996年第2期。

兴义第一所女子学校。家谱是记载一个血缘家族世系繁衍及重要事迹的史类文献,这份家谱简表,对研究王伯群家族的社会演变、文物兴衰、遗传优生等具有相当的意义。

譬如二:赴中国第二历史档案馆,除查阅王伯群执掌交通部的档案外,意外发现一份他对国史馆筹建的意见书。一九三九年王氏被任命为国史馆筹委会委员。次年五月六日,撰写《国史馆筹备大纲草案意见书》,对国史馆筹建提出三大问题和诸多建议:(1)关于官制。提出"清有国史馆、明史馆,及民国初年之清史馆,无不以馆为称,故国史馆似宜以称馆为宜";"史官之标准,昔人已有定评:曰德,曰才,曰学,曰识,必须四者具备,始可作史,可入国史馆";"不设储才馆"。(2)关于筹备会编纂及国史体例。建议"仍用纪传体为宜","清史稿纠谬工作,至为急需"。(3)关于年表条例。建议"年表书事,本无限制,保存史料,亦最优良,今宜尽量利用,愈详愈善"。① 这份意见书,从一个侧面反映王伯群深厚的史识及对国史馆建设的深刻思考。

譬如三:在西南交通大学图书馆查阅到一九四一年五月,国立交通大学唐山工学院茅以升院长邀请王伯群出席学院三十六周年纪念大会邀请函。函曰:

伯群部长钧鉴:

　　月之十五为本院三十六周年纪念,荷承俞允莅院致训,全院奋感。兹派本院职员李继煊趋前迎候,敬祈赐詧是荷。临颖延伫,敬颂崇绥。

茅以升　谨启

这封邀请函表达茅以升对前任校长王伯群的尊敬,同时也观照到王伯群对交大唐山工学院的顾念之情。五月十五日王伯群出席学院三十六周年纪念典礼,茅主持演说。王氏登台首先提出三点值得庆贺:一曰抗战以还,大学被蹂躏,而倒闭者不少,交大唐院卒能内迁,日益发展,内容充实,可庆者一;二曰交大教授有继续在校服务三十余年者,以交大为终身事业,可庆者二;三曰交大毕业生对抗战有极大贡献,可庆者三。接着,他提出三点希望:希望能再发扬光大,认定铁路建设为一切建设之母而努力;希望以西北、西南铁道为中心工作;希望注意政治。②

① 《国史馆筹备大纲草案意见书》,中国第二历史档案馆藏,全宗号三四,案卷号127。
② 王伯群:《王伯群日记》,1941年5月15日。

（二）聚焦搜索报刊资料

我根据王伯群的人生轨迹和活动行踪，查阅相关报刊。重点查阅《申报》《中央日报》《交通杂志》《时事新报》《民国日报（上海）》《新闻报》《大夏周刊》等。

根据谱主一九一二年至一九二七年投身革命经历，广泛查阅《大共和日报》《贵州公报》《贵州商报》《振华日报（云南）》《民国日报（广州）》《临时政府公报》《民报》《铎报》《民立报》《广东群报》《革命日报》等；根据谱主一九二七年至一九四四年政治活动，查阅《自求》《军政府公报》《中央党务月刊》《中国国民党本部通讯》《中央半月刊》《航空杂志》《交通丛报》《兴槎周刊》《军事杂志》《扬子江水道整理委员会月刊》《日本研究（上海）》《生活周刊》《飞报》《晶报》《东方杂志》《时代精神》《航空杂志》《建国月刊》《大公报》《世界日报》《国货评论刊》等；根据谱主一九二四年至一九四四年教育生涯，查阅《大夏大学一览》《大夏月刊》《大夏大学季刊》《大夏年鉴》《交大学生》《新大夏》《教育杂志》《中华教育界》等，共计数十种报章杂志。

通过广泛查阅和重点通读，在王伯群的重大历史事件中获得许多新的发现。兹举例说明如下。

组织参与护国战争资料。一九一五年王伯群与梁启超、蔡锷等组织策划护国战争，所见史料皆后人撰写多，时人时报记载少。通过查阅《贵州公报》，发现王伯群一九一六年在该报发表《云南起义经过》和《谈湘西战况》等文章。前者精炼介绍筹划护国战争的起因、策划过程和宣誓起义，最后"议决以先取四川、湖南为计划"；[①]后者则记述黔军护国军以戴戡为总司令出攻四川，以王文华（字电轮）为东路司令官出攻湖南战争过程。"群于本年二月一号以东路刺史职赴镇远，兼与电轮筹画攻湘军事。"[②]这两则史料对认识王伯群作为护国运动的策划者之一提供价值参考。

参与护国战争和南北和议资料。一九一九年王伯群追随孙中山先生参加革命。斯年，中国政局有一段为国人瞩目以期的"南北和议"。双方谈判历时近三个月，会议过程迂回曲折。查阅《申报》和《民国日报》等报刊均有详细报道。一月十四日广州军政府正式公布参加上海和谈代表名单，以王伯群、章士钊、胡汉民等分别代表西南各派势力及孙中山等。和谈会议自二月二十日开幕至五月十三日暂时休会，双方由于利益纠葛太大，开开停停，前后开了八次。和谈会议虽以失败告终，但王伯群"有心与北方政府和好"

---

① 王伯群：《云南起义经过》，《贵州公报》，1916年6月7、8日。
② 王伯群：《谈湘西战况》，《贵州公报》，1916年6月4日。

坚持始终未变,他追求民主共和、国家安定的情怀始终不渝,给时人和历史留下难于忘怀的印象。

两度资助王若飞出国留洋史料。一九一七年时任黔中道尹的王伯群资助王若飞留学日本。黄齐生在《王若飞行述》云:"时前交通部长王伯群任黔中道尹,考送留学日本生八名,甥中选,并其他自费生得二十人。"①两年后,王伯群再次资助王若飞留学欧洲。他致函贵州省长刘显世舅舅说:"现在科学时代,无科学不足以立国,无新学识不足以成才,……谋国之本,树人为先。"②王伯群根据刘省长的允许,取出二千余元,分赠王若飞、蔡天爵等赴法国留学生。一九一九年十月十八日,《申报》以《黔学生留学欧美之踊跃》为题专门报道此事:"黔省僻处西南,交通阻塞,留学外邦者甚少","由该省王伯群、蔡衡武、黄齐生诸君送该省学生蔡天爵、王若飞等五人赴法俭学。"③次日,《申报》刊发王若飞等《贵州留法团员誌谢》信:"同人等此次欧行,得乡先生王伯群……热忱引导","因得以极迫期间,克遂所愿,从兹法兰西境乃始有我黔人之足迹。"④这段藏在夹缝里的致谢广告,透露了王伯群与日后成为中共重要领导人王若飞之间一段弥足珍贵的交往历史。

(三)爬梳年谱、日记、书信和文集

经过对王伯群关联人物的全面梳理,仅有记录的就有近六百人,其中有晚清名流、民国要人、政府同僚、乡党友朋和师长门生等。我按照与王伯群交往的亲疏关系进行排序,然后顺藤摸瓜,按图索骥,有目的地寻找这些人物所有的年谱、文集、日记、书信集和回忆录,逐一阅读,冀从中查找到有关王伯群言行的各种记录。兹略举数例说明。

王伯群自一九〇五年谒见孙中山先生加入同盟会,到一九二五年孙中山先生逝世,在二十年的时间里,王氏追随孙中山先生,历任广州军政府交通部长、总统府参议、贵州省长等职。一九二二年支持孙中山倡导的联俄联共政策。⑤孙中山先生逝世后,王伯群继续在上海进行革命活动。《孙中山年谱长编》多有记载与王伯群交往。如:一九一九年二月,南北和平会议在沪开幕,"南方代表十人:章士钊……王伯群……"。⑥一九二〇年七月二十

---

① 中共中央党史研究室第一研究部《关山渡若飞》编辑部编:《关山渡若飞:王若飞百年诞辰纪念集》,中共党史出版社,1996年10月,第9页。
② 陈华新主编:《百年树人:上海交通大学历任校长传略》上海交通大学出版社,1997年9月,第105页。
③ 《黔学生留学欧美之踊跃》,《申报》,1919年10月18日,第7版。
④ 《贵州留法团员誌谢》,《申报》,1919年10月19日,第2版。
⑤ 黄修荣著:《第一次国共合作》,上海人民出版社,1986年8月,第102页。
⑥ 陈锡祺主编:《孙中山年谱长编》,1991年8月,第1156页。

四日,"与唐绍仪、伍廷芳、唐继尧的代表王伯群在沪唐绍仪宅举行会议,谈论时局,决定再次发表宣言、军府移设重庆。"①十一月二十九日,军政府在广州重开政务会议,决定"唐继尧任交通部长(未到任前,王伯群署理)。"②一九二一年九月二十日,"委任王伯群为贵州省长,王未到任前,著贵州总司令卢焘兼署",等等。除此之外,王伯群和孙中山多有书信和电报往来。孙经常赠王氏手迹以示激励和劝勉,其中一幅著名的"让人非我弱,得志莫离群"的五言联,我在二〇一三年的朵云轩春拍拍卖现场,亲见该联被卖家以一千余万元价格拍走。③

与章太炎联合办报。一九一一年十月,辛亥革命爆发的消息传到日本,王伯群应章太炎之邀返抵上海,致力于中华民国联合会和民主共和事业建设。是年六月,王伯群出任《大共和日报》经理,为章太炎四处筹募办报经费。《章太炎全集》刊载章致王氏四通信函,通过几则信函可一窥他们办报的艰辛和财务困难。兹选其中一封信,概能略窥一二。

伯群兄鉴:

　　前后两电已悉,并请捪唐、岱杉汇四千金矣。苏浙军府之款,本捐助而非借贷。今之相逼,若以捐助为词耶,不能提款也;若以股本为词耶,股本业已折尽,事后乃由统一党填补二万。彼二府股本已空,无可提取之理。语本不对付,不知何以弱至此。惟向他人所借之款理应偿还,四千金必无不足也。书此,敬问起居。

麟白
七月四日(一九一二年)④

在章太炎主持统一党时期,党势隆盛,党员多达万人,且各省均设有分部。《大共和日报》的中前期,繁荣兴旺。但随着统一党内部的不断分裂与重新组合,蜕化成进步党,在章太炎和王伯群退出后,该报因接受袁世凯的资助,逆历史潮流和拂逆民意,声誉一落千丈。

与蒋介石的一次误会。一九二七年三月,北伐总司令蒋介石甫抵上海,

---

① 陈锡祺主编:《孙中山年谱长编》,1991年8月,第1264页。
② 陈锡祺主编:《孙中山年谱长编》,1991年8月,第1264页。
③ 《朵云轩春拍史上最贵对联诞生》,《收藏》,2013年第17期,第167页。
④ 参考上海人民出版社编:《章太炎全集12》,上海人民出版社,2018年6月,第610页;陆德富整理:《章太炎轶文辑》,浙江人民美术出版社,2019年2月,第34页;上海朵云轩2013春季艺术拍卖会"双雨山馆珍藏"第0598号。

便召见东路军总参议王伯群,邀约加入苏沪财政委员会,为国民革命军筹措经费。五月,王伯群被南京国民政府任命为交通部部长。由此,王伯群与蒋介石开始了为期十七年的臣僚生涯。在王氏执掌交通部长不到三个月,蒋介石被迫辞职。蒋的下野,是北伐战争中的一个重要插曲。十二月七日何应钦率领的第一路军赴津浦前线攻克徐州。何应钦、白崇禧的节节胜利,给蒋造成很大的心理压力,尤其是一直不见何应钦公开支持和吁请自己复职。十二月十七日蒋介石特邀王伯群相谈时局,并明示他请何应钦发电声援自己。王氏大概没有明确答复,令蒋大为不悦。蒋在日记中痛批道:

> 彼之模陵(棱)畏怯,令人怀疑,其或不愿与出山,较之白为甚乎!其愚诚不可及也。①

其实,王伯群谈话回来后,旋即把谈话情况转告何应钦。不久,何与鹿钟麟、刘峙、顾祝同等联名电请蒋介石复职。

王伯群与谭延闿的密切交往,主要集中于南京国民政府肇建后的四年。查阅《谭延闿文集》《谭延闿年谱长编》,发现谭对王伯群多有记载。一九一九年一月,谭致熊希龄电,告知"……王伯群、饶鸣銮、李述膺诸君,日内赴沪,俟闽、陕问题解决,即行开会等语。"②王氏作为国民政府委员和交通部长,尤其是指定为国民政府委员会议常务出席人之后,在行政院的会议上,他们每会必见。一九二七年十二月十六日,讨论通缉汪精卫等案,王伯群与孙科、白崇禧等皆主通缉,以蔡元培反对未通过。《谭延闿年谱长编》载:"哲生、健生、惕生、伯群皆主发通缉令,蔡子民起而辩驳。"③一九二八年四月二十一日,"归而王伯群来,求为其弟作墓志"。④十月二日在国民政府委员会第九十八次会议上,"王伯群报告邮工罢工。"⑤一九三〇年一月二十八,谭延闿与"宋子文、孙哲生、王伯群建设委员开审查免税案。"⑥

王伯群和何应钦由共同的人生志向到郎舅至亲,他们的关系可用安危同仗和死生不二来描述。《何应钦将军九五纪事长编》多有记载与王伯群相关资讯,如一九一九年,贵州省长刘显世有倦勤之意,由其弟刘显治与王伯

① 《蒋介石日记》(手稿本),美国斯坦福大学胡佛研究所档案馆,第200页。
② 刘建强编著:《谭延闿文集·论稿上》,湘潭大学出版社,2014年11月,第282页。
③ 刘建强编著:《谭延闿年谱长编》,上海交通大学出版社,2021年12月,第1310页。
④ 刘建强编著:《谭延闿年谱长编》,上海交通大学出版社,2021年12月,第1333页。
⑤ 刘建强编著:《谭延闿年谱长编》,上海交通大学出版社,2021年12月,第1380—1382页。
⑥ 刘建强编著:《谭延闿年谱长编》,上海交通大学出版社,2021年12月,第1489页。

群函电往返,商讨刘退休之后接替人选及诸问题。"刘显治提出三项意见:(一)刘督称病退休,径委黔军总司令王文华代理都督并省长。(二)由刘督倡导废都,设一总司令隶省长之下,由刘都委文华为总司令,兼代省长。(三)实施废都,刘督仍暂任省长,于省长下设总司令及民政长,委文华兼任,俟适当时机,刘督退休,由文华接任。如此则民不惊扰,地方安定。"①这些记述,为了解贵州二十世纪初复杂军政关系,以及王伯群被任命为省长等背景提供稀有的史料。

在此之后,我又遍读了姚华、戴戡、梁启超、张謇、唐继尧、蔡锷、李烈钧、汪精卫、于右任、宋子文、孔祥熙、张群、许世英、陈光甫、王正廷、蔡元培、章士钊、吴稚晖、杨永泰、钱永铭、邵力子、马君武、张嘉璈、陈铭枢、周素园、黄郛等人物的传记、年谱、日记、文集和书信等,从中爬梳到不少关于王伯群的资料。

以上所举事例,为本年谱搜集到不少独具价值的资料。至于王伯群长子王德辅英文著作 *Patriots and Warlords：Brothers' Journey Towards Republican China*(《爱国者与军阀:兄弟走向共和之旅》),内容甚为丰富,本年谱酌情采择收录,限于篇幅,不再一一列举赘述。

(四) 实地走访和口述访谈

为研究王伯群,我曾沿着贵州兴义景家屯、笔山书院、贵阳王伯群故居、广州军政府、南京民国政府交通部、行政院旧址、重庆王伯群墓地,以及上海愚园路王伯群住宅、张园华严里故居等进行实地走访。采访了王伯群长子王德辅、侄子王成功;大夏校友冯济泉、陈金华、周子东;大夏校长欧元怀之子欧天锡、大夏教务长鲁继曾之子鲁平、大夏文书主任马公愚之子马大任、大夏附中校长吴照恩之子吴尚志;大夏校友杜星垣之子杜东东、陈伯吹之子陈佳洱、陈汝惠之子陈佐洱、汪道渊之子汪其乐;大夏校董卢作孚孙女卢晓蓉,以及何应钦研究专家熊宗仁、贵州文史专家梁茂林、王尧礼、史继忠、庞思纯等数十人。

先以口述采访王伯群长子王德辅为例。

受我之邀请,二〇一六年五月王德辅先生自美国抵达上海,专门接受口述采访。王德辅生于一九三四年,一九五一年随母保志宁移居美国。历任芝加哥 Victor Comptometer 公司集团总裁、骏宏公司董事会主席。此次采访,获悉很多鲜为人知的史事。兹摘录部分以下:

① 何应钦将军九五纪事长编编辑委员会:《何应钦将军九五纪事长编》,黎明文化事业公司,1985 年 4 月,第 39 页。

"正值抗战后期,日机经常对贵阳投弹轰炸,但父亲仍冒着危险,坚持每天骑马到市郊花溪校园上班。有时我也跟在他后面,他骑大马,我骑小马,颠簸在弯弯曲曲的山路上。

　　"父亲去世的那个早晨,令我终身难忘。当我赶到医院见他最后一面时,发现病房里还有一位大人物——蒋介石总统! 我一共见过蒋总统三次,前两次是在贵阳的家中,来找父亲商谈国家大事,他留给我最大的印象是不苟言笑。至今我仍清楚地记得蒋对父亲说:'伯群,我兄,对我民族有何劝诚?'父亲在弥留之际留下了'公、诚'二字勉励国人。"①

　　王德辅作为父亲王伯群去世时唯一存世的见证者,这份访谈记忆弥足珍贵。

　　采访八十三岁高龄的王德辅先生后,又得到一份意外收获。王先生说他有个不情之请,即希望我来担纲为他的母亲保志宁写回忆录。倘能如此,亦算是对父母、对家族、对母校和对历史的一个总结和交代。我在感谢王德辅先生对我的信任后,表示愿意做这件有意义的事,但同时坦诚地告诉他创作的困难:一是尽管手头收集有部分素材,但缺核心材料;二是相关人物大都物故,无从访谈等等。王先生似乎早有准备,第二次见面的时候,他把父母亲遗留的中英文材料、笔记、录音、日记、书信和照片等珍藏资料摆在我面前,送给我供创作参考之用。在王德辅先生真挚而诚意的目光下,我决定接受这个"不情之请"。

　　王成功是王伯群堂弟王文渊长子,曾任兴义市政协副主席、贵州省政协委员。一九三八年至一九四四年在贵阳读书,住在王伯群家里。他的回忆对了解王伯群提供了一个亲属真实而温暖的视角。他忆述道:

　　"一九三八年六月,我们弟兄三个初到贵阳。第一次见到伯父,我们按照家庭的规矩,给他老人家叩了头,伯父给我们每人一件当时最好的棉毛衫。第一句话就问我知不知道我所进的学校是谁办的。我们如实作了回答。伯父说,知道就好,我们家的孩子进入我办的学校,一定要努力学习,礼貌对待老师和同学,决不允许有任何特殊之处,你们不要使我失望。

　　"弟妹们的名字原来叫王国辅、王国馨、王国安,当时正是抗日战争

_____

① 2016年5月13日,笔者采访王德辅记录。

最艰苦的时候,日寇已占领了我国的半壁河山,国家危在旦夕,伯父把弟妹们名字中的"国"字改为'德'字,并亲口对我说'这时候叫他们(弟妹们)的名字总是王国、王国(亡国)的,很不好听',所以把'国'字改为'德'。伯父在这些生活细节处的解释,既体现了渊博的学识,也表达了深厚的爱国之情。"①

诸上这些个体口述回忆,都不失为一份独特的记忆档案,具有历史、文化和现实的多重价值。

二、专题研究,言必有据

近十年来,我致力于王伯群史料和事迹的发掘、研究和传播,通过研究来推动和完善年谱的编撰。对王伯群研究主要分三个部分:一是编撰出版著作。创作出版《乱世清流——王伯群及其时代》《王伯群教育生涯编年》等五部作品;二是撰写论文,通过论文梳理王伯群各个时期的活动;三是研究王伯群的社会关系。这些研究,坚持辩证唯物主义对历史人物评价的基本原则,把人物至于具体的历史场域,言必有据,力求作出科学的、实事求是的评价。

关于王伯群研究成果,略述如下。

(一)编撰出版著作。

主编《王伯群与大夏大学》。该书主要收录王伯群执掌大夏期间,所形成的书信、文稿、公函、布告、会议纪要等多种原始档案,从办学思想、经费筹募、教师聘任、学生管理、学校总务、附中办理以及服务社会等方面,展示了王伯群的治校思想、办学理念和教育实践。

编纂《王伯群文集》。该书主要收集、整理王伯群在政治、军事、国际、交通、邮电、教育等方面的专论、演讲、信函和序言,以及与孙中山、张学良等人电文,附录《王伯群生平大事年表》,是一部较为系统、全面反映王伯群一生的专题史料选编。文稿来源于各大报刊、第二历史档案馆、王伯群家属珍藏等,部分为首次发掘面世。

编著《人生事,总堪伤——海上名媛保志宁回忆录》。该书通过王伯群第二任妻子保志宁的个体追忆,披露民国时期的高层政治生态、大学治理、社会世态和家族的兴衰变迁史,首次披露王伯群与蒋介石、汪精卫、何应钦等国民政府高层人物的交往秘辛。

创作《乱世清流——王伯群及其时代》。全书从王伯群的不同身份述论

① 王成功:《在伯父身边的日子》(未刊稿),2005年9月。

和解读其多面人生：以大夏大学创立者入手，述论其为创建发展中国高等教育之功绩；以政治活动中心，论述其加入同盟会、策划护国运动、参与南北议和担任国民政府交通部长等不同时代的政治历绩；述论其与姚华、孙科、孔祥熙、宋子文等民国名流和政要的交往史，观照民国社会政治生态。

撰著《王伯群教育生涯编年》。本编年主要围绕王伯群的教育活动和经历，以编年体的形式记述其自一九二四年创办大夏大学至一九四四年病逝期间的教育生涯。广泛利用第一手资料，较为清晰地呈现王伯群作为著名教育家的生平经历、活动、思想和事功。

（二）发表系列论文。

我从还原历史和追求历史真貌，以及问题意识出发，撰写《锦瑟惊弦：王伯群与汪精卫关系新探》《"笃念师长实足为今世楷范"——王伯群资助业师姚华〈弗堂类稿〉出版前后》《王伯群与卢作孚：为了信仰中的现代中国》《"大夏先生"王伯群》《从东京到兴义——王伯群〈云崇山人自记——震章戊申年小史〉述略》《王伯群与杜月笙间的公谊私交》《王伯群在1919年》《王伯群组织大夏大学西迁赤水活动述略》《王伯群：构筑以"贵州为中心"的西南铁路交通网》《王伯群与"永年烟土"案钩沉》《何应钦与大夏大学》《共克时艰：王伯群与蒋百里的一次合作》等五十余篇论文，并分别在《民国档案》《历史教学问题》《文汇报》《贵州文史丛刊》《中华读书报》《世纪》《文史天地》《档案春秋》等专业刊物发表。

（三）考察王伯群的社会交往。

本年谱从中国社会、文化和历史的实际状况出发，对王伯群的人际交往进行追索与考察，尽可能展现王伯群社会关系的广泛性。主要包括四个方面：(1)王伯群与政府高层要人的职业交往，如孙中山、胡汉民、蒋介石、谭延闿、孙科、汪精卫、于右任、何应钦、孔祥熙、宋子文、蔡元培、李烈钧、章士钊、张静江、许世英、陈立夫、陈果夫、黄郛、杨永泰、张群、吴铁城、熊式辉、黄绍竑、白崇禧、吴鼎昌、刘湘、刘文辉、唐继尧等；(2)与实业家和金融家的合作，如荣宗敬、卢作孚、虞洽卿、钱永铭、陈光甫、张嘉璈、李铭、宋子文、孔祥熙、吴蕴斋、土志莘、徐新六、胡孟嘉、徐寄顾、华之鸿、华问渠、刘熙乙、刘玩泉等；(3)与贵州桑梓师长戚友往来，如刘显世、姚华、戴戡、王文华、卢焘、周素园、邓汉祥、王文彦、李仲公、何纵炎、邓汉祥、刘健群、王漱芳、王家烈、窦觉苍、宋述樵、何辑五、王聘贤等；(4)与交通部同僚及大夏大学师生共事相处，如俞飞鹏、许修直、韦以黻、赵铁桥、刘书蕃、马君武、欧元怀、王毓祥、鲁继曾、吴泽霖、傅式说、孙德谦、陈柱尊、夏元瑮、何纵炎、王裕凯、倪文亚、傅启学、陈旭麓，以及上海闻人杜月笙校董等。试举三例予以说明。

譬如一:南京国民政府奠定后,王伯群和蔡元培作为革命先驱,均被授予国民政府要职。他们由于多年的同僚关系,建立了深厚的公谊和私交。一九三三年一月,蔡元培致函王伯群,推荐北京大学教授熊十力到大夏大学任教。函云:

　　伯群先生校长大鉴:

　　　黄冈熊十力先生精研宋明理学,对于道德政治甚多卓见,又由是而研究印度哲学,进支那内学院治"惟识论"数年,不满于旧说,著《新惟识论》,现已付印(中华书局),其他言论略见于其门弟子所辑之《尊闻录》中。良为好学深思之士,曾屡在北京大学讲印度哲学,每星期两点钟,酬报百元。因北平严寒,于熊先生甚不相宜,欲改就上海讲学,如贵校能按照北大条件请熊先生为讲师,于学生之思想及行为上必有好影响,专此介绍。

　　　并祝教祺,敬候示复。

蔡元培敬启

一月二十日①

　　对于蔡推荐哲学家熊十力教授,王氏自然不敢怠慢。在与大夏副校长欧元怀详细征询教务后,确定大夏课程已安排结束,暂时不需延请。同时对于两个钟头一百元报酬,一个月至少需要四百元课时费,这对大夏也是不小的财政压力。王伯群歉意复函道:

　　孑民先生台鉴:

　　　顷奉大函,敬悉一是。黄先生学术造诣凤所钦佩,惟敝校下学期所有学程早已订定,限于经济未能增开,尚希鉴原为幸。

　　　专此奉复,顺颂台祺。

王伯群

廿二年一月廿四日②

　　譬如二:王伯群与重庆实业家卢作孚都诞生于晚清。他们一生都致力于

---

① 《蔡元培推荐熊十力来校任教的函》,汤涛主编:《王伯群与大夏大学》,上海人民出版社,2015年8月,第201页。
② 《关于答覆蔡元培无法接纳熊十力来校任教的函》,汤涛主编:《王伯群与大夏大学》,上海人民出版社,2015年8月,第201页。

现代中国的建设。一九三三年二月,大夏大学由于中山路新校区扩建,学校一度出现财政危机。王伯群趁卢作孚到上海考察之际,特邀卢来大夏参观。王见卢后,对他做出高度评价:"其人短小精干,一望而知为事业家。川人多能言而不能行,卢因作事主张脚踏实地,做一分算一分者,头脑亦新颖明晰,可爱之才也。"①在他们见面后不久,卢便向二十军军长杨森劝募到两千元。

在接到代募捐款后,王伯群发函致谢卢作孚。函谓:

作孚先生大鉴:

　　承蒙代向杨子惠军长募得渝币二千元合沪币一千六百三十元,高义热忱,莫名钦佩。敝校规模初具,建设万端,此后尚望台端积极赞助,随时指教,至为厚幸。附上致杨军长函,即请转交为祷。

　　专此鸣谢,顺致大安!

弟　王伯群
廿三年七月廿三日②

譬如三:王伯群少年时代受笔山书院山长姚华影响颇深,他们之间保持着终身的师生友谊。一九二八年七月,王伯群在北平视察交通铁路时,数次赴宣武区莲花盦谒见姚华,决定资助老师出版文集。次年七月二日,在收到王伯群的催促之后,姚华复信转告自己"病久不痊,生之计日绌也"。在谈到诗文论著刊行时,姚表示先考虑论著,其次为诗词曲赋,函云:

　　诗稿蝥经手时编已粗竟,惟欠整理一过,写官旋请假,今又续写,俟写成校过即寄。词稿待续编,词较易,惟校较难,因声音最严,有时应当何从,多费考索也。大要暑中可就绪,校之精否则又视发生之问题重要与否而定。其难易若有不能即解决时,则暂撤篇阕。务期来书所望短期竣事,了此一事。③

十月十三日,姚华致函王伯群,正式提出义集书名为《弗堂类稿》。函谓:"拙稿付印,总名即题《弗堂类稿》(弗不加草头,此处校时希留意)可也。"经过近两年的信函往复,至一九三〇年三月,《弗堂类稿》文集终于编纂完成。王

①　王伯群:《王伯群日记》,1933年2月16日。
②　《关于致谢卢作孚代募捐款的函》,汤涛主编:《王伯群与大夏大学》,上海人民出版社,2015年8月,第184页。
③　姚华著、杜鹏飞点校:《如晤如语:茫父家书》,上海书画出版社,2018年3月,第159页。

伯群亲自为之作序。令人唏嘘的是,文集正在中华书局出版期间,姚华于是年六月四日因病去世,终年五十四岁。王伯群浩叹曰:"印既竣,去吾师之殁已六月,吾师不及见矣。"①

三、多方参证,正本清源

本年谱的撰写,坚持多方参证、严密考订之原则。对于史料充分的史事,按其不同信源,各摘一条史料以互相印证。同时,对于各种叙述矛盾或有歧异或与王伯群生平、思想不符的各种史料则考辨分析,择其可信者而用之,力使王伯群生平事迹建立在准确可靠的史料基础上。

(一)信息多源,多方参证。

本年谱在编撰过程中,有关王伯群生平的重要活动,尽可能做到每一条结论都有一种以上史料的支撑,全书虽未完全实现,但这确是编者努力之目标。兹举本谱中一例"谱主事略"中与胞弟王文华暗杀事件予以说明。

譬如:一九二一年"三月十六日,王文华在一品香旅馆被人刺杀,终年三十二岁。"关于王文华究为何人暗杀,王伯群是否在现场施救,有几种不同的说法。本年谱举出下列五条不同信息源的史料来说明:

(1)《申报》记者以《西藏路暗杀案续志》为题,对王文华暗杀案情进行详细披露。②

(2)谌志笃在《袁祖铭"定黔"》一文中指定袁祖铭派人刺杀王文华。"王文华之被暗杀……最主要的原因还是由于他和袁祖铭争夺贵州军政权的矛盾尖锐化到了顶点。""先下手为强,这是暗杀事件的根本原因。"③

(3)黔军第十团团长胡寿山撰文指出系张克明刺杀王文华。"王文华在一品香玩,王伯群来电话说"李协和(李烈钧)同卢小嘉(浙江都督的儿子)来会你,在此等着,我想开汽车接你",王文华"刚用手开门,张(克明)的枪声又响了两枪,中在要害。"④

(4)川黔边防督办公署秘书长丁宜中则认为是张俊民刺杀王文华。他忆述道:"至于较早一些时期,在沪暗杀王文华的人叫张俊民。"⑤

① 王伯群:《〈弗堂类稿〉跋》,汤涛编:《王伯群文集》,上海书店出版社,2018 年 1 月,第 131 页。
② 《西藏路暗杀案续志》,《申报》,1921 年 3 月 18 日,第 10 版。
③ 谌志笃:《袁祖铭"定黔"》,贵阳市志编纂委员会编:《贵阳市志军事志》,贵州人民出版社,1989 年 10 月,第 149 页。
④ 胡寿山:《王文华在"民九"事变前后》,《兴义刘王何三大家族》,中国文史出版社,1990 年 8 月,第 24 页。
⑤ 丁宜中:《我所知道的袁祖铭》,政协贵州省委员会文史资料委员会编:《文史资料存稿选编第 2 卷》,贵州人民出版社,2006 年 3 月,第 439 页。

（5）王伯群指责刘显世有谋杀王文华嫌疑。"推刃饮血，虽由凶徒；发踪指示，人言啧啧。""窃恐舅氏以一朝之小忿，陷故乡于万劫。"[1]

通过汇集五个不同的信息源，来论证王伯群胞弟王文华被刺杀的事实、原因及其凶手，供读者综合判断这则至今未破解的历史谜案。

（二）考订正误，正本清源

本年谱不仅对王伯群生平重要事件多方参证，核定史实，而且对历史上因派系斗争或报刊竞争之需，对王伯群进行攻击或夸大报道事件，力求广泛搜集，多方考辨，正本清源，还历史本来之面目。

譬如：一九三一年六月十八日，王伯群续弦保志宁。次日《大公报》以《王保之婚，蒋宋之婚无此旖旎》为题进行报道，直指"王在愚园路建筑新屋""值逾五十万"。[2]接着上海的《生活》周刊刊发《久惹是非之王保婚礼》文章，指出"王赠保嫁妆费十万元"。[3] 恰好是年年底，王伯群辞交通部长职，时人谣传王伯群"娶了一个美女，造了一幢豪宅，丢了一个官职"。

史实真相果真如报刊和坊间所传吗？

首先，我就王伯群上海愚园路住宅造价进行专题研究。通过查阅房产地契以及王伯群日记中关于支付记录等，发现媒体报道远非事实。一九二九年王伯群化名"王致良"在工部局进行宅基地登记，据《上海土地所有权登记声请书》载："王致良今遵章向上海市地政局声请第一次土地所有权登记填具声请书如左：地籍：法华区二图字字圩二号五十三垇，地目：宅，坐落：愚园路——三六号，面积：十亩七分九厘。"

其次，通过遍读《王伯群日记》《申报》等发现，愚园路住宅系委托给上海协隆洋行设计，由辛峰记营造厂承建。一九三三年八月愚园路住宅基本完工，王伯群在是年八月二十四日载，上海益地产公司经理告知"工部局对余愚园路新住宅估价为三十余万两，每月应收房租二千两，房捐则照此为标准缴纳云云。"王伯群"当以造屋合同为证，合同五万八千两，加地皮十余万元，请渠向工部局交涉。"从这条记载透出几个信息：（1）工部局对私宅估价三十万两；（2）购地价十余万；（3）房屋造价五万八千两。按照常识，工部局对住宅三十万的估价，当依据彼时的市场行情合理或稍有偏高进行评估，与《大公报》报道的五十万的造价相去悬殊。

王伯群住宅花费究竟几何？我经过进一步研究发现，一九二九年王伯群与协隆造房原定合同价格五万八千元，但由于工程拖延了近三年，因通货

---

① 王伯群：《正告刘显世书》，汤涛编：《王伯群文集》，上海书店出版社，2018年1月，第7页。
② 《王保之婚，蒋宋之婚无此旖旎》，《大公报》，1931年6月18日，第11版。
③ 《久惹是非之王保婚礼》，《生活（上海）》，1931年第6卷第27期，577—579页。

膨胀、原材料价格上涨等因素,实际造价远远超过预算。一九三四年五月三日,王伯群与协隆结算,"计新屋造价总数十一万余千两。"愚园路建筑加上地价,实际总投资二十一万余两。

除了考订史实正误,年谱对各类引用文献有显著的的错、别、漏字,也做勘误或增订。如一九二一年四月二日,王伯群致电孙中山等痛斥袁祖铭祸害黔政,"教育已伤催(摧)残,实业更绝萌芽。"①一九三九年九月七日,大夏沪校秘书长鲁继曾致王伯群函,"日前校务会议开会记录另邮寄奉到请签收,尚候(复)示"等等。

本年谱在编撰过程中,由于王伯群所生活时代烽火四起,历经战乱,尤其在留学、护国护法、北伐前后,资料短缺,史料散佚,文献相对薄弱,此为本谱的最大缺憾,只能待以后研究中进一步发掘、补充和完善。

年谱编撰是一项不断追索的事业,限于个人水平和能力、时间及精力,本书不够完善,甚至不少谬悮,敬请方家批评指正。

汤　涛

二〇二三年五月于丽娃河畔

---

① 中华民国史事纪要编辑委员会编:《中华民国史事纪要(初稿)中华民国 11 年 1922 年 1 月至 6 月》,中华民国史料研究中心,1982 年 6 月。

目　　录

叙　　例

一、本谱谱主王伯群先生，怀抱匡济之志，经世之才，一生跨越"革命救国"、"交通救国"和"教育救国"三大领域。一九〇五年留学日本并加入同盟会。辛亥爆发，受章太炎之邀返国加入中华民国联合会，参与制定《中华民国约法》，当选为北京政治会议委员。一九一五年策划组织护国运动，被誉为"民主共和"功臣。历任贵州都督府总参赞、黔军总司令部秘书长、黔中道尹等职。一九一八年加入孙中山领导的护法运动，参与南北和议，历任广州军政府交通部长、总统府参议、贵州省长。一九二六年参加北伐战争，任国民革命军东路总指挥部总参议。一九二七年国民政府南京建都后，历任国民党中央执委、中央政治会议委员、国民政府委员（常务）、交通部长兼招商局监督。先后出任江苏省财政委员，国民政府财政监理委员会委员、国民政府预算委员会委员，国军编遣会编制审查会委员，国民政府内外债整理委员会委员，中国航空公司、欧亚航空公司董事长，全国经济委员会委员，国民政府首都建设委员会委员，国民政府赈灾委员会委员，国民政府交通委员会主任，以及国民政府川滇黔视察专员、行政院驻北平政务整理委员会委员、国民经济建设运动委员会总会委员、国史馆筹委会委员等要职。

一九二四年创办私立大夏大学（今华东师范大学前身），担任董事长和校长。一九二八年任交通大学校长，一九二九年任交通部上海吴淞商船专科学校（今上海海事大学前身）校长。本年谱是一部记述王伯群毕生尽瘁民主革命、国家交通、高等教育等六十年间的生平经历、活动、思想和业绩的编年体著作。

二、王伯群生于一八八五年，逝世于一九四四年。在其六十年的生涯中，自韶华以迄花甲，先后历中日甲午战争、辛亥革命、洪宪帝制、军阀混战、南北分裂、五四新文化运动、国民革命军北伐、国民政府定都南京、九一八事变、七七事变、太平洋战争等重大事变。凡此对谱主，莫不产生影响。综其一生活动与成就，当以在护国、护法、交通、教育、实业、财政等方面，献替最多，绩效也为最著。

三、本年谱参酌诸说，多方考证。本年谱编撰时，参考档案馆藏档案、地方志书、年鉴年谱、著作报刊、亲属回忆、作者调访和谱主的履历表等，充分引用谱主笔记、演说辞、专题论著、条陈、文告、公牍、谈话记录、日记、私人信札、新闻报道等原始资料。编写体现资料性、学术性、传记性相统一，采用客观记述方法，编者不作评论。力求逐年记事，尚有少数年份由于材料不足而无从考实其详，暂付阙如。引用各种资料时，随即注明来源。

四、王伯群是本年谱谱主，书中叙述谱主的活动，一般省略主语。年谱内容编排按年、月、日顺序排列。具体日子考订不清的写句，句考订不清的写月，月考订不清的写季。难于考知日期者，置于月末；难于考知月份者，置于年末；同一月、一年内诸事未考知先后者，暂按编者的理解排列。

五、本年谱适当反映某些重大的历史事件，或与谱主有关的大事，按时间顺序排列在其中。

六、本年谱中的国名、地名、人名、纪年表述、数字书写、表格内容、文字（包括中、外文）用法及标点用法等，基本保持原貌。

七、本年谱引录之文献，凡涉及人物者，或称姓名，或称字号，均按原文节录而不加改易。与谱主关系密切的重要历史人物，在编者认为恰当的地方，以页下注的方式，标明其生卒年月、姓名字号、籍贯、主要职务等内容。

八、本年谱所选档案文献，凡需更正原文中的显著错、别、衍字，以〔 〕标明；增补显著漏字，以【】标明；字迹模糊难以辨认、漏缺及无法补正者者，均以□代之；对原文中需要说明的问题，以注释1.2.……标明。

一八八五年（光绪十一年　乙酉）　一岁①

九月六日　阴历七月二十八日，祖籍江西，生于贵州省兴义县（今兴义市）景家屯王家大院。谱名"文"字辈，取名王文选，字伯群，以字行。乳名震章，曾用名王朴、王天游、容公、王夏承等，斋名清雪庐、双雨山馆。

父亲王起元，通文墨，以办团练闻名乡里。一八七九年在景家屯高山庙西侧峰脚起建住宅。

母亲刘显屏②，为兴义刘官礼之女。生有两子三女，两子即王伯群、王文华，三女分别为王文碧、王文潇、王文湘。

是年　先生业师姚华九岁，舅父刘显世十五岁，戴戡五岁，孙中山十九岁，梁启超十三岁，张謇三十三岁，章太炎十六岁，段祺瑞二十岁，唐绍仪二十三岁，唐继尧二岁，蔡锷三岁，李烈钧三岁，汪精卫二岁，谭延闿五岁，于右任六岁，钱永铭一岁，周素园六岁，孔祥熙五岁，虞洽卿十八岁，林森十七岁，熊希龄十六岁，许世英十二岁，荣宗敬十二岁，陈光甫五岁，黄郛三岁，王正廷三岁，康有为二十七岁，蔡元培十七岁，章士钊四岁，吴稚晖二十岁，胡汉民六岁，杨永泰五岁，邵力子三岁，马君武四岁，胡文虎三岁。

---

① 按照中国传统，出生即为一岁，亦所谓"虚岁"。

② 一说为刘显情。

一八八六年（光绪十二年 丙戌） 二岁

四月 李鸿章与法驻华公使戈可当在天津订立中法《越南边界通商章程》十九款。

七月二十四日 清总理衙门大臣奕劻与英前署驻华公使欧格纳签订《中英缅甸条约》五款。

一八八七年（光绪十三年　丁亥）　三岁

二月七日　光绪帝载湉亲政,颁诏天下。

是年　蒋介石一岁,张君劢一岁,叶楚伧一岁,李铭一岁。

一八八八年（光绪十四年　戊子）　四岁

八月五日　胞弟王文华①出生。

十月　康有为上皇帝书，即《上清帝第一书》，极言时危，曰："强邻四逼于外，奸民蓄乱于内，一旦有变，其何以支？"请皇帝及时"变成法，通下情，慎左右"，以挽救国家危亡。

是年　杜月笙一岁，刘湘一岁，田颂尧一岁，顾孟余一岁，吴铁城一岁，吴蕴斋一岁。

---

① 王文华(1887—1921)，字电轮、果严，贵州兴义人。陆军上将。先后就读兴义笔山书院、贵州通省公立中学和贵阳优级师范选科。历任兴义高等小学堂堂长（校长）、贵州陆军第四标第一营管带、贵州都督府副官长、黔军第一团团长、护国军左翼司令、黔军第一师师长、四川军务会办、黔军总司令、广东政府革命军事委员会常委等职。

一八八九年（光绪十五年　己丑）　五岁

九月　入兴义县笔山书院，受教于蒋晋侯、刘以诚两先生，课以学《易书》《学庸》《论孟》诸书。①

是年　外公刘官礼与兴义地方绅士共同修建兴义第四座笔山书院（今兴义师范学院），以重金聘请省内名流任教。同时购置经史子集等图书万卷，设置培文局。

是年　张嘉璈一岁，邓锡侯一岁，张群一岁，陈铭枢一岁，贺耀祖一岁。

---

① 　兴义市史志办公室点校：《民国兴义县志》，开明出版社，2018年1月，第408页。

一八九〇年（光绪十六年　庚寅）　六岁

一月　在父亲的指引下，开始读《孝经》。①

是年　何应钦一岁。

①　Edward D. Wang：Patriotsand Warlords：Brothers' Journey Towards Republican China，Qilin Publishing Evanston，2014，p. 20.

一八九一年（光绪十七年　辛卯）　七岁

七月九日　丁汝昌率北洋舰队访日，谒明治天皇。

是年　继续跟着父亲读《孝经》。

一八九二年（光绪十八年　壬辰）　八岁

冬　孙中山和陆皓东、郑士良、尤列等八人筹组团体,取名兴中会,以"驱除鞑虏,恢复华夏"为宗旨。

是年　在父亲的安排下,读私塾。

一八九三年（光绪十九年 癸巳） 九岁

五月十六日 二妹王文潇出生。

是年,开始读四书,即《大学》《中庸》《论语》《孟子》。

一八九四年（光绪二十年　甲午）　十岁

六月　孙中山上书李鸿章，提出"人能尽其才，地能尽其利，物能尽其用，货能畅其流"的变法自强主张。李鸿章未予理会。

八月一日　中日同时宣战。

十一月二十四日　孙中山在檀香山建立兴中会。会上以"驱除鞑虏，恢复中华，创立合众政府"作为奋斗纲领。

是年　继续读四书。

一八九五年（光绪二十一年　乙未）　十一岁

二月二十一日　孙中山与杨衢云、郑士良等在香港成立兴中会总部，通过修订的《兴中会章程》。

五月二日　康有为、梁启超等联合十八省举人一千三百余人签名上书，请拒和、迁都、变法。史称"公车上书"。

是年　在父亲的监督下，续读四书。

一八九六年（光绪二十二年 丙申） 十二岁

三月二十日 清廷设立邮政,命总税务赫德兼总邮政司。

十月十一日 孙中山在伦敦被驻英使馆诱捕。二十四日恢复自由后,旋用英文写成《伦敦蒙难记》,记述被囚经过。

十二月 盛宣怀于上海创设南洋公学。

是年 读完四书。[①]

① Edward D. Wang：Patriotsand Warlords：Brothers' Journey Towards Republican China,Qilin Publishing Evanston,2014,p. 20.

一八九七年（光绪二十三年　丁酉）　十三岁

一月十一日　三妹王文湘出生。

五月二十七日　清督办铁路大臣盛宣怀与比利时银行团代表在武昌签订草合同（《芦汉铁路借款合同》）。

是年　就读兴义笔山书院，随熊范舆、徐叔彝先生学习。①

---

① 王伯群：《弗堂类稿序》，中华书局，1930 年 12 月。

一八九八年（光绪二十四年　戊戌）　十四岁

九月十一日　光绪皇帝颁诏"明定国是"，宣布变法，历时一百零三日，史称"百日维新"。

是年　继续在笔山书院学习。

一八九九年（光绪二十五年　己亥）　十五岁

九月六日　美国国务卿海约翰训令驻英、俄、德大使分别向三国致送"门户开放"照会。美国提出分享列强在中国的特权，"利益均沾"。

是年　读完五经①，即《诗》《书》《礼》《易》《春秋》。

---

① Edward D. Wang：Patriotsand Warlords：Brothers' Journey Towards Republican China，Qi-lin Publishing Evanston，2014，p. 20.

一九〇〇年（光绪二十六年　庚子）　十六岁

八月十四日　八国联军侵入北京。十六日，紫禁城失陷。

是年　继续在笔山书院求学。

一九〇一年（光绪二十七年　辛丑）　十七岁

八月二十九日　清廷命自明年始,乡会试及岁科试策论,废八股,以中国政治史事及各国政治艺学命题。

九月七日　清政府全权代表奕劻、李鸿章与英、美、俄、德、日、奥、法、意、西、荷、比等十一国公使在北京签订《辛丑条约》。

是年　继续在笔山书院求学。

一九○二年(光绪二十八年 壬寅) 十八岁

三月十七日 刘显世延聘举人姚华担任兴义笔山书院山长。先生跟随姚华学习《孟子》《左传》和数理学等。

八月十五日 清廷颁行学堂章程。

九月 游勇侵犯兴义城,姚华仓返贵阳。父亲王起元和舅舅刘显世商定,决定把先生送至省城贵阳学习。经过传统科目考试后,进入贵阳经世学堂,学习数学、科学、世界史、西方哲学、政治学等课程。王德辅记述道①:

> 父亲学习了数学、科学、世界史、西方哲学、政治学,以及西方书籍。一些西方书籍的译本对王伯群的影响颇大,例如爱德华·贝拉米的《回顾》、艾蒂安·卡贝特的《伊卡莉亚之旅》,以及约翰·弗莱尔的《佐治刍言》。通过家族的关系和靠近云南省会(与法属印度支那接壤的昆明)的地理位置,使得他能够阅读到一些中国革命和改良家的作品,例如邹容、康有为和梁启超。

十月十七日 广西会林党武装分三路进攻贵州并占据兴义县城,集中精锐攻击下五屯永康堡,激战四日不下。团防总局局董刘显世得其父保荐为靖边正营管带,参加抗击外敌。

十月二十三日 刘官礼率团练配合增援之清军击败会林党,夺回兴义城。刘被擢升为云南候补道,留贵州统领靖边各营。

十月二十四日 父亲王起元病逝。

十一月 清廷收回电报局,改为官办,此为国营电信事业之始。

是年 堂弟王文彦出生。

---

① Edward D. Wang: Patriotsand Warlords: Brothers' Journey Towards Republican China, Qilin Publishing Evanston, 2014, p. 21.

一九〇三年(光绪二十九年　癸卯)　十九岁

八月　孙中山在东京青山设立革命军事学校。学生入学誓词是:"驱除鞑虏,恢复中华,创立民国,平均地权。"

是年　刘官礼在兴义县城开设讲习所、学务公所(后改劝学所)和师范传习所,统筹全县教育。

一九○四年(光绪三十年　甲辰)　二十岁

一月十三日　张百熙、荣庆、张之洞复奏重订学堂章程。

是年　广西起义军退回广西,贵州巡抚林绍年统一全省巡防编制,撤销靖边营,成立五路巡防营。刘显世任西路巡防二营管带,独裁兴义一方。

是年　刘官礼将笔山书院改为兴义高等学堂,任命刘显世为学董;又深入乡间,提倡办学,时仅两年,将一部分庙宇改成校舍、创办二十一所初等小学堂和一所女子学堂。①

①　岑明英:《刘官礼与兴义教育》,涂月僧主编:《兴义刘、王、何三大家族》,中国文史出版社,1990年8月,第7页。

一九○五年(光绪三十一年　乙巳)　二十一岁

七月三十日　孙中山召开中国同盟会筹备会议。

七月　以监生资格,作为习专科官费生,被贵州选送至日本留学。

八月二十日　中国同盟会在日本东京正式成立,通过章程,选举孙中山为总理。

八月　贵州籍平刚、安健、漆运钧、朱沛霖等约二十名留学生加入同盟会,成为第一批会员。平刚当选为同盟会贵州支部长。①

九月下旬　先生与胞弟王文华进行一次长谈,王文华认为日本的经验未必适用于中国。王德辅记述道②:

> 在父亲去东京留学之前,他们兄弟两个就各自的理想进行了一次深谈。虽然电轮那个时候只有17岁,但他的言辞显得老练成熟。他说"等我成年的时候,我不会像你或其他人一样去日本留学,我可能会去参加革命。相较出国留学,我要做更有意义的事情,我相信我能够从实践中学到更多,日本的经验可能并不适用于中国。"但在父亲的心里,他认为没有足够的知识储备与开阔的眼界,是很难成就一番事业。但他知道电轮是个有决心、勇气和毅力的人,他鼓励弟弟要按照自己内心去做自己认为值得的事情。

九月底　偕二舅刘显治、戴戡、保衡等贵州留学七人组齐聚兴义,赴日本留学。

十月中旬　赴日途中,与戴戡结为挚友。受戴的影响,对梁启超倡导的

---

① 政协贵州省大方县委员会文史资料研究委员会编:《大方文史资料选辑第5辑》,1989年10月,第10页。

② Edward D. Wang:Patriotsand Warlords:Brothers' Journey Towards Republican China,Qi-lin Publishing Evanston,2014,p.39.

君主立宪制感兴趣。王德辅记述道[1]：

> 1905 年，父亲从兴义出发，赴日本东京留学，途经南宁、香港、广州、横滨等地。这是一条大开眼界、广交良友的行程。期间，父亲与贵州神童戴戡（后为护国将军）结为挚友。戴戡家境贫寒，聪明早慧。早于 1904 年求学日本，此次是回国探亲后再次返日。在日期间，戴戡积极参加东京学生革命运动，与康有为、梁启超等革命先驱过从甚密，曾为《时务报》等进步报刊工作。途中，两人常彻夜长谈。从戴戡那里，父亲了解到大量革命思想和康、梁革命的曲折细节。他的内心产生极大的触动，决心到日本后潜心研究世界各国政治与经济，寻求一条最适于中华民族发展之路。

十月下旬　在香港停留期间，先生与戴戡住在刘显世提前安排的亲戚家，首次了解到香港三个不同群体。王德辅述述道[2]：

> 当时香港根据种族和阶级，划分三个不同的群体：中国精英。主要是一些成功的商人，这里说的精英和在中国大陆精英学者不一样；中国工人。他们是这里的主体，他们有的是装卸工人，有的是人力车夫和家庭佣工；英国社区。最开始他们主要是由一些军队和那些靠鸦片贸易赚钱的商人后代组成。其他的就是由欧美人、从印度来的锡克教警察、东南亚贸易商和海员组成的另外一个群体。

在过香港时，先生剪去象征落后的辫子。王德辅忆述道[3]：

> 在香港时，父亲与戴戡同住一室。有一次他们在香港街头散步，父亲注意到周围的很多男士都剪了短发，包括戴戡，只有他自己头上还顶着清朝的大辫子，与环境格格不入。戴戡告诉父亲，当年他刚到日本就把头发剪了，作为革命人士，留有大辫子这种满族封建遗物是可耻的。闻听后，父亲立即找了家理发店，剪掉了象征落后的大辫子。

----

① 2016 年 5 月 13 日，笔者采访王伯群长子王德辅记录。
② Edward D. Wang：Patriotsand Warlords：Brothers' Journey Towards Republican China，Qilin Publishing Evanston，2014，p. 26.
③ 2016 年 5 月 13 日，笔者采访王伯群长子王德辅记录。

在香港,先生和戴戡等留学生一起游览了香港街景。在给王文华的信函中,表示要努力学习,致力于国家的建设。王德辅记述道[①]:

> 他们在香港经常遇到一些来自贵州的同学,他们大多数剪去了长长的辫子,他们相互指着对方大笑起来,然后谈论他们自从离家后改变了多少。……父亲给母亲和弟弟王电轮写信时,提到了他在旅途中的所见所闻,但最重要的是他决心要努力学习,致力于国家建设,使祖国能够与世界其他国家一样平起平坐。

十一月八日　与戴戡等贵州学生和来自国内其他地区的五十名学生,从香港登上前往横滨的"秋丸"(Aki Maru)蒸汽轮船。

十一月中旬　"秋丸"经过长崎后,抵达横滨。在从横滨坐火车去东京的路上,先生对火车充满好奇,产生立志发展交通事业的念想。

十一月底　就读东京宏文学院。住进两人一间的木屋里,首次接触孙中山和黄兴的著作。

十二月初　参加宏文学院欢迎新生联欢会,首次尝吃日本海鲜和观看日本艺伎表演。

十二月四日　中国留日学生举行总罢课,抗议日本文部省颁布《清国留学生取缔规则》。

十二月下旬　与戴戡拜会孙中山。孙鼓励先生要建设好自己的国家。先生加入同盟会。王德辅记述道[②]:

> 父亲和戴戡拜会孙中山。尽管孙只有五尺六寸,身材微瘦,没有激昂的革命演说才能,但父亲还是被他开放的思想、真诚而富有说服力的言论所打动。后来经过与孙中山多年的接触和了解,父亲对孙先生的欣赏,不仅是他的眼界、亲切、礼貌,还有愿意与人分享他的经验和理念。
>
> 父亲一直记得他与孙先生对话。孙对他说:"伯群啊,你现在还很年轻,你就是中国的未来,你要把中国和中国人民带到一个更好的地方——她应有的伟大。"父亲答曰:"我向您保证,我一定遵从您提出的

①　Edward D. Wang: Patriotsand Warlords: Brothers' Journey Towards Republican China, Qilin Publishing Evanston,2014,p. 26.

②　Edward D. Wang: Patriotsand Warlords: Brothers' Journey Towards Republican China, Qilin Publishing Evanston,2014,p. 35.

'驱除鞑虏,恢复中华,创立民国,平均地权'的政纲,努力奋斗。"

十二月底　在加入同盟会后,先生满怀热情地给王文华写了一封信,信中写道:"对我来说,这是一个艰难的决定。尽管我很赏识梁启超的才华,但是我不得不承认,现阶段的中国必须摆脱满清的统治,建立一个新政府。恰好这个时候有这样一个组织,这个组织的领袖,是一位具有海外背景的中国传统精英,他的思想推进中国现代化。"

一九〇六年(光绪三十二年　丙午)　二十二岁

秋冬间　孙中山与黄兴、章太炎等在东京编制《革命方略》,以应国内革命运动之需。

是年　继续在宏文学院学习日语。

一九○七年（光绪三十三年　丁未）　二十三岁

二月二十八日　轮船招商局股东议照商律,改归商办。

九月　转入中央大学政治经济学科学习。

十二月　王文华在加入张百麟创设的革命派组织自治学社后,致函先生道:"我和同伴都剪掉了长辫子,为加入这个新成立的组织,我们用血指签名。对于我这样一个十八岁的青年来说,是一个至关重要的决定。"

一九〇八年(光绪三十四年　戊申)　二十四岁

一月一日　本日为日本新年。上午,与同乡郭润生、刘儆民、董北平等聚餐庆贺。先生欲为日本人贺,又觉得"余等身处异城,见闻所感,欲访祝之,颇以中西风俗大异,未免为人所讥。"

下午,接待邻家日本人来贺年,且答之其礼。招待日本士官学校钟振声来访。

一月二日　作致刘显治函后,发卡祝贺田端东京脑病院长新年好。

一月五日　写致王文华函,此为第三十九号家信,与刘显治函一同邮寄。发一邮片致符经甫,告知贵州矿务实行自办方法,拟捐集十股。

一月六日　阅看《黔报》,订阅此报每日制钱十二文,半年上千文。与郭润生谈当追求个人经济学及团体经济学,振兴兴义经济学构想。

一月十日　与朱学曾畅谈如何学习。朱认为研究学问如民法等,只须解其学理,不必记些条文,尤其每看一处,需先得一联想,凭空想过一番,如此则可牢记而有心得;又谓簿记学用贷借字样,似属要当,欲营业主出现金买物品则须从价值上看账,收现金物品等,均看作人格,始有理也。

一月十二日　赴贵州同乡会商订招股简章等,在会场晤齐桂臣。

下午,在熊述之陪同下往医院诊病。

一月十三日　上午,看《史记》及民法。

下午入校,只见《物权》讲师西川先生已上课多时。入听之,正讲物权之占有篇。

一月十六日　在寓作禀母亲函,大意为"因普通为我不暇学,起而改进专门",又告刘显治舅舅归国时之情节。

一月十八日　在校内接王文华函。此函系中历十月十一日由贵阳发出,揽阅后,知王文华言自己主义难定,并劝哥哥专心一致于学,勿稍堕志云云。先生读后颇为欣慰。

一月十九日　上午,赴贵州同乡会参加总会职员选举后,与郭润生等往小石川区武岛町租房,获一户租价一月八元,勉能住三四人。致符经甫一函,函谓:"往朱君文伯两三处一视其寓,并欲向伊为恒德借款二十金,不知能否也。因乡会理事部长鉴欲法,如不能托人事件,故不能终始赴会而选举职员,乡会又属权利关系,特此上达,务乞指告,当盼并颂大安。"

下午,到山田殿病院看望朱雨山,见其病体已大好,甚慕焉。

晚,再写一信致朱雨三,向其借金十数元,并请平刚转送一封家信。

一月二十日 乘电车往学校,过令川小路,在合盛元领取学费,除短费外,得一邮片,其里表式如下:

麦叮区永田町 大清公使馆监督处 啟

年 岁 省 府 县

人系贵州有官费于光绪 年 月 日,经贵州 咨 送到东入
宏文学校 普通 毕业。现在中央大学校经济学科 班 级。据计光
绪三十六年七月毕业。

地否住所

上式原刻者墨笔所写,先生以铅笔补写。

一月二十五日 偕刘傲民等游小石川植物园,略谈及归国事。刘劝先生戊申年延长一次。

一月二十六日 参加贵州同乡会会议,本日到场者十七八人,未到者代填共五十余张。先生抱怨道:"此种行为盖欲敷衍外省人,而自欺内省人也,而内省之被欺,亦属其自取。何则夫同乡会同乡人应有之权利。今从数之人,不享权利及放弃责任。一听一二人活动,唯私地议论,又不见组织一党取起而反对噫,何其愚也。"

一月二十九日 分别致函母亲及刘显治舅。

一月三十日 与郭润生至关口水道町一方寻租房,未有中意者。夜得一小屋,询价八元一月。

一月三十一日 上午,与郭润生看昨夜所寻月租八元小屋,郭不甚满意。有同伴认为可再谈,又往详询,仍未谈成,于是三人再往关口水道寻找,方获一间,便金十五元,整金五十元,便与之约定,拟明日搬家。

二月一日 晨起即搬家,搬家地名为小石川区关口水道町六十番地。刘傲民、李培先(字体初)来告,均接其弟等函,说不日抵东京。先生闻听,甚慕之,自恨境遇不如人。且此日又系中国岁暮日,颇感不快,夜拟早眠。

二月二日 本日为中华戊申年一月初一日,与郭润生等聚餐痛饮。夜听音乐,触动归家之念,作诗一首曰:"江海话之别里门,一年事去倍销魂。

残冬压雪惊风冷,短夜数逢酌酒樽。"

二月三日 晨起即往病院结账,同时为刘儌民开入院费受诊。

昨夜,入床后即有想家之念,半酣入梦中,觉接王文华家书,共十二行通,国信笺二页,信中谓母亲已去世,并记其如何来当主送葬。读后甚悲切,不禁直痛而醒,始知是梦。先生在笔记中写道:"母体素弱,余不得亲侍膝下,反教母以两重之累,是不能安,当今年秋夏间拟归省一次。"

二月十一日 日本纪元节,学校休课。得符经甫来告,谓先生当选贵州同乡会总会议员,下周日开委代会。

二月十二日 下午二时,听朱友奎来告本月二十日左右归国。

晚,董北平略告周日上午同乡会总会开会事。

二月十三日 写致王文华函,其中重要事:(一)命其专学外国语言;(二)言自己对于贵州债事已在此认十股,以后家中不必再认;(三)为雷少峰转寄致刘显世舅舅函。

二月十六日 晨起,先往堀内医院取痘济证书后,参加贵州同乡会。到总处时,始知今日系新旧干事交代会,而与议员会议无关,乃为符经甫传达有误。

二月二十五日 为同学到正金银行取币,顺路到公使馆了解留学生告假归国章程。回寓写一信上刘显世,言已决意归家,然须于五月内汇账到东京云云。

二月二十九日 昨夜琵琶湖馆起火,火势甚烈。晨闻已灾及数家,且谓中国留学生灾及者二十余人,三阶上一人被焚而死,尚不知究谁,有疑为同乡郭济宽。

本日在笔记写道:"宇宙间最凶狠恶之名称,莫阴险若尤莫卑鄙者。主人象其知之否乎,既知之而善忘之否乎,苟其忘之,禽兽何殊?君子之交淡如水,小人之交甘如醴,得到取之必先与之。"

三月一日 半夜惊醒,汗流不止,转辗再次直不能安席,颇隐忧之。盖自平刚返抵东京后,闻家中景象及邑中各事之不振,特遑遑然,若有所失。

三月六日 清廷诏谕实行"预备立宪、维新图治"之宗旨。

三月十五日 听雷少峰谓黄干夫等所办的达德高等小学,今年考毕业分五等,即最优等给予禀生,优等增生,中等附生,下等偷生,最下等修业证书。先生闻后评论道:"由此可见吾国名位之滥也。"

三月十六日 入中央大学后计七月。本日反思道:"病至此而戒酒不力,可谓无志。怨至此犹出言不慎,亦然其欲自新乎?"

三月十九日 接戴锡九来函,转告贵慕翁已于中历初七日汇款一百两到东京。

三月二十日　接汉口贵慕翁来函,转告吴维初、蒋芷泽已抵汉口,将赴上海游学。

三月二十二日　偕刘儆民、刘治民昆仲游上野动物园观鹿,即到彼地时,得睹俄然不拘,傲然挺立之状,真可谓兽中之表。惜其已死去其一,而此一亦颜色憔悴,毛骨悚然,郁郁居笼中,反不若鸡犬等之泰然自得。

三月三十一日　接戴锡九函,告知有信在张协陆①处。如往询之,抵彼处见均在食,大有宴宾之状,向张问信不获,即辞归。正看小说间,而张持戴锡九函来,拆阅之下,"深服其天资之强,有为我所不及者,其外亦不过略叙近事而已"。

四月一日　上午,做致母亲书,其中言若为自己完婚,则请诸事从简,一则可省劳心神,再即可为自己惜福。"何以言此,盖装饰各物,不过为个人之娱乐而设,果须因此而劳老人心神,是余等之罪也,且举曾文正嫁女儿以言之。"又略报东京近状、归家日期。

下午,写致王文华一函,问近来家中及乡中景况,又有数言,与禀母大人者略同。

四月八日　送刘儆民返国到新桥。临别时,刘以四事相告:(一)到家时,为其对邑中父老言,自己不能归之理由;(二)托对其家中告慰;(三)对于刘治民互相规劝德业学行;(四)对于兴义留东京全体同乡,要维护大局。先生答:"前三者,固为力所及且属一人之事,想未有不能如命者。后一端苟使各存异志,相互摧残,余何言,惟知自处。"

本日为自己写下警语:"病入膏肓。尚戒酒不力。怨结心服犹流言。无伦其德力、智力、实力,又何道而增进乎,乃天已自觉否耶——戊申年春书于扶桑三岛以自警。"

四月十二日　与董北平、刘治民参加贵州同乡会会议,次序乃欢迎新到者,送别归国者,后协商改选职员事,因到会人数过少,以致不能改。

四月十三日　写邮片三份:一致张协陆,一致董北平,一致钟振声和陈廷策,均系请于十六日在早稻田话别。

下午,入校接王文华戊申中历一月十二日发来函。函谓祖母望归家之意甚切,已为定九月十一日回乡完婚。

四月十六日　往早稻田大和馆定菜,为董北平、陈廷策、钟振声诸君践行宴。

---

① 张协陆(1875—1919),字雪庐,贵州贵阳人。清举人出身,留学日本早稻田大学。历任河南省立法政专门学堂堂长、贵州省国税厅筹备处处长兼任贵州省教育会会长、贵州财政厅厅长等职。

四月十七日　与钟振声、董北平参观东京女子高等师范学校后,往中国使署略观各事,且请介绍入田端脑病院治疗脑病,取得介绍信即返。

四月二十四日　接刘显世舅舅函,其重要者如下:(一)谓省中公文至兴义,言与李培先官费以三年为足,并饬兴资等语。刘显治进专门学校,以后亲属随免,请资公使馆兑足三年之费;(二)嘱先生势不可不担家,且为解决二问题;(三)告小舅父之病情,托买海狗肾和绒线寿屏事;(四)言刘傲民、郭润生、董北平等款项事;(五)言母亲托以百余金作归国川资。

四月二十七日　张协陆来坐话别,且持相邮片作赠,略谈省中事及个人前途。

四月二十八日　致舅舅刘显世函,要言如下:(一)言嘱买寿屏,候饬数日再访海狗肾,嫌日币多造成丸药云;(二)告大概归家期限;(三)再告旧各物到时,未给运费,请到时再算云云。

五月十四日　走访罗绍文(名启昌,毕节人),询问来日路途经过。闻此次东游考察,并闻将即行返回云南。在坐者有方姓,亦宦游云南者,系浙人,闻二君之亲来,取道滇越经香港抵上海渡东云云,其详细路线如下:

由驻地至蒙自九日,由蒙自至河内四日(内陆二日,舟二日。若归途则舟行必增至六七日,陆行则亦不过三日),由河内乘汽车至海防一日,由海防乘轮船至香港三日,由香港至沪四日,由沪至东京六日,合计由蒙自至东京须十八日。途中打坐延搁不在此限内。又云由海防至河口,两广人开商号,一切甚便,若得两广商号一信,尤便利,然并谓由河口到蒙自段已修成两点,今年或可全功,如此则归家之日不难矣。

五月二十日　往神田会馆为王文华购胡茂如译伦理学、职部伦理讲义、物理学、地理、生理学篇、汉语教材学、动物标本等教科书。

五月二十八日　搬家至赤城下町十三番地,与朱学曾、陈廷策、刘显治同住。

六月七日　接吴维初一函,言邑中专人到汉口和上海买药物。

七月四日　先生本学期各科成绩:宪法七十五分,经济学六十五分,民法总论六十五分,债权总论七十分,债权原因论六十五分,物权第一部六十五分,商业史八十分,商业地理六十五分,统计学七十八分,簿记学七十五分。

七月十七日　与蹇先榘、朱学曾、陈廷策、黄云初、陈季云、符经甫、谢惠卿、赵显彬[1]、胡麟生(名泰年)、罗全山(名昆琦)、杜畅然等同乡约往太和饭

①　赵显彬(1876—1911),字懋德,号协中,贵州兴义人。留学日本学习师范后,专心致志于地方教育事业。

馆饯行。

七月二十一日　上午，往使署领学费三十三元，并告假归国①等。

七月二十四日　由东京出发归国。晨五时起，由赵方首途到新桥买二等火车(最急者)抵神户。夜九时半宿同和客栈，宿食费每天每人一元。夜，气候热极，未得佳眠。

七月二十五日　晨起，作致刘显世、王文华、郭润生等各一函。函同和客栈店人购买开往上海船，去金十二元，又命买船上食物。

上午，上轮开行。夜仍得眠，风平浪静，惟乘三等舱人之多，臭鼻之气不可言状。饮食亦恶劣，不可进，然每餐如五十钱，则特别买得洋食。

七月二十六日　晨五时即起，以海风狂吹，然不可当。八时抵门司，写致赵方、黄云初、郭润生各同乡诸君邮片。午食船中，根据船上揭示云，下午三时开往长崎、上海等处。

七月二十七日　抵长崎。午餐时见中国居留民腐败，不禁为之痛，危恐惊祸之不遇，而彼等仍泰然自得，先生觉其可悯也。

七月二十九日　上午，船抵上海吴淞口，见验病医生为西人。下午二时，正遇吴维初、蒋芷泽来接船，相见不禁感喜交作，以至涕泪。

八月一日　下午三时，与吴维初登太古轮船公司"大通丸"号船赴武汉。

八月五日　船抵汉口。此次由上海至汉搭房舱，每人去轮费二元五角。先生发现长江三公司轮船习惯不良，长悬作欺广告，如房舱通常二元左右及可搭，而船上所标广告则系六元。若稍为外行或稍不留意则受亏方大。此次因先宿泰安栈后，写船事亦托之，仍去二元五角，难免不吃亏。

在汉口下船，即在码头雇一小舟，将行李等直移往贵慕翁处。在汉口买纺绸，商家论重量而计费。问许多药店，访问海狗肾皆不获，甚觉可怪。

八月十日　下午二时，由汉口登船。

八月十二日　船抵长沙。

八月十四日　下午三时，船抵常德。

八月十七日　船过桃源县，夜宿桃源洞。先生记述道："晨子刻开行，舟子四人、船掌一人同行。""暴风雨点至，舟子主恐慌无计，而风更甚，水势大汹不可挡。将入船行，同伴王翁大谈舟子之不心细。余悯其愚，舟子亦无德可设也。""不久行抵桃源，舟人买物，王翁合余亦征办食物也。办毕开舟，又行开余里至桃源洞前停舟。闻是日行了百二十里。"

---

① 注：王伯群以母病为由请假。根据光绪三十三年五月公布的《游学生请假规则》，请假分两种：一是通常请假，即于学堂暑假期内而请假回国者；一是特别请假，即遇有父母死亡或病重时而请假回国者。

八月二十四日　宿辰立县。先生笔记记载："辰溪县在辰河上水之左岸，山明水秀，风景绝佳，游者常于岩上古寺题句，其古寺即远仰，有"寰海镜浪"四字者是也。辰河水源在此分为大小二支，由左流来者大，舟人谓向此而上及即抵镇远，故名之曰镇远河。由右流来者小，向此而上可抵铜仁，故名之曰铜仁河。今过道铜仁，故溯小河由右而上也。"

八月二十七日　上午八时由江口出发。想必坐船日久，致夜不成寐。先生给自己定计划：

> 自此加意调养，抵陆后，每日以二时步行，以补运动之不足，想仍可复元也；使每日有恒业，则思欲自然寡少。近因无恒业，即作字写字看书均觉在有意无意间，故思欲勃勃而生；此后宜每日看货币论十页，农业政策学五枚，商法总论五枚，物权第二部五枚，分午前午后，午前不能竟事者，午后补之。午后不能竟事者，灯下补之，今日不能竟事者，明竟之从。以自今日始，八月十五止，货币论看百五十页，农业政策一百页，商业总论至第三章末，物权看毕，至要至要。

八月二十九日　船至铜仁府城外三四里之地，名东。盖此地水势崎曲，山岳秀耸，尤可观者，是镇水口之山恰似狮象，与先生家乡景家屯住宅前之水口狮象山无异，而此地水大又曲沉，象山下恨未得登高一览，就此地来孤由何当此种奇观系为何处而设者，将来有机会特来一览耳。

八月三十日　抵铜仁府城边。移宿益友栈，遇一位叫清水忠孝的日本人，去岁才由日本出发，而此时语言颇熟。嘱茶房请木匠来打箱子脚及夹板书箱等物，共计铜元六百五十文。木匠去后，轿夫联系人杨久显顷至，约定四人每人到省价三两，若用五人则二两八钱。拟用三名轿夫抬滑竿，两名挑行李。此次行李加至一百六十余斤。

九月八日　抵重安江，夜宿于此。先生记载一路所见。

> 由滥桥出来十里之地，山谷秀丽，飞瀑高流，进视之，始知即飞云峰也。其半山之上有神祠，祠傍谷口风景异常，游此无不停车，余乙已出黔时，偕同人曾游之，其洞修理有未毕处，用以为歉，此隔三载矣。而略补之完善则迥异前日，且题门额曰"黔南第一洞"，天不我诬也。

九月十一日　由西阳出发，经黄司及贵定县等处。在黄司，与轿夫发生矛盾，打了一架。

九月十四日　抵省城贵阳。王文华来晤，谈家事及近日互相情状，见弟弟比自己高二寸许,而体气则比尤弱,先生表示直殊可虑。

  九月十八日 由省垣贵阳启程,聘用夫四名。

  九月二十六日 抵达兴义景家屯。

  九月 日本医院报销住院和医药费十六元八角。[①]

  十一月十四日 清光绪帝载湉死于瀛台。以溥仪为嗣皇帝,载沣以摄政王监国。次日,慈禧太后那拉氏亦死。十八日,定建元年号为"宣统"。

  十一月 日本医院报销住院和医药费十五元三角。[②]

  十二月二日 宣统帝溥仪即位,定明年为宣统元年。次日,清廷宣布立宪预备,仍以宣统八年为限。

  十二月 在母亲和舅舅刘显世的操办下,与兴义周绍虞先生之次女周光帼举办结婚仪式。

---

① 梁中美:《晚清民国时期贵州留学生与贵州近代化》,西南交通大学出版社,2014 年 10 月,第 324 页。

② 梁中美:《晚清民国时期贵州留学生与贵州近代化》,西南交通大学出版社,2014 年 10 月,第 327 页。

一九〇九年（宣统元年　己酉）　二十五岁

一月二十六日　赴兴义下五屯舅舅家拜年后，往纳吉寨等处晤陈松乔汇款事。

一月二十九日　接待刘显世及表兄刘元泉来家贺年。

一月三十日　别离妻子、母亲，与表弟刘元健等首途赴日。

二月十七日　过越南安南境老街（又名保胜），老街在河口岸，口岸与法领越南隔一条河，中间架有铁桥和铁道，中国警察居之桥之右端，法警越南人居之左，人来往，各之检查。先生等过关时带有丸药火腿等，零星均被纳税，且设种种禁例，如军器、鸦片、火柴等物，带之被禁，且将议法。先生一行等过关后，宿于海关楼，以明晨上车甚早。先生认为此地伙食较河口甚贵，蔬令勉强可口。

二月二十日　抵海防即登轮上船。是夜，先生梦见父亲。

二月二十二日　泊海南琼州岛。

三月二日　晨，船抵上海吴淞口稍停，宿大安栈。

三月四日　与刘元健往中法大药房访黄楚九，开诚向伊言，由万里外同声求药之切。黄亦开诚云可为尽力。先生乃举怜养水事请其先入补脑汁事请之。黄亦快然应允。先生遂与之订买补脑汁九打，与买半对怜养水年老人服用。黄表示，此种不宜于少年人服，因药草猛，恐致误事云云。先生又向其买月光铅丸及日光铁丸各半，牛豆苗半打。

随后又往正金银行将上海钞票替换日币，并向银行买成汇票，每英元一十二白三十四元五角换日币一份，即每英洋一千换得日币八百十元零四分。然此现于汇票，如换现货，则每英洋只换得日货八十元零九十七分。先生等与二千换汇票，以一百换现金，因恐抵东京即要需用。

三月九日　写船票，回日本花费七元五角。

三月十日　下午一时，登"筑住丸"船赴日。

三月十二日　晨八时，船抵长崎。

三月十四日　上午，车抵东京新桥。吴维初、熊述之等来接，先生请客，破费一元四十一钱。

三月十五日 往东京中国领馆署销假。

三月十六日 往中央大学缴学费,自十二月至三月共去金十元零四十角。

三月三十一日 在自宅宴请熊述之、陈廷策、艾回春、符矩存、王竹山、符经甫、郭润生、吴维初、李培先等十六人,夜宴饮酒数盅,"虽无醉意而戒已破矣"。①

先生告诫自己"此后竭力自治,所有一切疚心事,亦拟荡薛至尽。每夜静坐,看德育鉴二页,以寡过自兴;看中国六大政治家之十一节,以增景仰;看艺术馆词选数首,以畅心胸。正课则按前所订时间学科配当表学之,凡与友人谈笑不得逾二十五分间,如此展几,可以自立矣。"

四月二日 见日本人将标于宿舍门上之"中和舍"三字涂去"和舍"二字,料是中学生以上之人所为,颇增恼怒,为之食不甘味,乃约陈树藩将此事报告警署,拟明日另写标之又视如何。

四月三日 终日温习商法总论。夜,为艾回春剖析毕业保险事。

四月四日 是日记述道:"余素不善楷书,于应酬间,每困而求人,求人而不获者。今后拟每日以三时分间习之,至贴则暂据《洛神赋》,寻得佳本再更可也。"

四月九日 想念妻子周光幗,读妻子临行前诗作。

君往长江去,弃妾祭奘乡。
江水向东流,妾魂随飞扬。
丈夫轻别离,所志在扶桑。
努力事竞存,肯为儿女伤。
君有重重慈,白发坐高堂。
晨昏妾定省,喜惧君自量。
珍摄复珍摄,丁宁须记郎。
从此将远别,饮余手中觞。
莫却手中觞,为君装行装。
行装装未毕,相思倍倍长。

九月三日 报名参加正则英语学校培训班,进第一年级之普通科,学费三元。

---

① 王伯群:《王伯群日记》,1909 年 3 月 21 日。

九月六日　夜,往正则学校听讲英语二时,觉女讲师教会话时颇有趣,"其声音之娟娟,有令人入骨者,不能不常就教也。"

九月十二日　本日为先生生日。上午,刘元健、刘治民、胡菱生等九人来贺。众人去后,先生自思曰:"丁此佳会而不约在重慈膝下以取欢心,反致重慈因事生感,因感生忧,此疚心之到者也,为人子者之职丧矣。"

十月二十六日　报载日本公爵伊滕博文在哈尔滨被韩国人狙袭毙命,先生闻后"颇快人意。"然后分析道:"然哈尔滨为吾国领土权所及之地,虽凶者系韩人,而吾国或不能辞其责也,所幸者伊滕此次之游,初奉国及之命,乃以私人之资格而出,或对于伊死而负之来较轻耶,以待明日之论然后定也。"

十月二十七日　晨六时半起,复习英文和工业经济学论。下午,入中央大学听就业政策后,寻在中面和正则之间新公寓不获。晚,接刘治民与吴维初邮片,言黔报载贵州考援情形,兴义有二名,即黎玉衡和蒋正炜二人。

十月二十八日　接王文华八号来函,同寄崖山纪念图说《南宋亡国图》,读之甚慰。

十月三十一日　写一函致东亚同文会,表示欲入该会支那经济学调部,并拟买支那经济学全书的手续、价格及纳付方法。

十一月一日　应先生申请,东亚同文会职员石川启学前来介绍加入该会的手续及价格。石川谓该书本月内买全部十二册二十四元;若下月买,则二十八元。

十一月六日　接东亚同文会寄来一部《支那经济调查》和会员证书,自本年九月起至明年四月止,会员费三元。

十一月七日　上午,接《支那经济学报告书》四册,即阅之。

晚,往早稻田芳明馆访友不遇,归同文馆,买《国民经济学》杂志一册。于学园店购牛乳,店人态度恶劣,先生认为与平素所闻早稻田之风,殆不若矣。

十一月十日　在校内按王文华中历八月二十日发来第九号,及同二十三日发来第十号家书,又接刘显治舅由滇省发来一邮片,告刘懋昌来东京留学事。

十一月十一日　参加中央大学创立纪念大会。

一九一〇年（宣统二年　庚戌）　二十六岁

二月　光复会在东京成立总部，推章太炎、陶成章为正副会长。同时在南洋英、荷所属各埠设分会。

八月　在日本医院报销住院及医药费九元六角。[1]

九月　日本中央大学毕业后，入研究院继续深造。期间，结识梁启超、章太炎。

十月　在日本医院报销医药费四元八角。[2]

十一月　在日本医院报销住院及医药费十四元四角。

十二月　胞弟王文华因病休学自贵阳回兴义，受聘为兴义公立高等小学堂学监，兼历史、地理和体操教员，与窦居仁、何辑五[3]创办体育学会。经先生介绍，注籍于美国三藩市同盟会支部。次年，任高等小学堂堂长。

是年　外公刘官礼病故。

---

[1]　游学生监督处：《馆报》，国家图书馆出版社，2009年，第422页。

[2]　游学生监督处：《馆报》，国家图书馆出版社，2009年，第245页。

[3]　何辑五（1900—1983），原名应瑞，字辑五，贵州兴义人。何应钦四弟。历任国民革命军第一集团军第一纵队第十军副军长、中国航空公司副董事长兼总经理、贵阳市市长、西南军政长官公署政务委员会委员暨常务委员等职。

一九一一年（宣统三年　辛亥）　二十七岁

　　四月十六日　清廷从邮传部奏，创立吴淞商船学校。次年在上海吴淞建校。

　　十月十日　武昌起义，改国号为"中华民国"。

　　十一月四日　贵州自治学社、陆军小学和新军领导起义，夺取全省军政大权。巡抚沈瑜庆电召刘显世率兵来省城镇压。

　　十一月六日　贵州成立大汉军政府，刘显世担任黔军第四标标统，王文华任管带。

　　十一月十三日　袁世凯在北京就任内阁总理大臣。

　　十二月四日　各省都督府代表联合会议决临时政府设在南京，并于南京正式选举临时大总统。

　　十二月二十五日　孙中山抵达上海，受到黄兴、陈其美等同盟会要人及社会各界人士的热烈欢迎。

　　是年　继续在日本中央大学就读。

一九一二年（民国元年　壬子）　二十八岁

一月一日　孙中山在南京举行临时大总统受职仪式,正式宣告中华民国成立。

一月三日　中华民国联合会在上海江苏教育总会成立,章太炎当选为会长。次日,创办《大共和日报》,日出对开两大张。

一月中旬　应章太炎之邀,先生自日本中央大学返抵上海,担任《大共和日报》编辑。

一月下旬　蔡锷派唐继尧率云南"北伐军"到贵州。唐与贵州宪政预备会的任可澄、刘显世等武装颠覆由自治学社领导的贵州军政府。

一月三十日　中华民国联合会和预备立宪工会联合成立统一党。推举章太炎、程德全、张謇、熊希龄为理事,王伯群等为干事。受统一党委托,先生联络张协陆、符经甫,以原贵州的立宪派为骨干,成立统一党黔省支部,并谋在各府州县筹设分部。①

二月二日　刘显世发动贵州"二二政变"。

二月十二日　清朝皇帝宣统宣布退位,从此结束了清王朝对中国二百六十余年的封建统治。同时,宣统还命令袁世凯以全权在北京组织临时共和政府。

二月十三日　孙中山向南京参议院提出辞职咨文,推荐袁世凯继任临时大总统。次日,南京参议院接受孙中山辞职。

三月一日　中华民国联合会改组为统一党,设《大共和日报》为机关报。

春　出任《大共和日报》经理。②

三月三日　刘显世、戴戡、任可澄等被推为贵州临时都督,组建军都督府,刘显世任军务部部长。

三月十日　袁世凯在北京就任临时大总统职。

---

① 熊宗仁:《王伯群》,朱信泉、宗志文主编:《民国人物传第7卷》,中华书局,1993年11月,第45页。

② 《王伯群君在进步党黔支部演说词》,《贵州公报》,1915年2月3日。

六月八日 参加在江苏教育总会举办的全国报界俱进会大会。

六月九日 参加在上海二马路举办的工业建设会会议,续议修改章程事。

六月十四日 《大共和报日报》发布扩版公告,确定王伯群、钱芥尘为联系人。

七月四日 接章太炎关于办报基金情况函。函谓①:

伯群兄鉴:

　　前后两电已悉,并请揖唐、岱杉汇四千金矣。苏浙军府之款,本捐助而非借贷。今之相逼,若以捐助为词耶,不能提款也;若以股本为词耶,股本业已折尽,事后乃由统一党填补二万。彼二府股本已空,无可提取之理。语本不对付,不知何以弱至此。惟向他人所借之款理应偿还,四千金必无不足也。书此,敬问起居。

麟白

七月四日(一九一二年)②

七月二十二日 陪同孙中山在上海中华民国铁道协会欢迎会上做"筑路与借债"问题演讲,并宣读欢迎词。③

八月五日 中国同盟会与统一共和党、国民公党合并,定名国民党。

九月、十二月 统一党进行两次改组,内部骨干成员进行重大调整,机关总部由北京迁至上海,先生当选为参事。

十一月九日 孙中山为迁都、联日、设立中西合股银行及铁路筹划事致电袁世凯。关于铁路,电云:"铁路筹划,刻须开始,所许由政府垫拨之费,请从速汇来应需为荷。"袁复电答复:"铁路开始经费,已饬交通部从速措汇。"④

---

① 上海人民出版社编:《章太炎全集12》,上海人民出版社,2018年6月,第610页。
② 参考上海人民出版社编:《章太炎全集12》,上海人民出版社,2018年6月,第610页;陆德富整理:《章太炎轶文辑》,浙江人民美术出版社,2019年2月,第34页;上海朵云轩2013春季艺术拍卖会"双雨山馆珍藏"第0598号。
③ 俞樟华、俞扬编撰:《民国元年日志1912年1月—12月》,黑龙江人民出版社,2017年11月,第253页。
④ 萱野长知:《中华民国革命秘笈》,影印原件,东京昭和15年出版。袁世凯之复电疑有错译。《孙中山史事详录,1911—1913》,第475至476页对两电时间作了考证。

一九一三年（民国二年　癸丑）　二十九岁

四月二十六日　袁世凯以办理善后为名，向五国银行团大借款。非法签订《善后借款合同》二千五百万镑。

五月中旬　《大共和日报》陆续刊登《进步党宣言》和《进步党章程》，发表《进步党正式成立之先声》。

五月二十九日　共和党、统一党、民主党三党联合组成进步党，先生出任干事。改组后进步党成为与国民党抗衡的重要政治对手。

夏　接刘显世密电，催促回贵州任行政秘书一职。又接王文华发来的电报，表示："革命起义的火苗燃遍中国，现在贵州的政治形势极不稳定，不同的派系都在维护自己的影响力。母亲和我都认为家乡更需要你，我们恳请你能够快速回黔接任舅舅给你的职务。"

九月二十七日　孙中山在日本东京组织成立中华革命党，开始接受党员盟誓。

十月十日　袁世凯、黎元洪就任中华民国第一任正式大总统、副总统。就职后，中华民国正式政府在北京宣布成立，世界各国亦相继承认"中华民国为代表中国之合法政府"。

十月　袁世凯任命刘显世为贵州护军使。

十一月　当选为北京政府政治会议议员。

一九一四年(民国三年　甲寅)　三十岁

二月二十八日　袁世凯下令解散各省议会。

三月十八日　以贵州议员身份出席北京政治会议,约法会议开幕。

三月二十日　袁世凯以增修"约法大纲"咨交约法会议。当得知会议的目的是废除孙中山的《中华民国临时约法》,另立《中华民国约法》,先生与梁启超、蔡锷等表示反对并交换对时局的看法。

四月　会议结束后,回黔协助刘显世主政,任护军使署参赞。

五月一日　袁世凯公布《中华民国约法》。

五月三十一日　被袁世凯授予四等嘉禾章。

六月　与王文华商讨组建军队事。建议贵州至少建立一个师,扩建六个团。在刘显世许可后,王文华任护军使署副官长。

七月　与卢焘联名发函,邀请云南讲武堂的李雁宾、胡瑛、范石生、朱泽民、杨复光等十余人来黔组建军队。

十二月　由贵州护国使署通令各县招兵,将巡防营的三个营官兵编入新军。次年春,六个团组成,由卢焘兼任营长。

一九一五年(民国四年　乙卯)　三十一岁

一月十八日　日本公使日置益向袁世凯提出"二十一条"要求。

春　为保证贵州六个团的开支,向刘显世建议由省财政厅做抵押,发行黔币二百万元。①

三月初　在先生的建议下,王文华在贵阳设立模范营,抽调各团下级军官轮流进行政治、军事训练。

三月上旬　代表贵州赴北京参加政治会议。

四月　沿途探访各省军民对于袁世凯帝制之心理,闻云南军队已有多数不赞成。

五月　与戴戡到蔡锷北京经界局官邸,言及袁世凯帝令智昏,众皆潸然泪下。与梁启超、蔡锷等确定以滇黔为发难地,共举反袁义旗。

八月上旬　在北京观察政治形势,甚觉灰心。先生在《云南起义经过》回忆道②:

> 去岁七月之交,筹安会发生,帝制问题出现,上海各报均被检查,且出金钱收买。伯群见袁氏此种举动,必不利于国家,遂辞报馆职,入京观察,如有可挽救之处,亦必竭尽智谋,以挽救之。及至京者,见有权势之人皆为袁氏死党,毋一不服从者。至社会中人忿怒虽多,不敢妄言,惟道路以目。风俗人心,已为袁氏铸成无廉耻无良心之极点。伯群触目惊心,惟太息民国已无生气,乃涕泣出国门,归梓里。

八月十四日　杨度串联孙毓筠、李燮和、胡瑛、刘师培、严复联名发起成立"筹安会",以讨论国体问题为名支持袁世凯称帝。

八月十五日　刘显世从贵阳致电筹安会:"敝处派前政治会议议员王伯

---

① 王守文:《王伯群与护国运动》,涂月僧主编《兴义刘、王、何三大家族》,中国文史出版社,1990年8月,第86页。
② 王伯群:《云南起义经过》,《贵州公报》,1916年6月7—8日。

群任代表即日起程"。

八月下旬 赴天津，与梁启超、蔡锷、汤觉顿纵论国内形势。

十月下旬 偕戴戡与梁启超、蔡锷、汤觉顿、蹇念益、徐佛苏等多次在众议院副议长陈国祥家（天津）密讨讨袁。

十月 得姚华铜盒，盒上节录西晋张华四言励志诗六十字。

十一月十七日 与蔡锷、梁启超、戴戡、汤觉顿、蹇念益和陈国祥确定滇黔武装起义方案。在会议对唐继尧和贵州执政者颇多顾虑时，先生道："我自去夏由京回黔，与舍弟文华及诸同志一年来的努力，已建成新军六个团，士气旺盛。若执政者不愿反袁，文华能起而左右之，并已派李雁宾赴滇与中下级军官中积极反袁者取得联系，相约一致行动，云南发难，贵州继之。"蔡锷闻罢，当即表示："吾今得知（伯群）昆季非常人也。黔事既有把握，吾决冒险入滇"。①

会议最后决定：云南于袁世凯下令称帝时立即独立，贵州则越一月响应，广西则两月后响应；然后以云贵之力于四川，以广西之力于广东，约三月后会师湖北，底定于中原。② 此次会议史称"天津会议七君子"。

先生详细回忆这个决策过程，他说③：

> （余）乃离国都赴天津，与梁任公、汤觉顿、蔡松坡、戴循若暨某某两名人（暂从讳）并伯群共七人，秘密提议起义事。初议以梁任公往日本办报鼓吹，蔡、陈、戴、蹇④与伯群或往云南，或往两广运动起义。讨论多时，佥谓办报东京，袁不许入口，无益于事，不如分头运动，宜先由滇、黔起义，蔡自担任云南，戴与伯群担任贵州，后虑中途危险，命群先赴云南与唐督商议，蔡暂往日本就医。

十一月十八日 由天津赴上海。蔡锷因受袁世凯监视，写一亲笔信劝说唐继尧起义，托先生面交。

十二月十二日 袁世凯宣誓承受帝位。

十二月十四日 从上海假道香港、越南抵达昆明。

---

① 贵州省政协文史资料委员会等编：《兴义刘、王、何三大家族》，中国文史出版社，1990年8月，第87页。

② 梁启超：《饮冰室合集，专集之三十三》《国体战争躬力谈》《护国运动史》，第139页。

③ 王伯群：《云南起义经过》，《贵州公报》，1916年6月7日。

④ 即蔡锷、陈国祥、戴戡、蹇念益。

十二月十五日　会见唐继尧,蒋蔡锷手书面交,并转告天津会议情况,唐犹豫不决。先生回忆道①:

> 群由天津到云南,约计半月。及面唐督,提出由远省起义种种理由。唐初以财政、军械不足为困难,群答以汤、梁诸公曾担任募款,并购军械接济,但须举动后方可运来。提议数次未决。

十二月十六日　由昆明拟长电发刘显世、王文华,告知云南情况。

十二月十七日　与李烈钧、熊克武相见,相约共同促唐继尧反袁。

十二月二十一日　与蔡锷、唐继尧、李烈钧、熊克武、戴戡等出席云南起义第四次军事会议。会议一致认为"宣布起义日期不可再缓。遂决定紧急行动,先电袁氏,令其取消帝制,然后宣布云南独立。"

十二月二十二日　代表贵州出席云南起义第五次军事会议。会上,举行庄严隆重的宣誓仪式,歃血为盟,其誓词谓:"拥护共和,我辈之责,兴师起义,誓灭国贼;成败利钝,与同休戚,万苦千难,舍命不渝;凡我同人,坚持定力,有渝此盟,神明必殛。"举行宣誓仪式之后,又连夜讨论护国军政府的组成和护国军的编组,以及有关起义的各种安排。

十二月二十三日　按照天津会议计划,以滇黔两省军政领导人名义向北京政府发警告"漾电",先生代刘显世,电请取消帝制,诛罪魁杨度等人,以谢天下,限二十五日上午前答复。

十二月二十四日　再次向北京发出最后通牒,届时无反响,遂通电全国宣布独立,宣告成立中华民国护国军政府于昆明,誓师讨袁。

十二月二十五日　通电②全国宣布云南独立,宣告成立中华民国护国军政府,誓师讨袁,议决以先取四川、湖南为计划。③

十二月二十六日　蔡锷任护国军第一军总司令,进军四川。李烈钧为第二军总司令,进军广西。唐继尧任第三军总司令兼云南都督,留守昆明。

十二月三十一日　受命由昆明启程赶赴贵州。

---

① 王伯群:《云南起义经过》,《贵州公报》,1916 年 6 月 7 日。
② 蔡锷、戴戡所发敬电文,转见庚恩旸《云南首义拥护共和始末记》,上册第 23 页。
③ 关于"有电"的最后署名,各书记载不同。中国第二历史档案馆(南京)所收之"有电"末尾无署名,(见《历史档案》,1981 年 4 期)。《共和报》,当时刊登之"有电署名为唐继尧、任可澄、刘显世、蔡锷、戴戡五人。"庚恩旸《云南首义拥护共和始末记》中的"有电",署名为:唐继尧、蔡锷、李烈钧、任可澄、刘显世、戴戡暨军政全体。

一九一六年（民国五年　丙辰）　三十二岁

一月一日　袁世凯改年号为洪宪元年。

一月二日　路经贵州兴义，往见贵西道尹兼贵州全省上游清乡督办刘显潜舅舅。先生陈述当前形势，请刘让路给护国军过境，并说明利害，刘始同意让道。王守文记述道①：

> 让路，可彼此两全；不让，则巡防营必为护国军所摧毁。初，显潜推说决定权在贵阳刘显世，叫王自己到贵阳交涉。王说：蔡锷已亲率护国军由云南宣威出发，直趋贵州威宁、毕节；戴戡已往盘县。形势紧迫，若必须甥到贵阳请示，则舅父之巡防营必将为锐不可当的护国军击溃而不可收拾了。显潜反复思考后，始同意设防让路。

一月十七日　贵州省绅、学、商、农、工各界代表两千余人连续举行"人民代表大会"。会后，各界推举代表数百人赴护军使署向刘显世上书。②

一月十八日　贵州人民代表力促刘显世宣布独立，改称护国军贵州都督。③

一月二十三日　先生抵筑④，偕王文华往见刘显世，历陈护国大义，指出黔东已受湘西袁军压境，黔北又有重庆袁军进逼。

一月二十四日　得悉贵州银行经理熊范舆将库存兑换券截角作废，断绝军饷的消息，即向刘显世报告，并提出若不解决，万一引起军民反抗，即难收摊。关于解决办法，先生建议：在遵义、黄平、镇远三县设立兵站兑换所，由贵州财政厅向中国银行借准备金四万元，分别运往遵义一万，黄平、镇远

---

① 王守文：《王伯群与护国运动》，涂月僧主编：《兴义刘、王、何三大家族》，中国文史出版社，1990 年 8 月，第 90 页。
② 云南《滇声报》，1916 年 2 月 19 日。
③ 董方奎编著：《梁启超与护国战争》，华中师范大学出版社，2012 年 1 月，第 112 页。
④ 贵阳，简称"筑"，别称林城、筑城。

各一万元，以供北路、东路黔军兑换，这样黔军军饷即可应付。刘显世决定采纳，并从本日起部署实行。

一月二十五日　与王文华、戴戡、熊范舆、张协陆、何麟书、郭重光、张彭年等参加刘显世在贵州护军使署梅园召开的军事会议，史称"梅园会议"。

一月二十七日　贵州宣布独立，刘显世任都督，宣布"反对帝制，永护共和。"①

本日　贵州组织护国军，以戴戡为护国第一军右翼总司令，向四川綦江进发。王文华为东路军总司令，率黔军第一、二、三团（占全部黔军六个团的一半兵力）编为护国黔军东路支队，分左右中三路进军湖南。改贵州护军使署为贵州督军署，先生被任命为督军署总参赞、黔军总司令部秘书长。先生回忆道②：

> 王（文华）率领所部第一团从贵阳出发，兼程疾进，经镇远、玉屏，进入湖南晃县，设司令部于湘黔接界的龙溪口（距晃县县城约十公里）。同时指挥第二团，在北面的铜仁集中，向湘西麻阳进军。由吴传声率领第三团，在南面的天柱县集中，向湘西南的洪江、黔阳进军。

本日　向刘显世建议：贵州已宣布独立，中国银行贵州分行与北京政府的关系自应脱离，按照国库应随政权转移的原则，须立即通知该分行，所有中央款项和向财政部请示报告事宜，须改为护国军政府贵州督军署核办，并派专员至该行进行监督，对该行银锭、银元兑换券及各种有价证券、文件均不得毁失。同时，由督军下令向该行借款三十万元交财政厅发放军饷之用。刘采纳之，护国军出发时的军饷得以解决。

一月底　刘显世以黔省起义独立，贵州道尹大半裁撤，于是另设考查地方之长官，名为刺史，巡察各属，全省共设三员，委定王伯群为东路刺史。

二月一日　以东路刺史职赴镇远，与王文华筹划攻湘军事。

二月三日　随王文华率军攻克湖南晃县。兵分三路攻击大小关，计四昼夜，战争最为激烈。先生回忆道③：

> 伯群到晃州，知电轮计划分三路进攻，以攻至辰溪为止。我前敌军攻击大小关，计四昼夜，战争最为激烈。北军由武冈开来援救之兵，被

---

①　《戴戡出征时之通告》，《护国军纪事》，第二期，上海中华新报馆，1916年，第50页。
②　王伯群：《谈湘西战况》，《贵州公报》，1916年6月4日。
③　王伯群：《谈湘西战况》，《贵州公报》，1916年6月4日。

吴团长传声在洪江击败,当夺获四十余船军械,北军之战心遂怯。计镇远到沅州,凡夺获紧要关隘,均皆派人死守。驻麻阳北军约二营,我军亦以二营攻之。

二月十四日　护国军黔军熊其勋团自贵州松坎进攻四川綦江,威胁重庆。

二月十七日　随王文华部占领湖南芷阳,与袁军马继增部对峙。

二月二十六日　袁世凯"征滇"第一路军在湘西遭到失败后,第一路军司令马继增于本日"暴死",进入湘西的北军处境狼狈。①

三月初　敌人在湘西前沿各县对护国军大举反扑,敌军第一路司令周文炳,命令所部向麻阳高村、江市、岩门等地的护国黔军进攻。先生忆述道②:

> 自三月初旬至十五六,战事非常激烈,且不分昼夜,计夺获北军银六万余两,军械无算。夺获之银已被韩团长散给各军士。伪司令马继增又带大队赶来。迄四月初旬,战事更烈。

三月二十三日　袁世凯废止洪宪年号,仍以本年为民国五年。

三月二十六日　王文华提出停战条件,要求袁世凯立即退位。

三月底　敌军卢金山旅,对沅州护国军发动围攻。③

三月三十日　刘显世通电迫袁世凯退位。

五月九日　孙中山在上海发表第二次讨袁宣言。"惟忠于所信之主义,……袁氏未去,当与国民共任讨贼之事;袁氏既去,当与国民共荷监督之责,决不肯使谋危民国者复生于国内。"

六月七日　《贵州公报》刊发先生《云南起义经过》。略谓④:

> 伯群前岁曾在上海办报。当民国成立时,中国人士以国事委诸袁世凯,意袁必竭其才力振兴中华,使民国基础日加巩固。孰料袁氏既为总统后,即树党营私,异己者去之,且加以暗杀。

---

① 《护国军纪事》(战讯纪事),第 164 页。
② 王伯群《谈湘西战况》,《贵州公报》,1916 年 6 月 4 日。
③ 《湘路战况随闻》(三月六日至四月六日),中国第二历史档案馆(南京)档案资料,档号:1003(2)—107—11—13080。
④ 矫:《志各界欢迎王伯群先生》,《贵州公报》,1916 年 6 月 7—8 日和 9—10 日。

七月　建议王文华授段祺瑞政府国务院咨议邓汉祥①为驻京代表。

八月　经先生介绍,何应钦②、朱绍良、谷正伦、张春浦、李毓华、王绳祖等日本士官学校同期毕业同学到黔工作。何任黔军第一师第四团团长兼讲武学校学生营营长,朱任黔军司令部参谋长,谷任团长。③

九月十七日　被黎元洪大总统任命为贵州黔中道道尹。

十月十三日　被黎元洪大总统授予三等嘉禾章。

①　邓汉祥(1888—1979),字鸣阶,贵州盘县人。历任段祺瑞执政政府国务院秘书长、四川善后督办刘湘驻南京代表,四川省代主席等职。1949 年 12 月通电起义,历任全国政协委员会四、五届委员。

②　何应钦(1890—1987),字敬之,贵州兴义人。大夏大学校董,王伯群三妹夫。毕业于日本陆军士官学校。历任贵州讲武学校校长、黔军参谋长,黄埔军校总教官兼教导第一团军长、军政部部长、中国远征军总司令、中国战区中国陆军总司令、中国驻联合国安理会军事参谋团中国代表团团长、国防部长,行政院长等职。1949 年赴台湾,历任"总统府"战略顾问委员会主任委员等职。

③　何应钦将军九五纪事长编编辑委员会:《何应钦将军九五纪事长编》,黎明文化事业公司,1985 年 4 月,第 29 页。

一九一七年（民国六年　丁巳）　三十三岁

三月四日　在贵阳组织成立群益社，被推为理事长。推财政厅长张协陆、督军署秘书长兼贵州中国银行行长熊范舆、省议会议长张彭年、文通书局总监理华之鸿①、政务厅长何季刚、黔东道尹陈稚书、原达德学校校长凌秋鹗、黄齐生等九人为理事。群益社致力于发展贵州实业，在贵阳曾发展社员达九千余人。

三月三十日　中华革命党通告海内外各支分部，准备改用中国国民党名称。②

三月　偕王文华组建贵州陆军第一师，推王文华为师长。

四月二十五日　受先生引介，王文华赴北京参加对德宣战问题的督军团会议，途经上海时拜会李烈钧，并一同晋谒孙中山，陈述西南情况。孙赞许王"英迈进取，有陈浩东、史坚如之风。"并告党人："西南有问题，可寻电轮"。并介绍王加入中华革命党。③ 抵北京时，与邓汉祥拜会大总统黎元洪和其他部院负责人。④

四月三十日　（农历三月初十），参加王文湘与何应钦结婚典礼。⑤

五月中旬　王文华离京赴上海，再次拜谒孙中山，请示护法大计。孙中山极为器重，嘱其回黔准备护法军事。不久，海军拥护孙中山先生南下组织护法，王文华在上海通电响应，并兼程回黔积极扩充军备，预防北洋军阀回黔，宣称"竭尽全力，以作孙先生护法后盾"。

---

① 华之鸿(1871—1934)，字延厘(延仪)，祖籍江西临川，生于贵阳。曾创设贵州通省中学堂、优级师范选科等，创办文通书局，投资扩大茅台成义酒厂等。
② 《中国国民党史稿》，第1篇第390页。
③ 邓宗岳：《护国护法的功臣王文华》，《贵州文史丛刊》，2002年第1期。
④ 邓汉祥：《贵州往事片段》，贵州黔西南州政协文史资料委员会编：《邓汉祥文集》(内部发行)，1988年5月，第78页。
⑤ 何应钦将军九五纪事长编辑委员会：《何应钦将军九五纪事长编》，黎明文化事业公司，1985年4月，第30页。

七月　与王文华在贵阳创设讲武学校,委何应钦为校长,训练军事人员,招收全省青年入伍。①

八月三十一日　广州国会非常会议通过《军政府组织大纲》,并决议选举海陆军大元帅。大元帅对外代表中华民国。②

八月　王文华响应孙中山组织三省联军入川的号召,任黔军总司令,朱绍良任参谋长,谷正伦等任旅团长。

十二月四日　王文华率黔军攻克重庆,正式组成三省靖国联军,推唐继尧为总司令,王文华自任靖国黔军总司令。

十二月七日　孙中山复刘显世电,"望促冀帅及电轮司令,倘部署确定,宜即会率精锐,径趋宜万。"③

冬　招考官费留日学生,录取王若飞。王若飞的舅舅黄齐生记述道④:

> 时前交通部长王伯群任黔中道尹,考送留学日本生八名,甥中选,并其他自费生得二十人。

是年　倡议成立裕黔公司,担任董事长,主要业务为开发矿产、茶丝等,并发行钱票。

---

① 涂月僧主编:《兴义刘、王、何三大家族》,中国文史出版社,1990 年 8 月,第 99 页。
② 《国会非常会议纪要》,"议决案"第 2—4 页;"会议录"第 9—17 页,广州 1917—1918 年。
③ 中山大学历史系孙中山研究室等编:《孙中山全集》第 4 卷,中华书局,1985 年 10 月,第 260 页。
④ 黄齐生:《王若飞行述》,《贵州文史丛刊》,1981 年 1 期。

一九一八年（民国七年　戊午）　三十四岁

二月十三、十四日　孙中山连电刘显世，指出"北派主战甚力，南方自不可骸于和议之说，致懈战备。"①

二月二十二日　孙中山发出《通告全国各界主张和平尊重国会电》和《通告护法各省军政首领支持军政府电》。②

三月二十五至二十七日　孙中山分电王文华等，勖勉其编师北伐，并晓以师克在和之意，务息内争。③

五月　王文华就任重庆镇守使职。

七月二十四日　接《裕黔公司董事会细则》稿，因倦于核阅，遂寄张彭年并请其详为斟酌。

七月二十五日　上午，与何应钦谈赴息安事。接王文华谈造房子函，即复嘱其妥觅工匠具图来，以便筹备。

下午，与赵守恒谈遵义丝业事。

晚，赴贵山书院。

七月二十六日　续读《资治通鉴》后出南门赴咸源厂参观。

七月二十七日　晨起读《资治通鉴》一卷后，约谈商裕黔公司事。

七月二十八日　在黔灵古寺与华之鸿等三人聚商裕黔公司事。

七月三十日　赴贵山书院阅电报，见唐继尧决往四川开军事会议，先生猜测其大约借此举以便返滇。

七月三十一日　接王文华函，函中谈自己病状极详。晚，阅《象山先生年谱》。

八月一日　主持裕黔公司董事会，决议该会事务细则、聘用经理合同，

---

① 中山大学历史系孙中山研究室等编：《孙中山全集》第 4 卷，中华书局，1985 年 10 月，第 339 页。
② 《军政府公报》，第 49 号。
③ 中山大学历史系孙中山研究室等编：《孙中山全集》第 4 卷，中华书局，1985 年 10 月，第 415 页。

委托华之鸿印刷钱票和各种簿记。

八月二日　接李仲公两函。又接王文华函言病状极详,遂请张宴宾医生斟酌药方寄去,张告知说病势颇重,不能悬揣,非诊脉后碍难处方,先生即发电促其速回。

八月三日　接王文华函,说其行期已迫,符经甫又病,拟归家后再斟酌。

八月四日　与李仲公、张彭年先后谈裕黔公司业务事。

八月五日　上午,赵守恒携义安公司应用各图章来留即模。下午,到贵山书院少坐而归。

八月六日　为卫山题文山画像,借郑思肖诗"不知今日月,但梦宋山川"二语志之。

八月七日　赵守恒等先后来商,先生决定以黔币两千元货物数交赵带往遵义。遇何应钦在彼院中乘凉,与之杂谈军政各事,并谈李子仁之忠勇。

八月八日　接王文华函,告知不久将趁程回黔,望勿发信。

八月九日　预备下午去南明中学讲演。

八月十日　接陈衡山①函和《元史列传》一册。

八月十二日　上午,与刘建候迎送戴戡灵柩。晚,接王文华八日由渝发来电文,说十一二号首途归贵阳。

八月二十二日　致函陈衡山先生。闻王文华行期又改。

九月二日　赴头桥欢迎陈廷策自云南回贵阳。

九月六日　与张彭年谈裕黔公司商事。

九月八日　赴贵山书院询问张医生。夜至何应钦家,谈至十时方归。

九月十日　接待吴维初、李馨驹来访。

九月十三日　分别接待随营学校校长刘桂初、以及黄斐章、吴维初、邱醒群、袁鼎卿、董寿山来访。

九月十六日　上午,接待何应钦来访。下午,到贵山书院以王文华购器械函送刘显世阅。

九月二十二日　上午,拟发函召集裕黔公司董事会。得北京中密电,函请刘显世饬局将原码转王文华,并请电委员会。

九月二十三日　致赵守恒函,速派代表来开成立义安公司会。晚,致黄齐生、符矩存各一函,托调查本署考送留日半费生李华是否因病回沪。

九月二十四日　接兴义家电,说堂弟王文渊母病危,促速归。

① 陈矩(1851—1939),字衡山,贵州贵阳人。著名诗人。曾随遵义黎庶昌出使日本、整理文案。历任贵州图书馆长、贵州通志局编纂等。

十月一日　在县学宫行孔子圣诞礼后,赴贵山书院宴请龙国桢、黄斐章、陈廷策等。

十一月二十四日　唐继尧督军致王乃昌、李宗黄电,商情特商派先生去南京面述一切:"现东海登台,时局复行混沌,北京屡次来电多注重事实而以法律置为缓图。南方曾主张声讨,恐双方各走极端,国事日愈棘手","特商派黔中道尹王伯群君来宁面述一切,尚望开诚相告"。

十一月三十日　受刘显世委派作为贵州代表赴广东。刘通电请各省沿途予以保护,电文曰:"因有重要军略,拟与粤桂各护法省份一为商榷,以收切磋琢磨之效特,派黔中道尹王伯群代表拟取道广西柳州,出桂平迳至武鸣,先谒总裁陆荣廷,然后东去粤省"。

十一月　在王伯群、王文华支持下,何应钦联合贵州省立法政学校校长彭克荷等创立少年贵州会,吸收青年入会。次年三月创办《少年贵州日报》,以宣传建设民主新贵州的主张。① 两年后,全省各县设支部二十六个,仅贵阳的会员就达两千八百余人。

十二月二日　江苏都督李纯复刘显世督军电,就西南推一南北和谈代表进行商讨。②

十二月二十日　被刘显世任命为贵州省购办军械军装及筹借债款全权委员。

十二月二十八日　以西南代表身份参加粤闽问题会议,讨论应对办法。

---

① 谢伯元:《我所了解的何应钦》,《兴义刘王何三大家族》,中国文史出版社,1990 年 8 月,第137 页。

② 中国社会科学院近代史研究所《近代史资料》编译室主编:《一九一九年南北议和资料》,知识产权出版社,2013 年 1 月,第 26 页。

一九一九年（民国八年　己未）　三十五岁

一月十一日　广州国会召开两院联席会议，议决军政府改为"护法政府"。

一月十四日　广州军政府正式公布参加上海和谈代表名单，以王伯群、章士钊、缪嘉寿、曾彦、郭椿森、刘光烈、彭允彝、饶鸣銮、李述膺、胡汉民等十一人分别代表西南各派势力和孙中山等。[1]

一月十五日　政务总裁致电徐世昌，谓已派唐绍仪为总代表，以王伯群、章士钊、胡汉民等赴沪。

一月十七日　随南方代表讨论与国会接洽事宜。北京政府吴鼎昌、唐在章电致朱启钤，称王伯群等十一位南方代表已由军政府正式通告。[2]

一月十九日　偕章士钊、彭允彝、饶鸣銮由广州启程赴沪。

一月二十四日　朱启钤致吴鼎昌电，告先生今夜抵南京。电文谓："章士钊、彭允彝、王伯群定今夜来宁。"[3]

一月二十五日　与章士钊等西南代表抵南京。

一月三十日　中午，参加李纯在都督府欢迎南方代表设宴。晚八时，参加北方总代表朱启钤在太平巷招待所公宴。

一月三十一日　上午，参加军警政绅商学各界在军署公宴。下午，乘专车自南京返沪，住渔阳里十五号。

二月四日　赴上海老靶子路（今武进路）唐绍仪宅参与商讨南北代表面商会议规则。

二月初　唐继尧自拟和谈条件。[4] 其中第四条"关于黔省联军范围以

---

①　王敏著：《民国国会简史》，中国民主法制出版社，2015年5月，第281页。

②　中国社会科学院近代史研究所《近代史资料》编译室主编：《一九一九年南北议和资料》，知识产权出版社，2013年1月，第106页。

③　中国社会科学院近代史研究所《近代史资料》编译室主编：《一九一九年南北议和资料》，知识产权出版社，2013年1月，第115页。

④　原件无日期，2月6日李纯致朱启钤函说："顷得云南唐督军自拟提交会议条件，特抄奉陈。"

内善后问题"。①

二月八日　朱启钤致唐在章电,通告会议规则双方确定后,由先生回南京报告。电文谓②:

> 北京国务院唐伯文:彰密。中央代表抵沪后,谒唐磋商会议规则,照原四条略加修改,已得双方同意,即协推汪、方、章、胡四君起草,结果由王(注:伯群)今日回宁报告。又议场先择上海总商会,继以地址不便,拟借用前德总会云。

二月上旬　王文华就南北和谈发表全国通电,对整顿军队、发展经济、清明政治发表建议。③

二月中旬　先生等南方代表租定沪西愚园为办事处,北方代表则假哈同花园为办事处。

二月二十日　出席在黄浦滩会议事务所举行的南北和谈会议。唐绍仪向北方代表提出三点质问:(一)陕西战争不但未停止,北军反而大举进攻;(二)参战军不但未取消,反而大加扩充;(三)中日军事协定尚有附件未寄到,北京政府不但无诚意取消,反而延长了这个协定的有效期。限四十八小时内答覆。④

二月二十一日　上午,参加南北和谈第一次会议。会议围绕陕西问题进行讨论。⑤

二月二十四日　参加南北和谈第三次会议。

二月二十六日　上午,参加南北和谈第四次会议。⑥

三月二日　南方代表为和议中断发表告全国书。先生等南方代表为上海和会正式宣布停会,通电全国,宣布南方和议中断。⑦

---

① 中国社会科学院近代史研究所《近代史资料》编译室主编:《一九一九年南北议和资料》,知识产权出版社,2013 年 1 月,第 131 页。
② 中国社会科学院近代史研究所《近代史资料》编译室主编:《一九一九年南北议和资料》,知识产权出版社,2013 年 1 月,第 134 页。
③ 原载北京《政府公报》,1919 年 2 月 21 日,第 1086 号。电文无日期,发电当在 2 月 10 日前。
④ 李剑农著:《戊戌以后三十年中国政治史》,中华书局,1965 年 7 月,第 295 页。
⑤ 中国社会科学院近代史研究所《近代史资料》编译室主编:《一九一九年南北议和资料》,知识产权出版社,2013 年 1 月,第 146 页。
⑥ 中国社会科学院近代史研究所《近代史资料》编译室主编:《一九一九年南北议和资料》,知识产权出版社,2013 年 1 月,第 169 页。
⑦ 陶菊隐著:《北洋军阀统治时期史话》,生活·读书·新知三联书店,1957 年 9 月,第 345 页。

三月二十日　经孙中山介绍,①以贵州全权代表与美国华侨实业公司代表赵士觐在上海签订借款修筑渝柳铁路(由重庆经贵阳至广西柳州)草约。草约中有将铁路沿线三十公里区域内的矿产、森林归华侨实业公司开发和采伐的条款,规定贵州省长公署以每百元实收九十六元、年息六厘向该公司借款五百万元,并允许该公司在贵州投资、兴办实业的优先权。草约引发贵州保守派的强烈反对,导致"渝柳铁路借款案"。

黔军代表邓汉祥在《贵州往事片段》忆述道②:

> 王伯群将合同寄回贵州后,刘显世立即召开议长张彭年、秘书熊范舆、政务厅长陈廷策、财政厅长张协陆和黔军总司令王文华等人进行讨论,当王文华说明经过后,旧派起而攻之,王则以兵饷问题压制旧派,声称"兵饷几个月发不下去,不向外借一笔款子,部队就无法维持现态。"会议不欢而散。张协陆在熊范舆、陈廷策的支持下,提出书面意见,反对修建这条铁路,同时将内容向外披露,致使张、熊、陈等人矛盾加剧。

三月二十二日　钱能训致电朱启钤,告上海、陕西等地对南北和谈的期待。③

四月一日　王占元等致电朱启钤、王伯群等各与会者代表电,希望(一)即日继续开议;(二)双方议题一次提出,为一定范围;(三)提出议题以后,以今日时势及事实所必要,而确能办到者为标准,总期早日解决,免致徒托空言。④

四月六日　在唐绍仪宅继续讨论会议形式及广西问题。

春,加入中华革命党。

四月十七日　朱启钤函致李纯,通告会议谈判内容。

四月二十日　出席安徽同乡会在一品香宴请南方和会代表宴会。同乡会代表表示,安徽人民以倪嗣冲祸皖罪恶浮陈,请惩倪嗣冲以纾皖祸。

①　徐宏慧在《孙中山与王文华》,一文(载《孙中山与贵州民主革命》,)和胡寿山在《王文华、袁祖铭、周西城以及李燊的兴旺与覆灭》,文章中认为:"渝柳铁路'这个计划,据说是孙先生设计的,并由孙先生介绍赵姓华侨借款承建,订立合同'。"(载《贵州文史资料》12辑)。

②　邓汉祥《贵州往事片段》,贵州黔西南政协文史资料委员会编:《邓汉祥文集》(内部发行),1988年5月第1次印刷,第80页。

③　中国社会科学院近代史研究所《近代史资料》编译室主编:《一九一九年南北议和资料》,知识产权出版社,2013年1月,第202页。

④　中国社会科学院近代史研究所《近代史资料》编译室主编:《一九一九年南北议和资料》,知识产权出版社,2013年1月,第212页。

五月四日　"五四"运动爆发,北京学生近三千人游行要求北京政府惩办卖国贼。先生提出贵州资助出国留学之重要性。

王伯群觉察到时代潮流的变化,认为:"现在科学时代,无科学不足以立国,无新学识不足以成才,……谋国之本,树人为先"。①

在黄齐生倡议留日归国学生二十余人组成贵州教育参观团,王伯群资助经费一千元,并请刘显世拨济经费两千元。②

五月六日　参加第七次南北和谈会议,讨论山东问题。结果由双方总代表就青岛问题,致电巴黎中国专使。③

五月十三日　参加南北和平第八次正式会议。会议就巴黎和会提出"对于欧洲和会所拟山东问题条件,表示不承认"等八条意见。

本日　与唐绍仪等联名致电广东军政府、政务会议,报告就巴黎和会失败提出的八点意见。电文谓:"近鉴于外交失败之剧急,民意求和之迫切,复参照会内经过情形,斟酌双方所能办到之限度,遂于蒸日以书面提出八条。"④

本日　南北议和宣告破裂。先生等南方议和代表集体辞职。次日,北京政府议和代表亦集体辞职。

五月二十八日　孙中山在上海发表《护法宣言》,主张恢复《中华民国临时约法》和第一届国会,发动第二次护法运动。

七月二日　上午,与唐绍仪等联名致电广州军政府。

晚,在博物院路大英戏院观看中西女塾演剧。

八月二十三日　与唐绍仪等联名致函朱启钤,询问六十万购炭真假一事。

九月十一日　刘显世通报各报馆,解释黔省议会请任命王伯群为贵州省长之事。⑤

九月十六日　孙中山致电王文华,嘱与杨庶堪、石青阳合力解决川事。电称:"沧白、青阳幸得依倚,若能解决川事,既为大局改造之基础,茞筹伟略,方始发抒。"⑥

---

① 《赴沪代表王伯群呈据上海留学生倪松寿请助留美各情》,贵州省档案馆藏件,档号:2—148。

② 《王伯群致刘显世电》,贵州省档案馆藏件,档号2—177。

③ 中国社会科学院近代史研究所《近代史资料》编译室主编:《一九一九年南北议和资料》,知识产权出版社,2013年1月,第255页。

④ 《中华民国史事纪要(初稿)》,中华民国8年(1919)5月—6月,第677页。

⑤ 《刘显世自白通电》,长沙《大公报》,1919年9月13日。

⑥ 中山大学历史系孙中山研究室等编:《孙中山全集》第5卷,中华书局,1985年10月,第113页。

十月十日　孙中山正式通告将一九一四年建立的中华革命党改为中国国民党,本日宣布《中国国民党规约》。

十月十八日　《申报》以《黔学生留学欧美之踊跃》为题专门报道此事:"黔省僻处西南,交通阻塞,留学外邦者甚少","由该省王伯群、蔡衡武、黄齐生诸君送该省学生蔡天爵、王若飞等五人赴法俭学。"①

十月十九日　贵州留法团员王若飞等发函等致谢先生。"同人等此次欧行,得乡先生王伯群、刘石荪君及我诸同学热忱引导","从兹法兰西境乃始有我黔人之足迹,不可谓非我黔进化一新纪元"。②

十二月四日　刘亚休致熊克武密电:王伯群利用南北议和代表在上海、广州极力活动,迫使刘显世让步,"允南北统一后让伯群长黔"。③

是年,刘显世有倦勤之意,由其弟刘显治与王伯群函电往返,商讨刘退休之后接替人选及诸问题。刘显治提出三项意见:(一)刘督称病退休,径委黔军总司令王文华代理都督并省长。(二)由刘督倡导废都,设一总司令隶省长之下,由刘都委文华为总司令,兼代省长。(三)实施废都,刘督仍暂任省长,于省长下设总司令及民政长,委文华兼任,俟适当时机,刘督退休,由文华接任。如此则民不惊扰,地方安定。④

---

① 《黔学生留学欧美之踊跃》,《申报》,1919 年 10 月 18 日,第 7 版。
② 《贵州留法团员志谢》,《申报》,1919 年 10 月 19 日,第 2 版。
③ 《刘亚休致熊克武密电》,1919 年 12 月 4 日,原件藏四川省文史馆。
④ 何应钦将军九五纪事长编辑委员会:《何应钦将军九五纪事长编》,黎明文化事业公司,1985 年 4 月,第 39 页。

一九二〇年（民国九年　庚申）　三十六岁

二月二十四日　孙中山致电王文华,促其协同湘南大举,解李烈钧之危。①

五月十二日　接姚华函,告知手中的书画收藏名录。函曰:"必明来,得手书,具悉。装件外单并交,请照收。人世一切皆幻,何必认真。吾弟聪明人,必能勘破。若有发端,再为说法。"

五月三十日　先生等到新关码头迎迓由香港抵沪的李烈钧。

六月十七日　刘显世向孙中山报告准备废除贵州督军职务。六月二十一日刘通电声明废除贵州督军。孙复电表示嘉许。

七月下旬　孙中山发布南北和谈通电。②

七月二十四日　在沪唐绍仪宅与孙中山、伍廷芳举行会议,谈论时局,决定再次发表宣言、军府移设重庆。③

八月二十五日　为中华慈善团合办湘闽浙筹赈处募捐大洋一百元。

十月二十一日　复函姚华,告知近况。

十月二十六日　接刘显世电告,李烈钧参谋部长已今日安抵贵州桐梓县,二十八日可抵遵义。

十月二十八日　接姚华复函,云:"电轮闻已抵沪,确否?统一之说已成骑虎之势,盗铃之喻,莫切于此。想反面着笔,当早晚有一篇文章。此等闹热,正不患无人趁势而起。尤愿吾弟少安无[毋]躁,或便藏身海外,别俟时机,则将来容有清明之日,不少展布处也。愚憨之言,请电轮议之。所属各件早已装成,是访古所办,已屡次催款。兹将原单寄去,访古价少昂而工较善,此次单开之数,已磋磨允付九成,彼终不受,如何之处,吾弟酌之。想在此边际,无不可通过者。何时有便,即行交去可也。"④

---

①　中山大学历史系孙中山研究室等编:《孙中山全集》,第5卷,中华书局,1985年10月,第232页。

②　此电时间,《国父全集》,定在1919年(《国父全集》第1册第837—838页)。据该电内容看,时间当在1920年7月11日直皖战争爆发,皖系未完全失败之前。

③　陈锡祺主编:《孙中山年谱长编》,1991年8月,第1264页。

④　姚华著、杜鹏飞点校:《如晤如语:茫父家书》,上海书画出版社,2018年3月,第150页。

十一月二十五日　随孙中山、伍廷芳、唐绍仪乘中国邮船公司"中国号"轮船启行赴粤,重组军政府。

十一月二十九日　孙中山等通电宣布恢复广州军政府。决定军政府下设总裁,下属秘书厅、交通部、财政部等。"唐继尧任交通部长(未到任前,王伯群署理)。"①

十一月三十日　参加孙中山主持的军政府重要会议。此次会议在下列几个问题上取得一致意见:(一)重组军政府;(二)发通电宣布不承认岑春煊和陆荣廷发布的关于取消两广独立的宣言;(三)撤销岑陆二人在军政府担任的总裁职务,选出两个新总裁代替他们。②

十一月　王文华令第一旅长卢焘为总司令率队回黔,自己赴沪治病。

十二月一日　广州军政府发表布告,宣布启用新印章。③

冬　王文华到上海,会见黔军代表邓汉祥,并邀请邓回黔分掌军民两政。④

十二月七日　广州军政府发布命令"特任孙文为内政部长,唐绍仪为财政部长,唐继尧为交通部长,陈炯明为陆军部长"。交通部长唐继尧未到任前,特任王伯群署理。⑤

十二月二十日　先生作为唐继尧代表被滇人攻击,拟辞职,孙中山极力挽留。

十二月二十八日　任可澄、刘显潜电催先生赴黔长任,同时刘显世由滇赴沪。

十二月　受先生引荐,王文华赴广州晋见孙中山,被孙委任为国民革命军事委员会常务委员。孙命其往晤浙江卢永祥,劝说卢共伐曹锟、吴佩孚。⑥

①　陈锡祺主编:《孙中山年谱长编》,1991年8月,第1264页。
②　《粤海关档案》,《孙中山研究》,第1辑,第375—376页。
③　《中华民国史档案资料汇编》,第4辑上册,第12页。
④　邓汉祥:《贵州往事片段》,贵州黔西南政协文史资料委员会编:《邓汉祥文集》,(内部发行),1988年5月第1次印刷,第81页。
⑤　《中华民国史档案资料汇编》,第4辑上册,第13页。
⑥　平刚:《贵州革命先烈事略》,贵阳1936年印行,第42页。

一九二一年(民国十年　辛酉)　三十七岁

一月二日　孙中山在广州纪念南京临时政府成立九周年会上发表演说,主张建立中华民国正式政府。

一月二十三日　参加广州军政府举行公祭朱执信大会。

二月十八日　因病告假,离粤赴沪。

三月十六日　王文华在一品香旅馆被人刺杀,终年三十二岁。关于王文华究为何人刺杀,有几种说法。

(一)《申报》以《西藏路暗杀案续志》为题,对王文华暗杀案情进行详细披露。①

(二)谌志笃在《袁祖铭"定黔"》文章中指定袁祖铭派人刺杀王文华。"王文华之被暗杀…最主要的原因还是由于他和袁祖铭争夺贵州军政权的矛盾尖锐化到了顶点。""先下手为强,这是暗杀事件的根本原因。"②

(三)黔军第十团团长胡寿山撰文指出张克明刺杀王文华。"王文华在一品香玩,王伯群来电话说"李协和(李烈钧)同卢小嘉(浙江都督的儿子)来会你,在此等着。我想开汽车接你",王文华"刚用手开门,张(克明)的枪声又响了两枪,中在要害。"③

(四)川黔边防督办公署秘书长丁宜中则认为是张俊民刺杀王文华。他忆述道:"至于较早一些时期,在沪暗杀王文华的人叫张俊民。"④

(五)先生指责刘显世有谋杀王文华嫌疑。"推刃饮血,虽由凶徒;发踪指示,人言啧啧。""窃恐舅氏以一朝之小忿,陷故乡于万劫。"⑤

---

① 《西藏路暗杀案续志》,《申报》,1921 年 3 月 18 日,第 10 版。

② 谌志笃:《袁祖铭"定黔"》,贵阳市志编纂委员会编:《贵阳市志军事志》,贵州人民出版社,1989 年 10 月,第 149 页。

③ 胡寿山:《王文华在"民九"事变前后》,《兴义刘王何三大家族》,中国文史出版社,1990 年 8 月,第 24 页。

④ 丁宜中:《我所知道的袁祖铭》,政协贵州省委员会文史资料委员会编:《文史资料存稿选编第 2 卷》,贵州人民出版社,2006 年 3 月,第 439 页。

⑤ 王伯群:《正告刘显世书》,汤涛编:《王伯群文集》,上海书店出版社,2018 年 1 月,第 7 页。

三月下旬　接周素园复函,询问先生何时可以回黔执政。函谓:"电轮暴殂,又增一番激刺,生平偏重感情,至此亦无徘徊之余地。先行回黔之说,兄以为有益者,弟亦可从命。惟有一事相要,即大旆订期回黔是也。贵州局面弟始终认定非兄回去无办法。倘兄无即归之决心,弟殊不欲贸然前往。"①

三月二十五日　接邓汉祥致广州长堤中法医院转有(二十五日)电,分析黔省政局,主张先生回黔执政。电文谓:"袁遁刘窜,四凶去二。""一民则中途挡驾,经甫则决计东来,纪常则阴怀退志。……对于敬之,感之以至诚,范之以正轨,裁抑奖劝,刚柔互用。不过旬日,气象便自改观。倘兄归志未决,现时包围敬之之某某,皆平日拥袁最力之人。敬之受惑已深,或恐为所卖而不自觉。"②

三月二十八日　致电长沙湘军总司令赵恒惕,感谢垂唁王文华。③

四月七日　广州国会非常会议召开两院联席会议。

四月　袁祖铭在武昌正式成立定黔军,自任总指挥。

五月四日　孙中山与刘显世等联名通电,宣布军政府自即日起取消,大总统翌日就职。

五月五日　与伍廷芳、唐绍仪、伍朝枢等出席孙中山在广州军政府大礼堂宣誓就任非常大总统仪式。孙揭露和批判北洋军阀丧权辱国的种种罪恶,宣扬三民主义,勉励大家努力工作,完成北伐事业。典礼完毕后,陪同孙又前往永汉路财政厅大礼堂,接受各界代表和市民的祝贺。④ 先生被任命为总统府参议。

五月十一日　广东军政府交通部因先生久离,路电邮航拟暂并内政部及财政部办理。

五月　致贵州总司令卢焘、省长任可澄、参谋长何应钦并转各旅长函,分析国家大势,以及对黔局的建议⑤:

> 希望军政方面,通盘筹画,未雨绸缪;某为居者,某为行者,某旅应整顿,某旅应补充。集思广益,折衷[中]至善,调发令下。但求能争一先着,将来摧枯拉朽,不难获美满之结果。民政方面,志翁以斲轮老手,谅有成竹在胸。但改革数月,人民望治之心理,不可无以餍之。应请宣布方针,督饬施行。此又无论外间形势变化若何,而根本计划不可不早

---

①　叶方明主编:《周素园文集》,贵州人民出版社,1994年7月,第629页。
②　叶方明主编:《周素园文集》,贵州人民出版社,1994年7月,第631页。
③　汤涛编:《王伯群文集》,上海书店出版社,2018年1月,第5页。
④　龚铭、张道有主编:《中山先生的一天》,中国国际广播出版社,2017年7月,第171页。
⑤　叶方明主编:《周素园文集》,贵州人民出版社,1994年7月,第633页。

日确定也。昔嬴秦元魏比肩列国，徒以居地僻远，稍占形势，士卒勇敢，乐于战斗，遂能取乱侮亡，兼并坐大。黔在今日恰有此两优点。时势造英雄，吾侪未可妄自菲薄也。

六月五日　接周素园致上海卡德路八十四号的歌（五日）电，通报贵州政况。①

六月二十日　袁祖铭在北京遇刺。在遇刺的当天，袁给总理靳云鹏呈文，指出是王伯群为幕后主使，要求严密防范。②

九月二十日　被孙中山任命为贵州省省长。令谓③：

> 大总统令：特任王伯群为贵州省省长。此令。
>
> 又令：王伯群未到（任）以前，着贵州总司令卢焘兼署贵州省长。此令。

九月二十二日　致电孙中山，表示不日赴黔就任贵州省长。电文谓④：

广州孙大总统钧鉴：

　　准秘书处马电开：奉大总统令：特任王伯群为贵州省长，此令。王伯群未到任以前，以卢焘兼署贵州省长，此令。等因。奉此。

　　窃群自顾轻材，难胜重任。况变故迭遭，何心问世，猥荷简拔，惶悚莫名。第国步艰难，北敌未摧，大总统宵旰精勤，不遑宁处，群敢不勉竭驽钝，藉勷鸿业，以副钧座眷顾西陲之盛意。惟黔素贫瘠，年来师旅未息，饥馑荐至，为国牺牲，黔民忍痛待纾久矣。布新除旧，大费周章。惟望钧座统筹全局，不遗远方，以慰黔民喁喁之望，群亦与有荣幸也。沪事一时不克结束，俟启行有期，再当呈报。谨闻。

伯群　叩。养

九月二十九日　贵州省议会致孙中山电，表示拥戴先生担任贵州省临时省长。电文谓⑤：

①　叶方明主编：《周素园文集》，贵州人民出版社，1994 年 7 月，第 635 页。
②　张文武：《北洋时期西南军阀袁祖铭北京遇刺案》，《中国档案》，2008 年第 1 期。
③　《总统令任王伯群为贵州省长》，上海《民国日报》，1921 年 9 月 22 日，第 2 版。
④　《王伯群上孙总统电》，上海《民国日报》，1921 年 9 月 24 日，第 10 版。
⑤　《王伯群任黔省长原因》，上海《民国日报》，1921 年 9 月 29 日，第 6 版。

大总统钧鉴：

窃贵州自去冬因前省长刘显世去职，准各界请愿到会，推举任可澄为本省临时省长，瞬将一年。现任省长因病一再辞职，情词坚决。本会特于本月巧日召集省教育会、总商会、省农会、工会、律师公会、军事后援会、全黔八十一县旅省同乡会、警察协会、少年贵州会、民生社、群益社暨各绅董等到会，共商解决办法。众论一致公同举定王伯群继任本省临时省长。查王君伯群学识兼优，声望素著，护国护法各役奔走国事，席不暇暖。日前黔省多数人民责膺重任，兹经各团体一致公举，堪称得人。除由本会电告王君回黔就职外，敬恳我大总统倪赐鉴核，特予任命，饬速到职。贵州全局幸甚。临电不胜迫切待命之至。

贵州省议会叩。巧印。

九月二十三日 接何应钦漾电，通报黔省军事情况，并告将赴粤晤面。[1]

十月六日 搭乘特别快车由杭州返沪，险被汽车司机蔡必章暗杀。据蔡招供，背后由袁祖铭迭为谋主。

十月八日 接贵州代理省长卢焘齐电，询问黔省军事状况。

十月十二日 《申报》以《无意中破露之暗杀案：蔡必章车站逮捕，辛治国旅社成擒；祖铭迭为谋主，王伯群幸免遭害》为题，披露上海警方抓获刺杀王伯群凶手经过。[2]

十月十三日 随孙中山出巡广西，取道湖南北伐。

本日 周素园致梧州大本营转王伯群阮电，报告自己已回贵阳，冀望回黔主政。电文云："弟此次回黔，尘装甫卸，而省长问题之纠纷已起。半月以前，情况颇为险恶。幸敬之、剑峰顾念大局，极端退让"，"至于今日，难关已过。然政府威信扫地无余。""一言蔽之，台旆归来，比较尚有办法。否则非不佞所敢知也。弟与公本有成约，公迟迟不来，弟准年内回籍，安置眷口后或再相见于沪上。"[3]

本日 《申报》以《谋刺伯群未遂案再志》为题，再次报道捕拿辛治国详情。报载[4]：

① 叶方明主编：《周素园文集》，贵州人民出版社，1994年7月，第651页。
② 《无意中破露之暗杀案：蔡必章车站逮捕，辛治国旅社成擒；祖铭迭为谋主，王伯群幸免遭害》，《申报》，1921年10月12日，第14版。
③ 叶方明主编：《周素园文集》，贵州人民出版社，1994年7月，第648页。
④ 《谋刺王伯群未遂案再志：捕拿辛治国详情，王履泰准予开释》，《申报》，1921年10月13日，第14版。

辛治国系贵州人,曾在王文华部下充当副官,有学生贵州人王履泰(又名王慎和)新近来沪与辛相识,辛乃约王同居新旅社第六十一号房间,旅社循环簿纸有王履泰姓名,并无辛治国字样,故前日特别华探目钟星南、包探白忠祺前往该旅社调查时,初尚不知有辛姓其人,嗣见六十一号房内寓有两人,始诘悉其一即辛治国,当将辛王二人一并拿获。

在铺盖内抄出实弹手枪一枝,电刀两柄,钞币二百五十八元,现洋二十元,金手表一只,连人带入虹口捕房,押至昨晨解送公共公廨第二刑庭。

十月十七日 随孙中山抵广西梧州。

十月十八日 刘显世、袁祖铭在《申报》发表通电,申辩并非刺杀王伯群之主谋。①

十月二十日 暗杀王伯群未遂者辛治国移解护军使署,并永远逐出租界。②

十月二十四日 随孙中山抵达广西南宁。

十月二十九日 随孙中山从南宁抵达梧州。大本营留梧州半月。③

十月 致函云南军政界民党同志,函谓:"共和十年,国家政权不为官僚所把持,即受阴谋派之操纵。有世界之眼光,明潮流之趋势,赤心以薪国利民福者,孙先生一人而已。而又辗转漂泊,无尺寸之地盘,以实现其主张。诸公努力奋斗,廓清滇南一片土,使孙先生得发擳凤抱,以立民极,孙先生之成功,实诸公左右之也。弟信仰孙先生,不后群贤。黔中将领亦复沆瀣一气,是滇黔两省匪直地理历史关系密切,即主义之结合,当然亦不可分离。所望开诚提挈,步调一致,对于时局变化,庶可相机应付。"

十一月八日 接卢焘艳电,敦请速回贵州主政。

本日 抵达香港,与唐继尧谈滇黔军事。④

十一月九日 从香港抵达梧州谒陈炯明、孙中山,商讨回黔策略。⑤

十一月十二日 接卢焘来电,建议见孙中山时,力主解决滇军回滇问题的两项办法。

① 《公电》,《申报》,1921 年 10 月 18 日,第 10 版,第 14 版。
② 《图刺案之一段落:辛治国移解护军使署并永远逐出租界》,《申报》,1921 年 10 月 20 日,第 14 版。
③ 《桂游鳞爪录》,《建国月刊》第 13 卷第 1 期;长沙《大公报》,1921 年 1 月 12 日。
④ 《黔省长王伯群齐(八日)抵港与唐蓂赓淡滇黔军》,《四民报》,1921 年 11 月 11 日,第 3 版。
⑤ 《王伯群赴梧晤孙文》,《新闻报》,1921 年 11 月 19 日,第 8 版。

十一月十四日　周素园再次致广东参谋部转先生函,通报何应钦以及军政局势。①

十一月十五日　再接卢焘删电,敦请回黔主持军政,卢率黔军两个旅参与北伐。

十一月中旬　刘显世由香港抵沪,两次晋谒何丰林护军使,欲设法开释暗杀先生案内之辛治国等,何以案关暗杀,中外注目,未便徇情而婉拒。

十一月十八日　接窦居敬巧电,告以敌之第一目标是王伯群,其次是何应钦。请先生速归,尚可补救。

十一月二十五日　接卢焘有电,通报何应钦已离开贵州等事宜。

十一月二十九日　接卢焘艳电,"伯兄刻期速返,危者可以复安,涣者可以复萃,此黔局续命汤也。弟德薄能鲜,虽欲努力奋斗,窃虑枝节横生,已迭电纪常促其率队旋里,解决一切。际兹时局混沌,参谋长一席,一民恐未肯锐然自任。渠已于数日前赴乡避嚣矣。"

十二月二十一日　得卢焘电,请筹款收编溃散的桂军。

---

①　叶方明主编:《周素园文集》,贵州人民出版社,1994年7月,第657页。

一九二二年(民国十一年　壬戌)　三十八岁

一月五日　接周素园支(四日)电,着重分析黔政人事。

一月十八日　会见卢焘代表周铭久。

本日　电贺唐继尧就任滇黔联军总司令。贺电谓:

> 我公共和元勋,南天柱石,滇黔帅旅,凤仰姘幓,护国、护法屡建殊功。思及东山高卧,遂致群龙俯首,形势不免涣散。欣聆节麾毅然再出,总领师干。以我之威望及将士之奋勇,从兹团结一致,驰骋中原,岂惟滇、黔两省蒙其庥,民国前途实利赖之! 引领旌旗,欢跃无似。谨电驰贺,不禁神往!

一月　袁祖铭部属王天培、彭汉章率所部由榕江、独山向贵阳挺进为左路,沿途畅行无阻,率先进入贵阳。三月,袁祖铭即电北京政府报捷。靳云鹏内阁任命袁为贵州省长。

三月七日　孙中山致电李烈钧等,指示申斥黔军刘其贤等干预政治。

三月三十日　袁祖铭为阻止先生入黔担任省长,发表通电,自认为乃系主张公理、维系正义之举。①

四月二日　阅袁祖铭通电后,致电孙中山,揭露袁祖铭乃忘恩负义、祸害黔政、背离正义之徒。他说:"袁逆原为亡弟文华部曲,初仅一排长耳,不次拔擢至于师长。骄横恣肆,各将士渐不能堪,中以谷、胡两旅,尤为愤激。积恶既稔,群起逐之。袁逆不自反省,并不念亡弟十数年卵翼之恩,去春派人至沪刺杀亡弟,迄经通缉在案。夫以小怨而戕长官,其人格究何如耶? 贼心不死,更数遣人谋刺伯群,获凶送案,供证可凭。"

接着袁祖铭投靠北洋军阀的叛逆行径,"袁逆电中乃一再言人道,言正义,若不知人间有羞耻事者。袁逆既经南方通缉,又为乡人所不齿,不

---

① 《镇远袁祖铭通电》,《锡报》,1922年3月30日,第2版。

惜以护国、护法屡役咸从之人,悍然降北,奴颜婢膝,投为靳云鹏门下,骗取北庭十五万元,组织定黔军,设机关于武汉,啸聚党徒,倒行逆施;更借王占元所部,力谋祸黔,岂为伯群弟兄私仇,实我西南公敌。袁逆电中乃谓天柱会议,电招来黔,凿空之言,欲一手掩尽世人耳目耶?袁逆日奔走于京汉间,出入靳、王之门,藉北廷之钱,以收买内部,复藉地方名义,价卖北方。靳阁既倒,又投身吴佩孚部下。此次衔吴使命,辇载重金以及大宗械弹,潜由湘西入黔,少数军官浅见寡识者,受其利诱,开门揖盗,此真可为痛惜者也。"①

四月四日 在邓汉祥、何辑五等陪同下,率一军行抵贵州玉屏。袁祖铭部即派兵三路向铜仁、玉屏进击,双方接战数次,袁军屡胜。先生退至洪江,窦居仁旅率领残部退至湘川方面。

四月十日 袁祖铭电赵恒惕,悬赏洋五万元通缉王伯群。赵守中立,不复。②

四月十二日 袁祖铭通电,言王伯群等嗾胡瑛、谷正伦等放逐长官,特组定黔军等语。③

四月十八日 率军继续向黔边进行,恰值黔军第二旅旅长谷正伦奉卢焘命令率部来湘援助,便向玉屏极力猛攻袁祖铭之军,两军鏖战两日,尚无胜负。

四月十九日 袁祖铭夺取贵州政权后,不愿受刘显世的胁迫,以定黔军总指挥身份兼辖军民两政。

五月 先生自黔返抵上海。④

见贵州久攻不下,何辑五劝先生道:"我们前进还不知要经过多少艰难,进到省境,中经军阀的势力圈,沿途伏莽必多……何必亲身涉险,为此万不可能之事!"王伯群遂与何辑五、窦居仁等乘一艘小木船,沿锦江到湖南,迂回上海。⑤

七月初 袁祖铭电赵恒惕,言王伯群派双清携款入湘运动、助王返黔,请饬缉拿并解押回黔究办。⑥

① 中华民国史事纪要编辑委员会编:《中华民国史事纪要(初稿)中华民国十一年一九二二年一月至六月》,中华民国史料研究中心,1982年6月。
② 《国内专电》,《新闻报》,1922年4月11日,第4版。
③ 《国内专电》,《新闻报》,1922年4月13日,第4版。
④ 《王伯群马君武来沪》,《时报》,1922年5月10日,第9版。
⑤ 《北伐军第十军副军长何辑五》,政协黔西南州委员会文史资料委员会编:《贵州省黔西南州文史资料第14辑盘江历史风云人物》,2002年1月,第130页。
⑥ 《国内专电》,《新闻报》,1922年7月7日,第4版。

七月二十五日　谋杀先生主犯辛治国在上海被护军使执行枪决。

八月十日　把王文华由上海迁葬于西湖孤山，并建墓庐三椽，以供扫祭之用。①

九月四日　参加孙中山在上海召集改进国民党会议，商讨改组国民党问题。包括陈独秀等共产党人在内的五十三人出席会议。孙中山即席解释了联俄联共政策。② 会上，大家一致赞成国民党改组计划。③

十一月十五日　参加孙中山在上海再次召集有国民党各省代表和共产党人参加的会议，审查并修改起草委员会拟定的党纲和总章。会上，推举胡汉民、汪精卫起草国民党宣言。

十二月十六日　参加孙中山召集国民党改进会议，审查中国国民党宣言及党纲、党章。十七日汇集党纲、总章全案作最后酌定。④

十二月十八日　接赵恒惕解除湖南总司令职电文："湘省省宪成立，业已选举省长，组织正式政府。恒惕谨于本日依法所有湖南总司令名义，即于本日撤销，特此电闻。"⑤

十二月二十六日　赴东亚酒楼与谭延闿、于右任、马君武、张继等晚宴。"席中，徐固卿起演说，格格不吐，黄答询尚明晰，马忽起演说，语毕，胡汉民亦以机锋报之，田子琴、于右任亦各胡说几句，遂草草而散。"⑥

① 汤涛：《人生事总堪伤：海上名媛保志宁回忆录》，上海书店，2018 年 1 月，230 页。
② 黄修荣著：《第一次国共合作》，上海人民出版社，1986 年 8 月，第 102 页。
③ 居正：《本党改进大凡》，罗家伦主编：《革命文献》，第八辑，1978 年 10 月，台北出，第 32 页。
④ 《中国国民党史稿》第 1 篇，第 306 页。
⑤ 《赵恒惕电各报馆》，《国民日报》，1922 年 12 月 21 日，第 3 版。
⑥ 刘建强：《谭延闿文集·论稿下》，湘潭大学出版社，2014 年 11 月，第 570 页。

一九二三年(民国十二年　癸亥)　三十九岁

一月一日　孙中山发表《中国国民党宣言》,宣布时局主张与民族、民权、民生政策。

一月二日、三日　出席孙中山在上海召集的中国国民党改进大会,会上公布《中国国民党党纲》和《中国国民党总章》。

一月十八日　加入中华全国道路建设协会,纳会费一百元。三月二十三日被聘为名誉董事。

一月二十六日　在上海加入中国国民党。

二月二十一日　孙中山回广州,续任广州政府大元帅职。

四月六日　接李烈钧电文,希望全国止戈息战,云:"军阀踵起,躁进放横,戾气洋溢,凶焰翕张。""置国敝民痛于不惜,唯兼并势力之是图。宇内益起纠纷,民困何时获已。钧等忝列戎行,志匡邦国,睹兹危局,能无慨然,特贡一言,用质贤达,邦人君子,其必有以教之。"①

四月九日　与吴宗濂、蒋尊簋、王星齐、王振声等发起成立上海岭南银行,资本额定五百万元。预拟设总行于上海,设分行于广州、重庆、汉口等。本月底从事收股,初拟先收四分之一开办。②

六月十二日至二十三日　中国共产党第三次全国代表大会在广州举行。会议通过《关于国民运动及国民党问题决议案》,决定与国民党合作。

十月二十五日　孙中山在广州召开国民党改组特别会议,决定明年一月在广州召开全国代表大会。

---

① 《李烈钧等通电》,《申报》,1923年4月4日,第6版。

② 《岭南银行筹备状况》,上海《民国日报》,1923年4月9日,第11版。

一九二四年(民国十三年　甲子)　四十岁

一月二十日至三十日　中国国民党第一次全国代表大会召开。会议高举反帝反封建的思想旗帜,提出联俄、联共、扶助农工三大政策,决定在广州组织国民政府。

七月二日　厦门大学离校学生团总部学生代表与教师王毓祥①、傅式说等开会,议决筹备大学相关事宜。何纵炎②报告昨晚由前贵州省长王伯群处借得大洋一千元,足敷日内筹办大学之用。报载③:

> 二日致函留沪王李吴傅四先生,从速赁定校舍及寄宿舍;致电福州余泽兰先生,请其即行来沪。下午邀留沪四先生至钜兴里本部开会,议决要案四项:(一)俟内部组织稍行就绪后,大夏大学即正式宣布成立。(二)由王傅两先生明日亲往校舍房董处签订租约。(三)俟欧余林三先生到后,即行编订大夏大学组织大纲章程及招生简章。(四)经费视各方情形,再定募捐办法。正值开会之际,何纵炎君趋车至。报告昨晚由前贵州省长王伯群先生处借得大洋一千元,足敷日内筹办大学之用,并谓王先生素具培植青年宏愿,将来当肯尽力襄助本校云。

经何纵炎介绍,先生接待欧元怀④等教授来访,为大夏大学筹备处捐赠

---

① 王毓祥(1886—1949),字祖伟,号毓祥,湖南衡阳人。美国纽约大学硕士。历任大夏大学校董、校务发展委员会主席、副校长等职。
② 何纵炎(1900—1985),贵州兴义人。名何应炳,以字行,何应钦五弟。大夏大学校董。先后入厦门大学、大夏大学、美国俄亥俄州立大学。历任国民革命军东路军经理处长,交通部邮政储金汇业局储金处长、贵州分局经理、邮政总局副局长兼储金汇业局局长。1955年任台湾邮政总局局长,1969年创办亚东工业专科学校并任校长。
③ 毓:《总部到沪后纪事》,(续前),《血泪》第5期,1924年7月12日。
④ 欧元怀(1893—1978),字愧安,福建莆田人。美国哥伦比亚大学硕士、西南大学荣誉博士。历任厦门大学教育主任兼总务长、大夏大学副校长和校长、贵州教育厅厅长、华东师范大学副总务长等职。

银圆两千元。①

七月三日　接大夏大学筹备处致谢函。

七月七日　厦门大学去职教授九人和离校学生总代表十四人，在上海贝禘鏖路（今成都南路）美仁里二十四号设立大夏大学筹备处。初拟名"大厦大学"，后定名"大夏大学"，以志校史系由厦大嬗变而来，并寓光大华夏之意，英文名为 The University of Great China②。欧元怀忆述③：

> 所谓大夏大学临时筹备处，系设在上海弄堂内的一楼一底房屋的楼上，大门口还贴有"请走后门"字条，因楼下系房东卧室，为方便起见，筹备处必须由后门出入。

本日　被全国平民教育促进会推为代表，与陶行知等筹划全国教育经费委员会会议。

七月二十四日　大夏大学筹备处在沪全体教员在宜昌路一一五号召开第一次筹备会议，通过"大夏大学组织大纲"。议决设立文、理、教育、商、预五科，并推定各项章程起草委员，着手组织筹备委员、董事会等事宜。欧元怀忆述道④：

> 租定宜昌路 115 号打油厂为临时校舍……记得校本部门前矗立着书法家曾熙题的校牌，既高又大，与校舍虽不相称，却也有些气派。当时有人嘲弄说：大夏大学的'夏'，按古文'夏者大也'，那么校名是大大大，而校舍却是小小小。

七月底　协助陈果夫为黄埔军校在上海招募教导队士兵。陈果夫忆述⑤：

> （黄埔军校）校长（蒋介石）转来一张总理的委任状，要我与赵澄志、刘祖汉三人为招兵委员，并由校长指定我主持其事，那是为了黄埔第

---

① 王守文：《王伯群创办大夏大学始末》，政协黔西南州委员会文史资料研究委员会编：《黔西南州文史资料选辑》，（第五辑），1985 年，第 150 页。
② 大夏大学校名也翻译为"The Great China University"。
③ 欧元怀：《大夏大学校史纪要》，政协上海市委员会文史资料工作委员会编：《解放前上海的学校》，上海人民出版社，1988 年，第 144 页。
④ 欧元怀：《大夏大学校史纪要》，《解放前上海的学校》，上海人民出版社，1988 年 7 月，第 144 页。
⑤ 林家有、张磊主编：《孙中山评传》，广东人民出版社，2014 年 2 月，第 665 页。

一、二两团教导队招募的;校长要我们在江、浙、皖三省招募新兵。王伯群参与上海招生工作。[1]

八月八日 被推为大夏大学董事长。至八月中旬,大夏大学董事会完成组织工作,第一任校董有王伯群、吴稚晖、汪精卫、张君劢、叶楚伧、邵力子、邓萃英、林支宇、陈树霖、欧元怀、王毓祥、傅式说等十二人。

八月十八日 孙中山发布《中国国民党北伐宣言》。宣言谓:"国民革命之目的,在造成独立自由之国家,以拥护国家及民众之利益。"[2]

八月二十五日 大夏大学原租定宜昌路一一五号校舍不敷应用,另于劳勃生路(今长寿路)致和里租定新建洋房四十余座。大夏大学筹备处迁入宜昌路校区。

九月十六日 大夏大学校舍由宜昌路一一五号迁至小沙渡路(今西康路)二〇一号,同时迁入劳勃生路致和里宿舍。新生录取工作陆续进行。

九月二十日 偕叶楚伧、邵力子等出席大夏大学在槟榔路(今安远路)潘家花园举行的秋季开学仪式并发表演说,表示将极力援助之热忱。

十一月二十二日 主持大夏大学董事会,汪精卫等出席。先生说,群情属望吴稚晖先生,但迭次请求,均未允许,近日又闻吴先生有病,请公议办法。会后,主持介绍汪精卫的道德学问及历年奔走国事之功绩,陪同汪登坛为全体师生做报告。

十一月二十四日 董事会任命马君武[3]为大夏大学校长。[4]

十一月 孙中山抵上海,先生随孙奔走各方。

十二月二十五日 为《大夏周报》创刊号撰文。

十二月二十七日 邀请夏元瑮教授为大夏大学师生做"相对论"报告。

① 毛思诚编:《民国十五年以前之蒋介石先生》,南京1937年,第281页。
② 《中国国民党北伐宣言》,《民国日报》,1924年9月28日,第1版。
③ 马君武(1881—1940),广西桂林人。柏林工业大学博士。历任中华民国临时政府实业部次长、孙中山革命政府秘书长、广西省省长、北洋政府司法总长、教育总长、大夏大学校长、广西大学校长等。
④ 欧元怀:《大夏大学校史纪要》,《解放前上海的学校》,第145页。

一九二五年（民国十四年　乙丑）　四十一岁

一月一日　中国国民党中央执行委员会发表《开国纪念日告同志及国民书》，指出："废除不平等条约运动，为今日民族求独立解放之唯一途径，乃实现本党政策之第一步与以党建国之第一步，故必以此提出国民会议，任何诬蔑、威胁皆不暇顾。愿同志及国民矢诚拥护。"①

一月二十二日　中国共产党第四次全国代表大会发出宣言，指出"善后会议是段祺瑞要用军阀制度而借着帝国主义者的帮助，以统治中国人民的工具"；"号召全中国的劳动群众起来制止段氏这种恶劣的计划，……并极力赞助国民会议促成会，要求国民会议之召集。"②

一月　大夏大学新聘各科主任及教师。董事、教职员、学生等皆为学校基金募集工作积极展开行动。

二月十六日　大夏大学正式上课。同时添聘郭沫若、马宗霍、刘湛恩、夏元瑮等为教授。

二月　赴北京参加段祺瑞执政府的善后会议。

三月十二日　孙中山逝世。消息传来，先生极度悲伤，组织大夏学生静默哀悼，并议决筹备追悼会，决定十三日停课半日，前往莫利爱路（今香山路）孙中山寓所吊唁。

三月二十七日　与唐继尧代表周钟岳、李宗仁代表严端、黄绍竑代表蒙民伟、刘显世代表刘燧昌、唐继虞代表李华英、赵恒惕代表陈强等假座北京南河沿欧美同学会宴请善后会议会员，就西南代表提出联治案进一步之讨论。

五月四日　被北京临时执政指派为临时参行政院参政。

五月十八日　由先生筹资的大夏大学胶州路新校舍开始动工建设。③

五月三十日　"五卅运动"爆发。大夏大学学生熊映楚、姚邦彦等二十余人被捕。

---

① 《开国纪念日告同志及国民书》，《民国日报》，1925 年 1 月 7 日，第 1 版。
② 《中国共产党第四次大会宣言》，《向导》，第 100 期。
③ 欧元怀：《大夏大学校史纪要》，《解放前上海的学校》，第 150—152 页。

王伯群年谱

六月一日　上午，与石醉六、杨杏佛及学生三百余人共聚潘家花园举行建校一周年纪念大会。

六月二日　大夏大学教职员、学生分别发表函电，宣布全体罢课支援五卅运动抗议活动。

本日　以大夏大学主席董事名义，与马君武在《申报》等发布大夏大学暨高师附中招生广告。

六月六日　大夏大学召开全体师生大会，讨论援助工人方法。英兵忽入校内，要求学校立即搬迁，强行进驻校舍。①

六月八日　大夏大学学生会针对"五卅惨案"发表第二次通电。②

六月十五日　大夏大学学生会再次针对"五卅"事件发表宣言。③

七月二十七日　北京教育部派员视察大夏大学后，认为学校教授管理认真，学风成绩俱佳，准予立案试办。

七月　大夏大学高级师范专修科秋季开班，确定课程及担任教授。④

七月底　赴北京出席段祺瑞执政政府临时参行政院会议。

八月二十七日　参加行政院第一次大会。被汤漪主席指定为依法谘询审查委员。

九月五日　大夏大学胶州路三〇一号新建校舍落成，并开始迁入上课。⑤

九月十日　大夏大学本学期注册学生七百余人，教授七十余人。⑥

九月二十三日　大夏大学青年团成立。⑦

九月　大夏大学扩建胶州路新校舍宿舍、体育场地。⑧

十月九日　大夏大学补行开学典礼，师生共八百余人到会。

十月二十六日　邀请胡适在大礼堂做《怎样去思想》的演讲。⑨

十二月十六日　大夏大学图书馆发布藏书楼募捐启事。⑩

十二月二十五日　主持大夏大学举行云南起义纪念大会，邀请参与云南起义的石醉六教授为全体师生发表演讲。

---

① 孙亢曾：《大夏大学初期史中之鳞片》，《大夏周报》，第13卷第26期，1937年5月29日。
② 《大夏大学消息》，《申报》，1925年6月8日，第14版。
③ 《大夏大学学生会最近宣言》，《申报》，1925年6月17日，第11版。
④ 《大夏大学高师之课程》，《申报》，1925年7月20日，第9版。
⑤ 《私立大夏大学一览》，1926年1月，第4页。
⑥ 《私立大夏大学一览》，1926年1月，第5页。
⑦ 《大夏大学青年团》，《大夏周刊》，第22期，1925年9月28日。
⑧ 《女生新宿舍已定》，《大夏周刊》，第22期，1925年9月28日。
⑨ 《胡适在大夏大学演讲》，《申报》，1925年10月27日，第10版。
⑩ 《图书馆动员大会》，《大夏周刊》，第25期，1925年12月19日。

一九二六年（民国十五年　丙寅）　四十二岁

一月七日　大夏大学学生雷荣璞等利用学校墙报制造革命气氛，被学校除名和记过处理。①

一月十四日　大夏大学教授李石岑、朱经农、何炳松等六十余人发起组织，于各大报刊发表护校宣言，申明立场。②

二月十六日　偕窦居仁、何纵炎赴杭州为王文华扫墓后，游西泠印社。

五月四日　出席大夏大学"五四"运动纪念大会。

六月一日　上午，出席大夏大学建校两周年纪念日大会。下午，观看田径运动会，晚上，参加全校游艺大会。

六月九日　蒋介石就任国民革命军总司令职。

七月二十二日　出席马君武设宴欢迎新校董王省三仪式。

九月十八日　出席大夏大学秋季开学典礼。

十一月　蒋介石召屯兵湖南常德的袁祖铭到南昌开军事会议，袁不从，改派彭汉章代己前往。蒋担忧袁威胁革命军左翼，而云南唐继尧坐观事变，后方堪忧，便电请先生入滇说唐。先生复电云："连唐不如去袁，袁自尊大，非真革命者，留之无异养奸，袁去则唐孤，不说自下，遣使转张其势，焉用往。"蒋纳先生建议，次年一月三十日袁祖铭中计毙命。③

十二月　担任何应钦率领的国民革命军东路总指挥部总参议。④

---

① 《大夏大学发生风潮》，《申报》，1926 年 1 月 13 日，第 10 版。
② 《大夏大学教授宣布办学宗旨》，《申报》，1926 年 1 月 14 日，第 10 版。
③ 保志宁：《王伯群生平》，涂月僧主编：《兴义刘王何三大家族》，中国文史出版社，1990 年 8 月，第 78 页。
④ 熊宗仁：《王伯群》，朱信泉、宗志文主编：《中华民国史资料丛稿民国人物传第七卷》，中华书局，1993 年 11 月，第 45 页。

一九二七年（民国十六年　丁卯）　四十三岁

一月四日　陈伯庄辞大夏附中主任职，先生推举郑通和继任。

二月十九日　马君武辞任大夏大学校长。大夏议决改校长制为委员制，先生被推举为委员长。

二月二十日　北伐军克复杭州胜利消息传来，上海二十七万工人举行总同盟罢工，各大、中学学生纷纷罢课，上街演讲，散发传单。大夏大学学生陈骏、陈亮在曹家渡为国民革命军北伐宣传时，途遇北洋军阀李宝章的大刀队，惨遭杀害。①

二月二十四日　大夏大学改组后，先生主持制定本学年计划。②

三月二日　主持大夏大学委员会会议，推举欧元怀为副委员长，程时煃为书记。

三月十二日　孙中山先生逝世纪念，大夏大学停课一天。

三月十四日　上午，邀请查良钊博士来大夏大学演讲。

三月二十四日　上海学生联合会在新舞台举行陈骏、陈亮烈士追悼会。

三月二十七日　蒋介石抵沪。

三月三十一日　国民革命军总司令部设立江苏省财政委员兼上海财政委员会，以便整理江苏省及上海一切财政事宜，王伯群等十五人当选为委员。

四月一日　大夏大学举行大学委员长王伯群就职典礼，典礼由王省三主持。

四月三日　与全校师生参加陈骏、陈亮烈士追悼会。会后，决定将两位烈士遗像悬挂在图书馆内。

四月十二日　以蒋介石为首的国民党新右派在上海发动反对国民党左派和共产党的武装政变。史称"四一二"反革命政变。

---

①　欧元怀：《大夏大学校史纪要》，《解放前上海的学校》，第147—148页。
②　《大夏大学改委员制后之进行计划》，《申报》，1927年3月3日，第17版。

四月十八日　国民党中央和国民政府在南京举行成立典礼。政府辖区包括江苏、浙江、安徽(一部)、福建、上海、南京、广东、广西等。开始形成宁汉分裂之局面。

四月二十日　赴南京国民政府大礼堂参加蒋介石主持的苏沪财委会成立暨就职典礼。就职典礼毕,即召开苏沪财委会第一次会议。① 会议决定,(一)将驻苏军队月饷及其余各费立一预算表,俾按月筹拨;(二)一切财政征收机关,不论国税、省税,暂时务宜一律截留,方可支配;(三)关于财政各机关所有用人行政,本会宜有全权处理,方可负按月付款之责;(四)本会地址请设在上海,另在南京分设一驻宁办公处;(五)现驻于南京旧财政厅的军队应请移出;(六)总司令前请宋(子文)部长全权办理之通令登在各报者,通请明文撤销或变更之。上述各条"均面奉蒋总司令核准"。②

四月二十二日至二十四　与陈光甫、钮永建、王晓籁、虞洽卿、钱永铭等出席蒋介石主持的苏沪财委会第二、三、四次会议。二十二日,在苏沪财委会第二次会议上讨论钱永铭将江海关二五附税库券发行额增至二千万元的提案。二十三日,听取蒋介石通过俞飞鹏提议把发行额增至三千万元的意见。二十四日,继续讨论发行额的,考虑到"值此军事时期,税收减少,认购者亦不免多所顾虑。候将来江北解决后,盐税及其他来源畅旺,然后再加一、二千万,亦未始不可"。最后,王伯群与诸委员一致赞同"二千万元之原案。"③

四月二十六日　南京国民政府宣布对武汉国民政府及国民党第二届第三次全体中央执行委员会会议所产生之机关、所发布之命令"一律否认"。

四月二十七日　蒋介石以国民革命军总司令部名义发布成立苏沪财委会,整理江苏省及上海一切财政事宜。④

四月二十九日　国民党中央政治会议上海临时分会在新西区召开第十次会议,决议加派王伯群、张知本为上海教育委员会委员。

五月一日　国民党中央政治会议第八五次会议,议决咨国民政府请特任王伯群代交通部长。先生一直有致力于国家交通建设的理想,王德辅记

---

① 《江苏兼上海财政委员会第1次会议议事录》1927年4月20日,中国第二历史档案馆编《中华民国史档案资料汇编》第5辑第1编,财政经济(一),江苏古籍出版社1994年,第2—3页。
② 《中华民国史档案资料汇编第5辑第1编,财政经济(一)》,第3页。
③ 《江苏兼上海财政委员会第2、3、4次会议记录》1927年4月22、23、24日,《中华民国史档案资料汇编第5辑第1编,财政经济(一)》,第4—8页。
④ 总司令蒋中正:《国民革命军总司令部布告》,《申报》,1927年4月27日,第3版。

述道①：

> （1905 年）父亲一行乘船抵达横滨港后，转火车前往东京。那是父亲第一次乘火车，坐在疾驰的列车内，望着窗外一闪而过的农田、房屋，他陷入沉思：铁路交通运输业的发展给日本带来了革命性的变化，加速了其现代化的步伐。中国欲同世界接轨，必须大力发展铁路，支持工业经济发展。这些见识为他日后出任国民政府交通部长奠定了基础。

五月四日　被国民政府任命为代理交通部部长。②

五月十二日　被国民政府正式任命为交通部长。③

五月十三日　国民党中央政治会议上海临时分会第二十一次会议，讨论王伯群函辞上海教育委员，决定欧元怀代教育委员。

五月十五日　由沪抵南京，下榻西成丸旅社，定期就职。

五月十六日　上午十一时，在国民政府行交通部长就职礼。胡汉民、蒋介石、陈铭枢等各界来宾三百余人与会。胡汉民授印，先生接受印并宣誓道："余敬宣誓，余将恪遵总理遗嘱，服从党议，奉行国家法令，忠心及努力于本职，并节省经费。余决不使用无用人员，不营私舞弊及授受贿赂，如违背誓言，愿受本党最严厉之处罚。"

胡汉民略论交通行政关系，其大凡军事及人民生活经济文化种种皆依赖以进步，在政治上实占重要地位。总理建国大纲认此为民生主义之关键，全国铁路计画关于京粤间及四川、重庆等埠，曾规画一种建设方略，惜未得成功。中国交通地位尤虑为帝国主义者所封闭，故除路、电、邮、航四大政应积极整理外，如航空、海底交通必须注意。王部长于交通事务，夙有经验，希望本总理政策努力建设以整理交通为工具，使早日完成革命三民主义，得以实现国民政府。代表邓泽如发言说，交通行政贵在得人，如中国创办最早之招商轮局因经理人不能负责，致营业愈趋愈下，其他交通事项腐败者指不胜屈，甚盼王部长本总理政策建设大纲，从整理入手，力图发展进步。

先生最后作答词，云：现在交通事务日见废弛，值此军事时代，亟须注意整理。鄙人材轻责重，覆倾时虞，但既受政府委任当勉为其难。对于总理极

---

①　汤涛、胡琨：《大夏大学创始校长王伯群，弟弟是护国将领，妹妹嫁给了何应钦。看他的家训是什么？》《文汇报》，2018 年 2 月 8 日，网址：http://wenhui.whb.cn/zhuzhanapp/xue/20180208/189010.html.

②　命令：《中华民国国民政府公报》，10 号宁字第 3 号，国民政府秘书处，1927(5)。

③　命令：《中华民国国民政府公报》第 2 期，国民政府秘书处，1927(9)。

精密极完备之交通计画,当力求实施。现整理提出四点计划:(一)军事未定,水陆交通多已停顿,当设法恢复原状便利商民;(二)从前交通机关积弊太深,当严行治理革除;(三)交通事权庞杂,各自为政,障碍殊多,当力求统一;(四)交通为专门学术,当设技术委员会研究改良。

五月二十日　就当选为国民政府交通部部长通电各报馆,谓:

> 案奉国民政府令开特任王伯群代理交通部长此令等,因遵于五月十六日在南京就职,当此全国交通债积政废之时,肩兹重责,深惧弗胜。惟既承政府委托,同志敦促,不能不勉为其难,谨当设法首先恢复交通原状,统一行政,扫除积弊,并努力于总理开发交通计画之实施,深望邦人君子暨各同志赐以教益,藉匡不逮。

> 王伯群叩。巧

五月二十一日　国民党中央政治会议召开第九十五次会议,决议通过王伯群为国民政府委员。

本日　在先生筹谋下,交通部部务组织就绪并正式办公,交通部不设次长,由秘书处兼管总务厅处理一切公牍。分设四科:第一科长蔡培;第二科长袁长春;第三科长胡泰年;第四科长符矩存。秘书宋述樵,文牍会计庶务监印等属之。特设四司,路政司长赵世暄暂兼邮政司长、电政司长;吴承斋暂兼航政司长;另组技术委员会委员以具专门学术并积有经验者充任之。所有人员日内提送中央政治会议通过后再发表。视察员不限额,以实行视察负责指导为旨。

委任李垕身为沪宁沪杭铁路局长。提出交通部直辖各学校主张维持,电令上海电报局先拨两千元接济上海南洋大学,俾维校务并令整理该校经费及核算欠薪,以谋教育之进行。

五月二十二日　接上海全国和平统一促成会浙民协会电贺当选为交通部长。电文谓:"南都新建,百端待举,我公出长交通,尤为先总理生前最注意之事,政府得人民众获幸,敬颂勋猷。"

五月三十日至六月六日　在《申报》等连续发表交通部招聘启事,云:

> 伯群猥以轻材,权代交通重任,汲深绠短,时惧弗胜,所冀当世贤达不弃,颛愚为党国前途共谋建设,海内外专门士夫、斲轮老手或赐以良规,或畀以助力,靡不祷祀,以求多方罗致,惟官制所限,不克广延,故好亲知赐函推毂,除陆续函答外,诸祈鉴谅并布歉忱。

六月一日　出席并主持大夏大学三周年纪念暨毕业典礼。校董王省三、赵晋卿，中央教育委员会、上海教委代表褚民谊等受邀出席。先生在致辞中指出："大夏大学师生富有平民精神、奋斗精神与建设精神，不甘屈于资本家的压迫之下自动组织大学。三周年以来，外面虽有环境之压迫，内面虽感办事之困难，但始终努力，成绩斐然，今年来虽处于极严重的时局之中，亦能应付裕如，不受影响，鄙人对于本校师生不能不表十分钦仰之意。"

六月九日　接上海邮务工会祝贺交通部成立电文。

六月十一日　委任朱锡晃接充上海电话局局长刘清凡的工作。

六月十七日　致函江苏邮务长李齐加，嘱对邮务生以佣人员酌加工薪，以维生计。

六月二十八日　提议规定交通部各机关调用电务员生及派在各电局检查人员薪水，均由调派各机关自行支给。

六月二十九日　在交通部设邮政司，任命刘书蕃为司长。同时指出：原有总局设在北京，据有巨额之流动资金及重要档案、国际契约并经万国邮会备案之邮票印模，在军事进展未至之期，断无直接接收之可能。而邮务关系后方交通，与主义宣传、清党运动息息相通，自不能待军事进展而坐视不理。①

六月　聘请美国康奈尔大学理科博士邵家麟、哥伦比亚大学哲学博士黄敬思、密歇根州立大学哲学博士杨开导为大夏大学教授。

七月四日　国民政府颁布《交通部组织法》，规定"交通部直隶于国民政府管理全国路政、电政、邮政、航政及监督一切交通电气事业。交通部设航政署、电政总局、邮政总局及各铁路局，分别处理全国航电邮路事务。"②

七月五日　先生感于交通人材之缺乏，拟于大夏大学商科自秋季起添开交通管理系，其学程包括铁路、邮政、电政三种，以造就国内交通人材以资应用，教授人材拟请现任铁路、邮政、电政各部专家担任。

七月七日　组织成立交通部专门技术委员会。委员人数合路电邮航四政共十三人，均属才识兼备之学者。

七月十四日　参加司法部长王宠惠就职典礼，并代表国民政府致词。略谓凡是国家或社会要使其有秩序有进步，须有一定规则以范围地方且须

---

① 《交通部关于整理邮政经过情形与国民政府往来呈(1928年4月)》，中国第二历史档案馆编：《中华民国史档案资料汇编第五辑第一编财政经济(九)》，江苏古籍出版社，1994年，第489页。

② 《国民政府交通部组织法》，《中华民国国民政府公报12》第6期法规，国民政府秘书处，1927年第1—5页。

拟订法律的人,对于法律要有精确的研究,明了国家社会的状况,始可使社会秩序相安无事,在变乱之后,欲谋建设尤非速订法律不可。

七月十五日 汪精卫为首的武汉国民政府开始清剿共产党,最终国共彻底分裂。

七月十六日 将南洋大学改名为交通大学,兼任校长。

本日 签发交通部派符鼎升暂行代理南洋大学校校长训令。令谓①:

> 查该校校长一职前已令委吴健接充在案,在吴校长未接事以前,应派符鼎升暂行代理,除委任外合亟令仰该校知照,此令。

本日 签发交通部令南洋大学原驻校学生离校的训令。②

七月十八日 与李宗仁、吴稚晖、日本人岩村中佐参加蒋介石在丁园设宴。

七月十九日 会见北京邮政总局股长鲁士,双方就邮政总局合并事宜举行磋商。先生表示,"中国邮局因有国际联邮关系,故其重要不惟在于本国,且实牵涉联邮各国,此其主旨,要宜维持邮政之完整。……此后须派代表铁(士兰)总办之人员一员,既有该员驻沪或宁代表总办,则无异由一员之手经营邮政(鲁士谨按:对于以上意见当经声明,总办之意,力图和衷进行,并谋邮政之利益)。"同时,先生还提出,目前南京政府最重要的事情是设立邮政总局,并组织邮务会议解决各种悬案。对于邮务会议,先生表示"应须多派数员参与讨论,贵股长(鲁士)代表铁总办作为会议中之一员,李齐君(江苏邮务长)以本地邮务长资格亦作为会议中之一员,此外应另由北京邮政总局再派一员作为第三员来宁与议。此项邮务会议应每星期开议一次或两次,至新设邮政总局成立时为止。"③

七月二十二日 文呈中央政治会议,查办苏州电话局工程师王之钧。

八月一日 派韦以黻、周善同、俞大纯等三人前往津浦路沿线实地考察工程车务,以便设法整顿,以利北伐军运输军需。

八月十三日 蒋介石因宁汉分裂,被迫宣布辞职下野。晨,先生与陈铭枢、朱绍良及卫队两百余人乘专车由沪赴浙江奉化挽留蒋介石回任。④

---

① 《交通大学校史》撰写组:《交通大学校史资料选编第二卷》,西安交通大学出版社,1986年5月,第1页。
② 同上。
③ 中国第二历史档案馆:《北伐期间南北邮政交涉史料一组》,《民国档案》,2004年第4期。
④ 《王伯群等挽留蒋氏》,《新闻报》,1927年8月24日,第4版。

八月十五日　上午,自蒋介石宣言下野及胡汉民等致冯玉祥寒电相继发表后,与何应钦、李宗仁等召集在宁军政要人召开会议,慰留蒋介石。

八月十七日　出席国民政府会议,会议对军事、政治、财政、外交等重要问题进行议决,并特派伍朝枢为代表参加安庆预备会议,现国民政府职员仍照常办公,非有特别事故,一概不准请假。

八月十九日　夜一时半乘专车往龙潭。

八月二十二日　出席第二次国民党中央联席会议,讨论马(二十一日)晚所议事项并讨论军事委员会提案。决议(一)裁厘加税问题由外交、财政二部会商拟复再行决定;(二)通过整顿军事办法五项,即复杂军队一律归并。徒手部队一律裁撤,其士兵拨补各军缺额、整顿兵站等;(三)关于政治方面:在财政困难时期中,各种政治机关应缩小范围,例如市政府之各局酌量归并;(三)关于建设事业,除可以自行筹款者外,暂行停止以节费用等;(四)讨论上海特别市市长及上海市政问题,每月经费不得超过八万元,如何分配由市长定之。

八月二十七日　接张继电陈党国大计电文,谓:"际此危疑震撼之际,弟意团结内部实为唯一要图,其办法似宜统一汉宁沪三党部,合组南京武汉两政府同属一家,无正统与非正统之可争。先后反共,更无谁胜谁负之可夸,诸事持平互让,万勿存强弱之见,生其迎拒之心,庶使党权集中同志,皆能为党努力,无怨愤不平之气,方为久安长治之道。精卫对内外皆失信仰,暂避要路,东南大局,更有赖焉。谨陈所见,以备采择。"

八月三十日　先生夫人周光帼为上海妇女慰劳北伐前敌兵士会捐献丝绣花鹤、绣花洋枕和床毯等。

八月三十一日　接杨树庄、李景曦等电文,力倡解决党务政务。电文谓:"自蒋介石同志宣言下野后,忽忽已逾两旬,吾党同志对于党务政务仍未有具体办法,以致敌人乘间渡江,竟有窥窃首都之举。幸赖我袍泽战力抵御,歼敌殆尽,然而中枢无主,诸务停顿,北伐难于发展。树庄念及党国缔造之艰难及革命事业之伟大,绕室彷徨,未遑自逸。窃谓军阀尚在思逞,革命仍未成功,为巩固党国之计,深望各同志即日聚集南京,对于党务政务解决办法,使军权有所攸寄,军事积极进行,以达北伐最后之目的。"

八月　儿子王实夫病逝,享年十八岁。

九月三日　与孙科、何应钦、谭延闿等专车由镇江抵苏州,水陆军警各要人、地方各机关各公法团领袖到站欢迎,总商会会长庞天笙设盛筵宴请。席间,听何应钦报告宁镇间的战事状况。

九月四日　出席国民党中央执行委员会第一○五次常务会议。

九月八日　赴金陵大学参加南京各团体各机关代表联席会议。会议发表对宁汉合作宣言,指出:自武汉国民党中央委员由本身之觉悟,而自动地接受宁方之清党主张以后,继之蒋总司令及吴胡李张蔡五委员之高蹈,鼠牙雀角之争,允宜消失于伟大人格之下,樽俎之间误会应释,合作之局指日可期。

九月十日　赴上海参加国民党及国民政府"大团结"会议,即宁、汉、沪三家国民党合而为一的会议。会议议决,以宁汉沪三方代表合组的国民党中央"特别委员会"为中国国民党的最高执行机关。同时宁汉两个中央国民政府亦合并改组。

九月十三日　大夏大学秋季开学典礼,先生因公未出席。

九月十五日　国民党中央执监联席会议召开,议决设中国国民党中央特别委员会,分别行使全会职权,至第三次全国代表大会开会时为止。先生被推为中央特别委员会委员。

九月十六日　赴军事委员会参加中央特别委员会第一次会议。会议议决:(一)发表修正通过的中国国民宣言;(二)成立中国国民党中央党部组织;(三)国民政府组织如下:国民政府(委员若干人,党务委员五人)、内政部、外交部、财政部、司法部、农工部、实业部、交通部、大学院,以及军事委员会;(四)设置监察院;(五)中央党部国民政府及军事委员会人选。

九月十七日　在军事委员会参加中央特委会第二次会议,会议议决王伯群等为国民政府委员,商推王伯群为交通部长。

九月二十日　国民政府委员行就职典礼,先生因病未出席。

九月二十一日　与伍朝枢、孙科赴杭州,敦劝蒋介石、汪精卫、吴稚晖、胡汉民四委员返南京复职。

九月　呈改订划一电报价目以增收入而维电政提案。提案云:窃查电报价目,原系本省每字一角,隔省递加三分,师出无名每字四角,密码及洋文均加倍收费。经民国元年改为本省六分,出省一角二分。近因电款入不敷出,线路失修,材料缺乏,各省有每字加收一分至四分,或更加修线费二成者,办法分歧。兹拟改订划一价目,计华文明码,每字本省八分,出省一角六分;华文密码及洋文电报加倍收费。因密码洋文均一字代数之用,照现行加半收费,发起人欠平允,加急校对电照电报通例,加收新闻电,仍华文字三分,洋文六分,一等官电,华文不论是加急减半收费,洋文照商电收全费。军事期间,暂加特等电一项,不论明密加急减照四分之一收费。经此次改订之后,所有各省临时加收之修线材料等费,一律取消。

十月一日　在国民政府大礼堂出席新任交通部长就职典礼。李烈钧主持恭读总理遗嘱,谭延闿授印。先生誓礼誓词:"余敬宣誓,余将恪遵总理遗嘱,服从党议,奉行国家法令,忠心及努力于本职。兹节省经费,余决不雇用无用人员,不营私舞弊及授受贿赂,如违背誓言,愿受本党最严厉之处罚。"

十月初 在《中央半月刊》发表《满蒙问题之国际背景》长篇时政评析。文章认为,"满蒙是中国的领土,满蒙问题应该是中国的问题","东三省外蒙古的面积在二千万方里以上,人口在五千万以上,地产物品出到外国去的差不多赶得上内地十八省的三分之一。铁路的建设较内地各省为多,但是从大连到哈尔滨的一条(南满),从安东到阳的一条,吉敦一条,还有许多支路,都完全在日本的支配之下。中东一条,大半在俄人的支配之下,我们除去土广民众四个字而外,一切经济的命脉,完全都握在日本手里。近代帝国主义最进步的政策即铁道一策,日本已经做到了目的,我们还可以说满洲是独立的吗? 满洲不能独立,蒙古当然是人家的地图,那我们中国就少了大半的面积,孙总理在建国方略里面替我们定下的北方铁路的大干线和北方大海港的计划,从甚么地方可以实现呢?"[1]

十月三日 上午,出席中央特别委员会第五次会议。

十月五日 关于担任交通部长一职,先生致各报馆公电:"伯群猥以轻材,承乏交通勉数月,覆倾时虞,此次宁汉合作,党国统一,复奉国民政府特任为交通部长,艰巨重膺,益深惕惧,惟有勉竭驽效忠党国,谨于十月一日宣誓就职,所有同志群彦不我遐弃,时赐南针,藉匡不逮,临□神往,不尽依驰"。

十月八日 上午,出席在上海闸北止园路行营举行的陈焯代理军长宣誓就职暨阅兵典礼。在训词中指出:我国民革命军自北伐以后,能以最少数的军力打倒大军阀,其最大之原因乃系有主义所致;其次由于各官佐统率得当,始能得此效果,惟现在国中军阀尚未完全打倒,国民革命军仍须继续努力,继续奋斗,陈同志从事革命工作有十余年之久,故此次军事委员会委任陈同志代理军长之职,甚望陈代理军长仍本从前之精神,继续为党国努力,完成国民革命。

下午,在大夏大学全校师生恳亲大会上致辞,要求学生求学必需认定两大目标:(一)为如何求学;(二)学后如何应用。

十月九日 中午,在大东酒楼宴请大夏大学全体教职员,校董王一亭、马君武、王省三、虞洽卿、赵晋卿暨教职员六十余人出席。先生发表致辞曰:"大夏大学创始仅三阅载,蒸蒸日上,几欲驾全国各大学而上之,此种成绩均

---

① 王伯群:《满蒙问题之国际背景》,《中央半月刊》,1927 年第 1 卷第 13 期。

赖董事诸公与教职员艰苦奋斗之力。"

十月十三日　先生自重行交通部履新后,拟定整顿交通部务和改组情形办法。把总务厅拟改为秘书厅,技术委员会拟改为技术厅,将路政司原有四科拟将第四科扩充为航政司。航政司复添设二科,邮政司原系一科,亦拟再添设一科。设交通部次长一席等。

十月十五日　交通部公布邮政总局暂行章程十四条。先生派邮政司司长刘书蕃兼充邮政总局局长。十一月一日,邮政总局在南京成立。

十月十七日　出席中央特别委员会第六次会议。

十月十八日　国民政府第八次常务会议召开,议决照准任命王伯群呈请的简任李仲公为交通部次长,许修直为交通部秘书长,赵铁桥、黄士谦为交通部参事,赵世暄为路政司长,吴承斋为电政司长,刘书蕃为邮政司长,沈蕃为航政司长,韦以黻为技监。

十月二十二日至二十八日　在《申报》发布公务接待时间:"每星期一、二、五等日须参与特别委员会暨国民政府会议,兹订星期三、四、六等日午前九时至十一时接见来宾,余时专理部务。特启。"

十月二十七日　被《中央日报》聘为董事。

十月下旬　推行交通部改革路政方案。兹节录如下:

（一）改革路政根本计划。（二）各路改良计划:沪宁沪杭甬挽回主权,兴利除弊。津浦维持救济,京汉维持救济,湘鄂株萍线之整理,南浔粤汉监督整理,广九广三改善整理（庚）陇秦豫汉整理及修改借款合同。（三）兴修干线:促成渌口韶关间粤汉路线并延长至汉口;计划由杭州经玉山南昌达萍乡之路线;计划福建铁路与浙赣路线联结。（四）测量建设国道行驶长途汽车:派员将宁杭一段测勘估算确定施工办法;促成南昌韶关间之国道;将汉口杨家泽间已成路基先筹驶行汽车并延长至老河口以通汉中。（五）谋宁浦间之交通便利:计划车辆轮渡办法;计划沪宁客车直达中正街以利商旅。（六）船路联运办法。（七）各民业铁路实施监督。

十一月二日　出席中央特别委员会第八次常务会议。

十一月三日　偕赵世暄抵杭州,住西湖饭店。

十一月五日　在上海南洋西餐馆公宴李石曾、张继、许世英、张寿镛、赵铁桥、穆藕初、王彬彦等各界名流及新闻界共百余人。席间致辞谓[1]:

①　《交长王伯群昨宴各界》,《申报》,1927年11月6日,第15版。

数月以来,略具成绩,差堪为在座诸君告者……凡属国民政府范围内省份,现已通行无阻,商电均可随时拍发,不致停滞,此后不独可以回复旧态,当能格外迅捷。邮政正在设法收回邮权期,将全国邮政悉隶于我国民政府管辖之下,如便利邮电,推广局所奖励储金、改善职工待遇等等均在进行之中。

十一月七日　发布《告轮船招商局股东书》,指出,公司根本在股东,最高权在股东,以数十年之老公司而股东无完具名册,股权无一定之规则。政府本节制资本主义,尊重民众利益。今者伯群受命监督局务,并由本部特任赵铁桥为总办,股东有以良猷见告为整理之助者,必悉诚采纳之,即局员中有为守兼优来行其志之士,亦必物色而延揽之。惟假立名义阻挠大计,造谣煽惑,固持私利之辈,害群之马舍,绳以三尺外,无他道焉。最后股东书严正表达实施之决心:"政策既定,期以必行,决不畏难而中止,亦不徇情而敷衍,此则革命旗帜之下与官僚政治绝对不同者,股东其详察而熟计之。"①

十一月九日　出席中央特别委员会第九次会议。

十一月十二日　与张静江、蔡元培等发起成立中华电讯社。

十一月十三日　在上海吴公馆访晤蒋介石。

十一月十六日　参加中央特别委员会第十次会议,决议通过白崇禧遴员接收上海工会等。

十一月十七日　参加国民政府第十八次常务会议,议决国民政府参事处组织条例六条。

本日　参加最高法院院长徐元诰就职典礼。

十一月十九日　由宁抵沪,会晤蒋介石。次日返宁。

十一月二十三日　参加中央特别委员会第十一次会议。与孙科、伍朝枢等十余人因时局严重,一致主张开秘密谈话会。

十一月二十五日　参加国民政府第十九次会议,谭延闿主席。会议分别通过交通部呈送拟定《国有铁路编制通则》和《整理汉冶萍公司委员会暂行章程》。

十一月二十六日　在上海总商会宣誓就任轮船招商局监督。政府监视员蒋作宾代表政府训词。先生答词谓"伯群此次奉命监督之宗旨及政策,详见告股东者及宣言书,深望诸公有所指教","以前种种诸昨日死,以后种种

①　《交部王监督告招商局股东书》,《新闻报》,1927年11月8日,第13版。

诸今日生,此语正用得着。至于局中怀才未遇之士,尤所欢迎,本来商业事情需用专门人才,那是自然要物色重用的。"①

十一月二十七日 就轮船招商局监督职后发布新猷,宣言主要强调三点:(一)政府何以注重招商局。(二)招商局何以有监督之必要。(三)监督之时期及其程序如何?②

十一月下旬 交通部邮政总局与北京邮政总局在大连举行会议。北京总办铁士兰原本打算利用此次会议制止南京政府成立邮政总局,但北京代表邮政司司长顾宗林和南方代表黄乃枢达成了"南北邮政总局共同管理全国邮政事务"的原则决议。

十一月三十日 中午,在军委会参加李济琛、谭延闿等设宴。

《谭延闿年谱长编》载:"今日宴请李任潮及其一行也。敬之、伯群、梯云、亮畴及诸长皆出席。"③

十二月一日 偕谭延闿、李济深在上海参加蒋介石与宋美龄结婚典礼。④

本日 就担任轮船招商局监督,与赵铁桥联名发公电。电文曰:"案奉国民政府令,开特派王伯群为招商局监督此令等因,又交通部令派赵参事铁桥为监督招商局总办,此令等因,奉此遵即在沪定四马路五号为监督招商局办公处,先行开始,办公启用关防,兹于本月二十六日正式宣誓就职,自惟才轻任重,绠短汲深,所望全国同志海内耆英,时赐南针,匡不逮俾,扬先总理建国方略之精神,而副政府委托整理该局之至意,岂惟群众个人之幸,航业前途实利赖之。"

十二月二日 参加国民政府委员会第二十一次会议。议决通过明令讨伐张发奎⑤等议题。

本日 为《吴稚晖全集》作序。

十二月三日 为远东大学五周纪念刊题词。

十二月九日 参加李烈钧主持的国民政府委员会第二十二次会议。讨论议决:(一)财政部拨五十万两准备总理葬事筹备;(二)制定各省高等法院检察官办事权限暂行条例;(三)财政部制定各团体控诉江浙渔业事务局苛

---

① 《招商局监督昨行就职礼》,《申报》,1927 年 11 月 27 日,第 14 版。
② 汤涛编:《王伯群文集》,上海书店出版社,2018 年 1 月,第 30 页。
③ 刘建强编著:《谭延闿年谱长编》,上海交通大学出版社,2021 年 12 月,第 1304 页。
④ 《李济琛谭延闿王伯群由宁赴沪参与蒋介石婚事》,《工商日报》,1927 年 12 月 1 日,第 2 版。
⑤ 张发奎(1896—1980),字向华,广东韶关人。陆军二级上将。历任国民革命军第四军军长、集团军总司令、广州行营主任、中华民国陆军总司令等职。

征新税业照解决办法。

十二月十三日 参加国民政府委员会第二十三次会议。

十二月十六日 上午,参加国民政府委员会第二十四次会议,讨论通缉汪精卫等案,先生与孙科、白崇禧等皆主通缉,以蔡元培反对未通过。

《谭延闿年谱长编》载:"哲生、健生、惕生、伯群皆主发通缉令,蔡子民起而辩驳。"[1]会议期间,适有数百群众到政府请愿,即推代表马超俊等见蔡元培质问,继又由国民政府秘书副官参事三处全体职员署中呈请令通缉汪精卫等。

下午,国民政府议决结果派员查办。散会后,请愿群众仍坚请下令缉汪精卫等,后由李烈钧向群众报告,谓政府将检查真相,杀汪精卫以谢天下,并宣读查办令,群众始各散去。

十二月十七日 在蒋介石事务所相谈时局。蒋嘱先生请何应钦发电表态支持自己,先生不可置否。蒋在日记中记述道[2]:

> 彼之模陵(棱)畏怯,令人怀疑,其或不愿与出山,较之白为甚乎!其愚诚不可及也。

本日 电贺总司令冯玉祥、总司令阎锡山、总指挥何应钦攻克徐州。电文谓:

郑州冯总司令、太原阎总司令勋鉴:

　　接何敬之总指挥铣电,欣悉我军已于铣午克复徐州各城,既下犄角,功成奉鲁,残敌不难肃清,会师燕蓟指顾间,事谨电贺。

徐州何总指挥暨刘顾贺夏各军长钧鉴:

　　铣电奉悉,我军已克徐州,不胜欣忭,名城既下,奉鲁残敌不难肃清,远企声威,特电驰贺。

十二月二十日 主持交通部监督轮船招商局办公处会议。首命调查员出席报告、赴招商局调查情形,及往监视股票经过;次则讨论督率该局整理革新之方法及组织审核处草案。先生指出,本处宜先督促该局董事会,一面

① 刘建强编著:《谭延闿年谱长编》,上海交通大学出版社,2021年12月,第1310页。
② 《蒋介石日记》,(手稿本),美国斯坦福大学胡佛研究所档案馆,第200页。

将股票登记时期确定,一面速拟改组方案呈报,希望该局先能自动整饬,政府方面固愿极端援助,以符合作之旨,倘该局自觉颓势难挽,始终不能振作,则本处当为代除积弊。

十二月二十七日　参加国民政府委员会二十七次会议,决议南京戒严司令部改为卫戍司令部,直辖于国民政府。

十二月三十日　参加国民政府委员会第二十八次会议。议决:(一)外交部长伍朝枢呈请辞职,议决慰留,各职部务交次长郭泰祺代拆代行;(二)财政部长孙科恳准辞职,议决慰留;(三)讨论通过财政部直辖各机关组织通则十三条及附表。

一九二八年（民国十七年　戊辰）　四十四岁

一月一日　在国民政府大礼堂参加庆祝开国纪念典礼，谭延闿恭读孙中山遗嘱并做报告，何应钦做演说。

一月三日　出席大夏大学本科第三届、高师科经二届冬季毕业典礼并致开会词。胡适受邀发表演说，校董马君武、赵晋卿、实业部部长孔祥熙等均有演说。此次大夏大学毕业计本科四十一人、高师科三十四人。

本日，审核武汉整理汉冶萍公司委员会专任委员谌湛溪所撰定的《整理汉冶萍煤铁矿厂之着手办法》，认为以该办法切实可行。惟兹事体大，须呈请国民政府审核，一俟核准后，即由该会遵照进行。

一月四日　呈请国民政府任命符鼎升、蔡培、宋述樵、黄明豪、方还、杨天骥为交通部秘书，胡泰年、杨志雄①等为交通部科长，程孝刚等为交通部技正。

一月六日　上午，出席国民政府委员会第三十次会议，谭延闿主席。会议议决：（一）通过军委《首都卫戍暂行条例》；（二）就中央监察委员会关于因汪精卫、陈公博、顾孟余、甘乃光、何香凝等迹近纵祖弄兵，酿成广州共变，派员查办，以止乱源。

一月七日　上午，与蒋介石、何应钦、谭延闿等参加宋子文就任财政部长典礼。晚，偕蒋介石、张静江、宋子文等参加谭延闿宴请。

《谭延闿年谱长编》载："请介石、静江、子文、伯群、敬之、德邻、子民、协和、吕满同座。"②

一月十日　上午，出席国民政府委员会第三十一次会议，主要议决：（一）通过整理汉冶萍煤铁矿厂整理办法，由交通部负责办理；（二）通过何应钦提议卫戍司令白崇禧奉命西征系属暂时无辞职，必要出征期内，为办事负责起见，以熊式辉代理；（三）财政部拨一百万军费与冯玉祥，以济急需；

---

①　杨志雄（1892—1971），原名英，字志雄，以字行，上海法华乡人。历任招商局船务科长、吴淞商船专科学校校长等职。

②　刘建强编著：《谭延闿年谱长编》，上海交通大学出版社，2021年12月，第1314页。

(四)通过湘鄂皖赣四省食盐暂由政府设局官运,以济民食,并拟具运销四岸食盐办法大纲;(五)决议任钱永铭为财政部次长。

一月十一日　敦促胡汉民、伍朝枢、吴铁城回宁与会。

一月十四日　在上海北京路寿圣庵致祭杨吉甫、杨杏佛昆仲太夫人。

一月十六日　被聘为上海华洋义赈会名誉会长。

一月十七日　参加国民政府委员会第三十三次会议,讨论通过国民革命军陆军编制草案等议题。

一月中旬　与蔡元培、何应钦、朱培德拟具云南省政府委员名单,议案经国民政府会议通过。兹录如下:

> 云南省政府有早日组织成立之必要,理合拟具委员名单提出会议,是否有当,应请公决。龙云(前三十八军军长、现任滇军总指挥)、范石生(第十六军军长)。拟任命龙云、范石生、胡瑛、金汉鼎、陈钧、张维翰、马骢、丁兆冠、张邦翰九人为委员,并任命龙云为主席,陈钧兼财政厅长,丁兆冠兼民政厅长。

一月十九日　接上海总商会电请补助航业函。函曰:"兹闻招商局因船员索薪无款应付,情形岌岌,势将停航。又三北、鸿安两公司亦以长江停航年余,损失过巨,际此年关,无法支持,亦有停航之讯。窃长江航业半为外商侵占,抗衡外轮,收回航权,端惟招商、三北、鸿安是赖,硕果仅存,岂忍听其萎顿况。去年长江兴战华轮停驶,外商即高抬运价,乘机居奇,商运受困,历历在目。今招商、三北、鸿安皆以受战事影响,无力维持,设一旦停航,则非特长江航业运输至深且巨,应请贵会大部,迅赐设法另筹补助之法,庶免停航,以保航权而维商运。"

一月二十日　出席国民政府委员会第三十四次会议。讨论决议颁布北伐全军战斗序列令。

一月二十一日　复电上海总商会,告之已电相关军事总指挥,恳请协助。电文谓①:

> 上海总商会鉴:
> 效电悉招商、三北、鸿安三公司因受军事影响,势将停航,本部为主管机关,闻之尤深皇急,当即分致各军事当局一电文。曰:"汉口程总指

---

① 《总商会电请补助航业》,《申报》,1928年1月26日,第14版。

挥、白总指挥,南昌朱总指挥、安庆陈总指挥勋鉴:顷接上海总商会效电称云云(即前去电)等情,查长江航业及该三公司为我国自有航权,军兴以来,影响营业已匪浅鲜,敝部竭尽心力转饬维持,甫经复业,又以损失过巨,实难支持。函电纷来情实可悯,如果再行停航,则航权商运全落外人之手,其要挟操纵更将不堪,瞻顾前途,不寒而栗,敝部职责所在,尤难坐视用特代为申请,务恳贵总指挥通饬所属,加以维护,此后如有万不得已需用轮舶,先与轮船公司接洽租运或先缴航赁,俾免我国航业完全停顿,同深感篆,贵总指挥维持商业,素具苦心,此中困难,当蒙垂鉴,临电不胜盼祷之至。弟王伯群叩。箇印"云云,即希查察。贵会如另有妥善力法,并希随时发舒意见,以维协商维护是所盼切,特此电复。

交通部　马　印

一月二十七日　出席国民政府委员会第三十五次会议,谭延闿主席。议决照准王伯群提议任命蔡元培为交通部直辖交通大学校长。

一月　在《自求》发表《交通职工应有之认识》文章。该文认为,交通职工,除一般工人之认识外,更应有下列之认识:(一)对于地位之认识;(二)对于职责的认识;(三)对于工资之认识。最后指出,交通职工既负了建设交通责任,故其思想行动,万不宜有差错,而交通职工,亦应重视自身的地位,确定其正当人生观。①

二月二日　赴丁家桥中央党部出席国民党二届四中全会,会议通过《政治委员会改组案》,"政治委员会"改称"政治会议"。二月四日,会议通过《整理各地党务案》《中华民国国民政府组织法》等决议。

二月初　签发交通部关于任命蔡元培为第一交通大学校长的训令。②

二月七日　国民党四中全会大会主席团提出国民政府委员经大会通过王伯群等四十六名委员,国府主席为谭延闿。

会议通过"改组国民政府"等议案。规定国民政府接受中国国民党中央执行委员会指导、监督,掌理全国政务,政府委员由国民党中央委员会选举,政府部门设有内政、外交、财政、交通、司法、农矿、工商等部以及军事委员会、最高法院、监察院、大学院等。会议推举蒋介石为军事委员会主席兼国民革命军总司令。

二月十日　出席国民政府委员会第三十七次会议。议决录案通知推举

①　王伯群:《交通职工应有之认识》,《自求》,1929 年创刊号。
②　《交通大学校史》撰写组编:《交通大学校史资料选编第二卷》,西安交通大学出版社,1986 年 5 月,第 2 页。

一九二八年(民国十七年　戊辰)　四十四岁

王伯群、于右任等为国民政府委员。

二月十三日至十五日 大夏大学春季开学，录取新生一百五十余名。二十日正式上课。

二月十四日 出席谭延闿主持的国民政府委员会第三十八次会议，议决修正公布《国民革命军陆军审判条例》。

本日 批复同意程孝刚为第一交通大学秘书长。

二月十六日 参加国民政府常委欢迎新任外交部长黄郛宴会。

二月十七日 出席国民政府委员会第三十九次会议。议决教育会条例准予备案、修正公布《国民政府外交部组织法》。

二月中旬 听取赵铁桥汇报招商局改组情况。

二月二十日 与吴稚晖、杨杏佛参加蔡元培就任第一交通大学校长仪式并作训词。

二月二十二日 颁布改组轮船招商局训令。令谓："为令饬事，招商局改良组织，为整理局务必不可缓之举，迭经令饬董事长遵令负责办理，并饬本监督处总办赵铁桥会同妥筹呈候核夺案，本监督上体政府维护航权之意，近鉴该局将濒破产之危，时势所迫，若不力予主持，决无刷新之望，在该局正式股东会未能开成以前，遇此特殊情形，不得不有处置办法，此正所以保护众股东利益，并非别有用意。检阅股东名册，该董事长已经照章登记，平日对于局事，尚肯负责，爰特宽其既往，策其将来，务仰迅遵前令与总办赵铁桥悉心妥筹分科改组事宜，呈候核示尅日接收，其有事关重大者应由该董事长该总办呈报本监督核示遵行，仍应续办股东登记，务期真实股东，得有表见，股东大会早日观成，新董事合法选出，届时本监督当以整理完善之招商局，交付股东之手，俾了然我国民政府民生主义维持航业之苦心，该董事长其将此意传喻各股东知之。"

本日 赵铁桥奉先生之令对轮船招商局进行改组，即分为总务、船务、栈务、会计、营业和出纳等六科。

二月二十五日 具呈国民政府文，请求裁撤扬子江水道讨论委员会。呈文谓：

拟请明令将扬子江水道讨论委员会即行撤销，改归本部接收办理，以便疏瀹水道，畅利航行。一面由本部即行设立扬子江水道整理委员会，将原有技术委员会接收改组，以专责成而资整顿。所有本年四月间所设之接受改组委员会，本系临时性质，并感办理困难，无永久保存之必要，应请令行该会从速结束，将水文图册交由本部所设之扬子江水道整理委员会接管,以--事权。至原充测量经费每月二万六千四百元,历年由关税项下指拨,兹既由本部赓续办理,拟请分令外交、财政两部严饬江海关税务司,仍照定额按月拨交本部,以充该会经常费用,勿再汇解北京,俾免资敌而竟全功,一举两得,莫善于此。

二月二十六日　上午,出席谭延闿主持的国民政府委员会第四十一次会议。议决通过撤销扬子江水道讨论委员会等议案。

下午,偕交通部次长李仲公、路政司长赵世暄等由宁抵苏州视察,下榻铁路饭店。

二月二十七日　由苏州抵无锡视察。

二月二十八日　出席谭延闿主持的国民政府委员会第四十二次会议。议决特任国民革命军总司令蒋介石兼国民革命军第一集团军总司令。

二月　在《国货评论刊》发表《振兴国货根本方策》文章。①

三月二日　出席国民政府委员会第四十三次会议,主要议决准予交通部《监督招商局章程》备案等议题。

本日　批复轮船招商局监督处批五码头职工会文:"昨奉招商局监督处批云呈悉,李会长并未辞职,仍旧在局,惟局中业务已由本监督令总管理处总办执行,俾资整饬以慰群望,此批。"

三月四日　在大夏大学春季开学典礼上致辞。大夏注册学生达九百余人。

三月五日　上午,与黄郛、熊式辉、赵铁桥等参加国民革命军总司令部总参议张群代理上海兵工厂长就职典礼。

下午,主持大夏大学行政委员会,议决恢复校长制。会议推举王伯群为校长,欧元怀为副校长。大学委员会改名为校务会议,为全校议事最高机构。

三月六日　出席国民政府委员会第四十四次会议。主要议决加派方本仁、夏斗寅为军事委员会委员等议题。

三月七日　蒋介石被推举为中央政治会议主席。

三月九日　出席国民政府委员会第四十五次会议。议决任命蒋介石为中央陆军军官学校校长,李济深为副校长,何应钦为教育长等。

三月十三日　参加在公共体育场举办的总理纪念大会。听取蒋介石报告孙中山总理逝世后国民党工作经过,略谓于总理逝世后的党务工作,在过

---

① 王伯群:《振兴国货根本方策》,《国货评论刊》,1928年第2卷第3期。

去三年间,对于总理主义、政策及遗嘱要旨,因种种关系迄今未能一一实现,今兹纪念日实在非常悲痛。鼓励大家要矢志努力,明年今日如再不能达到总理所希望的目的,把总理灵榇到紫金山来安葬,就是对不起总理,不能做总理的信陡云云。

本日 令电政总局云南无线电局长张邦翰接充高炳中,无庸兼代。

三月十四日 刻因微恙,偕许修直赴沪就医。此次赴沪,先生预先购买车票两张,以示提倡。

三月十五日 国民党中央常务委员会一百二十二次会议,议决通过王伯群为中央政治会议委员。

本日 接国民政府"在吴淞筹建10KW以上短波电台,约需国币二十万"公函。

三月十六日 委托李仲公代表出席国民政府委员会第四十七次会议。

三月十七日 通令交通部各部门,国民政府国定关税委员会组织大纲,业经本政府制定明令公布,应即通饬施行。

本日 针对法国反对中国南北邮政统一,西方各国代表对中国南北政府此举提出异议之际,外交部发布公函:"对于邮政管理局之现行制度不得为根本上之变更,各国代表于此项问题业得满意之保证。不意各国代表现在得悉,即此同一当局于各国提出之异议竟置诸不顾,而根据南北邮政当局代表双方协议实行一种临时制度。……势不能不提出严重抗议。而切愿将来之办法与华盛顿会议所予之保证上完全不致发生冲突。"①

三月十八日 就南北邮政统一问题复函外交部谓:"特以时势变迁,今昔不同,对于新环境不得不有随时应付之法。现定邮政条例完全为事务上着想,应付新环境而设,非对于外国总办地位特存变更之意。况现任总办铁士兰业允遵照条款力予试行,是该总办已深知此次所定条款实所以保持全国办理完善之邮务,与华府会议之精神完全符合。……各公使徒斤斤于外国总办之地位而不顾我国全国邮务之能否保持,是岂尊重华府决议之各国所应出此?……无论如何,邮政为中国之邮政,中国保持之心自较各国为切。凡所以保持邮政者,中国无不力为筹划,正无须各国为之代谋也。"②

三月二十日 上午,出席国民政府委员会第四十八次会议。决议通过建设委员会之职权,即依该会组织法第一条之规定,凡国营事业如交通、水利、农、林、渔、牧、矿、冶、垦植、开辟商港商埠及其他生产事业之须设计开创

① 中国第二历史档案馆:《北伐期间南北邮政交涉史料一组》,《民国档案》,2004年第4期。
② 中国第二历史档案馆:《北伐期间南北邮政交涉史料一组》,《民国档案》,2004年第4期。

者皆属之。

下午,在国民政府大堂参加战地政务委员就职典礼。

三月二十一日 列席中央政治会议第一百三十三次会议。决议财政部速拨十万元赶修黄河河堤,并电复冯玉祥总司令等。

本日 议复国民政府,"本部对于进行规划早有计议,但因工程浩大,经费困难,未能及时举办",现饬交通部无线电报话管理处"妥速筹划提前建设"。①

三月二十三日 咨江西省政府查复南浔路股东争权事。

三月二十四日 提议赵铁桥充轮船招商局总办,黄士谦充津浦路管理局长,简任符鼎升、林实为交通部参事获国民政府会通过。

本日 令电政总局:"查电政出纳员职务暂行规则,业经修正公布,所有出纳员名称改为出纳监理员。兹派李叔翔为汉口电报局出纳监理、赵守恒为上海电报局出纳监理员。"

三月二十六日 令电政总局:"中华民国建设委员会业经成立,该会因公用印纸发电,按国民政府各部办法列作一等官电收费暂予记账,每月月终清算。"

三月二十七日 函请上海卫戍司令部派队保护邮务局。函曰:"据上海邮务管理局邮务长报称,三月十九日上海邮务工会向邮务长有所要求,且有滋扰情事。当时曾由卫戍司令部及公安局职员到局弹压,始得无事,惟风潮尚未平息,深恐别滋事端,应请贵司令部令行公安局饬派便衣队士数名常川驻局,对于办公处所注意防护,如果发生滋扰情事,应即妥为制止,以维办公秩序,相应函达,即希查照办理,至纫公谊。"

三月二十八日 列席中央政治会议第一三四次会议。讨论决议任命李济深、戴季陶、陈铭枢、李文范、黄绍竑、林云陔等为政治会议广州分会委员。

三月三十日 上午,出席国民政府委员会第五十一次会议。讨论决议特派李煜瀛、张继、丁惟汾、许世英②、虞洽卿、蒋作宾等为直鲁赈灾委员会委员。

晚,与张群、孔祥熙乘车赴沪。

三月三十一日 夜车抵杭州,与李垕身游西湖。

三月 为《扬子江水道整理委员会月刊》第一卷第六期撰写序言。序言

---

① 《交通部复公函(3月21日)》,中国第二历史档案馆:《中华民国史档案资料汇编第五辑第一编·财政经济·九》,江苏古籍出版社,1997年,第637—638页。
② 许世英(1973—1964),字静仁,号俊人,安徽秋浦(今东至县)人。历任段祺瑞临时执政府国务总理、南京国民政府赈务委员会委员长、蒙藏事务委员长、总统府高级顾问等职。

表示,去岁本会为促进计划之完成,爰有刊行月刊之举,就测量之结果。本研究之心得,抒述成文,用为技术上之参证,厥意至美,今后有年报之辑,综述接办后三年工作经过,察往知来,尤足裨他年之考镜。

四月三日　出席国民政府委员会第五十二次会议。会议报告李济深电告三月三十日就国民革命军参谋总长职;令饬各省政府对于各该省指导委员,应负切实保障之责,不得危害或侵及其身体上之权限;决议《外交部条约委员会修正规则》准予备案;决议通过《国民政府秘书处组织条例》;决议《国民革命军连坐法》准予备案。

本日　与许世英、唐绍仪、熊希龄等再次联名发布《国民政府赈灾委员会募赈启事》,敬请海内外人士鼎力相助。"我国民政府关念民瘼……敬乞海内外仁人善士,大发慈悲,本己饥己溺之怀宏,群策群力之愿,或以金钱相助,或以语言文字宣传,倘承各赐几文钱,即多活几人之生命,抑或多颁一赈品,即多积一代之阴功,普救众生,造福无量。"①

四月四日　列席中央政治会议第一百三十五次会议。决议任冯玉祥、何其巩等为政治会议开封分会委员等。

四月六日　上午,出席国民政府委员会第五十三次会议。决议全国注册局分别改隶农矿工商两部,所有该项收入仍照原案。

下午,与薛笃弼、孔祥熙、蔡元培等在司法部出席南京电劳资争议处理法草案审查会。

晚,宴请于右任等。

四月七日　与蔡元培等赴浙江,期间独游天目山。

本日　蒋介石在徐州誓师北伐。

四月十日　出席国民政府委员会第五十五次会议。讨论通过大学院派员加入战地政务委员会组织教育处。嗣因中央党部电促各委员前往监视各省党务指导员就职宣誓典礼,会议讨论事项由常务委员先行核办其重要者,下次会议时再行讨论。

四月十一日　上午,列席中央政治会议第一三六次会议。会议决议推王伯群,以及谭延闿、蔡元培、孔祥熙、蒋介石、何应钦、李宗仁、宋子文等为财政监理委员会委员;通过《大学院组织法修正草案》等。

四月十七日　出席国民政府委员会第五十五次会议。会议通过修正中华民国大学院组织法及审计法等。

四月十九日　奉国民党中央执行委员会函,指令以中央派往各省市指

---

① 《国民政府赈灾委员会募赈启事》,《申报》,1928年4月3日,第2版。

导委员会拍致中央密电,应令各电报局除照一等官电收费外,不得留难缓发;发各省团体或个人攻评指导委员电文核与限制,党员散发传单攻评同志,或指摘党事决议案相违,均不得接收拍发,毋违切切。

四月二十日 出席国民政府委员第五十六次会议,决议特任蔡元培为国立中央研究院院长,通过张群继任上海兵工厂厂长;通过修正著作权法及施行细则草案。

本日 令电政总局:"各电话局分等支薪办法尚属可行,应即照准,至各电话局长应统由本部委任。"

四月二十一日 查马尾电报局局长陈彦枢业经开差遗缺,委派史家祥前往代理,月支三等乙级局长薪水五十元。除委状发并分行外,合行令仰该员迅速到差。

是日,请谭延闿为王文华撰墓志。

《谭延闿年谱长编》载:"归而王伯群来,求为其弟作墓志"①

四月二十三日 令电政总局,审计法规则现经制定明令公布,应即通饬施行。

四月二十四日 出席国民政府委员会第五十七次会议,听取谭延闿报告北伐战况。

四月二十五日 上午,列席中央政治会议第一百三十八次会议。决议通过《劳资争议处理法》《侨务委员会组织法》等。

下午,电召津浦路局长黄士谦由前方来京商要公。

四月二十六日 与津浦路局长黄士谦、京汉路局长杨承训会商路务。

四月二十七日 上午,出席国民政府委员会第五十八次会议。先生报告整理邮政经过情形。会议决议废两用元统一国币办法;决议派陈立夫为战地政务委员会委员等。

晚,与宋子文、蔡元培、孔祥熙、杨杏佛赴沪。

四月二十八日 出席大夏大学校长就职典礼和春季师生恳亲会,马君武主持,董事赵晋卿代表董事会授印,蔡元培、杨杏佛、张定璠等出席。

先生在就职典礼上谓:"鄙人对于大夏大学毫无功绩可言,此后既承董事会委以校长职权,当黾勉从事,与董事诸公暨欧副校长、全体教职员、同学共同努力。惟念大夏大学创始,一方承各方面之援助,一方在大夏大学本身,确有特别精神与光荣历史,就是第一是创造精神,第二师生合作,第三大

① 刘建强编著:《谭延闿年谱长编》,上海交通大学出版社,2021年12月,第1333页。

夏大学同人能刻苦自治,可以为社会表率,养成良好之社会风俗,以很少经费办极大事业,以很大房屋容千余学生,这都是刻苦勤奋的表现。"①

四月下旬　致函粤汉铁路促成会,表示特别赞成员相属完成粤汉铁路事业。

四月三十日　乘特别快车由宁赴徐州,会晤蒋介石商交通要务。

四月　在《自求》发表《国庆纪念与国货运动》一文。文章认为,国货运动之成败,于鼓吹提倡之外,其关键实系于二者,一曰政治问题,二曰生产问题。②

四月　为《扬子江水道整理委员会月刊》做序。序文认为,是书计划周至,一图一字之微,皆出以审慎,能实施而无乖,又预计异日运输灌溉之利且什百于修治之所费。③

五月一日　出席国民政府委员会第五十九次会议。讨论通过《国民政府侨务委员会组织法》《大学区组织条例》《大学委员会组织条例》。

五月二日　列席中央政治会议第一百三十九次会议。会议报告蒋介石本月一日完全占领济南情形并以后计划,决议复电嘉奖并致慰劳等。

五月三日　日军派兵侵入中国政府所设的山东交涉署,将交涉署职员蔡公时等全部杀害,并肆意焚掠屠杀。此案中,中国官民被焚杀死亡者达一万七千余人,受伤者二千余人,被俘者五千余人。史称"济南惨案"。

五月四日　上午,与谭延闿、宋子文、孔祥熙等出席国民政府委员会第六十次会议。会议通报蒋介石东电报告:一日完全克复济南,除饬各军转追击期于最短期间完成北伐外,中正亦即晚驰抵济南抚绥军民,并下令免除苛细捐税,以苏民困。会议讨论通过《法官任用暂行条例草案》等。

五月五日　令电政总局:五月五日为先总理造作中华民国大总统纪念日,各机关放假一天。

五月七日　当选为上海救护伤兵协济会委员。孔祥熙为主席委员、穆藕初为总干事。

五月九日　出席中央执监委员、政治会议委员、国民政府委员联席会议。会议决议:(一)令蒋冯阎三总司令,会商军事机宜,继续北伐;(二)令外交部再对日本严重抗议;(三)电在欧洲之重要同志,将日军暴行宣示世界。

五月十一日　与孔祥熙、李烈钧、于右任、何应钦等出席国民政府委员会第六十二次会议。

①　《大夏大学校长就职补志》,《申报》,1928年5月2日,第11版。
②　王伯群:《国庆纪念与国货运动》,《自求》,1929年第8期。
③　《湖北金水整理计画草案》,《扬子江水道整理委员会月刊》,1929年第1卷第4期。

本日　签发交通部训令第八一八号令,指出:国家之败,由于官邪,现在训政伊始,端重政治上之建设,而建设良好,政治必先除积习,整肃官,常为蒿矢,整饬纪纲以立庶政,革兴之根本:一曰明党义。官吏服务党国对于三义应有彻底之认识,精密之研究;二曰崇廉洁。贪污为官吏大戒,革命时代尤应廉洁自矢,不惟苞苴;三曰亲民众。官吏为人民服务,须随时随地与民众接近,考查民间疾苦,以为兴利除弊之标准;四曰矢慎勤。革命官吏首贵有革命精神,必须努力工作,谨慎将事,凡怠惰积压等。

五月十二日　出席中央党部、国民政府各委员联席会议,谭延闿主席。会议报告(一)此次济南惨案,日兵节节进逼,迭次挑战我军,遵守长官命令,不愿破坏国际和平,力求避免冲突;(二)北伐军事,连日进展极速;(三)与蒋总司令洽商应付外交方针军事机宜已有具体方法,结果圆满等情形。

本日　签令发布《南北两邮政总局共同管理全国邮务条款》。

五月十三日　令电政总局:覃济南线路业经渐次修复,局务需人主持,在该管理局长未到差以前,派该局电务员陈履夷代理。

五月十五日　出席国民政府委员会第六十三次会议,决议任命李宗仁为第四集团军总司令。

本日　被上海市学联军委会聘为军事顾问。

五月十六日　列席中央政治会议第一百四十次会议。

五月十七日　出席蔡元培主持的全国教育会议招待午宴。

五月十九日　出席国民政府委员会第六十四次会议,讨论通过各地方救济院规则等。

五月二十二日　出席谭延闿主持的国民政府委员会第六十五次会议,决议公布修正内政、外交、财政、交通、司法、农矿、工商、大学院组织法,决议交大学院审查国立中央大学五万元建筑大礼堂报告。

五月二十三日　列席中央政治会议第一百四十一次会议。

五月二十六日　出席国民政府委员会第六十六次会议。决议照准蒋介石任命国民革命军总司令部警卫司令部上校以上人员名册,决议于右任为最高法院院长。

五月二十七日　列席中央政治会议临时会议,讨论通过交通部拟定电信条例,业经国民政府常会议决,交法制局约同有关系之各部审查。其内容要点包括:电报电话,不论有线无线及其他任何电气通信,统称为电信;电信归国家经营,由交通部管理,惟海陆军及航空机关为军用而自行设置者不在此例;国立电信机关,对电信内容,认为妨害公安时,得拒绝停止达传。

五月二十八日　张静江在纪念周会上发表《招商局之新希望》,对王伯群监督下轮船招商局前途表示期望。张说：招商局内容之腐败，积弊之深重，财政之枯竭，举世皆知其然，而未知其所以然。自清查委员会公布报告以来，真相始暴露于天下，国府有鉴于此，知整理改革之刻不容缓，乃委诸交通部王伯群部长监督之，而任赵铁桥同志总办其事。闻自接管以来，颇能奋发从事，延揽专家，分工整理，博采群言，竟使岌岌可危之招商局，顿有蓬勃之新生机。苟能循此改进，则数年后，未必不可分世界航业之片席。予因曾参清查之事，于该局前途，期望尤殷。

本日　签发交通部指令：上海到杭州沿沪杭铁路，另电报线路同时敷设，长途电话拟架设二百磅铜线，二条四百碰铁路四条，并于硖石开设。电报局松江、嘉善、嘉兴、长安等四处分设长途电话，所应准入此项工程。据估计，杆料价值及工用等费共需十二万零三十四元，除木杆移用，沪汉长途话杆铜线铁线材料工具由标购及栈存料内分别拨用外，其余应行添购之料，连杆线运屯及薪工川旅杂费等项，尚需洋三万四千八百零四元，核尚可行，准予备案。

五月下旬　南浔铁路积欠日债一千二百余万元，日本政府大藏省委派来华之公森财务官偕同东亚兴业会社代表在南京向国府递觉书。大意略谓，请令南浔路局将现在到期债款本息各项如数归还，否则将实行照约管理云云。该代表等并拜会交通部，先生以浔路原系商办，政府对此本无若何意见，惟以现处军事时期，为便利运输军队计，特由交通部暂行派人管理耳。至浔路原有之董事局（改为路委会）仍然存在。先生以公森博等来浔，恐酿其他事故，特派路政司胡嘉诏伴行周旋一切。

五月三十日　列席中央政治会议第一百四十二次会议。

本日　拟定的《交通部电信条例》经国民政府鉴核后公布。

五月三十一日　令电政总局：厦汕电线工程、潮汕各段线路现正筹备兴工，请广东省政府切实保护。

五月　与谭延闿、张静江、蔡元培、何应钦等联名致电蒋介石。电文曰："闻济南日、我两军又开战，原因与结果，务请详示，并随时续告，以安众心，且便应付。能忍必委曲求全。德邻、任潮、石曾、展堂等来电，主张相同。"①

六月一日　出席国民政府委员会第六十八次会议。决议指定孔祥熙、宋渊源等审查筹办国货银行附送国货银行暂行章程与招股章程；决议公布工商部《国货陈列馆规程》及省区特别市国货陈列馆组织大纲。

六月二日　因安徽巢县至庐州线路久阻不通，既据查明因杆小线细非

---

① 高平叔、王世儒编注：《蔡元培书信集上》，浙江教育出版社，2000年5月，第858页。

重行改造无法修复,先生令应将该段杆线卸保存巢县支局,且一并撤裁。

六月三日　晨赴镇江视察。晚返宁。

六月四日　令电政总局:蔡振东调充江西电政管理局出纳监理员,月给薪水二百元,自到差之日起。支所遗九江电报局长一缺,派沈永康接充。

本日　令电政总局:兹派江筱吕为香港电报局局长。

六月五日　出席国民政府委员会第六十九次会议。决议(一)公布《劳资争议处理法》《财政监理委员会组织条例》和《工业技师登记暂行条例》;(二)任命李健侯为第七军参谋长。

六月六日　上午,列席中央政治会第一百四十三次会议。

晚,偕二十七军军长夏斗寅赴沪。

本日　令电政总局,拟将上海电报传习所初等班暂行停办,改设中等班,酌拟简单暨预算书。

本日　令电政总局:为遵查前安仁局长高靖藩并未携款潜逃,请免予通缉。

六月七日　偕夫人周光帼与何应钦夫妇由沪抵杭。六月九日,在浙江省政秘书长双清①随同下,先生返沪公干。

六月八日　接上海市学联会军事训练委员公函,请求为全沪学生军大检阅提供免费运输。先生允许火车免费接送。

本日　蒋介石率领国民革命军开入北京。

六月九日　主持大夏大学毕业典礼,邀请淞沪警备司令钱大钧致训词。

六月十二日　出席国民政府委员会第七十一次会议,谭延闿报告北京已和平接收。国民革命军总司令蒋介石呈称,兹当燕京收复,北伐完成,恳俯准将国民革命军总司令职权解除,并准辞军事委员会主席职务,所有各军悉令复员。

六月十四日　出席王正廷就任外交部长典礼。

六月十五日　出席国民政府委员会第七十二次常委会。决议改清室宫殿为故宫博物院,任命易培基为院长。

六月十六日　偕何应钦出席中央军官学校举行的总理蒙难六周年及黄埔军校开校四周年纪念会。

六月十七日　在国民党第三届中央执委第二次全会上提出关于统一全国电航两政职权建议书。建议书谓:"现时交通部除路政前经明令划归铁道部专

---

①　双清(1890—1970),字止澄,祖籍江西临川,生于贵阳。任黔军总司令部秘书长、浙江省府委员兼秘书长、欧亚航空公司总经理等职。1949年新中国成立后,任贵州省政协副主席等职。

管外,所有电航邮三政,在训政期内,应行兴革之事,尚至繁多,年来虽力图整顿发展,因事权不一,以致凡百建设,未能依次成功,其影响国计民生,实非浅鲜,谨根据中常会关于中央各部会职权划分提案要纲,将交通部主管之电航两政职权应行统一及不可分割各理由暨善后办法,分陈如下,以备采择。"

六月十九日 出席国民政府委员会第七十三次会议,任命王伯群提请简任参议符鼎升为交通部总务处处长。

本日 江苏省政府委员会第七十二次会议,任命王伯群为第一交通大学校长。

六月二十一日 签发交通部关于蔡元培辞职并任命王伯群为交通大学校长的训令。①

本日 捐赠中华妇女慰劳伤病军士会三百五十元。

六月二十二日 与宋子文等到车站迎接蒋介石抵宁。

六月二十五日 会见邮政总局会办铁士兰,会商总局迁往上海事。

六月二十八日 计划赴北平视察,处理交通部一切问题。②

六月二十九日 出席国民政府委员会第七十五次会议。决议通过津海关二五附税国库券保管基金条例等。

六月三十日 令浙江建设厅,根据中央执行委员会政治会议第一百零九次会议议决,由交通部派孙鹤皋为宁杭公路局长。

本日 国民政府发布《关于全国无线电台及已设电台统由建委会筹办管理训令稿》,令建委会和交通部"遵照办理"。③

六月 签发指令,拟将电报传习所学生所缴保证金分别发还,改令各具四百元殷实铺保,以示体恤,事尚可行,应如拟办理。

六月 接姚华写《浅绛山水》并录春日所作调寄《氐州第一□春雁》词,款识:"戊辰五月,莲花盦词画赠伯群老弟。姚华茫茫父。"

七月一日 出席第一交通大学校长就任典礼,仪式由蔡元培主持。蔡称部长兼任校长有"三利":一是能知道国家需要何种人才而培养;二是经费容易筹措;三是人才可以做到学以致用。④

---

① 《交通大学校史》撰写组编:《交通大学校史资料选编第二卷》,西安交通大学出版社,1986年5月,第2页。
② 《王伯群将赴北平》,《中央日报》,1928年6月29日,第2版。
③ 《关于全国无线电台及已设电台统由建委会筹办管理训令稿(6月30日)》,中国第二历史档案馆:《中华民国史档案资料汇编第五辑第一编·财政经济·九》,江苏古籍出版社,1997年,第638页。
④ 上海交通大学校史编纂委员会编:《上海交通大学纪 1896—2005 上》,上海交通大学出版社,2006年3月,第194页。

本日,交通部邮政总局在上海成立办事处。以北平总局原有人员南迁办公,中枢机构复合为一。

七月二日　致呈国民政府,陈报整理邮政经过谓,对于前此伪政府时代,邮政大权操自外人之处,颇多改革,请予备案。已由国府批示,谓陈整理邮政各节,条分缕析,治标治本,规划周详,具徵实事求是,力挽主权之苦心,应准照办,并予备案。①

七月三日　出席国民政府委员会第七十六次会议,主席谭延闿。会议报告全国经济会议全体会员电陈裁兵要点。

七月四日　列席中央政治会议第一四七次会议。先生提出《交通事业革新方案》呈政治会议公决施行。其纲目如下:

(一) 现成事业之应即整理者。(甲)从速恢复交通常态;(乙)祛除积弊、与改善现状;(丙)就现成事业谋相当之充实及扩张;(丁)整理财政,以为实施甲乙丙各项之入手,兼整理债务及修订合同。

(二) 急需事业之即待筹办者。(甲)粤汉铁路株州韶关段之完成;(乙)沪杭甬铁路钱塘江曹娥江一段之完成;(丙)陇海路由灵实至兰州段之进展;(丁)平绥铁路之关沟段改线;(戊)规定全国无线电信网,并实行建筑;(己)筹办杭车车辆制造厂;(庚)筹办航空运输;(辛)接管海事行政。

(三) 未来事业之亟待设计者。(甲)规定全国铁路线网,以备分期测绘建筑;(乙)规定全国国道网,以备分期测绘建筑;(丙)筹设制铁炼钢厂;(丁)扬子江水道整理计划;(戊)推广及奖励海外航业,结论以事权统一、会计独立、减免苛捐、清除匪患,为实现前列计划之必要条件,除本文外,尚有附件十种,规画甚详。会议决议各铁路管理权应即统一于交通部,由国民政府明令饬各处遵照,交通特别会计制度,由交通部提会讨论。

本日　发出通电,决定八月十日召集全国交通会议,通电附录交通会议规程。电文如下:

　　本部成立逾年,值交通事业残破之余,军务倥偬之际,方图维持,不遑珍重,迺者幽燕底定,南北统一,军事结束,建设方始,交通为一国之血脉,自非及时整顿,急起革新,则凡百设施,均无从说起。但揆之最近交通状况,现成事业,破坏殆尽,未成事业,需要尤切,整理与发展,必须同时进行,而尤必内外相维,并力合作,方克有济。用是通盘筹划,拟具革新方案,厘分纲目,有现成事业,应即整理者,有急需事业,即须筹办

一九二八年（民国十七年　戊辰）四十四岁

---

① 《王伯群呈报整理邮政经过》,《中央日报》,1928 年 7 月 5 日,第 2 版。

者,有未来事业,亟待设计者,经纬洪纤,既难冥行以索术,后先缓急,尤须询谋之金同。爰订于本年八月十日,在京召集全国交通会议,详定办法,冀其实施,务希委派代表,列席会议,加以指导,赐之宏谟。非特交通事业,确定进行之途径,即全国建设,亦得倚此为初桄,特附陈会议规程,统希鉴察。

七月五日 再通电所属各机关,即各铁路管理局、电政总局、各省电政管理局邮政总局、各省邮务管理局、招商局、各交通大学、扬子江水道整理委员会,请届时派员参加会议。

本日 令电政总局:兹派程保潞为山西电政管理局局长、杨开荣为烟台电话局局长。

七月六日 上午,出席国民政府委员会第七十七次会议。决议通过王伯群提出的八月十日召集全国交通会议。

下午,在交通部招待所就召开全国交通会议举行新闻发布会。先生介绍道:

交通事业关系民生、文化、财政诸端,非常重要,交通不良,一切胥受影响。从前北方主交政者,以收入专供军阀扩充地盘之需,本身事业日趋退化,所负债务达七万万以上。路政破坏太甚,津浦路因军事损失,车辆不及民二时十分之四,沪宁沪杭平汉陇海各路亦同一衰落,刻军事已告结束,债权人将群起讨索且交通外债,比较国库其他债息甚轻,至多不过八厘,必须承认纵一时不能抽还。必须事业整理,日有起色,先行抽付债息,使将来不致缺望,现在整理目的,其先决问题:

(一)统一事权。凡路电邮航四政,任何重要机关,不得图自己便利,任意派人占用收入,支配利权,致事业因而破坏,现状不能维持;(二)会计独立。凡关于债务整理,或化零为整,或筹划基金,及其他稽核或支配机关之经临出入,皆取画一制度;(三)减轻担负。近来电费及各路车费,迭增不已,繁重累民,必须酌量取消,或减少;(四)保护商旅各路匪患可虞,应有充分防备,军事机关,及地方政府联合布置;(五)罗致人才。国内各交通大学毕业学生,出洋留学,国家补助经费,平均每人需占数千元,储才当求实用,在国家考试制度未施行前,设甄录委员会,请中央党部国民政府均推委员加入,俾此项专门人才,得尽量甄纳;(六)为支用核实,防杜弊端起见,组设财务委员会、购料委员会、法现委员会,以求经济公开,并制定一切法令以资遵守,此外整理交通事业,纲目不胜缕举,须得全国民众了解,资其协助,故盼新闻界充分宣传,并予指导。

晚,为整理及实施革新路政计,特赴北平至平绥、平奉、平汉及津浦北段各铁路躬亲实地巡视考察,以备提出全国交通大会整顿。偕同许修直、杨骥等各重要部员专车由宁赴沪。

七月七日 召集轮船招商局总办赵铁桥开会。

本日 令电政总局:派王用宾代理川藏电政管理局长,为指挥上便利起见,该局准其暂设重庆。兹派刘国诚为香港电报局出纳监理员、朱劼为天津电话局出纳监理员、刘百泉为天津电报局出纳监理员、吴俊为福建电政管理局出纳监理员,各月支薪水二百元。

七月九日 上午,偕秘书长许修直等由上海乘"新铭轮号"船出发。

本日 作《交通部关于该部无线电可以移交国民政府呈》。在呈文中,先生首先表示"自应遵照办理",但同时禀告"本部实无电台可以移交"。历数数种原委:(一)吾国无线电既无主权,又各自为政。根本原因是"从前北京各部不顾权限,各自为谋,滥与各国缔结契约所致"。譬如:北京海军部与日本三井洋行订立合同,许其在中国设置无线电,并许三十年内不准他人及中国自由设置无线电,与欧美日本通信;北京交通部与美国费德拉公司订立合同,许其垫款建设上海、北京、广州、哈尔滨等处无线电,并以二十年中美通信专利权。(二)前北京交通部电台已被抵押。前交通部所掌"国内无线电已成各电台,如吴淞、武昌、福州、广州、张家口、北京六处,从前北京交通部连同各处电话局,一并抵押于日本中日实业公司借款日金一千万元之内。(三)国民政府无线电事业因战争停顿。"洎我国民革命底定江南,以军事关系,又将部辖电台,均暂行划归军事机关管理,是以一切发展计划,亦遂停顿"。(四)电政外债累累。"我国电政担负外债六七千万元之巨,军官电费亦不下二千万。"若建委会接管无线电,则交通部对于这些债务,势必无法"兼筹并顾"。①

七月十日 江苏省府第八十五次会议,通报交通部第一交通大学校长王伯群函告,奉令遵已于七月一日到校就职视事。

七月上旬 接姚华为贵州同乡杨德懋推荐工作函,函曰:"铁路各局尤为纷扰,即如同乡杨铭修(名德懋),不无有为之才,而几进几退,今尚沉沦。

---

① 《交通部关于该部无线电台可以移交致国民政府呈(1928—07—09)》,中国第二历史档案馆:《中华民国史档案资料汇编第五辑第一编·财政经济·九》,江苏古籍出版社,1997年,第639—641页。

若得少假事权,或可有所凭以自见。而无由汲引,亦空嗟老大而已。今幸在吾弟管辖之下,早晚提掣,予此一面独任之事,则不难崭新露头角,为乡里之光也。"①

七月十一日　上午,抵达天津。赵世暄、沈蕃、王宪备专车往迎。十时半,先生抵天津铁路局总站,召集员司训话,表示此来系整理交通,急应实行者事权统一、会计独立、免除附加损税、肃清各路线土匪。全国铁路负债七亿,若不速整理,即将破产。

下午一时,乘铁路赴北平,夜住常荫槐故宅。

七月十二日　因病入北京协和医院。报载②:

> 王伯群氏患病,前晚入协和医院注射,迄今两日,尚未与蒋晤面。记者昨赴其住宅访问,王因病由秘书代见,据告:王氏此来,(甲)处理接收后的各交通机关,(乙)视察路电邮船三政现状,(丙)考察华北航务,(丁)与各总司令商洽关于八月十日全国交通会议之各项事件。

七月十三日　上午,赴北平商会设宴,商会敦请先生设法收回被奉军运去的车头三百、车辆六千辆。

下午,与吴稚晖、白崇禧、商震等出席新任北平特别市长何其巩就职典礼。

七月十四日　视察北平旧交通部,部署接收委员会工作,并对职员训话。略谓十余年来,交通四政为军阀所破坏,已不堪言状,故非急起整理,无以挽救颓亡。

本日,元电中央政治会议及谭延闿主席,报告行程及在平行动。③略谓伯群以职责所在,次第与各军事领袖、政治长官接洽,均以交通实况,破坏已甚,合力维持,共图恢复。待商有绪,再当巡视平绥平汉诸路云。

七月十六日　与阎锡山会商,确定平奉、平绥两局长仍旧不变,由交通部重新委任,同时更委杨公劳、张竞立为平奉、平绥副局长,两局收入悉解交通部。

本日　接姚华函,告知派儿子去看望先生不遇。函曰:"日前老弟到燕,大儿鋆、次儿鋈即趋赴行馆奉候,未遇而返。今写得一扇,仍命儿辈携往再

---

①　姚华著、杜鹏飞点校:《如晤如语:茫父家书》,上海书画出版社,2018年3月,第154页。
②　《王伯群氏患病未愈尚未与蒋晤面预定月中返宁》,《中央日报》,1928年7月14日,第2版。
③　《王伯群氏电告在平行动》,《中央日报》,1928年7月15日,第2版。

谒,以代一面。溽暑贱恙不适尤甚往常,惟耐心将养而已,生无余计,良用忧思,若有指导,即希面示儿辈。实深盼切。"①

七月十七日 国民政府委员会第八十次会议通报王伯群元电报告十一日抵北平及与各军事领袖、政治长官接洽恢复各路交通情形。

本日 在北平交通博物馆举行中外记者茶话会。在演说中重申,对中美日无线电问题,国民政府应慎重对付。② 他说,国民政府对于中美日三国之无线电报问题,尚无解决方案,拟俟将在北平所有关于该问题案卷携回南京,经慎重研究后,再定合法的圆满解决办法,故目下距制成解决方案,进行交涉之期,尚需相当时日。

下午,赴阎锡山在公园设宴,同座有李济深、戴季陶和宋子文。

七月十七日、十九日 多次至莲花盦看望姚华。期间建议并资助姚将历年所撰诗文论著整理刊印,编纂《弗堂类稿》事提上日程。

七月十八日 在北平发表交通之文告,谓:中国之交通事业,虽组织于二十年前,然除邮务外,均仍幼稚,今则几濒于破产,关于交通所发行之债券,共逾七亿元,政府今所有之火车,仅及民国四年之半。货物山积,不能运输,且行政腐败,每路分成数段,不相合作。今路轨亟待修理,路桥亟待改造,且须购买新车与机车,敷设新路,扩张邮局,建造无线电台七十六所,设立广播消息之电台于各要城,创办航空事业,及由政府接收航务。以上诸政,共需经费三亿元以上。先生主张以一亿三千八百万元兴筑国道、省道及各城间之大道,设立钢铁厂,规正扬子江航路,开关外洋航线,建造大船厂,此项事业,其经费可出之于发行短期借款与公债,及禁止路电所余移充他用。凡到期之借款,其本息应展期两年付之,又建议关于交通事业之供款,向由财政部拨付者,今应由该部清理。③

七月十九日 姚华致信先生,对看望表示感谢,并再次为杨德懋推荐工作。

七月二十日 召集津浦铁路局长杨承训、平奉局长王富平、平汉局长黄

---

① 姚华著、杜鹏飞点校:《如晤如语:姚华家书》,上海书画出版社,2018年3月,第152页。
② 注:按中日三国间无线电问题,为数年来悬案。即日本三井洋行,与海军部间结有契约,而美国费得拉公司亦与交通部间结有契约。日本则争独占权,美国则非在上海等处设无线电台不可。经北京数代政府始终无解决之法,惟中日中美两种契约皆系鬼鬼祟祟所缔结,皆非经合法国会同意,故皆不合手续,国民政府应宣告双方契约皆无效,而其借款亦被刘冠雄、张志潭辈私人所侵吞,应请日美两国分别向领款人刘冠雄、张志潭辈索还,国民政府固不负偿还义务也。若国府不以此种方法解决该问题,只知如北京政府因循敷衍,则又不知将纷争若干年。
③ 《交通需费三万万扩充整理之用》,《时报》,1928年7月19日,第2版。

士谦、平绥局长班廷献，议决先复五路联运，并令赵世暄向各军要求放还车辆。

本日 《申报》刊登张静江十九日来函，就先生在北京关于无线电话一项表示不解。[1]

七月中旬 审定《邮务工会要求优待案》。

七月二十一日 上午，接受记者访谈时再次表示，交通部整理交通须事权统一，会计独立。

下午，参加蒋介石招待外团及外交界中外名人宴会。

七月二十二日 电交通部，告"定二十三日由北平起程赴汉，约耽延数日，八月初旬返京。"

七月二十三日 由北平抵达武汉视察交通。

本日 致函姚华，关于请仿古斋代理书画事宜。

七月二十四日 接姚华复函，函曰："昨日书读讫，感甚。今日小酌又成虚约，闻行期已在日内，不及再约，特作一画以赠行外，承属代销书画已由访古斋转到，当即赶捡开单送去，祈即代为分布。如不敷或不合式之处，随时通知仍可赶办。病躯作事不能如意，然耐劳性成，亦不辞烦苦也。"

七月二十五日 再接姚华复函，函曰："昨送去各件已渐分布，至慰至感！儿辈得书已分别前往谒张。交通大学闻尚有继续之说，乡人熊敏伯现在该校任职员教务员。尚希留语后任主者，为渠留职以免饥寒之苦。行期闻在明日，急切，特属。"[2]

七月二十六日 携平汉铁路局长黄士谦赴郑州考察。

七月二十八日 携津浦局长杨承训从郑州启程南下武汉。

七月二十九日 抵达汉口，各机关代表至车站欢迎。先生对交通界训词，略谓一整理交通，二统一交通，三统一交通人员意志。

七月三十日 由武汉抵达南京，携回北平交通档案一百二十箱。登岸后，在交通部接受《申报》专访。先生在十个方面进行阐述：

> （一）关于赴平之原因。"予于八号由海道赴津转平，此次北上，实以北平克复之后，旧交通部及各路状况，均须亲往视察，同时趁各总司令在平会聚，便中将交通事项略为商筹，而交通会议行将开幕，若北平各处交通事项不略事布置，将来会议更难着手整理，且张作霖退出关外

① 《张人杰来函》，《申报》，1928年7月20日，第11版。
② 姚华著、杜鹏飞点校：《如晤如语：茫父家书》，上海书画出版社，2018年3月，第158页。

之时,闻其将津浦车携去甚多,亦非亲往一察不可,故特遄赴北平。"

(二)关于津浦平奉之近状。"赴津后,对两路所有车辆,逐一清理,始悉张出关时,携去车头二百七十余架,列车五千数百余辆,此等巨大行为,事前显有准备,且必彼方有专门人材,始敢如此举动。惟最近张学良代表来京接洽易帜,予即向蒋总司令筹商,以退还此项车辆为第一条件,奉代表亦面允退还,惟关内唐山等处,尚有未肃清之直鲁军残部从中梗断,一时尚不能放还,待关内肃清,必可完全退回也。至关内之残余逆军,亦扣留车辆甚多,故此时所余车辆,已无多矣。津浦路之交通恢复,则须视外交进行如何,若日兵退出济南,立时可以恢复,绝无其他困难。"

(三)关于接收旧交通部。"予在平十一日,除于邮政司电务司略加整理外,并饬人完全接收旧交通部,但交通部之秘密与重要之文件,已无从寻觅。张作霖去时,必已完全携去,且闻常荫槐将下台之时,与日本曾订借款,以山东方面延长铁道为抵押,但此项合同,亦未寻出,其他关银钱来往较巨之文据,亦已无存。此次回京,携有所接收较为重要之文件约百余件,其不关重要者,仍留北平,将来北平仅设一通信处。至旧交通部房屋,已改市政府。"

(四)关于邮电两司之整理。"邮务司历来其权操之外人(原系法人),此次赴平,已改外人所任之总办为会办,今后如总办名义仍存在,则另委我国人主持,否则直接用局长名义,会办副之,此时尚未定。至电务司本为收入机关,关系至大,而北平所分之五区,均以公用过多,收入不敷,须由交通部津贴,故予以为非切实整顿,使其收入增加不可。北平方面,已由予同去之第二科科长接手,本来北平下后,临时即委一人负责,但予以交通统系所关,故另以专门人材任之。"

(五)关于甄用委员会。"对旧交通部及北平各处旧有交通人材,其有专门技术者,已留用少许,其不能办事者淘汰之。普通一般人员,不甚明了其能力者,则在首都设一甄用委员会,将来交通职员均由此甄用会经考试后再用之。北平各员所以须经此手上续者,务使各职员均能真实办事,此项甄用会考试办法,则须具四项资格:(1)明了党义,(2)须有专门学问,(3)办事须有经验,(4)确无嗜好者。至甄用委员会之组织,由本部简任以上人员及中央党部秘书一人、国民政府秘书、参事各一人组织之。"

(六)关于各路考察情形。"予离北平后,顺便往平绥、陇海各路考察,并将各处之电话电报各局,略加整顿。虽在兵燹之后,铁路多被损毁,但一般办事人尚能勤谨奉公,惟尚有专门人材而不明了党义者,余已命其各以三民主义常加研究,至各路车辆,尚有为我军作战时扣用者,已面请各总司令饬所属军队,一齐放还。"

（七）关于冯阎总司令之行踪。"予动身时,阎李两总司令已电约冯总司令同行,而冯总司令在郑州与予会晤,以候予面谈,故车已升火待发,大约今日必可到京,李总司令闻由汉口趁船来京,惟予离汉时,尚未见到也。"

（八）关于对五中全会之感想。"予于五中全会以交通事务过烦,尚无暇提案,惟此次五中会为北伐完后一最要之会议,一切均待解决。于交通各事,将来或亦酌量提请大会讨论,至五中全会对政府制度变更,与乎党的问题,必将有详切之研究,故吾人对此会议,极为乐观。"

（九）关于今后之招商局。"招商局在此过渡时代,不得不设一管理局,至将来究系官办或商办,尚未可定。以予之意,完全官办,以过去之历史观之,亦不能得好成绩,官督商办,则仍蹈从前之弊,故惟有官商合办之一法,预计将来,惟有此法。"

（十）关于交通会议。"此次交通会议之召集,以交通统一后,一切均待解决,非召集此重大会议不可。至会议之最重要者,系本总理建国大纲遗训,使旧有各路恢复,未有者建设,如第一步粤汉铁路如何完成,北平各路如何恢复;第二步如川汉铁路如何完成等,近已积极筹备,十号决可开幕,至其他水陆之交通事项,及机关之整理,均须于会议中解决之。"

八月一日 与谭延闿、李烈钧、于右任、何应钦等欢迎冯玉祥总司令抵首都。

八月二日 在交通部宅接待冯玉祥、蒋介石,相与谈话约四小时,除政治问题外,兼及召开交通会议事宜。

本日 就《申报》七月二十日刊登张静江关于无线电话事回复该报表示:"比自平返读贵报所载张静江先生一函,并东方社关于无线电话之谈话一则,与当时词意不同,致生误会,兹有复张静江先生函稿,敬请即日登入贵报来函栏内,不胜感幸。"①

八月三日 出席国民政府委员会第八十五次会议,决议由交通部、建设

---

① 《王伯群来函》,《申报》,1928年8月3日,第11版。

委会、财政部内部核议具复首都议案五款。

本日 得姚华函,就介绍儿辈工作和着手编辑文集表示感谢。①

八月四日 在《国货评论刊》发表《关于整理交通计划访谈》。②

八月八日 在自宅宴请冯玉祥,并邀各要人作陪。

八月九日 主持交通部效验工作会议。

八月十日 上午,全国交通大会假金陵大学礼堂举行开幕式。李烈钧、孔祥熙、虞洽卿、荣宗敬等百余人出席。先生首先着重提出解决四大问题:一为事权统一。因为行政若无系统,则营业收支、用人取拣以及一切行政事项,中央仅有管辖的虚名,全失酌盈剂虚,奖惩黜陟的实用,故交通行政权应使其统一;二为交通财政应确立特别会计制度。今日垂败的交通事业,非设法自救,别无他途,故应确立特别会计制度,厉行财政独立,以后交通进款用以改良及扩充交通事业的本身,希望中央国库不再挪移,地方长官不再截提;三为减免苛捐。以免商人规避重税,改道绕越,滞减货物运输,使铁路运费、国家税收不受影响;四为肃清匪患。近来拆轨劫车,砍杆割线,抢劫邮包,截掠航轮,常常发现,国家既受损失,民众痛苦更甚,应由中央责成各省军事长官于各路沿线赶办清乡,以安行旅。综此四端,为整理与革新交通事业的先决前提,果蒙中央与地方当局,予以谅解和协助,则一切规划,方能期其实行。

晚,邀到会各代表来宾会员等至食堂聚餐。席次演说,谓诸君不辞远道莅会,招待诸多不周,略备菲酌,藉祝健康。

八月十一日 上午,主持全国交通会议第一次会议,贾士毅、周作民、林实等一百二十余人与会。先生宣读会议规程,分组审查规则,指定各组审查秘书正副主任和审查委员。杨千里报告议案总目录,计已收到提案三百二十五件。最后,各省代表报告各该省交通现状及将来规划,十一时半散会。

八月十二日 主持全国交通会议提案审查会。

八月十三日 提交《整理铁路拟分治标治本办法》,提出治标办法是解决车辆问题、路款问题和军运问题;治本办法为用人统一、技术统一和财政统一。

八月十五日 将办理统一邮政情形呈报国民政府,并请简派刘书蕃为邮政总办。二十三日,奉国民政府照准,并发明令,派刘书蕃为中华民国邮政总办。③

---

① 姚华著、杜鹏飞点校:《如晤如语:茫父家书》,上海书画出版社,2018 年 3 月,第 159 页。

② 《关于整理交通计划访谈》,《国货评论刊》,1928 年第 2 卷第 4 期。

③ 汤涛编:《王伯群文集》,上海书店出版社,2018 年 1 月,第 51 页。

八月十七日　主持全国交通会议第三次大会。主要讨论关于如何解决轮船招商局问题,最后确定以收归国有为原则,过渡办法官商合办。在讨论中,穆藕初等主张商办,赵铁桥等坚持国有,两方有激烈之辩论。先生在主持会议中特作说明:大会讨论轮船招商局问题以前,已举行股东登记,登记声明六七次,始稍有人履行。股东中不把持即捣乱,该局问题关系吾国航业前途不浅,至希诸位精密讨论。①

下午,先生宣告,将五种办法,逐一表决。最后表决结果为:一商办五票,二商有国办无票,三官督商办二十五票,以上三项,否决表决。至此,先生谓第四,收回在国有,与官商合办,两者不必分开表决,可合并改为以收回国有为原则,以官商合办为过渡办法,可否照此表决。结果,照先生发意见表决,大多数通过,历年不易解决之招商局问题,得告一段落,至官商合办办法将来再论。

八月十八日　主持全国交通大会闭幕大会,到会一百七十人余人。首先,符鼎升报告共收到议案四百余件,议决一百四十余件。大会共开四次,各组审查会开会次数三十六次。其次,先生致大会闭幕词,谓②:

> 窃自承乏交通以来已逾一稔,回溯受命之始正值危难之际,军事倥偬,应付至难,但求局部应付,未遑根本革新,扪心自省良深愧怍。此次会议之舟集,实冀合群策群力,示我周行,匡我不逮,俾得急起直追,以补愆尤,幸预会诸公或为各省代表,或为各界领袖,或为海内之硕学名流,或为交通界之服务人员所提各种议案,类能理论事实,双方兼顾,计划精当,伯群获益良多,故诸公此次来京预会,可谓非专应交通部之请而来,乃为代表一般民众利益而来。

八月中旬　接电政司司长兼电政总局督办吴承斋辞职函,先生诚恳慰留。

八月二十一日　出席国民政府委员会第八十七次会议。会议(一)通过王伯群拟订《邮政总局章程》,决议简派刘书蕃为邮政总办处理;(二)讨论通过王伯群提议的由于陇海路督办王正廷已特任为外交部长,遗职由刘骥继任。

八月二十二日　列席中央政治会议第一五一次会议。

八月二十四日　上午,出席国民政府委员会第八十八次会议。决议修

---

① 《全国交通会议特刊》,《申报》,1928 年 8 月 18 日,第 12 版。
② 《大会昨日闭幕发表宣言》,《申报》,1929 年 8 月 19 日,第 2 版。

正通过《审查预算委员会条例草案》等。

八月二十七日　自全国交通大会通过北平交通大学归并上海交通大学后，申诉北平交通大学旅沪同学会代表，申述北平交大不会南迁。[1]

八月二十八日　出席国民政府委员会第八十九次会议。讨论通过王伯群提议的准电政司司长兼电政总局督办吴承斋辞职，另任庄智焕为电政司司长，并将电政总局及该局督办一职裁撤；决议谭延闿、蒋介石、冯玉祥、王伯群、何应钦等为预算委员会委员。

《谭延闿年谱长编》载："与王伯群谈，知昨言中德约不满人意由此也。"[2]

八月二十九日　列席中央政治会议第一五二次会议。

八月三十一日　出席国民政府委员会第九十次会议，决议通过蒋介石提送中央财政整理委员会组织条例草案等。

八月　《自求》一九二九年第五期刊登先生《告全国交通职工书》。提出在此交通事业尚属幼稚，国际压迫犹未解除之时，政府与职工，双位一体，义切同舟。政府无职工，无以图事业之进展，职工无政府，无以谋痛苦之解除。恳切表示"吾侪供职国家，首当明瞭自身所处之地位，及国家现状之艰危，同心合作乃克有济。"[3]

九月二日　与何应钦、李仲公同赴南京汤山行猎。

九月四日　出席国民政府委员会第九十一次会议，决议《工会法修正草案》交孔祥熙、王世杰再详细讨论。

下午，出席国民政府侨务委员会委员就职典礼后，赴安乐酒店参加国货银行筹委会酒会。

九月五日　列席中央政治会议第一五三次会议。

九月七日　出席国民政府委员会第九十二次会议。讨论通过王伯群、许世英等为中国国货银行筹备委员。

九月八日　签发关于交通大学等更名的训令。[4]

九月十日　偕夫人周光帼由沪乘中快车抵杭州，下榻西湖澄庐，会晤蒋伯诚、双清等。

九月中旬　平汉路同人总代表陈从，以服务平汉路一万数千人，欠薪数月未发，生计困难，且以平汉路新局长黄士谦未孚人望，特自北平来沪，转赴

---

① 《北平交大归并问题王伯群部长之谈话》，《中央日报》，1928年8月28日，第2版。
② 刘建强编著：《谭延闿年谱长编》，上海交通大学出版社，2021年12月，第1375页。
③ 王伯群：《告全国交通职工书》，《自求》，1929年第5期。
④ 《交通大学校史》撰写组：《交通大学校史资料选编第二卷》，西安交通大学出版社，1986年5月，第3页。

南京向先生请愿,提出整顿平汉路积弊。

九月十四日　出席国民政府委员会第九十四次会议,决议《侨务委员会组织法修正草案》送政治会议等案。

九月十五日　被中央国术馆聘为襄试委员。

九月十八日　出席国民政府委员会九十五次会议,决议通过关于关税附加赈捐一成充作赈济的款案等。

本日　严仁珊、喻正伯在《申报》发布致先生担任董事长的贵州裕黔公司股东启事,申明裕黔公司账目按照董事会要求全部上交办理。①

九月十九日　接冯玉祥电,请设法完成陇海路建设。电文谓该路横贯甘陕豫鲁苏五省,为中部及西北部一切建设事业之基础,并在国防上关系甚大,因电陇海路督办刘骥,嘱在京与交通部商定切实办法,速将陇海路修至西安。

九月二十日　与何应钦、朱培德、蔡元培、戴季陶等参加刘纪文招待晚宴。

九月二十一日　与蒋介石、谭延闿、何应钦等出席全国财政预算会议。听宋子文报告现全国每月收入约五百万元,支出达九百万元,不敷数四百万元。会议讨论结果,实行节流、核减军政各费暨裁缩兵额,一面设法开源,使收支相抵。

《谭延闿年谱长编》载:"偕蒋、蔡至预算委员会,王伯群、任潮、雨岩、熊、刘代表现在,吾主席。预算皆不完成,惟现在收入五百万,出九百万,差四百万为确数耳,了无办法而散"②

九月二十三日　赴于右任苏州住宅,凭吊于夫人。

九月二十五日　出席国民政府委员会第九十七次会议,通过军委会抚恤委员会组织条例草案。

九月二十七日　参加蒋介石召集的党军政要人茶话会。

九月二十八日　偕电政司长庄智焕、关务署长张福运、招商局总办赵铁桥抵沪。

九月二十九日　与何应钦、孔祥熙抵杭州。

九月三十日　偕何应钦、孔祥熙赴海宁观潮。

九月　颁发《交通大学章程》和《交通部直辖大学组织大纲》,主持制定《交通大学体育规章汇览》。③

---

①　《严仁珊喻正伯启事》,《申报》,1929年9月18日。
②　刘建强编著:《谭延闿年谱长编》,上海交通大学出版社,2021年12月,第1380—1381页。
③　陈华新主编:《百年树人——上海交通大学历任校长传略》,上海交通大学出版社,1997年9月,第104页。

十月一日　由海宁回沪,突接邮局罢工消息。即在沪与李仲公、刘书蕃召开紧急会议,商讨应付措施,并报告国民政府请示处置办法。

十月二日　出席国民政府委员会第九十八次会议。先生报告上海邮电工人罢工事。

《谭延闿年谱长编》载:"王伯群报告邮工罢工。"①

十月三日　上午,列席中央政治会议第一五七次会议。

下午,在中央政治会议上,首先报告上海邮政局罢工事宜,会议(一)认为邮局与人类秩序、社会治安关系至巨,不应有罢工之举,中央应令沪市党部,就近劝导复工,至待遇上之要求,当有适当之解决,如工友方面不受劝导,中央只有严厉取缔;(二)主张从速解决,并电令李仲公、刘书蕃相机制止,务期早日复工。对职工要求加薪,已拟有办法,即约二十元以内者加十元,三十元以内者加五元。

十月四日　参加谭延闿主持的国民政府预算委员会第二次会议,"于军费办法稍有决定"。②

十月五日　上午,出席国民政府委员会第九十九次会议。

晚,在交通部宴请中央各委员,报告会同上海市府、市党部解决沪邮复工情形。

本日　蒋介石得悉沪邮局已复工,甚为欣慰,并表示对工友经济上之要求,在合理范围内应予容纳,已将此意面告先生。

十月六日　在财政部参加国民政府预算委员会第二次会议,讨论通过冯玉祥电请饬北平税务监督公署按月拨付十四万元;为接收北平故宫博物院旅费二千八百元照拨;暂缓赈款委员会一百万元赈款;为中央国术馆续筹拨二万五千元等。

十月七日　会见邮务工会代表陆京士等。

本日　令电政总局:经中国国民党中央特别委员会九月十九日第三次会议议决,本会依据职权,业经组织国民政府,所有以前国民政府应即合并改组,其所属各机关应即移交现国民政府统辖。

十月八日　邀请何应钦为大夏大学师生做《关于青年之责任》演讲。③

十月九日　出席国民政府委员会第一〇〇次会议。

十月十日　参加首都各界庆祝国庆纪念暨全国统一大会。

本日　在中央党部大礼堂出席新任国民政府主席蒋介石暨委员宣誓受

①　刘建强编著:《谭延闿年谱长编》,上海交通大学出版社,2021年12月,第1380—1382页。
②　刘建强编著:《谭延闿年谱长编》,上海交通大学出版社,2021年12月,第1382页。
③　《何应钦在大夏大学演讲》,《申报》,1928年10月10日,第11版。

任典礼。

本日 《中央日报》刊登先生的《国际弭兵之前途》一文。①

十月十一日 赴南京女中做交通建设的演讲。

本日 电令上海、镇江、扬州、无锡、芜湖、杭州、福州、广州、安徽、支线工程处、浙闽粤各线路总管：查苏浙皖闽粤五省电线工务长，业经本部分别委派丁文元、陶鹤云、裴载深、魏子扬、陈其全充任，并令赳日组织成立工务处，在案所有沪汉青沪两干线工程处、江苏、安徽两支线工程处，及浙闽各线路总管，着即一律裁撤，限本月内结束移交工务处接管。

十月十二日 列席中央政治会议第一五八次会议。讨论通过《国民政府考试院组织法》《监察院组织法》等。

十月十三日 在中央党部常务会上，列席报告上海邮务罢工问题。确定在政府机关公用事业服务之员工，绝对不许罢工，但交通部对于邮务员工，服务及待遇应有公平之处理，邮务员工则应绝对服从。会议决议上海市党部、市政府，应一致协力辅助交通部所定办法之施行。

十月十五日 与蒋介石、谭延闿、冯玉祥、李济深等出席中央国术馆国考开幕典礼。

十月中旬 接《上海日报》重行规定新闻事业使用邮电办法函，希望实行优待，以利文化发展。

十月十六日 出席中央国术馆拳术比赛。

十月十八日 列席中央政治会议第一五九次会议。

十月十九日 在国民政府二次国务会议上，决特任王伯群为交通部长，提送中央政治会议通过任命。

本日 列席中央政治会议临时会议，蒋介石主持。会议（一）决议任命阎锡山为行政院内政部长、王正廷为外交部长、冯玉祥为军政部长、宋子文为财政部长、王伯群为交通部长、孙科为铁道部长、孔祥熙为工商部长、易培基为农业部长、蒋梦麟为教育部长、薛笃弼为卫生部长；（二）决议特任古应芬为国民政府文官长。

本日 个人捐资中华慈幼协济会赴鲁救济灾童车费。

十月二十日 受无锡实业家荣宗敬②之邀，与上海市长张定璠乘沪宁中快车由沪赴锡，游览各名胜。二十二日回宁。

十月二十三日 任俭德储蓄会名誉会董。

---

① 王伯群：《国际弭兵之前途》，《中央日报》，1928 年 8 月 28 日，第 2 版。
② 荣宗敬（1873—1938），名宗锦，字宗敬，江苏无锡人。大夏大学校董。荣德生之兄。先后创办保兴面粉厂、福兴面粉公司、申新纺织厂等，被誉为"面粉大王"和"棉纱大王"。

本日　接国民政府设立铁道部,移交铁路行政给铁道部训令。令曰:"文明国家,对于铁道事业,类多设立专部。为贯彻总理铁道政策,著即设置铁道部,以期计划之实现与发展。除特任部长、组织成立外,著交通部即将关于铁道行政一切事宜,移交铁道部办理,以专责成,而明系统。"

十月二十五日　参加国民政府行政院长及各部长举行宣誓就职典礼,蒋介石主席授印,王伯群受印,并一律举手宣誓。

十月二十六日　以铁路划归铁道部,法规及财务两委员会无存在之必要,明令取消。

本日　出席全国财政预算委员会第三次会议。决议:规定政费月支一百五十万;国民政府主席召集全国军事领袖会议,规定全国军费数目。

十月二十七日　邀请褚民谊到大夏大学做"体育与卫生"演讲。

十月三十日　出席行政院第一次会议,决议通过李仲公为交通部政务次长,韦以黻为常任次长。

十月三十一日　列席中央政治会议第一六一次会议,主席蒋介石,决议通过《铁道部组织法草案》;十一月一日在上海成立中央银行和举办国货展览会开幕式。

十月　为《扬子江水道整理委员会年报》(第六、七期)撰写序言。

秋　倡导恢复吴淞商船学校,指定航政司船务科长杨志雄负责筹办,收回吴淞校舍。先生兼任该校校长。复校初,仅设驾驶科。

十一月一日　上午,与蒋介石、蔡元培、宋子文出席中央银行开幕式,并送"百川汇流,朝宗于海,众星同拱,其运经天"贺联。十时,出席全国禁烟会议开幕式。

本日　就铁道部行政,电令交通部各路局长:"嗣后各该路文电,自本日(11月1日)起,迳呈铁道部办理,各铁道范围内各处来文,已经停收。"①

十一月三日　向国民政府递交《交通部关于将铁道行政移交铁道部办理》的情况报告。

十一月六日　出席行政院第二次会议。谭延闿通报先生呈报所管路政事务一日已移交铁道部。

十一月七日　出席国民政府委员杨树庄、参谋总长李济深、训练总监何应钦宣誓就职典礼。

十一月九日　主持交通部部务会议,有人提议将路政司原有之国道文件档案留存,以备经营国道时之用,先生以中国国道无完备规划,建筑管理

---

① 《行政院各部之规划》,《申报》,1928年11月2日,第2版。

不易着手,孙科部长于道路建设有特别接洽,应即全部移交,以免虚糜公款,故立时划出。① 除移交国道事务外,还主动提出"职部交通大学系分设上海、唐山、北平三校……大部分属于造就铁路人才","职部交通大学及留学各事拟请一并移交铁道部管理办理,以专责成而明系统。"②

本日 接国民政府关于铁道行政移交铁道部办理准予备案指令。

十一月十三日 参加行政院第三次会议,会议决议王伯群辞任交通大学校长(兼),由孙科继任。

十一月十四日 列席中央政治会议一六三次会议。会上,胡汉民和戴季陶连名提出设置"国都设计技术委员会"专门从事首都设计,并提议由孙科担任主席。先生与王正廷、陈果夫等反对该提案。③

十一月十五日 参加孙科接任交通大学校长仪式并致词。表示,本校校长之更动,外界颇以为非学校之福,实则此举系进步的,因孙先生新自海外归来,对于学校,必有不少之贡献。

本日 得姚华函,姚谈及《弗堂类稿》整理出版事宜。

十一月十六日 黄埔军官学校毕业生胡信、管树民等三十四人,因一时在军队中无法安排工作,先生介绍至上海招商局总办赵铁桥处,设法给予安排。各军官业于十三日抵沪,寄宿于招商局内,并荷赵总办允予设法训练后,再行分配到各部。本日,又将该军官等迁往华德路招商公学内寄宿,以便即日在该处委派教师训练,开始授以各种驾驶及办事上之学识。

十一月十七日 在沪接受日日新闻社采访,谈交通部对优待报界之意见。先生略谓,上海日报公会之要求,在本人以报纸为提倡文化,开扩民智之工具,当然亦表同意,惟以国家财政及交通部情形而论,颇有足资讨论之处,今不妨将邮政一顷,略述一二。往昔邮政每年之盈余,最多不过三百万,少则仅数十万。自军事以来,邮政遂失其常态,至民国十六年仅余八万。而邮局所应用之各项印刷品及邮票等件,历年有储者,本可供三年之用,而军事后则有用无储,实际上较平时有两倍之比例,今所赎者,只足六七个月之给用矣,此项损失的有一百余万两。先生最后表示:余已嘱次长向交通不便之处,从事精密之调查,其经费则规定二十五万也。至于电政方面尚无精确之调查,末谓此不过余在事实上考量所得之一点意见,至日报公会之要求固属正当,交通部亦未尝不拟容纳,但非目前能办到耳。

---

① 《交部路政司办理结束》,《申报》,1928 年 10 月 30 日,第 2 版。
② 《中华民国国民政府行政院令第 84 号》,《铁道公报》,1928 年第 1 期,第 28 页。
③ 董佳:《民国首都南京的营造政治与现代想象(1927—1937)》,江苏人民出版社,2014 年 6 月,第 80 页。

十一月十九日　大夏大学召开第三十二次校务会议,报告由先生经募捐款七千五百元,以五千元还女生寄宿舍建筑费。

十一月二十日　出席行政院第四次会议。

十一月二十一日　列席中央政治会议一六四次会议,胡汉民主席。在讨论行政院各部会组织法草案,先生主张所有电政,如有线电、无线电电话等须由交通部办理,以示统一。

十一月二十二日　余牧人编辑的《党国名人传》由世界书局出版发行,先生名列其中。

十一月二十七日　出席行政院第五次会议,会议决议以符鼎升为交通部总务司长,庄智焕为电政司长,刘书蕃为邮政司长,殷汝耕为航政司长,许修直、林实、双清为秘书。

十一月二十八日　列席中央政治会议一六五次会议,通过《行政院各部会组织法》《公务员吸烟人简则草案》等。

十一月三十日　与谭延闿、何成濬、何应钦、张群等亲往迎迓蒋介石从安庆抵南京。

十二月一日　在交通部职工委员会致训词,表示本会为根据三民主义谋生活,改良教育发展,凡交通机关职工的对象为政府非资本家,须上下一致,共策进行。

十二月五日　出席行政院第六次会议,讨论修正大学委员会组织条例暨大学区组织条例、全国卫生行政系统大纲草案。

十二月六日　上午,列席中央政治会议一六六次会议。

下午,参加南京禁烟委员会第十次会议。

十二月六日　李国杰公开致中央党部、国民政府、各院部以及招商局各股东公开意见书,[①]表达了自己的极大不满:"窃冀我政府与股东及社会三方面对此问题,各皆放远眼光,开诚布公,共谋百年大计,俾我中国最大之航业机关立于永久不败之地。同时并将江海航权、迅图恢复、毋令外人轮舶飞扬驰骤,若临无人之境,则国家幸甚、招商局幸甚。"[②]

十二月九日　致函中华国货展览会,允于月内来沪参观。函曰:"国货展览,成绩斐然,足证筹划周善,提倡热心,钦幸曷极,辱荷宠召,尤深荣感,群拟于返沪时,前往聆教也,承询特复,顺公布筹祺。"

十二月十一日　出席行政院第七次会议,讨论通过设立山西临时防疫

①　《王伯群之谈话》,《申报》,1928 年 12 月 13 日,第 7 版。
②　《李国杰解决今日招商局问题之意见》,《新闻报》,1928 年 12 月 8 日,第 16 版。

处;通过《全国举办物品展览会通则》等。

十二月十二日　上午，与何应钦、邵力子等迎接第三集团军总司令阎锡山抵宁后，出席中央政治会议第六十七次会议，讨论民法总则立法原则、建设首都委员会改为国民政府直辖机关章制，设立导淮委员会等。

下午，关于交通会议议决轮船招商局提议，在接受媒体记者采访时表示：（一）招商局以收回国有原则，在过渡期间，由官商合办。合办时官方当加入股本，其款项呈由国府行政院决定之。本来航政系国家整个航业，招商局在航业中占重要地位，当然归航政计之。（二）将来海权收回，航政甚为重要，现在聘请专家组织航政法规委员会，拟制各种航政法规，同时有海政筹备会，由军政内政外交各部，及海军司令部派员组成，讨论各部关于海政权限之划分。（三）电政管理权，应划归交通部，以期统一行政权，如中央行政权不统一，地方将有所藉口，此问题关系国家前途甚大，故已提出行政会议讨论。

本日　先生分呈国民政府、行政院，因个人计划各事，精力不足，加以交通部事权不能统一多方困难，无法办理，故特请辞去交通部长本职。

十二月十七日　先生提出辞职后，国民府院加以慰留。惟尚欲上第二次辞呈，蒋介石特召李仲公，"面嘱代挽先生辞意，可留打销。"[1]

十二月十九日　列席中央政治会议第一六八次会议，讨论通过民法总则编立法原则草案意见。

本日　接招商总局董事会会长兼仁济和水火保险公司总董李国杰对仁济和营业状况呈文。

十二月二十日　出席国民政府禁烟会第十一次委员会议。议决修正通过禁烟会组织法；呈控违犯烟禁简则草案交司法卫生两部会同审查；议决请国民政府添派铁道部长为本会当然委员；决定筹设麻醉品管理局。

十二月二十四日　接国民政府建委会建议交通部移交各无线电机关、各项文件规章合同契约及国际电政公会来往文件。先生答复难以照办，重申对电政现状加以维持，并调节新建各行政机关权限之争议，免事业受其影响，酿成社会重大问题。

十二月二十五日　出席行政院第九次会议。决议：（一）由铁道部会同有关系省份计划办理蒋介石函请分令督饬修立各国道（即南京杭州线、南京芜湖线、杭州经衢州上饶至南昌线、衢州经延平至福州线、浦口经合肥至安庆线、杭州经徽州至安庆线和徐州至蒙城线）；（二）将原沪宁花车之一部分

① 《蒋主席挽留王伯群》，《申报》，1928年12月17日，第7版。

改为客车，以便旅客乘用。

本日　发布全国各机关各军事长官合力维持电话事业报告。提出电话不统一经营的六大危害。①

十二月二十七日　参加交通部次长李仲公、韦以黻及司长简任秘书、参事宣誓就职仪式，并代表国民政府训词。

十二月二十九日　列席立法院第四次会议，胡汉民主席。先生就审核电信条例案内容做出说明，会议决议交经济军事两委员会审查，限十八年一月七日审查完竣。

十二月三十日　因不克赴北平料理孙中山总理移榇事，特派交通部参事颜德庆随林森、吴铁城等迎榇专员北上，代表自己检视前清慈禧太后所用之花车，拟加以修改，为总理运送灵柩之用。

---

① 注：本文系王伯群呈国民政府报告。1928年12月31日，国民政府复交通部指令（第四六三号）："令交通部长王伯群：呈请通令京外各省、各市、各机关、各军事长官合力维持电话事业由。呈悉。应准照办。候分令行政院及国民革命军总司令部转饬所属一体遵办可也。此令。"

一九二九年（民国十八年　乙巳）　四十五岁

一月三日　呈行政院文，请派公正大员彻查轮船招商局。

一月五日　参加国军编遣会第一次大会，蒋介石致词，筹备主任何应钦报告筹备经过。先生被推定为编制审查会委员。

本日　向编遣会提议维护交通限制军电记赈，实施中央决定训政时期交通方案。

一月六日　接受记者采访时说，武汉政分会昨转来湖北省各电局呈称，近受建委会无线电台减价影响，请求将无线电台划归交通部。"此事余在政治会议中提出讨论以求行政统一，未得结果。以后当请示国民政府，予以相当办法。"①

一月七日　主持交通部部务会议，讨论编遣会拟提议"爱护交通，实施训政纲领、民用航空与军用航空职权及营业之划分案"。会上，交通职工事务委员会发表宣言，提出劳动者要认清自身的地位，选择运动的方向，不应存着病态阶级斗争的心理，盲目奔驰，一方要受党的领导与训练，谋自身团结，求事业发展，生活优良，改善职工的组织，孕育极大的奋兴，以增进生产经济能力。

一月八日　上午，参加蒋介石主持的国军编遣委员会第二次会议。

下午，出席行政院第十次会议。

一月九日　列席中央政治会议一七〇次会议。批准通过中华民国与德、英、法、瑞、挪等各关税条约。

本日　与孙科联合建言中央政治会议，称改良粤汉、广九两铁路，完成中国无线电网以及发展航空事业等乃中国当务之急，然就时下财政状况言，"只有仰给外债一途"方可实现。在中央政治会议许可后，孙拟先完成无线电网，遂派交通部电政司长与美方代表洽谈。②

一月十一日　参加蒋介石主持的编遣会第三次大会。

---

① 清：《王部长：训政开始交部使命甚大》，《电友》，1929年第5卷第2、3期，第38—39页。

② 《国民政府与美国已成立无线电借款合同（2月2日）》，季啸风、沈友益主编：《中华民国史史料外编——前日本末次研究所情报资料（第93册）》，广西师范大学出版社，1996年，第28页。

本日　向财政部交涉,(一)将上海市行政划归交通部管理,以备收回海权;(二)聘广东航空处技师杨官宇来京担任要职;(三)拟恢复吴淞商船专科学校,常年经费暂定九万元。

一月十三日　陪同教育部长蒋梦麟出席大夏大学毕业典礼。

一月十五日　出席行政院第十一次会议。讨论通过《公安局长查缉盗匪考绩条例草案》《地方保卫团条例(草案)》《县长办理盗匪案件考绩暂行条例》《财政部监督地方财政条例》。讨论新增关税全部或至少以三分之二拨充建设经费事,指定与宋子文、孙科审查后,再呈复核。

一月十六日　列席中央政治会议,蒋介石主持。

一月十七日　上午,参加蒋介石主持的编遣会第四次大会,听取何应钦报告各案审查结果;讨论通过冯玉祥关于兵额实施编遣办法大纲草案。

下午,获知"新华轮"在香港附近触礁沉没后,致电轮船招商局总办赵铁桥申斥:"据报新华轮船在香港附近触礁下沉,溺死乘客数百人,损失商货甚巨,查新华船身仅有八年,失事由于触礁,足见对于船员人等,用非其人,滥竽充数,平时无严密之考绩,致屡有惨案发生,殊负政府派员整理之初心,复失人民之厚望,该总办扪心自问,能不汗流,该局船务科所司何事,既于船务管理,未具备应有之智识能力,即当遴选专材,以担职责,岂能徒事迁就,致酿变端。该总办管理经年,徒有整顿之宣传,躬行每多未逮,而船舶之触破毁损,层见迭出,即此足见平日之空言铺张,深负委任,应将该总办及船务科长,先行各记大过,听候查办,仍令负责赶办善后救济事宜,随时详报候夺。"

一月十八日　上午,接赵铁桥复电,略谓新华沉没,失察之罪,固不可逭。惟船长西人强生调任新华已有七年,既非职所任用,亦非职所调派。船务科长董福开,自蒙钧座委任,颇能谨慎将事,该船在港触礁,不及临时取用沙阻,足见平时练习过少,为招商数十年来腐败症结表曝,短期施治,自难立效,末谓感于无米为炊,遇事每多掣肘,祈座早定方略,始可言及整个计划,新华善后救济,已派曾广顾副科长驰往办理。

下午,参加奉安委员会第一次会议,胡汉民主席。会议推定蒋介石为主席委员,并决议修筑从中山路接至中央党部一条新路。

本日　通令沿江各县检送府县志并代征集水利著述。

本日　建委会发布《建设委员会主管全国无线电职权之根据》,总结《根据》用一句话概括就是"交通部交出无线电建设权限,统由建委会建设和管辖。"①

① 《建设委员会无线电管理处启事公告》,《申报》,1929年1月28日,第7版。

一月二十一日　接李国杰为抚恤"新华轮"殉难船员事电。电文谓："此次新华触礁，损失重大，国杰受全体股东付托之重，忝居领袖，目睹惨状，无法救护，痛疚实深。现被难船员家属男女嚎啕来局泣诉，倘无一种安抚方法，不足以示体恤，尤恐酿成事变。拟恳援照江宽、江永成案，暂定殉难船员临时抚恤办法，以安众心，敬恳仁慈鉴准，电饬总管理处商同本会迅速妥订执行。"先生就李国杰请求函电上批示："兹据前批，仍令该查办员查报具凭核办可也。"①

本日　在出席编遣会第五次大会上，先生提出军用民用航空划分和兴统一航空权议题，以供讨论。

本日　特派刘书蕃去上海筹办航空邮递，拟先定购六架来恩（Hyan）飞机并聘用驾驶专员，以备在首都及沪汉间往来飞行、带运邮件、装载旅客，以后仍当逐渐扩充，推行全国。

一月二十二日　出席行政院第十二次会议，通过国地收入划分办法，凡一应田赋契税，均由国家改归地方；批准班禅北平办公处，按月由国民政府拨发经费五千元。

一月二十三日　列席中央政治会议第一七二次会议，决议通过国民政府财委会组织大纲。

一月二十四日　国民政府令，特派蒋介石、胡汉民、戴季陶、谭延闿、孙科、王伯群等为国民政府首都建设委员会委员。

本日，财政部设立整理内外债委员会，先生被列入当然委员。

一月二十五日　参加蒋介石主持的编遣会第六次会议。

本日　南京编遣会临时秘书处电各报馆，谓："交通部长王伯群请划定空军与空中交通事权，以利航空发展案并移国防会议讨论，除遵决议分别办理外，谨电奉闻。"

一月二十七日　孙科约先生及胡汉民、戴季陶等讨论废止钦渝借款合同意见书。

一月二十八日　主持召集国民政府各院部会负责人讨论修订全国官等官俸事宜。

一月二十九日　出席行政院第十三次会议，会议决议凡文武官吏，月俸二百元至四百元者，捐俸半月；四百元以上者，捐俸一月；二百元以下者，自由捐助。

本日　交通部无线电报话管理处随即在《申报》《新闻报》报登载《交通

① 《交通部对新华轮案之批示》，《申报》1929 年 3 月 28 日，第 16 版。

部无线电报话管理处宣言》①，指出，"交通部办理全国无线电报、无线电话事宜于法律得有根据、于事实具有需要，兹谨宣言用告国人。"首先提出法律之依据，列举历届国民政府交通部组织法；其次提出事实之需要，如电政负债累累经破坏之余不容割裂竞争。第三，命令不能变更法律，无线电非建委会创办之事业。最后指出，"法律为训政之根本，未可假借。建设以民生为首要，不容破坏。"交通部阐明办理无线电的合法性和合理性，指责建委会办理无线电的不合法和不合理性。

一月三十日　通电各报馆，就无线电报管理处自行发布宣言，认为有违抗中央政治会议及国府决议案。是日，中央政治会议讨论结果，推谭延闿、张静江、何应钦、王伯群等审查后，再行办理。电文谓②：

各报馆均鉴：

顷见报载交通无线电报诘管理处宣言，惊异之余，尤为震怒，国家行政，自有中枢主持。训政肇始，更宜力守秩序，无线电事业现正由政府妥为解决中，该处不明情形，未经请示，妄为效尤，擅发宣言，不仅庸人自扰，抑且有损政府威信。除通电申斥外，深恐好事者乘机挑拨，淆乱听闻，用特电达，即请查照为荷。

王伯群叩　印

是日，再次向行政院和国民政府具函辞职，当夜赴沪。他在辞呈中，直接道明，张静江在无线电建设中日益肆无忌惮，是可忍，孰不可忍。③

一月三十一日　给各报馆发布艳电，就无线电报管理处自行发布《公告》，明显有违抗中央政治会议及国府决议案，"国家行政，自有中枢主持"。他在通电中指出，"训政肇始，更宜力守秩序，无线电事业现正由政府妥为解决中，该处不明情形，未经请示，妄为效尤，擅发宣言，不仅庸人自扰，抑且有损政府威信，除通电申斥外，深恐好事者乘机挑拨，淆乱听闻，用特电达，即请查照为荷。"④

一月　为《扬子江水道整理委员会月刊》撰写发刊辞。⑤

一九二九年（民国十八年　乙巳）　四十五岁

一月　为《医药评论》创刊号题词："提倡科学,注重医药,社会导师,国家命脉。"

一月　姚华闻先生因无线电管辖权有辞职之议,殃及在北平电话局任职的姚鋆和姚鋈双双失业,特致函先生告知家事。

二月一日　令扬子江水道整理委员会:根据国民政府勘电,凡下级机关之预算,应于本年二月十五以前编造完竣送达,各该主管机关由各该主管机关审核汇编于本年三月十五日以前送达。

二月二日　李仲公等慰留先生,劝暂勿离京,并谓无线电问题将来自有相当解决办法,望继续努力做去,并谋一致团结,免外人讥笑。

二月四日　接张静江为解决无线电事函。先生就解决无线电事,函复张静江,函谓①:

> 所谓交通部管辖无线电,乃当然赋予职权,是以坦然为权责之请求,既不得请,电政整理,徒成虚语,而主其事者,复误会犹多,动相抵触,自审寡能,无宁一去,是以决然请辞,此盖为职责之驱使,而非悻悻以争权。

本日　国民政府慰留先生指令,云:"部长赞襄政务,懋着勋勤,整理交通,方资筹策,所请辞去本兼各职之处,应勿庸议。"②

二月六日　全国电局职工代表何家成等十余人赴中央党部请愿,递交请愿书,申述交通部统一有线、无线在理事实及国际交涉不宜划分。

二月八日　令扬子江水道整理委员会:根据国民政府第八九号训令,查去秋以来,旱魃为虐,匪乱之后,继以凶年,南如两粤两湖,北如豫陕甘晋察绥等皆赤地,道饥相望,政府轸念民瘼,业经派员视察灾区,设会办理赈务,并发行赈灾公债,以资救济。惟灾情惨重,灾区广阔,仍恐未能周济而扶危恤困,具有同心,凡在公务人员,尤应慷慨捐输,共襄善举。现据行政院呈拟文武官吏捐俸助赈办法前来,经第十八次国务会议决议,凡文武官吏月俸四百元以上者,捐俸一月,二百元至四百元者,捐俸半月,一百元至二百元者,捐俸百分之二十,中央由各机关长官,京外由省市政府财政厅财政局负责,自本年一月份起,分四个月匀月汇解,所有收集款项,按及扣捐数目开单呈部,并将所扣捐款分期解部转解赈灾委

① 《王伯群复张人杰函》,《申报》,1929年2月4日,第2版。
② 《国府慰留王伯群》,《时事新报(上海)》,1929年2月5日,第5版。

员会。

二月上旬，决定取消中国红十字会免费电照。

二月十三日　经国民政府慰留后，先生到交通部视事。

本日　列席中央政治会议第一七五次会议。

二月十四日　全国电局职工代表团发表统一电政宣言，并派孙义植等数十余人代表赴行政院请愿。[①]谭延闿拟定十五、十六、十八三日召集该代表等谈话。代表旋又赴交通部请愿，先生出见，允将来意转达国民政府。

二月十五日　因刘书蕃不日赴英国出席国际邮政会议，先生特派参事林实代理其邮政司长兼邮政总办职。

二月十九日　出席行政院第十五次会议。会议讨论通过先生提出的四大议题：（一）各部会组织法均已重行厘定，次第颁行，现就职部电邮航三政，分别已办未办，并拟订施政纲领；（二）万国邮联本年五月间在伦敦开会，拟请转呈政府，明令特派驻美英公使施肇基、邮政司长兼邮政总办刘书蕃为全权代表参加会议，并由职部遴派熟悉联邮情形之希乐思、麦倪达、钱春祺、汉兰、李文辉等为参赞，郑堪琅、梅鼎并借调驻英使领馆之员一为随员；（三）在吴淞商船旧校地址，续办吴淞商船专门学校，拟具计划书、开办费及全年度支出预算书；（四）在邮政总局总会办下，邮务长上添设副会办一职，其员额以当时需要为标准，暂不规定，又该局章程系于十七年呈奉政府批准备案在案，现在该局办事上，情势稍有不同，自应酌予修订，谨缮具修正各条。

二月二十日　列席中央政治会议第一七六次会议。

本日　令扬子江水道整理委员会：所送技术委员会章程、测量组织章程、各会处办事细则及职员出差旅费暂行规则，大致尚属详备，惟条文字句间有重出及未妥之处，兹已详加审核，酌为修正。

二月二十一日　主持交通部部务会议，议商扣薪助赈事。

本日　令扬子江水道整理委员会：根据国民政府第一三一号训令，各机关公款应移存中央银行，以昭划一而重公帑。凡设有中央银行地方所有各机关一切公款，如有不遵前令，全数交存中央银行者，以营私舞弊论，并将款项提还国库。

二月二十二日　与王正廷、宋子文三人担任国民政府内外债整理会委

---

① 《全国电局职工代表团对于请愿统一电政宣言》，南京全国电局职工代表团编：《会报》，1929 年第 45 期，第 90—92 页。

员,并负责草拟组织章程权限范围等。①

　　本日　轮船招商局假宁波同乡会大礼堂,举行招商局改组周年纪念大会,先生的代表林实、监督处秘书陈淮生、许修直、总办赵铁桥与各科长科员等三百余人参加。

　　二月二十六日　出席行政院第十六次会议,讨论行政院会议规则草案、农业推广条例草案等。

　　二月二十七日　列席中央政治会议一七七次会议。

　　三月四日　国民政府令,特命唐绍仪、许世英、胡汉民、王伯群等为国民政府赈灾委员会委员,指定许世英为主席。

　　本日　中央政治委员会常务会通过指派各地出席三次代表大会之代表名单:贵州为谭星阁、王漱芳②、张志韩、王伯群、李元白、李仲公。

　　本日　交通部无线电报话管理处与法国无线电公司订立《无线电报务合同》,开通中法两国间公开、直达、双向无线电通讯业务(东三省除外),中方允将上海短波电台及其他适当电台、法方允将圣阿锡兹短波电台等供通讯使用。③

　　三月五日　出席行政院第十七次会议,会议决议在灾区内商运粮食,所有交通运费应酌予减轻,军事附捐应酌予减免。

　　本日　接李国杰电文,报告轮船招商局营业状况。

　　三月六日　列席中央政治会议第一七八次会议,蒋介石主持。讨论庚关两款筑路计划三部分,指定谭延闿、胡汉民、王伯群、蒋介石等十六委员作总审查。

　　三月十二日　与蒋介石、胡汉民、谭延闿参加总理逝世四周纪念公祭。

　　三月十三日　上午,列席中央政治会议一七九次会议。

---

① 　注:关于国家外债,始自前清同治初年,但当时尚居少数。自光绪甲午以后,外债日增,且大半为战败赔款,同时国家收入,如关税、盐税、烟酒税等均抵押尽净,国家收支不能相抵,穷乏现象毕露。鼎革以后,竟以借债过日。欧战起后,欧洲各国均卷入漩涡,于是承借人由欧而转至日本,截至民国十年止,长短期外债,竟累增至十一亿余元。十年以后,尚不在内,在此数十年中,计欠长期外债十亿零四千六百七十元,短期借款一亿零七万余元,其中属于日本者二十八款,法国者二十三款,英国者十款,美国者九款,俄奥两国均八款,德为六款,比为五款,荷兰二款,意西瑞挪葡均各一款,此外共同承借者四款,总计为一百零七款,抵押品在长期借款中,大半为关盐两税及烟酒国库券、森林、矿产、电报、铁道、崇文关税契税等,短期则大半为库券烟酒牌照期票盐余百货捐,其后因无可抵,乃将机器生财等亦为之抵押,但仍有二亿余元无抵押品者。

② 　王漱芳(1900—1943),字艺圃,贵州盘县人。历任国民革命军第一军司令部秘书主任,交通部秘书主任,南京市政府秘书长,甘肃省政府委员兼秘书长、民政厅长。

③ 　《中法无线电报务合同》,石源华主编:《中华民国外交史辞典》,上海古籍出版社,1996年6月,第153页。

三月十五日　在中央军校大礼堂出席国民党第三次全国代表大会开幕典礼，席号为一四八。临时主席胡汉民致开会词。

同日　向上海市房地局购定中山路新校地两百亩，拟筹三十万为第一期建筑费。①

三月十六日　向国民党三中全会提议：中央各机关划分职权案，如何限制委员制之应用，并确定其使用范围案和本党总章之修改案。

三月十九日　令扬子江水道整理委员会：窃查扬子江水道关系交通输运至重且钜，我总理于建国方略实业计划整理航道中一再言之，连年受战事影响，水道测量由未能按程进行治理，计划遂亦因之延缓，职会遵令接管，于本年五月一日成立，初以筹备改组，手续纷繁，以平沪往返，磋商费时，直至七月始得完全接收，一面整理测量已有工作，其未竟之工酌量情形，组织各测量队分队出发，计先后成立者有精确水平队、地形队，及汉口测量队一共四大队，兹将各队工作情形分别陈之。

三月二十日　晚，在安乐酒店宴请出席国民党三中全会全体代表。

三月二十一日　大夏大学呈请教育部立案，教育部派朱经农到大夏视察。

三月二十二日　与许世英、唐绍仪、熊希龄等联名电申报馆："案奉国民政府令特派唐绍仪等为赈灾委员会委员，以许世英等为常务委员，并指定世英为主席等因，本会遵于三月十五日成立，世英等并于本日就职任事，想念灾区辽阔，灾情惨重，念疮痍之满目，益悱恻于中肠，责重材轻，虽时虞陨越，敬乞时赐箴言，以匡不逮，感甚幸甚。"

三月二十四日　参加禁烟委员会、中央国术馆在励志社举办的宴会。何应钦代表致答辞，谓禁烟与国术，乃强国强种，凡属国民，均应提倡，希望各代表遄返各省市后，尽力宣传。

三月二十五日　第三届中执监委及候补中执监委候选名单，业经大会主席团、参合各代表选定王伯群等四十八人。

三月二十六日　以一五一票当选为国民党中央候补执行委员。

三月二十七日　对"新华轮"在香港附近洋面触礁沉没，溺毙人命四百余名一案批示："兹据前批，仍令该查办员查报具凭核办可也。"

三月三十日　上午，接待"新华轮"被难家属会代表童理璋、童华清，告知静候三四天，当派员同回上海，至家属会与各代表，讨论全体被难家属抚恤及一切善后事宜。

---

① 《购置校址》，《大夏周刊》五周纪念特刊，1929 年 6 月 1 日。

四月三日　与许世英、唐绍仪、熊希龄等联名发布《国民政府赈灾委员会募赈启事》。①

四月四日　受行政院会议委托，就如何简捷公文流程、节省时日，增加工作效能征集各部会意见，内政、农商、铁道、教育等五部委建议书已交到，即函送行政院秘书处，转呈院长察核。

本日　公布交通部《党义研究会请假制度惩戒法》。办法如下②：

（一）会员因事不能到会者，须在开会前请假，方为有效。

（二）会员如已在部请假者，须同时通知党义研究会。

（三）各组开会会员在规定时间十五分钟后到会者，即为迟到。迟到三次，作一次无故缺席论。

（四）会员无故缺席一次，罚俸一天。

（五）在纪念周或各组开会时，出席会员经主席籖定讲演，而故意推诿不讲在一次以上者，作为无故缺席一次论。

四月八日　参加国民党第一次中央全体第三次会议。会议决议凡未经三全大会决议之案，一律交常会讨论。

四月九日　出席行政院第十九次会议，决议原平奉路改称为北宁路等事宜。

本日　教育部批准大夏大学校董会正式立案。王伯群为董事长，王省三、吴稚晖、汪精卫、邵力子、马君武、杨杏佛、叶楚伧、虞洽卿等二十一人为董事。

四月十一日　列席中央常务会议第一次会议

四月十四日　国民政府特设中国航空公司，管理民用航空事务，并委派孙科兼任该公司理事长。③ 国民政府还以训令形式公布《中国航空公司条例》④，《条例》规定"中国航空公司资本总额定为国币一千万元，由国库一次或分期拨付之。"

四月十五日　列席中央常务会议第二次会议。

四月十六日　出席行政院第二十次会议，决议慰留清华大学罗家伦

---

① 《国民政府赈灾委员会募赈启事》，《申报》，1928 年 4 月 3 日，第 2 版。
② 《王伯群注重研究党义，公布党义研究会请假制度惩戒法》，《中央日报》，1929 年 4 月 5 日，第 2 版。
③ 内容详见中国第二历史档案馆藏中国航空股份有限公司档案，全宗号四九三，案卷号 88；民航总局编纂《中国航空公司、欧亚——中央航空公司史料汇编》，1997 年，第 34—5 页。1929 年 4 月 16 日的《申报》《银行周报》，刊载了摘要。
④ 内容详见中国第二历史档案馆藏中国航空股份有限公司档案，全宗号 493，案卷号 88；王伯群：《训政时期的交通建设》，《中央周报》，1929 年第 71 期，第 21—24 页。

校长。

四月十七日　孙科与美国寇蒂斯·莱特公司的子公司——美国航空发展公司签订《中美航空邮运合同》。[①]先生对孙科铁道部越权，插手办航空心存不满，[②]谴责该合同"丧权辱国，有碍中国领空主权"，并上诉到高等法院。

四月十八日　参加中央常务会议第三次会议，决议处分《上海字林西报》，令全国海关及邮局，扣留该报，不予递寄。

四月二十二日　参加中央常务会议第四次会议，修正通过训政时期经济建设实施纲要方针、中央财委会组织条例。

四月二十三日　出席行政院第二十一次会议。通过王伯群函送的一二两月份工作报告表；讨论通过奉天改称为沈阳；决议拨款修北大工学院校舍。

四月二十五日　参加中央常务会议第五次会议，决议秘书处筹备公祭总理；规定党国旗悬挂位置。

四月二十九日　参加中央常务会议第六次会议，讨论通过《省县执委会组织条例》，将三民主义等书译成蒙文。

四月三十日　出席行政院第二十二次会议，许世英等辞职均慰留。

五月一日　中国航空公司宣布成立。

五月二日　参加中央常务会议第七次会议。会议讨论通过中组部组织条例，募款建立首都小学校，统一上海商人团体组织。

本日　急电林实、李仲公入京参加中国航空公司第一次理事会。

五月六日　参加中央常务会议第八次会议。会议讨论修正中央政治会议条例第三条；推定胡汉民、蒋介石、何应钦等二十四位委员为中央政治会议委员，王伯群、薛笃弼等为中央政治会议候补委员。

本日　批阅"新华轮"被难家属呈交通部申诉文。由于"新华轮"事件属于意外海难事件，尤其关于人员赔偿问题责任，各方意见不一。

五月七日　出席行政院第二十三次会议，讨论王伯群提议的大东北公司全案解决办法。

---

① 合同全文见中国第二历史档案馆藏中国航空股份有限公司档案，档号：493—88；民航总局编纂《中国航空公司、欧亚——中央航空公司史料汇编》，1997年，第37页；王世敏，民航华东地区史志编纂办公室《上海民用航空志》，上海社会科学院出版社，2000年，第949页。

② 中国第二历史档案馆馆藏交通部档案，档号：202—101《"五十年来之中国交通"底稿》；〔法〕米歇尔·乔治：《穿苍迹——1909—1949年的中国航空》，杨常译，航空工业出版社，1992年，第13页；曹均伟：《近代中国利用外资》，上海社会科学院出版社，1991年，第320页。

本日　主持交通部部务会议,讨论通过《太湖船舶夜间悬灯办法》等事宜。

五月八日　列席中央政治会议第一八〇次会议,推蒋介石为政会主席。

五月九日　晨六时,与胡汉民、戴季陶、何应钦等在大礼堂参加国耻纪念大会。八时,参加中央常务会议第九次会议,会议讨论五卅国耻纪念办法、法规编审委员会组织条例等。

五月十三日　参加中央常务会议十一次会议。会议讨论通过湖北汉口党员重行审查暂行办法。

五月十四日　出席行政院第二十四次会议,讨论武汉特别市、南京特别市发行公债事。

五月十五日　上午,列席中央政治会议第一八一次会议,讨论司法行政部组织法事。

五月中旬　令航政司长殷汝耕在吴淞组织商船专门学校。

五月十六日　上午,参加中央常务会议十三次会议,决议上海商人团体整委会代行旧日上海商民协会等会职权。

下午,在交通部招待大夏大学来京参与运动会之员生并训话。

五月十七日　主持交通部成立二周年纪念会。致词说,本部成立之初,曾向政府提出两项请求,一为事权统一,二为会计独立。惟值军事期间,未能达所愿望,故交通事业少所发展。现军事结束,希望政府予以维持,同人一致努力,俾早得上项目的,以利进行。

本日　教育部批准私立大夏大学正式立案。①

五月十八日　交通部航政司沪蓉航空线管理处成立,办公地点设在南京常府街四十八号,聂开一兼任主任。管理处拟开办的航线是:上海—南京—汉口—宜昌—重庆—成都,先开航上海—南京航段。择定上海虹桥机场和南京明故宫机场为飞行站。

本日　请假赴沪就医,部务由常务次长韦以黻暂代。二十日返宁。

五月下旬　与交通部职员联名发表祭孙中山文②:

宪宪我公,生民未有。从开历史,衡绝宇宙。

哀我国政,千年阴噎。风火为革,昌昌扬帜。

---

① 《立案部令已到》,《大夏周报》五周年纪念特刊,1929年6月1日。

② 徐友春、吴志明主编:《孙中山安奉大典》,华文出版社,1989年5月,第170页。

群暴与尘,如山如涛。神武不屈,乃脱天殁。

扬仁揭义,视民若子。我族我生,戴天履地。

我主我权,孰敢我脧。发为鸿词,一扫群言。

其言之行,福我民生。行之未竟,吾党之任。

公逝四年,公灵在天。收我河山,妥我九原。

有渝公言,神明殛之。敢告公灵,哀此陈词。

尚餐!

五月二十日　为《大夏大学年鉴 1929》作序。

夷考世界著名大学,类有年鉴之编,册中所集,除一般之文字述作外,多为表现团体生活,极饶情趣之影帧画幅,使人抚兼办社会教育,如鸟瞰太空,万象毕睹,立谈之顷,探尽骊珠,其与感于人为何如乎? 本年鉴之编,窃仿此旨,举凡学校年来重要之史实及今后进行之计划,与夫大学、高师、中学、各部、各科、各团体活动之形形色色,或以文述,或以影彰,列部十数,都二百余页,期其尽态极妍,无美不集;然限于时间才力。尚未及同人理想之万一,又焉敢拟列于世界著名大学刊物之林哉。语云:作始也简,其毕也巨,今斯刊之作,盖仅其肇端耳。溯本校创办之初,瓮牖绳枢,筚路蓝缕,迄今仅阅五年,而校内规模粗具,今夏购定校址百亩,并经教部立案,其发展方兴未艾,是则本年鉴创刊之简陋,固不能执此以为定评,诚有待乎异日也。

五月二十一日　出席行政院第二十五次会议,讨论交通部政务次长兼中国航空公司副董事长李仲公辞职,决议慰留。

本日　由先生等审查的《行政院修正文官俸给条例》经行政会议审查通过。兹摘录文官俸给条例如下:特任官俸一级八百元;简任官俸共分六级,每级相差四十元;荐任官俸共分六级,每级相差三十元;委任官俸共分十二级,前六级每级相差二十元,后六级每级相差十元。

五月二十二日　列席中央政治会议第一八二次会议,讨论通过监察院弹劾法,决议任命冯王祥、阎锡山、何应钦等十一人为禁烟委员会常务委员。

五月二十三日　参加中央常务会议十四次会议,讨论通过开除冯玉祥党籍、革除冯玉祥中央委员、政治会议委员、国民政府委员;讨论中国国民党省执行委员会组织条例;通过《上海商人团体整理委员会组织大纲》。

五月二十六日　参加中央奉安演习典礼。

五月二十八日　与谭延闿、胡汉民、于右任等中央委员、国民政府委员各特任官渡江至浦口,恭迎总理灵榇。

五月二十九日　出台限制官军电报办法。

本日　根据安排,晚上十二时至次日凌晨四时,与孔祥熙、王正廷为总理守灵。

六月一日　下午一时四十分,总理奉安委员会主任委员蒋介石暨委员职员谭延闿、蔡元培、王伯群等二百余人,瞻仰总理遗容。

本日　在《中央日报》发表《国父长存》一文。①

本日　为《大夏大学五周年纪念特刊》撰写卷头语,兹摘录以下:

　　五年以来,校务如驹如虹,气象万千,已迥非昔比。而吾人努力奋斗之精神,亦与时俱进。校址之购置,校舍之建筑,仪器标本之设备,图书校具之增加,教学训育之改进,计划种种,务于最短时间求其实现,而以本刊为之嚆矢也。

　　百年之计,在于树人。将来黉舍巍巍,人材辈出,莘莘学子,蔚为国华,吾人虽不敢以建设自居,然而建设之道,亦自有在也。

六月三日　列席中央常务会议十五次会议,规定总理逝世纪念假日,定期召集中执全体会议。

六月四日　出席行政院第二十六次会议,讨论递交国书于奥政府敬回柏林事。

六月五日　列席中央政治会议一八三次会议。

六月六日　列席中央常务会议十六次会议,决议《字林西报》已声明改变态度,应准取消禁止邮递。

本日　呈行政院文,报告汉平两段电报杆线被冯玉祥军队毁坏之详情。②

六月七日　国民政府赈灾委员会赈款出纳报告显示,先生捐洋一百八十四元。

本日　接第十路总指挥龙云请改组黔省政府电文。电文云:"云南驻京办事处李子厚③兄,译转何总参谋长敬之、王部长伯群两兄勋鉴:密,本军奉

---

①　王伯群:《国父长存》,《中央日报》,1929 年 6 月 1 日,第 2 版。
②　《交部呈报冯军毁坏电线》,《中央日报》,1929 年 6 月 7 日,第 2 版。
③　李培天(1895—1975),字子厚,云南宾川人。云南省主席龙云夫人李培莲二哥。历任云南省政府驻南京办事处处长兼任蒙藏委员会委员、云南民政厅长、财政厅长等职。1945 年去香港。

令讨逆,经黔入桂,出师以来,节节胜利。兹于感(二十七)日已克复贵阳,周有负伤身死之说,黔以乏人主持,两兄为党国先进,桑梓欣望,对于黔政,应如何改组之处,请即电知,早日决定。弟本睦邻之旨,对黔事不便与闻,但期秉政得人,于愿已足。"①

六月十日　就北平电话工人怠工事件,分别电请何成濬、张桐轩维持交通部北平职工会议筹善后。电文谓②:

北平何参军长雪竹兄、张警备司令桐轩兄勋鉴:

　　齐电奉悉,查电话技工祈章,业经敝部公议,北平电话局技工等级亦已核定发表,日内即可到平。此次该工人等遽行怠工,恐有他意,且以政治机关服务人员,动效私家工厂工人对个人资本家行为,以怠工为要挟,殊与最近中央党部工人之意相背。除已送电平话王局长划一开导外,如有轨外行动,仍请鼎力维持为荷。

王伯群

六月十一日　出席国民党第三届中央执行委员第一次全体会议。会议决议冯玉祥业经开除党籍,并革除其中央执行委员,以王伯群递补为正式中央执行委员。同时决议推王伯群、孔祥熙等为建设组审查委员。

六月十二日　闻贵州业经克复,周西成兵败身死,省党务政治军事,亟待整理,特电复李燊③、龙云六月八日电。指出:目前军事善后问题,则残敌肃清,即当实行编遣,军权还之中央,防卫责于警察;确立预算,以节流为财政治标之方;开发交通,俾百业有次第振兴之路;输入文化,广求新知,使人才蔚起,则郅治可期。其余如厉行禁烟,澄清吏治,剔尽中饱,铲除贪污,保障农工,维护商运,减轻盐税,充裕民食,停止招兵,裕民生聚,服从民意,庶政公开,举凡周氏愚民政策之遗毒,皆当锄而去之,致吾民于光明之坦途,是又今日不可少缓之亟务,抑亦黔人之所切望也。④

六月十四日　参加第三届中央执行委员第二次全体会议,决议:(一)于最短期间内加紧废除不平等条约之工作,如撤销领事裁判权、收回租界等;

---

① 《龙云请改组黔省政府致何应钦王伯群电文》,《中央日报》,1929 年 6 月 9 日,第 2 版。
② 《平电话工人怠工事件王伯群电何张请维持交部职工会议筹善后》,《中央日报》,1929 年 6 月 13 日,第 2 版。
③ 李燊(1889—1930),号晓炎,贵州贞丰人。历任国民革命军第七军军长、四十三军军长,贵州省主席。1930 年在香港贫病而死。
④ 《王伯群致李燊龙云电》,《申报》,1929 年 6 月 13 日,第 6 版。

（二）厉行禁绝鸦片及其一切代用品；（三）统一币制，整理金融等。

六月十五日　继续参加第三届中央执行委员第二次全体会议。会议通过训政时期党务进行计划，决议厉行国民义务教育及成年补习教育。

六月十六日　参加中央党部举行的总理广州蒙难七周纪念仪式，蒋介石发表演说。

本日　在国民党二中全会上，提出统一电、航两政职权。①

六月中旬　国民党中央二中全会决定，将招商局脱离交通部提级为国民政府管辖，由政府特派专员整理局务，并组织整理委员会负责监督指导。在委员会未成立前，由王伯群和赵铁桥分别代行委员会和专员的职权。彼时招商局"名虽商办，实际已由政府代为经营"。

六月十七日　上午七时，在中央党部大礼堂参加第七十一次总理纪念周。八时，继续参加三届二中全会，会议决议努力发展铁道事业，就庚款全部中拨用三分之二为铁道建筑经费，以庚款全部三分之一为水利及电汽事业等建设经费；推蒋介石、王伯群、孔祥熙等为导淮委员会委员，积极进行导淮治河工程；决议航空事业统归军政部主管，航空邮运及其经费归交通部主管；建委会所管之无线电移转于交通部；海政归海军部管理，航政归交通部管理。②

本日　出席导淮委员会与首都建设委员会委员就职典礼。

本日　致电北平当局调停电话潮。云：现平卫戍部、市府、市党部、对电话局怠工问题，提出折中办法，十五日已先行复工，不致发生意外。

六月二十日　列席中央常务会第十七次会议。

六月二十一日　接贵州旅汉口同乡胡寿山等电询回黔主政事，先生表示决不回黔主政。复电谓③：

> 汉口汉润里二十五号胡寿山兄勋鉴：
>
> 　　官篠电悉，黔局变化，沪方迭有谣传，其实毫无根据。弟于黔谊纫桑梓，前以晓炎（李燊）与在外乡人，属望殷切，略为贡献意见，用备参考，并无回黔之议，事实上亦不能回黔。盖以公则弟服务中央，无此余力，以私则家慈年高，断不能远离左右，而数千里跋涉之劳，亦非高堂所能胜，且缨冠之义，在内在外，同可尽力。近日尚未闻中央讨论黔事，尊

① 《交部提议统一电航两政职权》，《申报》，1929年6月17日，第7版。
② 《将无线电权移归交部》，季啸风、沈友益主编：《中华民国史史料外编——前日本末次研究所情报资料（第93册）》，广西师范大学出版社，1996年，第31页。
③ 《王伯群表示决不回黔主政昨电旅汉同乡文》，《中央日报》，1929年6月22日，第2版。

电所云,或为谣言所误。揭布腹心,尚希便中请达策汉同乡诸君为成。

王伯群叩

六月二十二日　假上海银行公会主持大夏大学校董会,报告购置梵王渡永久校址情形以及建筑新校舍计划。

六月二十三日　与杨杏佛、马君武等校董出席大夏大学毕业典礼并致训词,对毕业后为人处世、继续研究学问恳切勖勉。

六月二十四日　列席中央常务第十八次会议,讨论省执委会组织细则等事宜。

六月二十五日　出席行政院第二十七次会议,讨论停止试行大学区制等议题。

六月二十六日　列席中央政治会议第一八四次会议。

六月二十七日　参加中央常务第十九次会议,讨论通过规定中央委员不得兼任地方行政长官、现役军人不得兼任省府委员。

六月三十日　交通部公布《商船职员证书章程》。

七月一日　上午七时,出席第七十三次总理纪念周暨国民政府成立四周年纪念典礼。八时,参加中央第二次常务会议,决定中央常会政治会议之决议案,在未正式发表以前,所有参与会议人员均应严守秘密,不得泄漏。

本日　京沪航空办理完竣。先生为便利交通,发展邮政起见,特令邮政总办林实先就京沪沿线,举办航空邮递,此事自经筹划以来,历时已久,所有办法,现已分别筹办完竣。邮局方面,已与航空处订立合同,双方均表满意,将来一经开办,初始之际,拟每日京沪两地,各往返两次,分为上下午航程。如果邮件拥挤,办理顺手,再行酌量增加,徐谋发展。停机场所,上海则在真如新场,未建筑完工以前,暂以虹桥飞机场应用,至将来寄递航空邮件,除仍须购贴原用邮票外,并须另贴航空邮票。

本日　姚华致信先生,告知个人病状和家庭子女情况。

七月二日　出席行政院第二十八次会议,决议通过王伯群荐刘聘业、徐柏园、康诰为交通部秘书,钱宗起、李景枞、周继尧、王仲武为交通部科长,朱斌侯为交通部技正,齐镇五、黄桂祺、郁秉坚、周铁鸣、周璜、沈际云为交通部技士;议决建设委员会将无线电事业移转交通部管辖办法。

七月三日　列席中央政治会议第一八五次会议。

七月四日　参加中央常务第二十一次会议,讨论训政时期,县党部督促地方自治之工作范围和方法之规划。

七月八日　致函军政部,希望加强合作,共商进步。函曰:"以航空建设在军交两部,事实上具有共同性质,如各自为谋,必致独立难举,莫如共同筹备,合资经营,既无碍于应用上之便利,复节糜费而期速成,即请派定专员,会同交通部,协商推进。"

七月九日 致函淞沪警备司令部,敦请驱赶鸦鸟保护电线。

七月十一日 赴浙江普陀山游览。

七月十五日 参加中央常务二十三次会议,决议津浦路特党部筹委会党员高楼懽、贺崇答吸食鸦片,开除党籍。

七月十六日 出席行政院第二十九次会议,讨论成立国道设计委员会等事项。

本日 在邮政总局召集会议,听取聂开一关于用飞机每日往返京沪专运新闻纸计划,先生深为嘉许。

七月十七日 在中央政治会议第一百八十七次会议上,提议确立航政根本方针。

七月十八日 出席中央执委会第二十五次常务会议。

七月二十日 请病假赴沪,部务由韦以黻暂代。

七月二十二日 出席中央执委会第二十六次常务会议临时会。

七月二十三日 出席行政院第三十次会议,讨论应严厉革新财务行政制度等事宜。

七月二十四日 参加蒋介石主持的中央政治会议第一百八十八次会议,决议特任阎锡山为西北边防司令长官,讨论教育方案编制委员会组织大纲。

七月二十五日 上午,出席中央执委会第二十七次常会。通过入党手续、入党介绍书、入党志愿书议题。

下午,主持交通部部务会议,议决训政时期暂施纲领于本周内草就;邮运航空管理处章程及全国无线电报话管理处章程,交付审查。

本日 在外交宾舍与王正廷、宋子文、陈果夫等讨论偿还外债事务。

本日 致函黔省政府驻京办事处长谭星阁,谓今后黔省主政人员,应速结束军事,捐除私见,厉行党治。

七月二十六日 与王正廷、宋子文、孔祥熙等在外交部官舍出席国民政府整理内外债委员会第一次会议。宋子文主持。会议报告财政币理会经过情形。①

---

① 财政部财政科学研究所、中国第二历史档案馆编:《国民政府财政金融税收档案史 1927—1937》,中国财政经济出版社,1997 年 1 月,第 200 页。

七月三十日　出席行政院第三十一次会议,讨论山西由于久旱成灾,特发行短期公债三百万元以资救济等。

七月三十一日　列席中央政治会议第一百八十九次会议。

八月一日　上午七时,赴中央党部大礼堂出席国军编遣会议开幕典礼。八时,在中央党部第一会议厅出席中央执委会第二十八次常会。

本日　交通部开始接收建委会全部无线电台。次日将国际大电台接收竣事。

八月二日　上午七时,参加国军编遣实施第二次会议。

下午三时,继续参加国军编遣实施第三次会议,讨论陆军编制草案附陆军师编制系统标准等。

八月三日　上午,参加国军编遣实施第四次会议,通过陆军编制原则等。

八月四日　交通部筹备华轮航行日韩。发布训令,向本埠各华轮公司征询意见。

八月五日　上午,参加国军编遣实施第五次会议,决议安置编余官兵实施方法,抚恤伤亡官兵。

下午,参加国军编遣实施第六次会议,通过今后各省政府主席不得兼任军职,各师师长不得兼任政务官。

本日　关于轮船招商局"新华轮"失事案,先生呈请改由司法机关处理。

八月六日　上午七时,参加国军编遣委员会编遣实施第七次会议。八时,参加国军编遣实施会议闭幕典礼。十时,出席行政院第三十二次会议。

本日　令扬子江水道整理委员会:"关于湖北金水整理计划书草案所称,金水流域地势卑洼,以致大江倒灌,内汛滥成灾,历年水患已深,亟应早日整治,以弭水患而利交通。该案待行政院核准后,再行令饬知照。"

八月七日　列席中央政治会议第一九〇次会议,决议通过王伯群《确立航政根本方针案报告书》。提出航政根本方针:第一,(甲)遵照党纲,确立航路国有政策,凡属港政,应归中央主管机关主持,负责施行,以昭统一,(乙)凡属港务,如埠头仓库港内航行标识船坞等,均归地方管理,惟仍应受中央主管机关所派委员指挥监督,至埠头仓库等之收入,应全数作为港务之用;第二,向由海关代管航政各部分,暂行仍旧,惟须同时受中央主管机关之指挥监督,其关于海关代管海政部分,已归海军部指挥者,不在此内;第三,确定航政范围,航政法规,亟应由立法院从速制定颁布;第四,沿海岸及本国境内之外船航行权,应速收回。

八月八日　参加中央常务第二十九次会议,转令商标局,严行取缔滥用党徽为商标,并限制滥用总理遗像为商标,及以"中山"为物品名之形容词,以示尊敬,而免亵渎。

八月十三日 出席行政院第三十三次会议,讨论河北省主席商震①关于请求赈灾事。

八月十四日 在中央政治会议上提交《交通部整顿电报办法》予以讨论。办法五项内容如下:

（一）郑重印纸,非要公不得滥发官军电或加急及冗长电文,依照现行修正之官军电收费及限制办法,规定国民革命四字,区别发电之等第缓急,查近来官军电部用国急,篇幅冗长,致等第无别,缓急颠倒,真正急要电报,反因拥塞稽迟,且官军电已半价优待,滥发冗长电文,更属损耗材料,减少国家收入,影响电信事业之设施,殊非浅细,此应共事撙节者。

（二）严令非战事时期,不得在线路上搭挂军用电报电话,并滥设行营报房。各处驻军往往滥设行营报房于所在地,电报线路任意搭挂电报电话,占用线路,阻碍电局通信,其所发电报,更毫无稽考,影响于电信之运用甚巨,此亟应取缔者。

（三）以前积欠官军电费,通饬负责清理,从速订期偿还。查各机关积欠官军电费,除旧欠六百八十余万元外,在国民政府成立后,截至本年六月底止,新欠已达四百七十余万元,仅南京一局,被欠至一百十七万千余元,如此经常费用,既难挹注,而估订之修理费用三百余万元,更无从筹集,电信交通事业,将因欠费而障碍进行,此欠费之亟应清理者。

（四）以后拍发官军电,应一律照章付现,取消记账。普通电报费,已由每字一角六分减为一角,官军电照收半数,新闻电又照官军电减半,比较以前仅三分之一,取费已属极廉。自通融记账以来,绝少到期结付,频催无着,应付已穷。嗣后拍发官军电,亟应随付现费,取消记账,更不宜有局部通融,致牵及全局,藉以防杜滥发官军电,致拥塞线路稽迟要电之弊,此应切实整顿者。

（五）如不照章办理者,电局得停止其拍发电报。拍发官军电,既定有优待办法,自别于普通商电,照章付现,本属不成问题,前因军事紧

---

① 商震(1888—1978),字启予,祖籍浙江绍兴。历任河北省、山西省和河南省主席、第二十集团军总司令、第六战区司令长官、军事委员会办公厅主任、战后中国驻美军事代表团团长、国民政府参军长、中国驻日代表团团长等职。

王伯群年谱

144

急，一再通融记账，乃到期延次，习为故常，兹为便于实行照章收现起见，亟应明白规定。

八月十五日　参加中央第三十次常务会议，通过征求预备党员实施办法等事宜。

八月十八日　接赵铁桥辞职电。赵申述"职自接管轮船招商局以来，赤手空拳，积极整顿，不遗余力，无奈根蒂未固，政策飘摇，呼天难应，维持乏力，为此谨恳迅派大员接替，以卸仔肩。"

八月二十日　在行政院第三十四次会议上呈请设立邮运航空处提议。

本日　赴中央党部参加廖仲恺殉国纪念会。

八月二十一日　上午，列席中央政治会议第一九二次会议。

下午，假行政院主持航政划归交通部管理审查会议，决定航政、海政权限之划分如下：

一、属于航政范围者：（一）关于航政及航行标志之管理监督事项；（二）关于管理并经营国营航业事项；（三）关于监督航政事项；（四）关于船舶发照证册事项；（五）关于计划筑港及疏浚航路事项；（六）关于管理及监督船舶造船事项；（七）关于船员待遇事项；（八）关于其他航政事项。

二、属于海政范围者：（一）关于测绘江海各航路及军港事项；（二）关于调制颁布航路图志事项；（三）关于领海界线及军港开清事项；（四）关于国际航行现则事项；（五）关于审查沿海沿江灯塔灯杆浮桥事项；（六）关于航海之保安及颁布航路警告等事项；（七）关于调制海口潮汐表事项；（八）关于设置无线电报象器事项；（九）关于沿海巡洋捕获及救护海难事项；（十）关于领港业者之监督及教练事项；（十一）关于观测海上气象事项，闻此项划分范围通过后，即由交通部长呈复行政院鉴核施行。

本日　批准无线电话报总管理处长于润生调任南京电话局长。

八月二十二日　参加中央执行委员会常务会议第三十一次例会，胡汉民主席。

八月二十七日　出席行政院第三十五次会议，会议通过先生关于整理扬子江水道初步计划，就上游全水实施工程防止倒灌预算工程经费，约需国币九十一万八千余元提案。

晚，接受《中央日报》采访，就招商局与京市电话管理权作下列谈话①：

---

① 《交长王伯群之谈片》，《中央日报》，1929年8月28日，第3版。

问：外传招商局将改组与三北、宁绍等公司合并，有此说否？

答：此事毫无根据，关于整理招商局，二中全会曾有决议，将来自当逐渐进行，现在总办赵铁桥虽有辞战表示，但批准与否，权在国府。

问：先生对京高论争执电话管理权意见如何？

答：在中央未有决议之先，本人不欲多发表意见，惟行政上法统，似不宜轻易紊乱，如中央政府认为情势上有划分必要时，亦得指定行政权之一部分，归地方政府管理，如工程设备、价目高低等事，既与市政有关，未尝不可拨归所在地地方政府监督指挥云。

八月三十一日　向国民政府建议，将轮船招商局总办制取消，改设委员会，再设经理一人，取合议制度。

九月一日　将吴淞商船学校正式定名为交通部吴淞商船专科学校。先生兼任校长，杨志雄为副校长。次年九月，由杨接任校长。

九月二日　参加中央执委会第三十二次常会，讨论商会组织之原则及新商法运用之方法。

本日　接待日本驻南京新任领事上村申一来访。

九月三日　出席行政院第三十六次会议，讨论保护民营公用事业、全国垦务计划大纲；委派汪大燮参加国际警政会议。

本日　委派交通部工务处长宋希尚参加日本万国工业会议。

九月四日　出席中央第一九四次政治会议。

九月五日　列席中央执委会第三十三次常会，通过华侨登记规定、日报登记办法。

九月六日　令扬子江水道整理委员会："十七年度七八九三个月计算书，除以二份存查，业经本部以一份咨送财政部备案。"

九月十日　出席行政院第三十七次会议，讨论通过先生提交的《关于电政公债条例暨保管基金规则》。

九月十一日　上午，出席中央政治会议第一九五次会议，讨论工会法原则草案。

晚，与何应钦等出席蒋介石在励志社的宴会，席散后，观电影遣兴。

本日　参加监察院长赵戴文、副院长陈果夫就职典礼。

九月十二日　列席中央第三十五次常务会议。

九月十八日　列席中央政治会议第一九六次会议，继续讨论工会法原则草案、导淮委员会预定计划大纲。

九月十九日　出席中央常务第三十六次会议，通过以遗族学校基金，购买市政公债五十元,俾速成自来水。

本日 令扬子江水道整理委员会:湖北建设厅疏江意见书,业经函请国民政府文官处转陈矣,仰即知照。

九月二十一日 偕蒋介石、胡汉民等参加中央党部举办的朱执信先生殉国纪念大会。

九月二十四日 出席行政院第三十六次会议,决议令青岛、上海、天津、汉口等特别市政府,凡属地方管理之港务,仍应受中央主管机关所派委员指挥监督。

九月二十五日 列席中央政治会议第一九七次会议,任命毛光翔为贵州省主席。

九月二十六日 列席中央第三十八次常务会议,何应钦呈为遭父丧,恳准予辞去中央执行委员兼训练部部长职,俾便返里治丧案。会议决议准假两星期,在京治丧。

十月一日 出席行政院第三十九次会议。与张静江、赵戴文、宋子文联合呈交《整理扬子江水道初步计划草案》,提出:"经遵令审查,金以此项计划有成立必要,既经扬子江水道整理委员会测量设计,应即责成主持办理;至经费方面,由交通部先向鄂省府商洽,就该省原有之堤工经费项下筹拨款项,如实有不敷,再由财政部酌量补助;其技术方面,应由交通部扬子江水道整理委会会同建设委员会详细讨论,俾得愈臻完善。"会议决议照审查报告予以通过。

十月三日 接受《中央日报》记者采访,就上海邮务罢工事表示交通部早想增邮工新资,且定十月一日公布实行。报道云[①]:

> 交长王伯群,本日对记者谈沪邮务罢工事。略谓交部对邮务工人,待遇早已注意,暂由邮政司及职工委员会拨定办法,对邮工及信差薪资,每月增加四元或五元,统计每年约百万元,定十日一日公布实行,并得工会同意,不料竟酿成罢工。中央对此事,已电上海市党部及市府调查真象,并取相当办法。
>
> 交部对收回邮政,煞费苦心,各邮局高级职员改任华人,上海邮部督卫亦改派华人。如罢工延长,外人将有所商,邮政前途何堪设想。交部得讯后,已电次长李仲公等就近在沪处理一切,期望数日复工,不致有害中国邮政,致影响于其他要政也。

---

① 《王伯群氏谈上海邮务罢工事》,《中央日报》,1929年10月4日,第3版。

一九二九年(民国十八年 乙巳) 四十五岁

147

十月四日　出席中央执行委员会第三十九次常务会议,通过党员抚恤条例施行细则等。

本日　下午,中训部派邱景明等至交通部,测验三百余职员党义知识,先生出席监试。

十月六日　会晤日本驻上海总领事重光葵。

十月七日　列席中央执行委员会第四十次常务会议。

本日　令扬子江水道整理委员会:前由建设委员会荐充之该会委员周象贤,现根据建设委员会意见,改推本会技正张自立接充委员等因。

十月八日　出席行政院第四十次会议,通过中国国货银行招股章程。

本日　交通部吴淞商船专科学校正式开学。学校将十月八日定为复校纪念日。

十月九日　会晤贵州省省委杜忱、叶纪元,商洽黔政。

本日　列席中央政治会议第一九九次会议。

十月十日　在《中央日报》双十增刊发表《训政时期之交通建设》文章。

十月十一日　上午七时,在第一公园烈士祠参加蒋介石主持的追念先烈仪式。八时,参加阅兵典礼。

十月十三日　姚华复函先生,谈及近况和文集出版事。

十月十五日　出席行政院第四十一次会议,讨论组织法修正草案、整理营产委员会章程。

十月十六日　出席中央政治会议第二〇〇次会议。

十月十七日　列席中央执委第四十一次常务会议。

十月十八日　令扬子江水道整理委员会:根据国民政府训令,全国从民国十九年一月一日起,凡商家账目、民间契约及一切文书薄据等,一律须用国历上之日期,并不得附用阴历方有法律效力。

十月十九日　上午,主持大夏大学师生恳亲大会,为学业优良学生颁发奖状、奖品。

晚,宴请大夏大学全体教职员。

十月二十二日　出席行政院第四十二次会议,讨论首都国货工厂合作计划等事。

本日　令电政总局:查上海邮务职工会及邮务工会会所设在该管理局内,殊有不合,业经先后令行该总局饬令出并将前准发给之津贴,按数分给在案,应即转饬上海管理局,即将前项津贴先行分给该两工会具领,以便筹备迁移一面,转饬该两工会于领款后四星期以内迁出局外,勿再迟延。

十月二十三日　列席中央政治会议第二〇一次会议,讨论《工厂法原则》,关于工厂工人人数标准,工人最低年龄,及最低工资之规定。

十月二十四日　出席中央执委第三十四次常务会议,讨论关于充实政治会议各组内容,交胡汉民等七委员审查等。

十一月五日　令扬子江水道整理委员会:"十八年一月至三月份支出计算书,本部以一份连同单据咨送审计院审核一份送财政部备案,仰即知照。"

十一月十一日　邀请杨杏佛校董到校作《从时局到个人》的演讲。

十一月十三日　至十一月中旬,交通部发行之电政公债一千万元,已经国民政府核准,现交通部已依照公债条例,着手进行。先生特命电政司长庄智焕来沪,与上海银行界及商业团体,接洽推销。

十一月十四日　邀请广西教育厅长雷沛鸿校友来大夏大学演讲。

十一月十五日　接姚华函,托请为倪松寿找工作。

十一月十八日　令扬子江水道整理委员会:根据国民政府训令,查各机关所编各月份计算书,每只编支出计算书,而不编收入计算书,或仅编一收入计算书,而匿报其他各部分收入,以致中央与地方之收支既难于确实,又不易适合均衡。为从根本改善不足,以整饬财政,政府令饬各机关,自本年度始,编造各月份计算书,类时应将行政收入、正税收入、附税收入、营业收入,以及其他临时杂项收入,一律编入收入计算书,并注明来源及其划拨情形,以昭翔实,未经造报者,悉行限期补造,嗣后倘有漏报隐匿情事,其长官应予以相当处分。

十一月二十五日　列席中央执委第五十一次常务会议。

十一月二十六日　出席行政院第四十六次会议,讨论兴办水利防御水灾给奖章程。

十一月二十七日　列席中央政治会议第二〇六次会议。

十一月二十八日　上午,列席中央执行委员会第五十二次常务会议。

十一月二十九日　偕赵铁桥谒蒋介石,商承轮船招商局整顿事宜。

十二月一日　发布代行轮船招商局委员会职权通告。通告谓:

案奉国民政府训令内开,为令遵事案查招商局,曾经二中全会议决,由国民政府特派专员负责整理,并组织委员会监督指导在案,现在委员会尚未成立,专员亦未派定,着该局监督王伯群代行委员会职权,该局总管理处总办赵铁桥代行专员职权负责切实办理,以重航政。除令知行政院并转饬交通部知照外,合亟令行,仰即遵照,无违此令,等因奉此,伯群遵于十二月一日就任代行委员会职权之职,除呈报并分行外,特此通告。

十二月二日　列席中央执委第五十三次常务会议,决议根据中监委会函,高承元①诬谤政府,决议开除党籍。

十二月三日　出席行政院第四十七次会议,决议批准国际劳工大会第十一次会议决议之最低工资公约草案。

十二月四日　出席中央执行委员会第二〇七次会议,讨论训政时期完成县自治实施方案。

十二月五日　列席中央执行委员会第五十四次常务会议。

十二月七日　先生发行电政公债,拟收回英国、丹麦两国承包的大东、大北两水线。逊清末叶,邮传部曾与英丹两国之大东、大北两公司订立合同,由两公司安放水线,收发国际间各项电报,其合同转瞬即将期满,交通部以其丧失主权,因议收回。兹将各情汇志如下②:

　　合同一班。邮传部与英丹之大东、大北两公司订立合同,期限计共三十年,自一九〇一年起至一九三〇年止,水线准其登岸,收入如有赢余,我方得百分之十三,彼方得百分之八十七,期满以后,如须修改合同,当于一年前通知。

　　借款数目。辛丑年时,清政府以须搜捕革命党人,需款孔急,两公司因拟将合同期延长,曾以五十二万磅款项假借于清政府,作为先行缴付之赢余分配,每年自赢余分配项下扣除,迄今尚有三百八十二万未曾偿还。

　　交涉收回。交通部因主权丧失,有损国家信誉,且复以为两公司把持以来,时受合同之缚束,随久有收回之心。此次以合同之期瞬间将满,乃筹备收回。特组织国际电信交涉委员会,由电政司司长庄智焕充任委员长,外交、财政两部各委一员任副委员长,专事交涉收回事件,业已向两公司通知,一方建筑国际无线电台,以示抵制而免要挟。

　　公司表示。闻公司方面,已定两项办法由中国偿还其一切债额,然后断然移交中国。如未能清偿债额,则继续订立临时契约,暂时仍由丹商主持。

　　承销公债。交通部以国库支绌,乏款清偿,爰决发行电政公债一千

① 高承元(1892—1980),原名元,广东广州人。维也纳大学法学博士,历任武汉国民政府外交部秘书长、署理部长、最高法院推事等职。1942年担任大夏大学法律系主任。著有《正负法论》《孙文主义之惟物的哲学基础》《国音学》等。

② 《收回大东大北两水线》,《新闻报》,1929年12月7日,第13版。

万元,以十之四作偿款之用,十之三作建筑国际无线电台,其余十之三,修理国内之各电报干线,业已由电政司司长庄智焕、交通部部长王伯群来沪,与银行界接洽,分期推销公债,以国际电台及大东、大北水线收入作押。

十二月九日　上午,国民政府令,特派王伯群接办中国航空公司,并任董事长。在航空邮务方面,先生认为合同对邮运的规定,全依美国成例,与中国商事习惯不合,使中国邮政蒙受巨额损失,中航财政难以维系。① 次年八月兼任总经理。

下午,参加中央第五十五次常务会议。

十二月十一日　列席中央政治会议第二○八次会议。

本日　委派聂开一、钱春祺、刘乃宇等分别接收中国航空公司。②

本日　关于特种工会法具体条款事致中央训练部函。

十二月十二日　参加中央执行委员会第五十六次常务会议。

本日　未准刘书蕃辞职,给假十四日。

十二月十三日　会晤美国发展公司代表蒲来央,就中国航空公司关于合同内事宜进行商讨。

本日　派员接收中国航空公司竣事,对原有人员,概未更动,对中美航空合同着手研究。

十二月十六日　出席国际电政交涉委员会成立仪式,在致训词时表示,关于整理电政债务,收回电权事宜,即将充分研究,作进行准备。 会议决定重要案件,即为一九三○年十二月三十一日到期之中丹大北、中英大东、中美太平洋、中日沪崎公司合同应须修改,通知书已由交通部送出。

本日　参加中央常务会议五十七次常会,讨论通过《告全体党员书》。

十二月中旬　制定收回航权后初步计划,即内河航权及沿岸贸易权,主张完全收回;筹办国营航业和补助商办航业。

十二月十七日　出席行政院第四十九次会议,讨论《劳工卫生委员会章程》等。

十二月十八日　列席中央政治会议第二○九次会议。

十二月十九日　列席中常会第五十八次会议,决议通过永远开除汪精卫党籍。

---

① 《王伯群对于中美航空合同之意见》,《航空杂志》,第1卷第6期。
② 《交通部派员接收中国航空公司》,《航空杂志》,第1卷第6期;《中國航空公司已接收竣事》,《中央日报》,1929年12月14日,第4版。

十二月二十一日　　接受《申报》记者采访，就收回中国航空公司，取消中美航空合同，以及整理轮船招商局等问题进行介绍。

本日　航业公会改选，先生当选为候补执行委员。

十二月二十三日　　参加中央常务第五十九次会议。

本日　再接刘书蕃辞职函，恳示准辞以便专心养病。

十二月二十四日　　出席行政院第五十次会议，讨论人民投资政府建设事业奖励法、建设委员会组织法、全国农业统计调查报告规则，以及卫生行政实施计划意见书等事宜。

十二月二十五日　　列席中央政治会议第二十〇次会议，讨论批准第十一次国际劳工大会所通过之最低工资公约提案等。

十二月二十六日　　参加中央执委会第六十次常会，通过中央派遣留学生管理章程，推叶楚伧、胡汉民、戴季陶等五委员审查党史编纂委员会组织方案。

十二月二十七日　　出席蒋介石主持的中央政治会议临时会议，讨论外交组提出撤废领判权案，决议如下：（一）由国民政府即日命令，公布自民国十九年一月一日起，凡侨居中国之外国人民，现时享有领判权者，应一律遵守中国中央政府及地方政府依法颁布之法令规章；（二）对于管辖外国人民诉讼之实施办法，由国民政府从速颁布施行，以资遵守。

十二月三十日　　参加中央执委会召开第六十一次常会。会议决定宋哲元、石敬亭等均永远开除党籍；通令禁止本京各机关设广播无线电台机，以免杂乱中央播音声调，分散宣传效力，其已经设立广播无线电机，一律依此条文概予取缔。

本日　聘请苏生洋行董大猷、费力伯两工程师设计大夏大学新校舍图样。同时登报招标，投标者二十余家，先生核定后，归辛峰记营造厂营造，克日动工。①

---

① 《新校舍建筑近闻》，《大夏周报》，第 69 期，1929 年 12 月 11 日。

一九三〇年(民国十九年　庚午)　四十六岁

一月一日　在中央党部大礼堂参加庆祝中华民国成立纪念典礼。

本日　在《中央日报》发表《过去交通之回顾与今后之希望》一文。①

一月四日　接中华航空协进会中枢执委会常委曹宝清函,敦请先生将中国航空公司原定合同或根本取消,或逐条修正,务以不丧权为要旨。

一月五日　大夏大学全体师生参加在中山路举行的新校舍建筑破土典礼。先生因公务不能参加,特撰《新校址破土典礼训词》。②

本日　交通部发行一千万电信公债,先生与银行界接洽,各银行允先垫出四百五十万,以后继续承销。

一月六日　参加中央执行委员会第六十二次常务会议。

一月七日　出席行政院第五十二次会议,讨论矿业法等。

一月九日　列席中央政治会议第二百十一次会议。

本日　列席中央政治会议临时会议,讨论整理金融办法和中俄交涉事项。

本日　参加中央执委会第六十三次常务会议。

一月上旬　审查由交通、外交、财政、工商四部起草的收回航权的《船舶法》。

一月十三日　上午,分别出席中央党部第四十二次总理纪念周与国民政府主办纪念周活动。

一月十四日　出席行政院第五十三次会议,谭延闿主席。

一月十五日　参加中央政治会议第二百十二次会议,讨论财政、工商两部所拟救济金融提案。

一月十六日　上午,参加中央第六十五次常务会议,讨论通过中央执行委员会党务视察员条例;选任宋子文为国民政府委员兼行政院副院长。

---

①　《过去交通之回顾与今后之希望》,《中央日报》,1930年1月1日,第5版。
②　王伯群:《新校址破土典礼训词》,《大夏周报》,第73期,1930年1月15日。

一月十八日　邀请王云五出席大夏大学冬季毕业典礼并分别致辞。

一月二十日　参加中央六十六次常务会议,议决通令各级党部,函致同级政府转饬各机关团体,举行各种集会,恭读总理遗嘱,应先诵读"总理遗嘱"四字,始得接读本文,不得将"总理遗嘱"四字遗漏不读,并不得有所更改。

本日　出席中央党部第四十三次总理纪念周活动。

一月二十一日　起草完成《整理轮船招商局委员会条例草案》,呈请国民政府核准。

一月二十二日　参加中央政治会议第二百十三次会议。

一月二十三日　出席中央执委会第六十七次常务会议。

一月二十七日　出席中央执委会第六十八次常务会议,定于三月一日开第三届中央执行委员第三次全体会议。

本日　出席国民政府总理纪念周,蒋介石在报告中指出,收回主权靠自己努力自强,金贵银贱问题须国人极力节俭。

一月二十八日　与谭延闿、宋子文、孙科等召开建设委员会会议,审查免税案等。①

一月三十一日　接何应钦函,商讨王文华生平事。函谓:"弟拟为电轮兄撰墓表一篇,惟汪先生所撰神道碑对于电兄功绩都已备述,此文拟就其生平、嘉言、懿行、声叙,请将前印电兄事略捡寄一份,俾秉笔者有所依据,其他关于家世亲属(三代名讳略历)暨逝者忌日、葬期、墓道山及一切宜为后世子孙知者,均请详细开示轶事之可纪者,亦请酌示一二为盼。"

一月　为《电信交通电信学校校刊》撰写发刊词。词曰:"学以专精,思以文著。咀华含英,尾闾共注。发为期刊,恢宏旨趣。电信锡名,网络宏富。虑兹学术,蔚为建树。水眉含珠,山辉蕴玉。紧国之光,岂惟校誉。"

一月　在《日本研究(上海)》发表《日本研究谈》一文。文章希望发行《日本研究》,诸君急起直进,有以飨国人之要求也。②

一月　在《浙江省建设月刊》发表《十九年度交通建设之新希望及其方针》文章。③

一月　在《航空杂志》发表《对于中美航空合同之意见》。

二月五日　参加中央政治会议第二百十五次会议。

二月六日　参加中央执行委员会第七十一次常务会议,通令并函国民

---

① 刘建强编著:《谭延闿年谱长编》,上海交通大学出版社,2021年12月,第1489页。
② 《日本研究谈》,《日本研究(上海)》,1930年第1卷第5期。
③ 《十九年度交通建设之新希望及其方针》,《浙江省建设月刊》,1930年第32期。

政府禁止以党徽为货物商标或装潢花样。

二月十日　参加中央执行委员会第七十二次常务会议,解释凡奉令停止活动另候登记之区分部,其所属党员之党籍,应候重新登记完毕后,始能确定,在登记期间不得转移。

本日　参加中央党部举行的第四十六次总理纪念周,由吴铁城报告东北之视察。

二月十一日　出席行政院第五十七次会议,讨论海上冲突预防法草案。

是日,与德国"汉莎"代表石密德在南京磋商《欧亚航空邮运合同》。按合同规定,组织公司经营欧亚两洲间的航空邮运。①

二月十二日　参加中央政治会议第二百十六次会议,讨论通过财政部十九年度试办预算章程;通过市组织法原则;决议特派莫德惠为中俄会议全权代表,解决中东铁路善后问题。

二月十四日　组织编制交通部裁员及统一事权等提案。

二月二十日　国民政府教育部奖励大夏大学校董、新加坡华侨胡文虎②捐资兴学事迹。③

二月二十五日　就设立邮政储金汇业总局④(以下简称"邮政储汇局")事宜,答《中央日报》记者问⑤。

　　问:邮政储金汇业总局何时成立,其设立之本意,及将来经营之业务如何,部长可见告否。

　　答:邮政储金汇业总局,定于三月十五日在沪开幕。该局成立后,关于储金汇兑事务,邮局仍照旧办理,但关于特种储金及汇兑之设计指挥监督等等该局有办理专责。质言之,亦不过使邮政储汇事务,参用银

---

① 王世敏主编:《上海民用航空志》,上海社会科学院出版社,2000年,第55页。
② 胡文虎(1882—1954),原籍福建龙岩,生于缅甸仰光。大夏大学校董。南洋著名华侨企业家、报业家和慈善家。创办《星洲日报》《星岛日报》等十余家报纸。
③ 《教育部奖励胡文虎》,《申报》,1930年2月21日,第10版。
④ 注:邮政储金汇业总局为国民政府下属的金融机构之一。1930年1月,国民政府交通部提出,凡邮政储金、汇兑、保险、代收货价等业务从邮政总局中划出,另设邮政储金汇业总局,经国民政府批准后实行。同年3月15日在上海正式成立,并在各地设分局,总办(后改为局长)为刘书蕃。两局分开后,邮政总局发生亏损,邮政储金汇业总局则获得盈余。1935年7月,改为邮政储金汇业局,隶于邮政总局,局长由邮政总局局长兼任,其主要业务为邮政储金、国内外汇兑、贴现放款、购买公债和国库券、简易人寿保险、抵押放款等。1949年,该局由人民政府接管。(参见李松林主编,凡理撰写《中国国民党史大辞典》,1998年6月,第58页。)
⑤ 《王伯群对设立邮储总局谈话》,《中央日报》,1930年2月26日,第7版。

行科学而已。政府此次所以特设专局,经营此事者,良因吾国邮政历史虽已三十余年,内地邮局虽已千数百处,每年汇兑数量虽已一万余万,而每年汇兑贴水一项,亦支出至三百余万元之巨。此种贴水,虽有汇费收入,略可抵补,但邮政通汇地点,既如此广阔,即就国内汇兑一部而论,如果参用银行专门科学,以为经营,则前述三百余万元之耗费,纵使不能全免,无论如何,总可减少若干,如果经营得法,更可因而盈余。其国外汇兑部分,因金银本位之差别,更为复杂。际此金贵银贱,尤非参用银行专家办理,未能尽善。至储蓄部分,十年以来,以收数而论,固亦尚有成绩,但若以历来办理邮政储汇之人员,更参以银行专家之策划,则其发达,自可更无限量。

二月二十六日 与赵铁桥就扩充南北洋航线事进行磋商。

三月一日 上午,在中央大礼堂出席第三届国民党中央执行委员第三次全体会议,胡汉民主席并致开会词。

下午一时,出席国民党三中全会预备会。会议推蒋介石、于右任、胡汉民、谭延闿、孙科为大会主席团,推陈立夫为大会秘书长。二时,参加三中全会第一次大会。

三月三日 上午,出席国民党三中全会第二次会议,通过推进常务工作案、提训练党员工作方针、关于建设之方针、注重县长人选、肃清土匪安定社会、厉行节约运动、合资开发黄洮泾港汾洛颖等河水利等议题。

本日 参加中央党部举行的第四十九次总理纪念周,蒋介石作政治报告。

三月六日 出席国民党三中全会第三次全体会议,于右任致闭会辞,邵力子宣读大会宣言。

本日 就交通部取缔南洋邮件总包一事,接受《中央日报》记者采访。

三月八日 会晤美国飞运公司负责人,就中美航空合同进行交涉。

三月十五日 出席上海福州路五号邮政储金汇业总局成立开幕式,并致词谓①:

> 吾国地大物博,甲于全球,而生产事业,比较各国落后,实因国内资本缺乏之故。盖资本缺乏之原因,约有三种:(一)未能建立国家资本,(二)未能调剂社会资本,(三)未能集中个人资本。如果能将国家资本、

① 《邮政储汇总局开幕》,《民国日报》,1930 年 3 月 16 日,第 9 版。

社会资本、人民资本，交互集合，则各项事业，定必发达。

　　现值训政时期，生产有利事业，实最切要。客岁，本部考察专员前赴欧美日本，见各国之版图人口，类不及我国远甚，而国民经济之发达，实有一日千里之慨。即以邮政储金汇兑一事而论，亦采近人科学上分工原则，设立专局，悉心办理，故与邮政全体事务，相辅并行，其进展发达，遂无限止，于是采集成规，反复讨论，经奉国民政府暨行政院核准，而始有斯局之设立，筹备迄今，垂三个月，始得开幕，又承各界人士宠赐宏文，并承日本等国贮金汇业总署先后函贺，赠送储汇数据，以供参考，曷胜荣幸。

　　三月二十日　接教育部长蒋梦麟通报鲁迅在大夏大学演讲有违政令情形的训令。

　　三月二十四日　大夏大学新校舍第一座建筑奠基。基石内置铜箱一只，内贮有先生题"树人之基"四字等纪念物。先生个人为建筑新校舍资助白银六万七千两，折合当时币值十一万多元。①

　　三月二十五日　函复教育部长蒋梦麟，说明鲁迅来大夏大学演讲纯为研究文艺。

　　三月三十日　为姚华《弗堂类稿》文集作序。序言略述自入贵州兴义笔山书院以来从游之概况，盛赞姚师之学。兹摘录如下②：

　　　　先生之学，原本经史，旁通诸子百家，而深探乎吾国文字之原，凡金石、书画、篆刻，亦罔不覃思精研，一破古人未发之局，浩然有以自得。每一疑义，必反复得其佐证，顺其脉理，以通其意，象其为文，胎息汉魏而兼采唐宋，冲夷渊雅，不屑为家数之争，门户之见，此固当世治国故者所众口交称，非伯群之私言也。其为教必迎机而道要于学行合一。其于世泊然，无所营偃处，荒庵终日，惟摩挲图书，虽穷老，家无长物，晏如也。

　　三月三十一日　因病未痊，电国民政府续假一月，部务由政务次长李仲公代理。

　　四月三日　参加江苏省政府会议二八〇次会议，叶楚伧主持。

---

① 《大事记》，《私立大夏大学一览》，1931年，第6页。
② 汤涛编：《王伯群文集》，上海书店出版社，2018年1月，第102页。

四月十五日　被首都建设委员会指定为首都交通水利港埠之规划委员。

四月十七日　在首都建设会议上，提交制定首都各干路建筑物之设计及其限制以重观瞻提案。

四月二十八日　在中央党部大礼堂参加第五十七次总理纪念周会。

四月二十九日　出席行政院第六十七次会议。会议讨论通过交通部呈送的航业奖励法、造船奖励法、航路标志条例和商港通则等。

四月　在《自求》发表《一年来交通事业之回顾》一文，文章对电、邮、航三政及一般事业进行回顾。①

四月　为《扬子江汉口吴淞间整理计划草案》作序。

五月二日　与欧元怀、马君武、王毓祥察看中山路大夏大学新校舍。

五月三日　参加中央执行委员会第九十次常务会议。

五月六日　出席行政院第六十八次会议，讨论将庚款全部三分一、中央教育馆开办费及经常费预算等事宜。

本日　为谢守恒编《国民政府中央建设委员会》题字。

五月八日　参加中央执委会第九十一次常务会议，讨论通过军队党务特派员条例。

五月九日　上午七时，出席中央党部举办的五九国耻纪念仪式，胡汉民主席并致开会词。

下午，与杨永泰②相谈政局。

五月十三日　上午，出席行政院第六十九次会议，讨论交通部将邮政总局改名邮务总局及邮务总局章程。

下午，会见东京国实业视察团一行，商谈中日间经济合作以及电航邮各事。

五月十四日　南京国民政府指令，不同意王伯群辞去轮船招商局监督并代行委员会职权。令曰："王伯群云据呈请辞去招商局监督并代行委员会职权兼职由，呈悉查航政属该部主管招商局事务殷繁，尤须整理，尚望勉任其艰，俾收成效所请辞去监督及代行委员会职权兼职之处，应无庸议，此令。"

五月十五日　上午，参加中央执行委员会第九十二次常务会议。

五月十六日　主持交通部成立三周年纪念会并致词，详述三年来之

①　《一年来交通事业之回顾》，《自求》，1930年第10期。

②　杨永泰（1880—1936），字畅卿，广东茂名人。曾与黄兴等组织欧事研究会。历任广州军政府财政厅厅长、广东省长、南京国民政府军事委员会参议、湖北省主席等职。

建设。

五月十七日　上午,与欧元怀、傅式说、吴浩然、王毓祥商大夏大学校务,并同赴中山新校舍工地参观建设工程。

五月十八日　与外交部次长曾镕甫商谈大北、大东水线合同事。先生举双方相争最大之两事即登陆与收发与之谈,登陆可通融,至收发则不能不坚持收回。曾允回外交部商一办法再来接洽。

下午,与协隆建筑工程师商讨交通部大楼建设,决定建筑全用本国造钢窗,苏州出品筒瓦(琉璃瓦),地下用铁筋水泥棒,外墙用泰山面砖,木料用柳安,综合计算大致造价约七十万两以上。

五月十九日　主持大夏大学纪念周会,报告校务发展情况。聘马宗荣为系主任,同全体与会者合影。

五月二十日　出席行政院第七十次会议,讨论交通部、建委会关于湘鄂湖江水利测量计划,决定由该省府等各担任测量经费三分之一,其余三分之一由国库担负;讨论军政、铁道两部关于修订军运条例。

下午,作致王文湘、王文彦①书,清理工作积案。

五月二十二日　参加中央执行委员会第九十三次常务会议,决议陆海空军总司令蒋介石此次督率全军,誓师讨逆,迭下名城,迅建殊勋,应特电嘉勉。

五月二十五日　近日各小报对先生攻击毁损层出不穷。如五月二十日《京报》题为"邮政汇总局之荒谬广告";五月二十四《晶报》载"某部长之齐家治国"一文,详述苏沪两话局对调,而涉及近日所遭军运不顺之私;五月二十五《南京晚报》上之《白门秋柳记》中第九回题"缺臂囊孙拳师尊上客,金蝉脱壳巧妻不下堂",说部内有"部长有了新宠"之语,然尚未完,究不知下文如何。对于媒体的抹黑和攻击,先生曰:"道高一尺,魔高一丈,毁誉之来,自所不免,只有逆来顺受,或借以自警耳。正如王文湘所言'辞职切不可,因世风日下,乞丐不可弃打狗棒'之意,不可谓远见也。"

五月二十六日　上午,到交通部主持纪念周会,通报军事、外交、内政等事项。

晚,听王仲武汇报上海国际大电台筹备处查案情况。述罢,王仲武自述自幼学书法未得其道,至今未大成,问先生有何法。先生答:"余亦不善尽然,颇喜研究书法,余以为学书不可限一字,须博采众长,融会贯通,自成一

---

①　王文彦(1902—1955),别号人俊,贵州兴义人。王伯群堂弟。历任军政部直属特务团少将衔团长、第二战区第三十四集团军第八十军军长、第八战区胡宗南部第三十七集团军总司令部副总司令、贵州绥靖公署副主任兼任湘桂黔铁路管理局局长等职。1950年赴台湾。

家,并不宜由近,而在应自上而下,即先篆后隶,再分再楷,殆取法乎上,必得手中也。"王仲武告别时索先生书法为纪念。

本日 关注在日本举行的第九届远东运动大会新闻,合计三日之成绩均日本人独优异,中国向以篮球著称,此今亦失败。于此,先生产生两种感想:(一)可以测验民族之强弱,我国民族之弱可以决定,俗语云"凌厉之下逼出豪杰",或可因此次之运动促起吾民族警觉,从兹发奋为雄,转弱为强,亦意中事也;(二)国人之体育虽提倡已久,然多视游戏,故无持久性,无确实力,一与人争则惨败。先生以为,此后主持教育者固应提倡体育,而直接参与体育者,则须以持久之态度培养确实的力量,方能在国际间竞争。

五月二十七日 上午,出席行政院第七十一次会议。

五月二十八日 上午,参加中央政治会议结束后,回交通部研究讨论中美航空公司修改合同。

本日 特再函请外交部表示,鉴于上海租界电话收回交通部办理,为我国目下刻不容缓之急务,积极与租界当局交涉,断不许外商有所染指,务必达到推翻国际电报电话公司有购买租界电话权之原案,允许我国照该公司标价给款收归部办之目的,以期挽回国权,保留华人利益。

五月二十九日 出席中央执委会第九十四次常务会议。

晚,赴陈仪设宴。

本日 批复公布交通部有无线电联络通信结算报费办法。兹录其办法如下:(一)有线电局代收之无线电报应连同报费送交电台;(二)电台所收发往未设电台各处,电报应一律连同报费送交当地电局;(二)无论电局或电台如因路线机件天时发生障碍,须于中途转交拍之电报,其报费由局台各得其半;(四)无论电局或电台所收之电报,因故不能发出,交由当地电台或电局代发者,其报费应照代收办法代理。

五月三十日 参加中央党部举行的五卅惨案国耻五周年纪念大会,听胡汉民做报告。

六月一日 上午,会见日本三井洋行代表大村,促其速解决中日无线电问题。十时,会见德国汉堡航空商代表,先生表示中国航业仍应以轮船招商局作基础,然后易得资本的信任,并表示愿竭其智力助交通部航业计划及实行。杨志雄任翻译,先生觉似尤有未尽达意者。十一时,与曾镕甫谈大东北水线合同拟废问题,未得结果。

本日 在《大夏周报》六周年纪念特刊作《发刊词》。[1]

六月二日　上午,赴交通部吴淞商船专科学校视察,在举行的总理纪念周行礼如仪后做报告,略谓今日中国急要之图,盖一国之航业不振即无以伸足于国际贸易竞争之场,因之而国内工商业俱难有长定之进展,故商船学校之创设,在为航业界储才,而研究航业即所以为党国尽力。

下午,会见日本中日实业公司代表高木事,与谈电话借款旧债等事。

六月三日　出席行政院第七十二次会议,决议改广州、北平特别市改为市,分别改隶河北及广东省府管辖,重委市长;讨论工商、铁道两部《修正长途汽车公司条例》。

本日　在《中央日报》发表《今后实施禁烟之途径》文章。①

六月五日　上午,参加中央临时政治会议,讨论对俄外交问题。莫斯科代表德惠来电,言俄方坚绝主张此次会不限于中东路问题,而中方与莫斯科代表之训令则有限制,莫电称如不稍予通融,恐会议停顿东省立即发生危险,故外交组拟再训令,除讨论解决东路问题内外,其他关于复交通商亦可依次讨论,并由外交部秘告莫斯科代表飞中东路问题得相当解决,则其他问题不必求结果。

六月九日　上午,在交通部总理纪念周典礼上,报告一周之政治军事党务。十时,赴国民政府参加纪念周后,参加内政部次长张我华等同时就职典礼。十一时,回交通部与虞洽卿谈航空业公债事。

晚,发一函致杨志雄,托向杜月笙为大夏大学募款。

六月十日　会晤美国大使约翰逊,就中国国际通信事宜进行双边会谈。

本日　出席行政院第七十三次会议,讨论外交部陈明我国驻外领事馆变更情形事等。

六月十一日　上午,列席中央政治会议。

六月十三日　与杨永泰谈时局,并共进晚餐。

六月十四日　邀请蔡元培出席大夏大学六周纪念暨毕业典礼。蔡在致词中略谓:"私立大学办理进步速者,推大夏大学为独步;而推行导师制,尤为开国内各大学风气之先,盖导师制在欧美各国,极为教育家所重视。"②

六月十五日　上午,接李仲公南京电话,告蒋介石自前方来电,嘱购邮储筹现金百万购公债。先生答早有准备,为防影响储金信用,惟公债种类需要研究。遂与刘书蕃商之,据云公债以续发二五第一期卷烟、库券为最妥。先生以此二者晤商宋子文,告以现金百万竭力代筹以应急需,惟公债如无前

---

①　王伯群:《今后实施禁烟之途径》,《中央日报》,1930年6月3日,第1版。
②　高平叔撰著:《蔡元培年谱长编第3卷》,人民教育出版社,1999年3月,第434页。

二种,则请其设法凑有市价而较易推行者,宋允之。

下午,在华安饭店与四十余名大夏大学毕业同学举行茶会。

晚,与杜月笙、张啸林晚餐。

本日 英文《密勒氏评论报》(The China Weekly Review)报道王伯群与詹姆斯大使谈中美电信交通合作事宜。

六月十六日 上午,与报界中人谈收回租借电话事和航政局问题。

下午,赴中华学艺社宴,同席有日本三浦领事、田中副领事诸人。

六月十七日 上午,出席行政院第七十四次会议,讨论通过军政部《在乡军人规则》、农矿部建设委会《中央模范林区管理局组织章程》、苏省府《督垦暂行条例决议》、建委会《电气事业注册规则》。

六月十八日 咨请外交部长王正廷电致英法等国公使严重交涉,并请令饬驻沪英法等国领事与交通部推派人员开始交涉收回办法。同时,令饬驻沪办事处陈、刘两处长访领袖领事交换意见。外交部驻沪办事处已奉令致函领袖总领事请为转致英法等国领事对于租界电话之承办,决由中国政府收回国家自办,以符公共事业之旨。

六月十九日 参加中央执行委员会第九十七次常务会议。

六月二十三日 出席中央党部在大礼堂举行"沙基惨案"五周年纪念暨第六十五次总理纪念周,胡汉民致词。

六月二十四日 出席行政院第七十五次会议,讨论农矿部《渔业登记规则》等。

本日 致电上海纳税华人会,表达收回租借电话主权。函曰:"顷阅二十一日申新各报,载有华洋德律风公司致股东及用户书,对于出售旧股增加租费各节,斤斤置辩,察其实际,所谓新公司冀获净利,并未稍减,所出股票价格,仍较现在市价为低,诡称欲免增高资本,乃不将自动机料价目减低,反在旧有股票上剥削,且占侵我国主权至四十年之久,尤复一字不提,以图蒙蔽我华商,使受愚弄,本部主张积极收回,系照本党党纲政策,维护主权,兼谋商民福利,原定方案,拟于接管后,对于原有华股,准其按照市价兑易现金,或折合更换新股票。作为商股,对于原有洋股,由我政府或华商收回,对于将来营业价目,只谋维持事业之繁荣及商股之利益,用特再电贵会,请对执有股票各华商详细解说,使知赞成本部收回,系属协助政府挽回国权,赞成售给外商,则属断送主权,增加束缚,起而一致努力,毋受外商蛊惑,并盼唤起民众,合力争持,是为至祷。

该会主席王晓籁、徐寄庼当即复电,云:"马漾两电奉悉,大部为谋国家主权完整,兼顾商民福利,进行收回租界电话,无任钦仰,自当努力进行,以为臂助。本会以为一面将租界电话专营之批准权，声明由大部收回，一面将备价买收之详细办法公布，庶新公司不敢轻于承购，而上海华洋德律风中外股东，亦知股权之有保障，股本不致落空，必为赞同，而用户方面，因知将来营业价目，只谋维持事业之繁荣，及商股之利益，尤愿乐观其成，奉电前因，合行呈复。"

六月二十五日　上午，致函上海华洋电话公司华股东。函曰："电话为公用事业，对于国家主权关系至巨，本部对上海租界电话久主收回自办。对于原有股本按价体回购，以保障我国生权而谋民众永久之利益。乃近闻华洋电话公司竟悍然不顾将我国公用事业，与外商私相投受，戏而司忽，后患何雄，诸公爱国，素不后人，倘望据爱国之热忱，为主权之筱盾，除已电虞洽卿、徐新六、吴蕴斋、赵晋卿、张嘉璈、李祖虞、杨杏佛、潘公展、陈德徵、王毓祥诸先生一致力争外，尚希华股诸公惠与合作，不胜盼志。"同时，分别致函虞洽卿、徐新六、钱永铭、吴蕴斋等。

下午，虞洽卿等接电后，在香港路银行俱乐部召集各界领袖筹商办法并复电先生，表示拥护政府主张。

六月二十六日　上午，参加中央执行委员会第九十八次常务会议。

下午，出席南京欧亚间长距离之无线电传真电报试验，即接驻德公使蒋作宾亲笔电文。电文云："南京交通部王部长勋鉴：蒋公使往游北欧兹乘德国无线电拍照之便，代候起居，驻德使馆同人谨电。"字迹清晰，历时四分半即得到万里外之真迹，观者群为惊异。

六月二十七日　为祝贺中德摄影电报成功，特致电德国西门子公司及蒋作宾云：

柏林西门子汉生先生，并转蒋公鉴：

昨日参观中德摄影电报，所接贵处电文字迹清晰，成绩极佳，至为欣贺，特此电复。

中华民国交通部长王伯群　印。

六月二十九日　为上海民智中小学五周纪念题词："世界之至乐，无有过于握教育权者矧手创之，校由小学而中学，由数十学生而至数百，由数百而几达于千，挟书而来，卒业而去，升学四方或服务社会，如造森林，吾见其成阴，如植嘉穀，吾见其丰，获乐何如也。然平昔风雨寒燠之关怀，培养邕护之周至，亦云劳矣。语云先难，后获仁者之启迪新知。"

七月一日　上午，参加国民政府成立五周年纪念会，谭延闿主席，胡汉民演说。十一时,出席行政院例会,立法院请解译权限之航政局问题修正毕,先生报告北方将设邮政总局,以破邮政统一而减国民政府在国际上之信用,如我剧烈手段则邮政统一分裂适中其计,如稍妥协迁就,则有与叛逆妥协之嫌,请示院会定一方针,俾资遵守。讨论结果仍交交通部妥办。

七月二日 作致李仲公、欧元怀各一书。

七月三日 上午,参加中央常务会议第九十九次会议。

下午,访戴季陶,磋商取缔邮工事,决定用密令令上海市党部密函:社会局严加取缔或办到停止活动。

本日 中华全国铁道协会改选,先生当选为监委。

七月四日 与美国飞运公司修订《中美航空合同》,此次改订内容,中国占百分之五十五,美方百分之四十五,其用人行政悉照此比例。中美航空合同经先生在沪与美方代表磋商修改,经数度交涉,始将该合同重要各点重新修订,大体已臻妥协。

晚,与韦以黻参加美国大使馆茶会,纪念美国独立纪念日。

七月五日 上午,与韦以黻商讨中美航空订约和交通部建筑部署合同事。

下午,主持交通部部务会议,决议部内各司厅分配汽车、考试技术人员和改订办公时间问题。

晚,赴王正廷、李锦纶主办的全国铁道协会公宴。

七月六日 接李仲公辞职函,其理由一为人生观大变,二为多病,三为交通部次长职无聊。

晚,接王文湘自长沙来信,告准七日回武汉,湖南战事已解决。

七月七日 上午,主持交通部大礼堂二百余人参加的纪念周并作报告。交通部委任干部,先生监誓并致勉励词,大意谓宣誓为总理所最主张者,因吾人凡行一事,必有一定之志愿与决心,然后所行之事,乃克成功。故于开始之初,必须下一决心,否则难获大效,此即宣誓之意义,希望诸位举行此礼,以后大家遵照誓词,勉于公务,以期不致自负国云。

下午,应韦以黻、张难先之约,会商各机关官营事业、教育机关技术人员讨论教育家的考选及甄别办法,讨论决定先根据国民政府已公布之现行公务员甄别审查条例办理,在征集各机关意见后,再另订特别法规。

七月八日 出席行政院第七十七次会议,讨论通过交通、海军两部拨款十八万元在西沙群岛建筑无线观象台。

下午,在交通部会议厅与美国飞运公司代表波林正式签订《中美航空合同》。合同要点为双方各投资额及董事会组织等项均与中德航空合同内容相等,以不违背中国经济主权为原则。

七月九日 在国民政府大礼堂参加北伐誓师四周纪念典礼。

七月十日 上午,参加中央执行委员会第一百次常务会议后,回交通部邀集美国飞运公司洋员开一预备会,互相提出董事、监事及重要人名。

中午,乘中国航空公司飞机赴沪,天气晴和无风,约两小时抵达。

下午,与韦以黻、刘书蕃出席中美航空公司改组会议,会议推先生为董事长。董事会下设财务、营业、机航三组,财营以中方为正主任,美方副之,机航美方为正主任,中方副之。

七月十一日 中国航空公司与美方寇蒂斯·莱特航空公司所定之新合同呈国民政府请予批准。公司拟于年内将由上海至成都、由南京至北平、由汉口至广州三航线次第开航。

七月十二日 中午,与日本人大村、重光葵,以及杨志雄、胡筠庄伉俪、李铭诸人午餐。

下午,接杨志雄转送杜月笙捐助大夏大学两万元。

本日 《中央日报》报道先生查办上海邮政总办林实,肃整官方。报载[1]:

> 前上海邮政总办林实,因订印邮票事手续及内幕,甚多可疑之点,经交通部长王伯群发觉,大为震怒,除将林总办之职免去,令新总办查办外,并令该部韦次长、邮政司长、总务司长、秘书主任等组特别审查委员会,将该总办违法之事,详加研讨,以凭严办。并闻王部长对各司会经营事项,均十分留心,不容有丝毫遗弊,肃整官方,颇为谨严云。

七月十四日 晨起,天气忽变,疾风暴雨,原拟乘飞机由沪返宁计划取消。

上午,晤杜惕生,嘱其到中国航空公司任财务处长。

七月十五日 上午,出席行政院第七十八次会议。

下午,与韦以黻商讨交通部部务。

七月十六日 上午,接宋子文来电,希望交通部开办京徐航线,提出两项办法:(一)沪蓉飞机凡军队借用此全交还,由财政部按月补助相当经费;(二)中国航空公司完全担任京徐航线。先生命王漱芳酌电文告知韦以黻、刘书蕃,嘱望向美方普林接洽。

---

[1] 《林实免职查办王伯群肃整官方》,《中央日报》,1930年7月12日,第3版。

一九三○年(民国十九年 庚午) 四十六岁

165

七月十八日　上午,参加中央执行委员会第一〇一次常务会议。

下午,与宋子文商酌两事:(一)飞航京徐航间,允将军用两机拨还,每月由财政部拨发经常费两万元一次,开办费一万五千元,以三架飞机用沪蓉原有名义开航;(二)要求再为筹措现款若干。先生答以前次损失颇巨,办储金者均觉不安,以及小小帮助事实上或不大难,不过公债若仍如前此之无价格则碍难办理。先生当将此情转告刘书蕃并嘱电准备。

本日　上海特别区市民联合会举行临时紧急会议,讨论沪西外国人越界筑路警权等要案,议决呈请交通部长王伯群,努力进行,始终如一,任何人不能妥协,以保国家主权与威信,全体市民,愿作后盾。

七月十九日　电知沪蓉保管员交飞机一架,令聂开一飞南京侯令。得宋子文电,催为筹款事。先生电复:"储金困难形情并通知刘书蕃。"

七月二十日　电贺中德摄影电报成功。贺电云:"柏林西门子汉生先生并转蒋公使鉴:昨日参观中德摄影电报,所接贵处电文,字迹清晰,成绩极佳,至为欣贺,特此电复。"

下午,与王锡昌谈航空公司薪津规则。

七月二十一日　就关于收回上海租界电话发表谈话,略谓①:

上海租界电话经华洋德律风公司,拟出售于国际电话公司,本部以此事关系我国主权,送资外交部请据理严重抗议,未得圆满结果。现本部仍以职权关系,不能不希望外交部继续交涉,贯彻此目的,上海租界虽不能用行政手段直接干预,但在租界民众,尽可自动起而为外交后盾。果能一心一德,政府与民众共同努力,不难达到收回自办的目的。

七月二十二日　出席行政院第七十九次会议,讨论通过国立中央大学预算等。

七月二十四日　上海邮务工会、职工会联合提交增加工资待遇请求书,请求邮政总局限期五天内以圆满答复。韦以觳迟派秘书杨思礼与两会代表接洽,均无结果,双方几致决裂。

本日　赵铁桥在轮船招商局门口被刺身亡。先生闻耗后,即电令招商局内各员安心供职。在维持现状外,派秘书长李伯申代行职务。赵此次被暴徒狙击殒命,国民政府电令淞沪警备司令部及市政府悬赏严缉凶手。

七月二十五日　晚十二时三十分,由宁乘车抵沪,处理赵铁桥善后事。

---

① 《交长王伯群谈收回沪租界电话问题》,《中央日报》,1930年7月22日,第4版。

七月二十六日　赴胶州路万国殡馆吊奠赵铁桥，抚慰亲属。

七月二十七日　委派航政司长蔡培维持轮船招商局务，并呈国民政府速委专员负责办理一切。

七月二十八日　接受《申报》记者采访，谈关于收回电话权、中美航空权问题和平津间邮务工潮等事宜。报载①：

收回电信权问题。

交涉如大东、大北及中日水线等均在范围以内，按日本对于电信权绝对属于国有，不许其他任何机关获有营业权，但法国则反是可以自由经营。交通部方针拟用日本政策最低限度，对于其营业权，亦须加以相当限制，庶政府可以操持监督。三月后进行，现时因真如大电台尚未建筑工竣，加以金潮高涨，遽言收回，我国吃亏过大，太不合算，且市上公债种类已多再有发行，定感困难。故交通部现时对日丹各方颇愿加以研究讨论，详为接洽。至备价收回，俟二月后大电台告成，再开始积极进行。届时金价亦可望稍跌。

中美航空问题。

现合同已签字，资本我百分五十五，美飞运公司百分四十五，董事我三美二，各种用人行政均按资本分配。曾开过董事会，二次新公司已完全成立，但仍沿用中国航空公司名义。我国资本金由沪蓉航空处及前中国航空公司资产拨入，计共作价为四百万元，尚短少百五十万元，美方资本已足，我国所短少之资金仍由交行担保，美方亦已承认至前沪蓉之技术人员，已尽量介绍至新公司服务。

平津邮工潮。

当由北平邮务局负责办理交通部以不累及民众为主旨，近日北来邮件多，不贴邮票照章应由受三倍罚，但为体恤计，曾令邮局不必施罚，仅补足原价为止。

---

① 《王伯群之谈话收回电话权交涉中美航空权问题平津间邮务工潮》，《申报》，1930年7月29日，第13版。

一九三〇年（民国十九年　庚午）　四十六岁

167

本日　接蔡培复电恳请辞职电,望另选贤能。辞职电曰:"宥电敬悉,奉派暂行兼代招商局总办,自审不逮,深恐有负知遇,伏恳另选贤能,以免贻误,先此奉复,余容面陈。"

七月　为《星洲日报》周年纪念题词。

> 紧维斯报,清议所崇。旁皇周决,暮鼓晨钟。
> 奋兹椽笔,启彼颛蒙。皇皇党义,渐被南中。
> 伊谁之力,日报之功。赫赫宗国,泱泱汉风。
> 训政肇建,邦连方隆。大哉贵报,贯彻始终。
> 志存郢邑,心在魏宫。毋偏毋倚,尤执厥中。
> 遗教是式,主义是从。厥旨维何,天下为公。
> 化被异族,共趋大同。海云在望,遥邮吾衷。

八月一日　中国航空公司(简称"中航",英译为 China National Aviation Corporation,简称 CNAC)成立,先生兼任中方董事长、总经理。总公司设在上海天津路二号,资本总额为国币一千万元,中方占全部股权百分之五十五,美方占股权百分之四十五,合同有效期限十年,期满并得继续五年。与此同时,交通部的沪蓉航空线管理处亦与其合并。飞行基地设在上海龙华机场。

八月三日　与韦以黻讨论决定和平解决上海邮务工会、职工会两会悬案,即邮务人员月增加米贴二元。

八月四日　参加中央常委在中央党部举行的谈话例会。

本日　就招商局总办赵铁桥在沪被刺后,以该局局务负责无人,初派航政司长蔡培兼代,将来如何办理,呈报中央决定。略谓:惟该局年来经费,极形困难,每月支出总数约计三十万元,收入则只十万元,且所有各船,大半陈旧,不堪应用,而每日消耗如煤油等类,所费甚巨,船行速度甚缓,商民颇感不便,难与外轮竞争。今后欲嗣整理,亦颇不易,开源节流,造置新船,改善营业,俱属可行,但总须中央决定先决方针。

八月五日　上午,出席行政院八十一次会议,讨论通过设置贵阳市;国民政府优恤招商局总办赵铁桥。

下午,听取蔡培就整顿轮船招商局航业计划书汇报。

八月六日　在中央党部参加中央政治会议财政、经济两组会议,讨论财、工两部关于救济金涨调查报告。

八月七日　参加中央执行委员会第一〇四次常务会议。决议发布对时局宣言;在湘赣剿匪各军队设宣传大队,并通过各师宣传大队组织大纲。

本日 蔡培因夫人患病甚剧,呈先生请辞去轮船招商局总办兼职。先生认为蔡培为航政司长,兼任此职较为适宜,且时局紧张,一切军运事宜尤赖该局,有人负责维持不致贻误,对蔡氏辞职加以慰留,并嘱待夫人病愈后即赴沪维持一切。

八月九日 为纪念革命先烈起见,特筹备印制发行一种革命先烈遗像邮票,分发各省市邮政总局,以代替目下流通市面之邮票。

八月十日 参加国民政府举行的总理纪念周。

八月十二日 出席行政院第八十二次会议。讨论蒙藏委员会呈请的蒙古各盟旗联合驻京办事处借款事。

八月十三日 在刘书蕃、李景枢、林天兰陪同下,于自宅与德方代表许密德、冯锦先等召开欧亚航空公司会议,商讨中德欧亚航空邮运合同内容。最后决定:(一)公司资本总额为国币三百万元,分三千股,中国认二千股,德方认一千股;公司设董事会,董事九人,按照股额派选,设董事长一人,副董事长二人,由德方推出一人任副董事长。(二)航线三条:由沪过南京、天津、北平、满洲里、经西伯利亚赴欧洲;由沪过南京、天津、北平、库伦、经西伯利亚赴欧洲;由沪过南京、新疆、甘肃、经西伯利亚赴欧洲。

八月十四日 上午,参加中央执行委员会第一〇五次常务会议。

下午,在自宅继续召集欧亚航空公司会议,就航空合同讨论董事会组织范围、公司内部组织范围、双方应加入办事人员额数等。

八月十五日 就赵铁桥被刺后,发表对招商局之过去情形及将来之整理问题。①

八月十六日 由宁抵沪,调查以法教堂取消金利源码头租约案。先生指出,此案关系航业至巨,法公廨判断失当,亟应据理交涉。在谈及招商局前途时表示,招商局为我国最大航业机关,已濒于破产地位,欲挽此危局,除增加资本添修轮船外,无其他方法。

八月十九日 出席行政院第八十三次会议,讨论通过内政部关于拨款办理战地善后事宜。

八月下旬 迭电日本政府递信省,敦促就中日电讯交涉进行谈判。

八月二十日 为统一事权,节省经费起见,先生将在沪设立的三电机厂合并为一,简称为交通部电机制造厂,特委派陆祥担任厂长。

本日 听取新任轮船招商局总办陈希曾汇报工作。

① 《王伯群谈招商局之整理问题》,《中央日报》,1930年8月16日,第4版。

本日　杜月笙热心公益,鉴于大夏大学经费困难,慷慨捐款十万元,已交到二万元。大夏大学已呈请南京教育部,照奖励捐资兴学条例,给予一等奖状。①

八月二十一日　参加中央执行委员会第一〇六次常务会议。

本日　接轮船招商局各科处联名电,敦请新任陈希曾总办速来履职。

八月二十二日　促陈希曾就职轮船招商局总办,陈表示尚待考虑。

八月二十五日　中德航空合同因德代理许密德延宕认可书,迄未签字寄出。先生特派代表李景枞赴沪向德方顾问富凯尔、刘世芳催询。

八月二十六日　出席行政院第八十四次会议,讨论通过内政部举行全国内政会议,其一切会员膳宿招待等由各会员原属机关支付,以节国帑。

本日　轮船招商局代理总办蔡培向先生请示,并促新总办到局视事。

八月二十八日　上午,出席中央常务会议谈话会。

下午,在交通部参事窦觉苍、秘书主任王漱芳、秘书宋述樵等陪同下,于交通部大礼堂接待五十余名新闻记者,介绍交通部最近施政状况。②

八月二十九日　出席中央常务会议谈话会。

八月三十日　在上海华安饭店八楼招待上海各报记者十余人。对于邮电两政,及此次招商局、中德航空条约、邮政储金汇业局各事进行了详细介绍及解释。

本日　接受无锡巨商荣宗敬捐赠中山路校区西界西河。西河又称"丽娃栗妲河",宽五十至八十尺,面积约五十余亩。③

九月一日　致电李国杰,坚嘱设法筹款济急职工。李向中国营业公司商借银五万五千两,俾维现状。电文谓④:

> 国民政府交通部监督招商局办公处,指令(一一四号)招商局董事会会长李国杰呈一件,呈报遵论筹措借款,请核备案,由呈悉,查现在局用紧急,立待开船,总管理处既已山穷水尽,无法罗掘。该会长尚能力顾大局,会同蔡总办,与中国营业公司商妥,加借规银五万五千两藉济燃眉,自属可嘉,应准备案,至订约等项,仍仰会同该局总办办理为要,此令。

①　《杜月笙慨捐巨款》,《大夏周报》,第7卷1号,1930年9月29日。
②　《王伯群招待新闻界报告》,《中央日报》,1930年8月29日,第3版。
③　《荣宗敬慨慨西河》,《大夏周报》,第7卷1号,1930年9月29日。
④　《招商局应急借款》,《申报》,1930年9月4日,第14版。

本日 大夏大学中山路新校舍落成,师生开始迁入。①

九月二日 出席行政院第八十五次会议,讨论通过财政部在官军电欠费项下,拨洋一百万元给交通部;许世英辞去赈务委员会委员及主席职务,决议挽留。

九月三日 准陈希曾辞轮船招商局总办,由李仲公继任。李与先生磋商整理局务及至关重要的财政等问题。

九月四日 参加中央执行委员会第一○七次常务会议,决议加派姚荐楠为党史史料编纂委员会编纂。

九月九日 上午,参加中央举行的总理首次起义纪念后,出席行政院第八十六次会议,讨论武昌不必设市;浙省政府委员兼教育厅长陈布雷恳请辞职,决议慰留;讨论通过外交部维持使领经费,拨二万元给国立北洋工学院。

下午,会见上村申一,就中日电信交涉,日方通知递信省专家吉野圭三、驻华代办重光葵等十日可抵沪,并代接洽会议日期。

九月十一日 出席中央执行委员会第一○八次常务会议,讨论县长考试任用原则。

九月十二日 宴请德国汉沙公司代表许密德等,并就欧亚航空公司内部计划进行讨论。

九月十三日 在轮船招商局二楼大办公厅出席李仲公任招商局总办、宋述樵任秘书长就职典礼。先生致训词指出,招商局在中国航业界具有相当的历史,自国民政府成立即加整理,但外受帝国主义之压迫,内受时局之影响,加以国内航业专才十分缺乏,招商局本身积习太深,因是整理,三年殊鲜有成效,对于政府负疚实深,对于社会又极抱歉,我努力奋斗之,赵铁桥同志因而牺牲尤为抱痛。现在军事不日结束,各地秩序渐见恢复,对于招商局根本办法,国民政府正在研究,并先委李次长仲公改任总办代行专员职权。李总办久与本席同事,努力革命工作多年,办事尤极负责,只要国民政府决定方针则遵此方针进行,此较以前当更有进步的,希望航政根本问题。总理遗教,对内政策中说得极为明了,政府自必谨遵遗教指示,妥为筹划,拟订办法。其次,关于内河航权久在帝国主义压迫之卜,国民政府亦正在积极设法进行收回。国内航业机关应有一种准备,招商局为我国唯一航业公司,所负责任自最重大,在此整理期内,所有负责人员尤应一致奋勉,本席有厚望焉。

九月十六日 出席行政院第八十七次会议,讨论《检查邮件私递麻醉药品办法》等。

---

① 《中山道上成立新镇》,《大夏周报》,第7卷1号,1930年9月29日。

本日 中国航空公司的沪渝线试飞发生挫折后，飞回上海。先生与汉口何应钦总指挥分别致电重庆刘湘，交涉再行试飞。刘复电希望交通部派人赴重庆面洽，先生以派人前去旷日持久，乃即拍去长电详述一切，俟得复电后再定办法。

九月十七日 中日电信会议结束后，在庄智焕、吴南如陪同下，先生于本宅宴请重光葵和吉野圭三等。

九月十八日 出席中央执行委员会第一〇九次常务会议，讨论通过人民团体理事监事就职宣誓规则。

九月二十日 谭延闿于南京病逝。

九月二十五日 参加中央执行委员会第一百十次常务会议。

九月三十日 出席行政院第八十八次会议，讨论内政部相关提案。

本日 行政院颁布《国民政府管理招商局暂行条例》。

十月三日 在上海华安饭店八楼宴请大夏大学全体教职员。

十月初 《自求》刊发先生《十九年之国庆与交通》一文。①

十月七日 出席行政院第八十九次会议，讨论赈务委员会关于将各省运输赈品免税期限续展三个月等事宜。

十月九日 参加中央执行委员会第一一二次常务会议，决议定于十一月十二日举行国民党三届四中全会。

十月十日 上午，在中央党部出席首都国庆纪念大会后，参加各界在公共体育场举行庆祝典礼，蒋介石均出席致词演说。

十月十二日 日本前任最高法院长、现任明治大学校长横田秀雄偕其夫人访问南京，先生与最高法院院长林翔等设筵欢迎。席间，先生用日语致欢迎词，并偕拜中山陵游览各名胜。

十月十三日 出席国民政府举行的总理纪念周，听蒋介石作政治报告。

十月十四日 出席行政院第九十次会议，讨论农矿部《农矿部分科规则》等事宜。

十月十五日 咨送材料于外交部，就上海越界电话拆除进行交涉。材料指出，前以上海租界电话局越界装置电话，貌视国权，莫此为甚，故特派该部科员刘君抵沪，详细调查越界装置的电话号码及数目，现已完全竣事，现咨送外交部，请速向沪领事团提出交涉，饬工拆除，以保国权而杜后患。

十月十六日 参加中央执行委员会第一一三次常务会议。

十月十七日 向行政院提议，中国航空公司合同已奉政府核准，照章应

---

① 王伯群：《十九年之国庆与交通》，《自求》，1930 年第 19 期。

向工商部纳费注册,惟该公司系政府机关,与美商合资创办,前项注册费拟请准予免纳,以表示政府提倡航空事业之意一案。

本日 参加谭延闿灵榇由成贤街本邸移灵至第一公园仪式。

十月十八日 参加谭延闿公祭,胡汉民主祭献花。

十月二十日 接何应钦电文,云:"本拟十八日乘飞机回京祭奠谭公,现因孙连仲等纷纷派代表来郑输诚,不克如愿,请向谭公子代为致意。"①

十月二十一日 出席行政院第九十一次会议。

十月二十二日 在公共体育场参加各界祝捷并欢迎蒋介石总司令凯旋大会。

十月二十三日 上午,出席中央执行委员会第一〇四次常务会议,决议招商局应收归国营,关于股权债务之清理由整理委员会妥拟办法。

下午,会见日本海军武官喜多诚一、管站恕人、专田盛寿、园田之助和古藤三郎等。

本日 刘书蕃前因乘坐飞机由京赴沪,以气候突然转变过速于下降时致患脑冲血症,以致不能莅邮政储汇局视事,遂迭呈交通部坚请辞去本兼各职。先生以刘氏主持邮政尚属称职,若一旦骤易生手则办理将生窒碍,故只给假调治而未允其辞职。

十月二十八日 出席行政院第九十二次会议,讨论烟台设市并直隶于省政府等事宜。

本日 国民政府颁布命令,将招商局收归国营。令曰:"查招商局为我国设立最久之航业机关,乃经理无方,腐败滋甚,濒于破产。前经本府派员整理并制定章程,组织委员会监督指导,营护经年,仍少成效,自非根本改革,无以挽航政而慰众望。兹将该局收归国营,切实整顿,藉谋航政之统一,并促航业之发展。"②

十月三十日 参加驻京代表李鸣钟、吉鸿昌、马鸿逵等假中央饭店宴会。

十月三十一日 南京欧亚航空公司董事会推定王伯群为董事长,韦以黻为副董事长。内部、财务、航空、营运各组主任由德方担任。德方汉沙公司购办之机及聘请技术人员均于本年底来华,拟明年一月开航。

十月 在《自求》杂志发表《纪念国庆所希望于全国交通同人者》文章。认为,古语谓合二十五人之智,智于汤武,并二十五人之力,力于彭祖,我交

---

① 《电讯一束》,《飞报(1929—1934)》,1930 年 10 月 27 日,第 2 版。
② 《国民政府令(十九年十月二十九日):将招商局收归国营令》,《行政院公报》,1930 年第199 期,第 12 页。

通同人全国数逾十万,事于斯,食于斯,终身于斯,怡怡相得,有若家人,虽其间有因地位与职责稍分轩轾,要如四肢百骸,各司其事,各尽其能,而结果萃于一身,共霑其益。①

十一月三日 与王宠惠、张学良、王正廷、宋子文、孙科、孔祥熙在外交部官舍出席国民政府整理内外债委员会第二次会议。②

十一月四日 上午,出席行政院第九十三次会议,讨论通过撤销北平崇文门关税,同意修理南京古物保存所等事宜。

晚,在交通部公宴出席工商会议的全体会员。

十一月七日 由于各地电线电杆被兵匪损坏,其损失在六百万元以上,军政方面所欠电费亦在五百万元左右,致经济枯竭,电政无法整理。先生与财政部宋子文商洽筹措款项,藉整理全国电政事业。

十一月十二日 出席行政院九十四次会议,讨论禁止军人扣用车辆以利商运;通过《省政府各厅长选任规则》。

十一月十三日 上午,参加国民党三届四中全会预备会后,出席第一次正式会议。组织提案审查委员会分为党务、政治、军事、教育、经济五组,先生分列经济组。

十一月十四日 出席国民党三届四中全会第二次大会,会议讨论刷新中央政治改善制度,以利提高行政效率和中央政治会议条例等事宜。

十一月十五日 上午,在中央党部出席国民党三届四中全会第三次大会。

下午,与张学良、王宠惠、孙科、宋子文出席在外交部举办整理债务会议,日、英、美、法、意、比、荷等七国代表十三人参加。

十一月十六日 在新华门飞机厂试乘美国福特飞机试演。

十一月十八日 上午,参加国民党三届四中全会第六次大会,会议推选蒋介石兼行政院长,推选于右任为国民政府委员兼监察院院长。在四中全会第七次会议上,讨论通过关于党部组织决议等。

下午三时,出席国民党三届四中全会第八次大会,讨论通过于右任大会宣言。

十一月十九日 晚,出席蒋介石在励志社宴请全体中央委员。

十一月二十日 列席立法院法委会第九十八次会议,讨论邮务总局章程和邮政储金汇业总局章程案。

---

① 《纪念国庆所希望于全国交通同人者》,《自求》,1930年第19期。
② 吴景平:《宋子文政治生涯编年》,福建人民出版社,1998年10月,第161页。

十一月二十四日 上午,参加国民政府举行的总理纪念周。

下午,参加中央党部第一一六次常务会议,推蒋介石、胡汉民、孙科等十四委员起草召集国民会议方案;决定本星期四常务会议例会改为党务委员谈话会。

十一月二十五日 上午,在国民政府大礼堂出席蒋介石兼行政院院长宣誓就职。参加蒋介石主持的行政院及所属各部会简任以上职员会议后,出席行政院第一次国务会议,讨论修改国民政府组织法,任命朱家骅为中央大学校长、金曾澄为中山大学校长。

晚,出席挪威驻华公使举办的挪威国皇登极二十五周纪念日宴会。

十一月二十八日 在上海与银行界商讨电信公债垫款五百万,以便偿还预付之报费。报载①:

> 交通部自与大东、大北、太平洋三公司代表,办理水线交涉以来,已历数月,尚未得具体结果,其中最困难问题,即为填还预付报费,此项数目约五百万元。该部前为清理此债,以便收回三公司所经营水线之主权起见,曾发行电信公债千万元,惟至今尚未发行,该部为应急需起见,曾拟向沪银行界借五百万元,惟银行界索利过重,尚未实现。兹闻该部部长王伯群,以三公司水线合同,本年(一九三〇年)底期满,此项交涉,期于年内得到圆满结果,特于昨日赴沪,与银行界切实磋商,先由各银行垫借五百万元,以便解决水线问题,免为外人有所借口云。

本日 第一次国民政府会议,决议修正整理内外债委员会章程,特派王宠惠、张学良、王正廷、孔祥熙、孙科、王伯群、宋子文为委员,王宠惠兼委员长。

十二月二日 上午,出席行政院第二次国务会议,蒋介石主持。

下午,在中央党部参加四中全会各组联合审查会。

本日 会见美国驻华公使纳尔逊·詹森和海军参赞哈利根。在会见时表示,在公司方面,如诚意接受我方主张,则必根据平等互惠原则,对于无线电与水线双方营业兼筹并顾,不致歧视。纳尔逊·詹森对交通部收回太平洋电讯主权问题表示赞同,希望以平等互惠原则解决此项问题,还转达太平洋公司代表克日来京会商解决办法,并参加六日在上海真如国际无线大电台行揭幕典礼。

---

① 《王伯群赴沪向银行界借款以备收回水线》,《中央日报》,1930年11月29日,第3版。

十二月三日　在中央党部第一会议厅参加中央政治会议,蒋介石主持。会议决议改组国民政府,任王伯群为交通部长。

十二月四日　国民政府正式任命王伯群为交通部长。特派王伯群与王宠惠、张学良、王正廷、孔祥熙、孙科、宋子文为整理内外债委员会委员。

十二月五日　上午,参加肇和军舰举义第十五周年纪念后,参加中央执行委员会第一一七次常务会议,讨论通过四中全会通过党部组织案等。

下午,与孙科、宋子文、王宠惠在中央党部参加中央政治会议财政、经济、外交三组联席会议。

晚,欢送张学良离京。

十二月六日　上午,主持交通部筹建的真如国际大电台开幕典礼并致辞。外交部长王正廷、淞沪警备司令熊式辉、上海市长张群、美国驻华公使纳尔逊·詹森、日代使重光葵、各国领事及各机关领袖代表二千余人参加。法国驻沪总领事甘格林,美国无线电公司远东经理能司、美国无线电公司总代表李白等致词祝贺。①

本日　与王正廷联名致电美国务卿史汀生。电文云:"今日我太平洋滨两兄弟共和国之无线电开始通报,诚为当代一大要举,不仅对于彼此所抱缩短路程志愿之实现获进一步,且在两国友谊之团结上更联一丝,爰乘良机,代表国民政府谨祝贵国国运之昌隆。"

美国务卿复电先生和王正廷,电文云:"中美两国无线电之通报,永为公众福利之盛举况,以我两国之远隔大洋益增此举之重要,是以,鄙人今得逢良机,将敝国政府之贺忱与祝愿贵国昌盛之热诚表示,于阁下之前视为非常重大焉。"

本日　接伍朝枢贺电。电文曰:"中美两国间直接无线电报交通今日之开始,实赖上海所建政府无线电台之告成。该台发出之电报,今可传至旧金山,美国无线电公司之电台,斯举缩短距离,节省时间,不特可以增进中美两国间亲厚之邦交,且可为吾国建设事业进步之明征。谨此申贺。"

十二月七日　赴华懋饭店出席美国无线电公司总代表李白,以上海—旧金山间直达无线电开始通报设筵。

十二月八日　先后参加中央党部在大礼堂举行第八十九次总理纪念周和国民政府举行的总理纪念周。

十二月九日　出席行政院第三次国务会议,决议派李世中为签订华人赴尼待遇协定全权代表。

---

① 《国际电台昨行揭幕礼》,《中央日报》,1930年12月7日,第3版。

本日　中国航空公司"上海号"发生空难。飞机本拟由上海经九江飞汉口，当飞机升至浦东蓝妮渡对岸日晖桥江边时，不幸与大沙船的桅杆相撞，飞机倾落于日晖桥外之水潭。正驾驶员贝尔和副驾驶边福根因伤势过重，抢救无效死亡。乘客淞沪警备司令熊式辉、总司令部中将参议杨永泰重伤。另外三人送医院不治而亡。[1] 先生闻讯，速发电报给熊式辉表示慰问："倾据报告，中国航空公司失事，我兄受伤情形如何，至深驰系，专电奉候，并盼惠复。"[2]

十二月十日　出席中央政治会议，讨论同意立法院提出二届委员人选案，原则通过中央政治会议各组特务秘书案。

十二月十一日　出席中央执行委员会第一一八次常务会议，决议推进下级党部统计工作办法。

十二月十二日　致电张学良，请维护准备中之京平飞邮。张告已转知王树常、于学忠照办。

本日　赴沪慰问熊式辉、杨永泰伤情，调查"上海号"飞机失事真相。召集董事会讨论驾驶员抚恤问题，至熊式辉等乘客之票价，公司决如数退还。

十二月十五日　先后参加中央党部在大礼堂举行第九十次总理纪念周和国民政府举行的总理纪念周。

十二月十六日　出席行政院第四次国务会议，决议结账日期定为国历年终，还账收账仍照原约办理。

十二月十七日　出席中央政治会议，宋子文报告裁厘已定明年元旦实行。

十二月十八日　参加中央执行委员会一一九次常务会议。

本日　与宋子文、王正廷会同审查水线废约交涉经过，磋商最后应付方针。

十二月二十日　与媒体谈"上海号"善后问题后表示，中国航空公司定马日(二十一日)开董事会讨论沪烟沽水线，交部决定养(二十二日)收回自办。该款五百万，一部分由邮储项下借拨，一部分以电政公债向银行界押垫。国际电讯拟再筹百万元，购置油机器，俾中英直接通电。

十二月二十一日　在沪召开中国航空公司董事会议，就"上海号"飞机失事传询公司中有关系人员，对驾驶员、机械助理员的抚恤问题拟参照航空署规定章程斟酌办理。

①　林千、邓有池主编：《中国民航大博览》，京华出版社，2000年8月，第61页。
②　《熊式辉杨永泰医治结果良佳》，《申报》，1930年12月12日。

十二月二十二日　与外交部长王正廷、财政部长宋子文、军政部长何应钦等行政院各部会长宣誓就职，胡汉民授印，王宠惠监誓。

下午，会见德国驻华公使陶德曼、参议巴恩锷、参赞蓝道一行。双方对中德航空被日人阻滞事有所谈论，德使颇希望该航线能迅速恢复。

本日　关于"上海号"飞机失事案，行政院令宋子文、王伯群、孙科等查办。令曰："中国航空公司第二号飞机上海号于本月九日在沪失慎坠下，已死伤多人，其失慎原因亟应遴派大员彻查，以谋善后，兹派宋部长子文、王部长伯群、孙部长科、黄副署长秉衡会同查办，由宋召集。除分令外，合行令仰遵照，并就彻查情形呈报查核。"

十二月二十三日　上午，出席行政院第五次国务会议。

下午，在交通部会客室会见重光葵，对青佐水线及其他中日电信问题，彼此交换意见。

十二月二十四日　参加胡汉民主持的中央政治会议，讨论财政案数件，议决均原则通过。

十二月二十五日　上午，参加中央执行委员会第一百二十次常务会议。

下午，参加中央党部在大礼堂举行的云南起义十五周年纪念，并作报告。

十二月二十六日　蒋介石乘永绥舰抵京，与胡汉民、古应芬等到下关江干迎接。

十二月二十九日　参加国民政府主计处筹备主任陈其采就职典礼。

十二月三十日　参加蒋介石主持的行政院第六次国务会议，决议调任窦觉苍[①]为交通部总务司长、符鼎升为参事。

十二月　在《自求》杂志发表《国际电信交涉与无线电台之建设》一文。[②]

十二月　为姚华《弗堂类稿》作跋。跋谓："《弗堂类稿》，吾师所手编。诗十一卷，词三卷，曲、赋各一卷，论著三卷，序记一卷，碑志、书牍、传、祭文、赞、铭各一卷，都凡三十一卷。印既竣，去吾师之殁已六月，吾师不及见矣。"[③]

---

① 窦觉苍(1891—1946)，原名景祥，贵州兴义人。历任贵州高等审判厅厅长、首任贵州高等法院院长、交通部总务司司长、贵州省政府委员兼定番自治实验县县长、大夏大学法学院教授兼任总务长等职。

② 王伯群：《国际电信交涉与无线电台之建设》，《自求》，1930年第21期。

③ 汤涛编：《王伯群文集》，上海书店出版社，2018年1月，第131页。

一九三一年（民国二十年　辛未）　四十七岁

一月一日　批令照准邮政总局会办多福森自一月一日起给假两个月，所遗会办一职由技正钱春祺代理。

一月二日　与蒋介石、戴季陶、刘纪文、日本大使重光葵由南京乘夜车抵沪。次日，由沪返宁。

一月六日　参加蒋介石主持的行政院第七次国务会议，指令慰留福建省政府主席杨树庄辞职。

一月九日　参加蒋介石主持的国民政府第五次国务会议，决议公布《中山县训政实施委员会组织大纲》；特派邵元冲为考试复核委员会委员长；派臧启芳为接收天津比利时国租界专员。

一月十日　与何应钦、孙科、孔祥熙由宁乘夜快车抵沪。

一月十二日　上午，参加中央党部在大礼堂举行第九十四次总理纪念周。

下午，与南京媒体谈整顿电政方案。介绍本年对于电政应积极整顿事项：（一）改善管理制度，俾指挥监督不生困难；（二）设法维持有线电与扩张无线电；（三）增设国内长途电话先就首都与津汉着手，如有余力，再推广其他区域；（四）筹设电气材料制造厂，以塞漏卮。

本日　呈行政院关于一百吨以下华轮不准贸易外洋的报告。

一月十三日　参加蒋介石主持的行政院第八次国务会议，通过（一）内政部准予裁撤郑州、开封两市政府；（二）任命俞飞鹏为交通部政务次长；（三）决议军政部常务次长陈仪为军政部政务次长，调陆军署长曹浩森为军政部常务次长。

一月十四日　批令照准中国航空公司溺职人员撤革。事因去年十二月二十五日蒋介石由武汉回南京，原系包用中国航空公司"上海号"飞机，约定本日九时飞航。公司汉口办事处人员竟不守信约，于未到约定时间即行飞航。彼时正值军事期间，最高当局照章包雇飞机，该办事处竟玩忽职守，实属悖谬。先生令该公司严重饬查，并将飞行师美国人万福麟、机场总管美国人屋德、事务员马庆舜等均予撤职,听候查办。该营业组主任王锡昌、机航组主任美国人史密斯督率无方、副机行师周璜临时未能匡正,均各予记大过一次,并将汉口办事处一职另派技正朱斌侯前往主持。①

一月十五日　上午八时,参加中央党部第一二三次常务会议,推胡汉民、于右任、蒋介石等九委为现任中央党部工作人员暨省或特别市党部海外总支部委员会委员。九时,在励志社大礼堂出席全国内政会议开幕典礼,在蒋介石训词后,先生作演讲,略谓:内政会议之重要,王院长及蒋主席适已言之甚详,兹再略补一点意见,内政范围甚广,国家事项,除军事、外交外,俱属内政。就交通言,亦内政之一,盖必内政清明,交通方能建设。总理尝言,国者人之积,人者心之积,政治良否,莫不系乎人之心理,吾人认政治刷新,不仅在有良好之规章,尤应有良好之官吏,盖政治修明与官吏修养,俱须并重云云。

一月十七日　列席立法院一二六次会议,审查《邮政总局章程》《邮政储金汇业总局章程》《邮政储金法和邮政国内汇兑法》。

一月十九日　参加国民政府举行的总理纪念周。

一月二十日　参加蒋介石主持的行政院第九次国务会议,讨论铁道部《铁道法草案》《民业铁道条例》《专用铁道条例》《地方官营铁道条例草案》。

一月二十一日　参加蒋介石主持的中央政治会议,讨论对有功革命者给勋办法,决定两项原则:(一)现任文官不给勋章;(二)有功革命之老年或病废者得给年金;会议还通过承认巴拿马新政府;讨论完成地方自治工作。

一月二十二日　出席中央执行委员会第一二四次常务会议,决议中央党部建筑地点改定在中山路以北明故宫旧址;通过审查《党义教师资格暂行条例》和审查《党义教师资格委员会组织通则》;通过北方各省人民团体改组或组织指导办法;通过人民团体职员选举通则。

一月二十六日　参加蒋介石主持的国民政府举行的总理纪念周。

一月二十七日　参加蒋介石主持的行政院第十次国务会议,讨论通过军政部召集全国航空会议;任命刘书蕃为邮政储金汇业总局总办,钱春祺为邮政总局总办,龙达夫为交通部邮政司长。

一月二十八日　参加蒋介石主持的中央政治会议,议决保障人民自由等事宜。

---

① 林千、邓有池主编:《中国民航大博览(上)公元前 2000—1999 年》,京华出版社,2000 年 8 月,第 61 页。

一月二十九日　上午,出席中央执行委员会第一二五次常务会议,通过中国国民党出席国民会议代表选举法施行程序;修正军队特别党部组织条例;修正中央宣传部组织条例;撤销农民协会组织条例。

下午,在交通部主持欧亚航空公司中德双方代表会议。讨论关于双清、莫庸两代表提出追认在德所签订之雇员合同;韦以黻辞总经理兼职,议决由副董事长双清代理。欧亚航空继开第三次董事会,先生退席。

中德航空公司在德购定的飞机四架,聘定德飞机师四人,机械师一人,技术员八人,所购四机均系陆用。航路原定三线:一自新疆出国驶德,一自蒙古经西比利亚赴德,一自满洲里经俄境赴德。兹因中俄两国尚未复交,虽经德方与俄政府交涉,尚未得其同意。现定自二月底,先在中国境内试航,以上海为起点,经南京、沿京平线转东北至满洲里为终点。每日双方对开,满洲里以北、在俄境内,可照国际邮航联运办法计算,由公司纳费,由柏林至俄境一段,亦仿此办法。

一月三十一日　就中德航空问题接受《申报》记者采访。关于电讯管理,先生说,我国现在每省设立一电报管理局,于行政系统及人材经济方面俱欠妥善,盖以省为单位之电报管理局,每易流于与省接近与部隔膜之弊,每省一管理局行政上一线不啻分成数段,每局一局长一工师,用人多而效力少,故今已决定即将电报管理局之设立改以线为单位,虽一线跨数省,仍以一局管理,之如此则行政可以统一用人,亦可经济。至于邮务管理局以省为单位者,现亦决定改以交通便利为标准,交通便利之区域,则数省设立一管理,如江苏与安徽二省现已并为一邮区,只设一管理局;交通不便利之区域,则一省设立若干管理局,至电料每年向外国购置所费甚巨,金贵银贱更受影响,现亦拟借款开厂自造,则电料费至少可省去一半。关于无线需之建设,已经成立枫林桥电台,只能与亚洲各埠通报,真如电台已通纽约、柏林、巴黎,直接与伦敦通报之电台尚付阙,如交通部方面亦拟开始筹备,即真如及枫林桥之电台电力尚微,现从德国购到较大之电机数架已运到香港,不日可以到沪装用。

先生最后向记者声明,报载行政院会议通过查办电政司长庄智焕,并委予宋子文部长任调查之责等等,此全系向壁虚造。

一月　为《交通部统计年报》作序,兹摘录如下:

> 就主管交通各政,提纲絜领,分别部居,汇总列表,以十七年之交通概况为主,而胜以十三年以后之荦荦大端,籍供比证之资。其中有非名数所能尽者,则以图说解之,编次既竣,哀然成帙。虽未敢自云精审,然

千端万绪,得觇于片楮之间,得失兴衰,可参于几微之兆,其于辅翊交通建设之进展,与夫提供海内有志交通人士之参考。

二月一日 发布任免命令:免去刘书蕃交通部邮政司司长兼邮政总局总办,任命刘书蕃为邮政储金汇业总局总办;任命龙达夫为交通部邮政司司长;任命钱春祺为邮政总局总办,免去钱春祺技正。

二月二日 上午,主持交通部次长俞飞鹏、韦以黻,总务司长窦觉苍,邮政司长龙达夫,参事符鼎升,秘书陈登皋宣誓就职,邵力子监誓并致训词。

下午,与韦以黻、谷正伦,及总司令部各处长、军政部及训练总监部将官欢送何应钦乘永绥舰离南京西上。

二月三日 参加蒋介石主持的行政院第十一次国务会议,讨论通过蒙藏委员会修正蒙藏委员会组织法;决议改组禁烟委员会,任命张学良、马寅初等为委员;国立北平大学校长李煜瀛辞职,任沈尹默为校长;国立北平师范大学校长易培基辞职,任徐炳旭为校长。

二月四日 出席蒋介石主持的中央政治会议,讨论通过张学良提议的严惩商店与政府机关交易私给回扣,另订贪赃惩治法案。

二月六日 出席国民党中央党部第一二六次常务会议,推定中央委员分区视察;国立暨南大学设置董事会,推孙科、林森、陈立夫、孔祥熙、宋子文、余井塘、吴铁城等为董事。

二月七日 就中美合办航业接收记者采访时表示,此事系均为谣传。上年美商福来洋行托外交部长王正廷介绍,谓有余船出售,系交易,并非合办,且现已搁置。至对航权决以无条件整个收回为原则,除奖励商办航业及造船业外,并遵已定政策筹办国营航业,发展国内外航运。

二月九日 上午九时,参加中央党部举行的总理纪念周,蒋介石主持。十时,参加国民政府纪念周活动,听张继演讲农村问题,略谓中国以农立国、农业为人民生活基础、三民主义即根据此种基础。

二月十日 参加蒋介石主持的行政院第十二次国务会议,会议同意内政部将清太庙礼乐祭器由交通部运京专管;通过蒋介石兼理教育部长职,并推为革命功勋子女就学免费审查委员会委员;同意福建省主席杨树庄辞去兼代民政厅长职务。

二月十一日 参加蒋介石主持的中央政治会议,通过刘三、朱庆澜、周觉等二十三人为监察院监察委员名单等议案。

本日 致电张学良,通告欧亚航空公司三月开航,北平、南苑、满站均有航站,多伦须觅地筑飞行场。张电察哈尔主席刘翼飞,即日办理。

本日 邮政储汇总局附设上海邮政储金汇业局。一九三四年一月一日撤销,其业务由储汇总局兼办。

二月十三日 上午,与王宠惠、宋子文、孙科、孔祥熙在国民政府会议厅出席国民政府整理内外债委员会第三次会议。会议报告:(一)法公使、美公使、德代办照会文件各一件,交通部整理旧债意见书一件;(二)秘书长口头报告各国非公式接洽情形。决议:(一)各委员详细讨论后,作进一步之进行。(二)俟财政部于海关可拨整理旧债之基金核算精确,制表送会后,再行开会;(三)发表简单开会新闻。①

二月十六日 上午九时,出席中央党部在大礼堂举行的第九十九次总理纪念周,蒋介石主持。十时,参加国民政府举行的总理纪念周。

二月十七日 参加蒋介石主持的行政院第十三次国务会议,讨论内政部及蒋介石提议各省慎选县长人选,每月月终将现任县长呈报,其临时撤换者亦应立即呈请任免,以重县治。

二月十八日 致电张学良,以欧亚交通即将开航,请通令经过所属特别保护。电文谓:

> 鄙部呈奉国民政府核准试办之欧亚航空公司,及中国航空公司北行各线,均已筹备就绪,克日开航中国航空公司京平线通航一事,业蒙饬平津两处军警知照,加以保护外现在欧亚航线,已定本年三月初,沿京平线经过多伦至满洲里实行开航,兹拟即日前赴北平南苑及满洲里之现有各站站内筹备一切,并于多伦觅地修筑飞行场,敬祈吾兄赐予维护,通令经过所属特别保护,并予以便利为感!

二月十九日 与媒体记者谈上海邮工要求房贴及提前普遍升级事。先生表示:就上海一隅而论,邮工二千八百人,每月需二万数千元,全年即需三十万元。至升级一事,合全国计之,为数尤巨。民国十九年份,邮政亏总额将及一百数十万元。储金获利甚微,汇兑虽有盈余,而边远之区迄未普遍,此项要求若予接受,则邮政必大受影响,甚至破产,亦未可知。且本部预算,既经中央核定,亦断不能任意增加,致影响及于既定之财政方针。况邮工待遇,较其他国营事业及民办工商事业之工人优厚已多,若再

---

① 财政部财政科学研究所、中国第二历史档案馆编:《国民政府财政金融税收档案史 1927—1937》,中国财政经济出版社,1997 年 1 月,第 202 页。

予取予求,更足以引起社会之不平。邮工此次举动,据各方报告,难免非受人蛊惑,别有作用,故本部特派俞次长等赴沪,调查真相,并相机处理,以防发生不幸事件。

二月二十四日 教育部颁发的"上海私立大夏大学钤记"到校,并开始使用。①

二月二十六日 参加中央执行委员会第一二九次常务会议,改推方觉慧视察贵州省党务等。

本日 国际电信局长温毓庆,以公务纷繁,精神不克,内部诸事面谒先生陈请辞职。经先生挽留,并准给假一月,但电信局职务繁重,不可无人主持,遂令派钟锷暂行代理。

二月二十七日 会见国联交通部长哈斯,双方就收回航权事进行交流。

三月二日 在参加中央党部举行的第一〇一次总理纪念周后,出席中央执行委员会第一三〇次常务临时会议。会议通过蒋介石等提议召集国民会议,确定国民党与全国人民共同遵守之约法;通过胡汉民辞立法院长本兼各职,选任林森为立法院长。

本日 会见国联经济部长沙尔泰。

三月三日 参加蒋介石主持的行政院第十五次国务会议。会议推王伯群、王正廷、孙科会同审查青佐、沪崎两水线合同原文,俟事竣后,转呈国民政府会议通过批准;照准交通部总务司司长宋子良辞职。

三月五日 在交通部接见日本大使重光葵。重光葵转达对沪崎、青佐两合同日政府已同意,并提出中日无线电联络通信计划。双方经详细商谈大致已有端绪,约定于最短期间将此问题解决,以便从速通报。

三月六日 与王宠惠、王正廷、宋子文、孙科、孔祥熙在国民政府会议厅出席国民政府整理内外债委员会第四次会议。会议议决:(一)邀请德国使馆列席于下次各国债权代表会议,并暂时接受德国债务草帐,代向各关系部、院核对;(二)宋(子文)委员十八年度财政报告内,关于整理内外仙一段,照原文通过,并于必要时发表之;(三)另造整理债务应发公债总数表,使财政、铁道、交通及其他各部、院之债,皆可收纳其中;(四)派员向外交、财政、铁道、实业、交通各部,调查西原借款订立情形。②

三月七日 把电政司长庄智焕调充参事,派钟锷为电政司长。

本日 与上海航业公会理事长虞洽卿就发行航业公债,组织航业银行

---

① 《教育部颁发本校钤记》,《大夏周报》,第 7 卷第 13 号,1931 年 3 月 12 日。

② 财政部财政年鉴编纂处编:《财政年鉴下》,商务印书馆,1935 年 9 月,第 1488 页。

事进行洽谈。

三月八日 与孙科、孔祥熙发起沪上钱业领袖江赣卿七十揽揆之展。

三月九日 上午,参加国民政府总理纪念周,听蒋介石做报告。蒋略谓:自国联会沙尔德等来华后,对中国经济、交通、卫生等事,均有相当辅助。最近期间,当有整个报告;印度问题,有相当解决,甘地亦已相当让步,英印间或可相安一时,印度问题解决后,不但对英国经济问题有关,亦与世界经济有关;意法海军争点,上周已解决,一年来纠纷,几引起二次战争,上周英海长到法意后,一切已解决,至此法意海军问题,亦告一段落;政府对银问题,正在努力研究进行;胡汉民已返城休养,此后将在京久住,至胡在汤山时,外间所传病重及日报所载绝食等消息,完全不确。

三月十日 在半边街公共体育场,参加追悼陆海空军讨逆阵亡将士大会。

三月十一日 出席蒋介石主持的中央政治会议,通过首都建委会,测量首都各干路路线中心,测定首都界线,勘定中央政治区四至界线三种测绘经费。

本日 中日青佐、沪崎水线合同经与王正廷、孙科对条文及报务价目会审查后,拟报国务会议通过。

三月十二日 出席中央党部在大礼堂举行的总理逝世六周纪念。

三月十六日 出席国民政府举行的总理纪念周,蒋介石主持。

三月十七日 参加行政院第十六次国务会议,蒋介石主持。会议通过财政部将盐警及缉私队伍改为盐务稽核所;同意清华大学校长罗家伦辞职,任命吴南轩校长。

三月十八日 上午,参加中央政治会议,讨论修改出口税则;通过发行民国二十年短期关税库券八千万元以补十九年度之不足;推刘尚清为地方自治组委员。

下午,与王宠惠、宋子文、孙科、孔祥熙在财政部出席国民政府整理内外债委员会第五次会议。会议报告调查西原借款各部所存起债文件情形。议决(一)日本债务关系复杂,应暂为搁置,并应先与英、美、意、法各债权国或债权人讨论整理办法;(二)所有内外债利息应于起债时按单利一、二厘结算,不计复利;(三)整理铁路债务原则如下:凡各铁路自能担负之债务,应由各铁路自行清还之;凡向来由盐款付还各铁路债务,应仍由盐款支付之;凡用铁路名义各政治借款,应由财政部负责整理;凡铁路债务,铁道部无力单独担负者,应由财政部尽力协助之。整理办法应即日由铁道、财政各主门委员将逐条铁路讨论,按照上列各原则,另制表册。凡合同有特别规定之条件,应为注意;(四)整理交通部旧债之原则,应与铁路债务相同。(五)中央宣传部函索内外债材料,应由秘书处函复现无发表文件,俟将来有应行宣传之事,再为移送。①

三月十九日　在中央党部第一会议厅出席第一三二次常务会议,推戴季陶、邵力子等起草国民会议组织法;推褚民谊视察新疆省党务;通过各级党部党务工作考核办法;改派张学良等为辽宁省党务指导委员;推丁惟汾为中央财务委员会委员。

三月二十三日　上午,参加立法院代理院长邵元冲宣誓就职典礼后,出席国民政府举行的总理纪念周,蒋介石主持。接着,参加蒋介石主持的行政院第十七次国务会议,讨论实业部保护渔业办法。

本日　邀请李公朴到大夏大学做《第十一届国联大会中之中国外交》演讲。

本日　在《申报》发布《慎防假冒王伯群名义行骗启事》。启事谓:

> 顷接北方友人来函,谓日前发现不肖之徒冒充交通部职员,并假造鄙人名片在外招谣。此种行为殊属不法,除函请地方当局严加查究外,务请各方面加以注意,如再有上项情事发生时,请立即通知,以便惩处为荷。此启。

三月二十五日　出席蒋介石主持的中央政治会议。讨论财政、经济、教育、政治四组报告,确定俄庚款全部三分之二完成陇海铁路工程,庚款余额全部三分之二一部分补充完成陇海路工程不敷之款,另三分之一为首都建设经费。

三月二十六日　参加中央执行委员会第一百三十三次常务会议,加推吴稚晖、丁惟汾两委员为中央抚恤委员会委员,修正通过中央抚恤委员会组织条例。

三月三十日　电唁杨胜治家属。唁电曰:

> 上海杨秀黔世兄礼鉴:
> 顷读养电,惊悉尊翁仙逝,无任惋悼,尊翁功在党国,泽被三军,虽道山遽返,当含笑九原。尚祈节哀顺变,毋过悲痛,特电复唁,即候

①　财政科学研究所、中国第二历史档案馆:《民国外债档案史料第2卷》,档案出版社,1991年9月,第39页。

礼祺。

王伯群

三月三十一日　参加蒋介石主持的行政院第十八次国务会议,讨论通过内政部《县行政区域整理办法大纲》、实业部《全国地质调查所组织大纲》、禁烟委员会《首都戒烟医院预算》、军政部《全国航空会议预算》和《南京市组织规则》。

本日　被推为北平实业博览会筹备会委员。

本日　致电张学良。电文谓:

> 奉诵勘(28日)电,就审各通知宥(26日)就职,本先知先觉之诚,负领导指示之任,从此,白山黑水之间,党徽招展,主义昭宣,伫观盛治,无任忭贺。

三月　中国航空公司将沪蓉航线延伸至宜昌。十月,又将该航线伸展到重庆。

三月　在《兴槎周刊》发表《中国航业之衰落及其救济》文章。

四月一日　参加中央政治会议,加推陈布雷为教育组委员。

本日　接张学良电。"世(三十一日)电诵悉。东北党务诸待进行,重寄忝膺,覆悚滋惧,承运电贺,感愧交深,特此复谢。"

四月二日　列席中央执行委员会第一三四次常务会议,将津浦铁路特别党部全部改组,另派陈延炯、熊希颜、高啸泉等为该路党务整理委员;委派薛广汉、郭民铎、王光临等为陇海铁路特别党部筹备委员。

四月十三日　参加国民政府举行的总理纪念周,听邵元冲做《国家的任务》的演讲,略谓国家任务有三:一保民。抵御外侮及社会的安定;二养民。使人民均能在共同生产、共同消费的原则下,各遂其生;三教民。使人人均有受教育的机会,俾能尽其最大的努力,求社会的进步,中国国际地位仍不平等,列强仍以强者对弱者的态度对我,不知人类无限的进化,是由国际永久的和平得来的,而和平又必赖国际间互相尊重。

本日　司法院正式审核通过准予特许大夏大学设立法学院。

四月十五日　出席行政院第二十次国务会议,通过实业部、财政部加债额二百万元救济江浙丝业发行公债;讨论实业部《最低工资法》草案。

四月十七日　上午,参加国民政府第十九次会议,决议设立国民会议代表招待处,派王伯群与朱家骅、张治中、张道藩等为招待员。

本日　担任上海市中等学校联合运动会名誉指导。

四月二十日　为航空会议题写祝词。祝词谓[1]：

> 紧维航空,国之利器。
>
> 超海越川,瞬息万里。
>
> 或裨民用,或资军事。
>
> 厥效虽殊,利实一体。
>
> 国内初夷,建设肇始。
>
> 爰集群贤,共商至计。
>
> 树厥宏规,推行无滞。
>
> 利军便民,罔有轩轾。
>
> 伟业恢宏,斯为嚆矢。

四月二十二日　晚,在交通部大礼堂公宴参加航空会议全体会员。

四月下旬　因病请假赴沪治疗。

四月　中国航空公司之京平航线(由南京起飞,经徐州、济南、天津至北平)开始试飞。后因航线与津浦铁路线平行,客货营业均比较清淡,亏蚀颇多,所以到十二月即告停航。至一九三二年六月,将京平航线改为上海至天津航线。

五月二日　在沪致电交通部,云："病已稍愈,本定今晚入京,乃今晨热度又增,势难首途,但至迟两三日内必力疾入都,请告各方。"[2]

五月三日　再电复交通部,云"拟日内入都,但窒扶斯病忽冷忽热,今日头晕目眩,热又未退,未能起床,请俞次长即日来沪面谈一切,至迎王之蔡培暂留沪上,以候俞。"

本日　接南京蒋介石慰问病情电。云："王部长伯群兄勋鉴:闻兄患伤寒未愈,无任系念,请适以静养,如稍愈请即出席国民会议为盼。中正江印。"

五月四日　俞飞鹏由宁抵沪看望先生。

五月六日、八日、九日　在《申报》发布启事："群凤疾剧发,更染伤寒,体温达百三度,淹滞床者两旬。迭经中西医诊治,逐渐就痊,现在体温已复常度,略可稍进薄粥,虽仍备莫能与,窃幸康复可冀,医嘱静摄,俾竟全功。备

---

① 《军事杂志(南京)》,1931年第37期。
② 《病假中之要员》,《申报》,1931年5月3日,第4版。

承各方友好注念，殷殷或函电远施，或频劳临视慰问有加，感激无暨，既久裁答复，未即踵候，私衷抱兼，莫可言宣，谨布谢忱，伏希垂鉴。"

五月七日　南京国民会议预备会抽定国民会议出席者，先生席次为三一五号。

五月九日　南京主席团在第一次大会报告各审查委员会委员名单，经济审查委员会为王伯群等七十人。

五月十八日　致电俞飞鹏，云："本拟早日晋京，嗣以临时病势剧变，故欲行又止，现换国医诊治，渐有转机，日内当可复原，即行返京。"

五月二十三日　以欧亚航空公司已定三十一日正式开航，拟即日在满洲里建筑场站。先生特电黑龙江省主席万福麟请饬海纳尔主管长官妥为协助并予以便利。①

五月二十五日　上午，主持大夏大学第九十九次校务会议，议决设立社会学研究室。

下午，先生近始恢复康健，乘特快车抵宁销假视事，窦觉苍、蔡培到站迎迓。

五月二十六日　出席蒋介石主持的行政院第二十三次国务会议，决议改组湖北省政府，任命何成濬为省府主席，通过船舶载重线法草案等。

五月二十七日　国民党第一、第二、第三届中央执、临委员汪精卫、孙科、唐绍仪、邹鲁、陈友仁、陈济棠、阎锡山、冯玉祥、古应芬、林森、李宗仁等在广州召开"国民党中央执监委员非常会议"。会议通过了汪精卫起草的非常会议宣言，决定另组国民政府，公布国民政府组织大纲，否定蒋介石南京政府的合法性。会议决定发起召开国民党第四次大会。

五月二十八日　列席国民党中央党部第一四一次常务会议，推刘芦隐等为奖励党义著述审委；修正全省县代表大会组织法大纲；开除党籍者不得享有自治公民权。

五月三十日　参加中央执行委员会第一四二次常务临时会议，通过致邓泽如等电文，决定六月一日应举行各典礼。

五月　在《自求》杂志发表《刷新政治下之交通事业》一文。②

六月一日　为《大夏大学七周年纪念刊》作《弁言》

六月二日　出席行政院第二十四次国务会议，决议暂由内政部、教育部两部筹备设立国史馆；通过保护渔业实施办法及计划；决议贵州省农矿厅改

①　《首都纪闻》，《申报》，1931年5月24日，第4版。
②　王伯群：《刷新政治下之交通事业》，《自求》，1931年第22期。

组为实业厅,杜运枢为厅长。

六月四日 参加中央执行委员会第一四三次常务会议,通过首都华侨招待所所章等。

六月八日 出席国民政府举行的总理纪念周,蒋介石主持。

六月九日 接何应钦电,云:"剿匪各军俱大胜利,匪欲乘粤方变动,猛力冲出,冀图侥幸,已为我军奋力击败,匪军损失极重,俱窜回死守老巢,现正四面同时进剿。"

六月十日 委托代表蔡培参加杜月笙杜家祠堂落成典礼。

六月十一日 参加中央执行委员会第一四五次常务会议,会议改派湘热皖汉及各师党委。

本日 何应钦致电先生,表示:五中全会如人数足,则专为应付军事,暂不入京,如人数尚缺一二人,则本人即飞京出席。

六月十二日 就汪精卫、孙科等成广东国民政府事件接受《申报》记者专访。兹摘录如下①:

> 问:部长对广东事件,有何感想?
>
> 答:余认为广东事件,为去年北平扩会的回光返照。扩会失败后,反动派常欲伺隙而动,如胡先生去职事发生,彼等认为绝好机会,耸动陈济棠在粤发难,然苦于势孤,不得不联络张(惠长)桂军,更连带及改组派,与张、桂军的同盟者,回想汪精卫与胡先生过去的历史,及胡先生去岁反对扩会的决心,乃少数反动分子,竟欲将其牵入游涡,破坏胡先生名誉,宁非梦想。
>
> 问:依部长观察,广东事件将来如何演变?
>
> 答:现在广东的重要脚色,其信仰意见历史,各各不同,情感上更是敌友混杂,断无成事之理,据最近消息,张惠长、陈策已表示消极,汪精卫与陈济棠,因改组省党部,发生极大意见,孙哲生退还省主席委状后,虽以林云陔承乏,然因事事牵制,已经灰心,故广东局面,绝难持久。
>
> 问:中央对粤事,究取若何态度?
>
> 答:据余所知,中央始终抱和平统一态度,但如果彼等终不觉悟,甘为祸首,故亦有相当准备。

六月十三日 上午八时,出席国民党三届五中全会开幕典礼式。九时,

---

① 《王伯群谈时局》,《申报》,1931年6月13日,第8版。

出席第一次大会,推于右任、叶楚伧、丁维汾为全会主席团,审查广东事变经过,修正国民政府组织法案。

六月十四日　出席国民党三届五中全会第二次大会,决定广东事变由中央监察委员会查明处理;修正国民政府组织法、修改中央政治会议条例、废止征求预备党员实施办法;改推中央政治会议委员,推王伯群与蒋介石、胡汉民、叶楚伧、于右任等为中央政治会议委员;决议恢复李济琛党籍。

六月十五日　上午八时,出席国民党三届五中全会第三次大会,通过选任蒋介石为国民政府主席,选任蒋介石、王伯群等四十人为国民政府委员;任张学良为陆海空军副司令等。九时,参加国民党三届五中全会闭幕式和扩大纪念周。

六月十八日　下午五时,在上海康脑脱路(今康定路)徐园与保志宁举行结婚典礼。

六月十九日　《大公报》以《王保之婚,蒋宋之婚无此旖旎》为题进行报道。曰:"闻王赠保嫁妆费十万元,保初欲出洋求学,后结婚,现婚后再出洋。日内王保赴南通会亲,王在愚园路建筑新屋,其轩敞,瓷砖由泰山砖瓦厂定造,值逾五十万。"①

六月二十三日　上午,在双清陪同下,偕夫人保志宁由沪乘欧亚航空公司第四号飞机抵南京。下午到交通部视事。保志宁忆述道②:

> 伯群先生因身任交通部部长,部务待理,所以先生就带了我回南京,住在南京交通部公署。公署是在萨家湾2号,是一个很可爱的住宅,房屋很大,百花绕在四周,空气新鲜,房屋里面布置得清雅整齐,令我舒适之感。

六月二十四日　中央政治会议第二十七次会议,指定国民政府委员王伯群与蔡元培、杨树庄、张学良、朱培德、何应钦、孔祥熙、王正廷等十一人为国民政府常委会出席人。

六月二十五日　在中央党部第一会议厅出席国民党中央执行委员会第一四七次常务会议,任贺耀祖、钮永建为中央政治会议委员;改推于右任、戴季陶、朱培德、陈布雷等九委员为现任党务工作人员甄别审查委员;通过修

---

① 《蒋宋之婚无此旖旎王赠保嫁妆费十万元新屋瓷砖值逾五十万》,天津《大公报》,1931年6月19日,第6版。

② 汤涛编著:《人生事总堪伤——海上名媛保志宁回忆录》,上海书店出版社,2018年1月,第39页。

正海员铁路特别党部组织条例。

六月二十六日 出席国民政府第一次常委会,通过中波友好通商条约。

六月二十七日 《生活周刊》刊登无署名《久惹是非之王保婚礼》一文。文章谓:"闻王赠保嫁妆费十万元"①

七月一日 参加国民政府成立六周年纪念会。

七月二日 出席国民党中央执行委员会第一四八次常务会议,修正中国国民党入党手续,党旗国旗的制造及使用办法。

七月三日 出席国民政府第二次常委会,添加设驻波兰、捷克两使馆;决议公布修正兵工厂组织条例、公布教育部组织法等。

七月八日 在中央党部第一会议厅出席中央执委会第一四九次常务会议,讨论通过国民党第四次全国代表大会重要议题,通告全体党员;通过第四次全国代表大会代表选举法。

七月九日 日本驻华使馆书记官林出奉重光葵之命到萨家湾拜会先生,就朝鲜相关事件进行接洽。林出称朝鲜已全然平稳,华侨已能安心如常就业,请勿忧虑,并希望现成为中日间悬案须待解决之电报条约及汉口事件,不致因此回事件而迁延。

七月十日 出席国民政府第三次常委会,决议修正公布铁道军运条例、公布褒扬条例;任命王树翰为陆海空军副司令行营秘书长。

七月十三日 出席国民政府举行的总理纪念周,于右任主席,邵元冲主讲中央禁烟政策。

本日 出席署理教育部长李书华、次长陈布雷、钱昌照,国民政府警卫军长兼第一师长顾祝同等宣誓就职典礼。于右任主持授印。

七月十四日 出席行政院第三十次国务会议,决议改派钱春祺为邮政总局局长,刘书蕃为邮政储金汇业总局局长。

本日 得何应钦函,告有月底收复赣省宁都、兴国各属之把握。

七月十七日 出席国民政府第四次常务委员会,决议公布实业部《国际贸易局组织条例》等。

七月二十日 接何应钦十九日酉密电,据南城飞机报告,国军已于十九日下午五时占领宁都。

本日 出席国民政府举行的总理纪念周,于右任主席。

七月二十一日 出席行政院第三十一次国务会,讨论通过海军部修正海军服装条例、禁烟委员会修正禁烟罚金充奖规则;决议许世英为赈务委员

---

① 《久惹是非之王保婚礼》,《生活周刊》,1931 年 6 月 27 日。

会为委员长。

七月二十四日　出席国民政府第五次常委会,决议令行政院迅即分别派员调查各地水势及农产受害实情,按照灾况筹备救济;决议令行政院转饬财政部,拨发南京。

七月二十七日　出席国民政府举行的总理纪念周,于右任主持。

七月二十八日　出席行政院第三十二次国务会议,决议国民政府通令全国,以后无论军警以及任何机关团体个人等,如有侵占佛寺僧产者,概依法律办理;讨论通过实业部、内政部《自由职业团体图记刊用章程》。

七月三十日　在中央党部第一会议厅参加国民党中央执行委员会第一五二次会议,讨论通过军队特别党部,海员铁路特别党部,海外总支部及直属支部,每月工作报告格式;调回新省特派员另行改派;人民团体限期改组或组织。

本日　与许世英、熊希龄等联名发布《赈务委员会劝募各省水灾急赈启事》。

七月三十一日　出席国民政府第六次常委会,于右任主席,决议公布银行兑换券发行税法、银行业收益税法。

八月一日　为交通部电信学校校刊《电信》题词。

八月三日　上午九时,出席中央党部举行的第一二三次纪念周,丁惟汾主持,陈布雷报告。十时,参加国民政府举行的纪念周。

八月四日　出席行政院第三十三次国务会议,讨论通过赈务委员会拨款急赈各省水灾,命财政部即拨三万元交内政部会同江苏省政府派员抢救江北运河堤工;任命马鸿宾为甘肃省主席。

八月八日　出席国民政府第七次常委会,决议任命高鲁为监察院监察委员、公布河南省民国二十年善后公债条例。

本日　致电张学良,通知电报价格。电文谓:

> 前奉古文官长①函示,吾兄遇有机事,拟由水线用英文密码呈主席及中央,嘱为商定办法,当经邮部酌定,由烟台大连湾水线传递,电达查照在案。兹经敝部与日本递信省及大北电报公司商定,凡沈阳与中央往来之中国政务电,得由大连长期上海水线传递,每字报价经向切实商减为七十五生丁合银六角,嗣后吾兄发寄主席及中央电报,如不欲短由烟大水线者,可指定由该路传递,并显得由收报人付费,除电沈阳、葫芦

① 古文官长,指古应芬。

岛、北戴河电局遵照外,特电奉达,希查照为荷。

弟　王伯群。齐印

八月十一日　出席行政院第二十四次国务会议,讨论通过山西省主席商震辞职,任徐永昌代理主席;决议青海省政府明令取消青海土司各职,土司原征地亩改归县政府征收,每年酌给土司赡养费。

本日　接蔡元培函,推荐专家林我将到交通部就职。函曰:"林君我将,曾在美国芝加哥航空研究院研究,回国不久。鉴于我国航空事业正在扩展,而航空法尚未规定。亟应设立航空法研究所,利用各国业经研究有得之各种材料,以促进国内航空事业,且助国际航空之发展。听其绪论,至为扼要。执事提倡航空,不遗余力,倘能在贵部专设机关,从事研究,将来收效,必不在小。兹因林君晋谒,特为介绍,还希面询其详,酌予相当奖掖。"

八月十三日　中央党部第一会议厅出席中央执行委员会第一五四次常务会议,通过修正第四次全国代表大会代表选举法,通过修正通俗讲演员检定条例、通俗讲演员检定委员会组织通则。

八月十四日　上午,出席国民政府第八次常委会,会议决议设立救济水灾委员会,宋子文为委员长。

八月十六日　上午,参加宋子文在上海成立的国民政府水灾救济委员会仪式。

晚,在礼查饭店与刘书蕃商谈邮政储汇局相关工作。

八月十七日　上午八时,与杨志雄会见美领事商务参赞。结束后,往宋子文宅为其母倪桂珍吊唁。

下午,会见西门子经理许密德,回答电政相关意见。

八月十八日　出席行政院第三十五次国务会议,讨论通过赈灾公债交立法院审议;任命傅作义代理绥远省主席。

八月十九日　上午,参加中央政治会议。会上闻蒋介石将返都,先生拟将对党务政务意见面陈之。认为党务政务过去错误太多,且大形之笔墨未免遭忌,只好面陈。然向来与蒋谈话皆嫌时间太短,不能尽意。

八月二十日　上午,在参加廖仲恺殉国六周年纪念大会后,出席中央执行委员会第一五五次常务会议,决议侨务委员会改隶属于国民政府,中央党部另行组织一海外党务设计委员会;选定吴铁城、林森等三十七人为侨务委员会委员,并指定吴铁城为委员长。

八月二十一日　上午,出席国民政府第九次常委会,讨论通过发行赈灾公债一千万元,以便散放灾区;修正通过救济水灾委员会章程、修正水陆地图审查条例草案;通过考试院院长兼主考官戴季陶呈为职员误算考分,决议罚俸三个月。

下午,访蒋介石不遇。

八月二十三日 上午,由宁赴沪,闻保志宁祖母去世,命胡少甫买赴南通船票。

下午,访宋子文谈党务及政治。宋主张颇彻底,果达目的,党国前途方有希望。

八月二十四日 晚,拟登轮赴南通,忽接海关通告,今夜有飓风入境,禁止各轮出口,只好退船票。先生惆怅无任,随即致电岳丈保君睥道歉并吊唁。

八月二十五日 下午,由沪驱车返宁。由于狂风暴雨,六时始到苏州。晚十时半抵镇江时,吴稚晖、钮永建、朱家骅搭车。车上畅谈水灾、教育等问题,子夜方抵下关站。

八月二十六日 上午,出席中央政治会议后,到交通部处理公务。将上海愚园路造屋合同寄刘书蕃备人调查。

八月二十七日 上午,参加中央执行委员会第一五六次常务会议,讨论关于救济水灾问题案。

下午,赴中央党部开审查救济水灾问题。得何应钦电,言将回驻南昌,促转告王文湘速往。

八月二十八日 上午,参加国民政府第十次常委会,决议全国官吏及国营企业职员、公立学校教职员、公立教育机关职员应依下列办法扣缴水灾捐款:月薪在百元以上者,捐百分之五,二百元以上者捐百分之十,四百元以上者捐百分之十五,六百元以上者捐百分之二十,以九、十、十一三个月为限。

八月二十九日 会见中国电气公司负责人。

八月三十日 偕保志宁往灵谷寺察看谭延闿墓地工程。

八月三十一日 在交通部主持纪念周会,略为报告水灾救济问题。

九月一日 出席行政院二十七次国务会议,通过检查邮件私运麻醉药品办法。会毕,与宋子文谈赈灾公债一周经过。

九月二日 出席中央政治会议,在讨论赈灾公债时,以国民政府组织法为据,认为依向例定原则,(一)八千万元分期发行;(二)基金在国税内拨;(三)保管委员会依向例办理。

九月三日 出席国民党中央执行委员会第一五七次常务会议,通过四次全国代表大会组织及选举等法案,并预算核减案;为救济水灾起见,将第四次全国代表大会经费预算总额,再行核减二成。

九月三、四、五日　再次在《申报》发布《王伯群启事》，就有人冒充自己招摇撞骗做出说明。启事谓：

> 近有不逞之徒，假借伯群名义在外招谣，或谬称委托向人疏解，或冒充代表与人接洽，甚有伪造荐函获取禄位者，各方不明真相因而误丛出。伯群痛恨之余，除请求各地官厅协力侦察外，特此登报声明，敬祈亲友注意，嗣后如有上项情弊发现，请将奸人扭交就近官署，以便惩治，而儆浇风。谨启。

九月四日　于第一公园参加谭延闿国葬典礼。

九月五日　往谒蒋介石，因人多不约接谈，怅怅彻返。归往访宋子文，谈邮政工会事及党务等，并托请示蒋何时可晋见。归旋得宋械，蒋约星期一会晤。

晚，因上海工会又起风潮，宋子文嘱往一查并为宋筹款事，由京乘夜车抵沪。先生因念母病卧不安，一夜不眠。

九月六日　上午八时抵沪，分别召钱景星、何辑五、窦觉苍、赵守恒谈，告知邮政工会已解决，一切条件送交通部核办。

下午，分别接待杨志雄、沈叔玉报告吴淞商船校和邮政储汇局事。

晚，与刘书蕃商四全大会进行办法。夜车返京。

九月七日　出席国民政府举行的总理纪念周，蒋介石主持。

九月八日　上午八时，访蒋介石，闻正在与警卫军训话，不晤而返。十时，参加行政院第三十八次国务会议，于右任主席。关于交通部有请拨款案，议决之百万令财政部照拨，最新申请的百万款项，由交通部、财政部商酌。

九月九日　上午，在中央党部参加总理第一次起义纪念大会。

下午三时，在陵园向蒋介石汇报交通近状和对党政建议：（一）电政近状；（二）邮政近况；（三）邮工近状；（四）水线交涉；（五）党政改进意见；（六）王家烈之补充；（七）请求为自己换工作问题。

九月十一日　上午，出席国民政府第十一次常委会，通过公布民国二十年赈灾公债条例、要塞堡垒地带法、第一届高等考试及格人员任用规程及分发规程等。

晚，召杨思礼来谈接洽邮政工会办法。

九月十二日　上午，参加国民政府举行的总理纪念周。会毕，先后与洪怀祖、陶毅、何清华等谈工作。

下午,会见受张学良委派的东北政务委员会航政处长宋式善谈航政局事。

九月十四日　参加国民政府举行的总理纪念周,蒋介石主持,蔡元培报告。

九月十五日　上午,出席行政院第三十九次国务会议,讨论交通部邮政法草案。

会议结束后,与宋子文接洽三事:(一)水线交涉请设法速办解决;(二)蒋介石借航空公司飞机须修理请放还;(三)保君征工作事请妥为安排。

九月十六日　参加中央政治会议后,将贵州毛光翔、王家烈等所请之件呈蒋介石,并转请还回租借的飞机。

九月十七日　上午,出席中央执行委员会第一五九次常务会议,朱培德主席。讨论通过加任陈立夫、余井塘等为中央奖励党义著述审查委员会委员。讨论南洋党务案时,陈立夫、曾养甫、方觉慧、张道藩相继发言,与王正廷辑难逾时,最后邵力子、吴稚晖主张付审查。

下午,在交通部与钱景星、余翔麟讨论邮政工会事。

本日　为《全国学校国文成绩汇编》一书题词。

九月十八日　上午,出席国民政府第十二次常委会,决议工厂检查法施行、特派施肇基为国际联合会行政院代表。

晚,日本关东军制造"柳条湖事件","九一八事变"爆发。标志着抗日战争的开始。

九月十九日　上午,分别访宋子文、保君建。

九月二十一日　上午,出席总理纪念周会,听邵元冲报告日本以横暴手段强占我辽沈,屠戮我人民,违背公法,惨蔑人道。先生认为日本之觊觎东三省非一朝一夕之事,而我国内乱频仍,无暇对外,平时毫无准备,临为自然棘手。

下午,到交通部照常办公,电务工作较平时加倍。

九月二十二日　上午,出席行政院第四十次国务会议,宋子文主席。就院长蒋介石救济水灾办法提案由内政、实业和交通部会同审议。蒋介石补充说明道:为此次沿江水灾,亘古罕见,除根本疏濬,另由主管机关通盘规划外,治标之计,亟应先饬各省政府,详细查明辖境旧时各大湖面积界至,及历被圩田侵削若干,前次大水冲破各圩。如系近六十年以驻美公使颜惠庆来所新筑,确在旧时湖身以内者,一律不准再修,以期废田还湖,恢复原状,而使江流得有相当涵蓄之所,至废田若干,并予查明,免除嗣后田赋。严禁与水争利,再治水事业,非合黄淮江湖统筹不为功,以前导淮各方案,每有高邮实应邵伯诸湖涸田之议，又有引导入海入江之争，更以入海工程较巨，故赞成入江者尤居多数。就此次水灾观察，亟应量加变通，一面维持诸湖原状，一面虽仍主江海并疏，但应先从入海着手，以策万全而免后患。

下午，会晤美国人林白，嗣因天灾人祸趋愈恶，林亦以中国多难，表示尽力协助，允飞航灾区视察。

本日 大夏大学与复旦大学、交通大学等三十余所高校代表成立"上海各大学学生抗日救国联合会"（简称"上海学联"）。国民党上海市党部"特派许也夫到会指导"，由执委陶百川例行列席学联干事会议，拨给"开办费二百四十元"及每月"经常费"。①

九月二十四日 上午，出席中央执行委员会第一六一次常务会议。决议第四次全国代表大会展期至十一月十二日开会；讨论中央对日方针及指导人民方法。

下午，会见外交部欧洲和美洲司参事张歆海夫妇。

九月二十五日 上午，出席国民政府第十三次常委会，决议设立全国经济委员会，王伯群被推为委员，任命朱家骅为秘书长；决议公布修正交通部航政局组织法；决议明令给予美国人林白航空奖章。

在会议席上，先生临时提议水线合同议案并表示，水线合同拖延对吾国国际宣传颇蒙不利，请政府注意。会议决议再付审查，并指定邵力子、邵元冲、陈果夫、王正廷、宋子文五委员审查。

下午，在财政部开会，反复说明水线合同仍无结果。会上陈果夫建议，由宋子文请于右任院长指定监察委员数人向之说明水线合同有利之点，使其谅解，然后批准，免起纠纷。

九月二十六日 近日因外侮日亟，交通部公事增多，先生嘱俞飞鹏、韦以黻两次长偏劳。

九月二十七日 上午，保志宁生病，送护机场飞沪。先生沿途见遍地成泽，稻禾尽淹，屋宇多浸于水中，居民来往皆船，住于堤上，惨苦不堪，灾情重不可言喻。

下午，乘原飞机返宁。

九月二十八日 主持交通部纪念周会，略讲吾人应付暴日之方。嗣出席国民政府纪念周会，于右任、蒋介石主持并做报告。散会后归途中，闻学生已往外交部请愿，将王正廷部长殴伤。

---

① 《全市大学昨成立学生抗日救国联会》，上海《民国日报》，1931 年 9 月 23 日，第 3 张第 3 版。

九月二十九日 上午,出席中央党部宣传组会议,讨论特别宣传事宜,所议国内宣传及国际宣传方法多条。

晚,大夏大学四百余学生乘车赴南京中央党部请愿。

九月三十日 上午,与于右任、蒋介石分别接见大夏大学学生请愿团。

下午,先生安排火车,速送大夏大学学生返沪。

九月三十一日 上午,参加蒋介石主持的中央政治会议第二九一次会议,追认王伯群等为全国经济委员会当然委员。

本日 浙江省立高级中学学生五百余人游行,在经过西湖孤山王文华将军的墓庐时,将室内陈列之名贵古玩器具等捣毁一空。盖因闻报纸误载王伯群与夫人下榻该处。保志宁忆述[①]:

> 我因病在沪就医,忽然看见报纸登载,伯群先生弟文华在杭州墓庐被杭州高中生捣毁。伯群先生也来电话和信告我经过。因九月底沪杭各报登载伯群先生于中秋节携眷游杭,以为当此国难期间,尚在游步,故学生们血气冲动,而捣毁了文华先生的墓庐。

十月一日 出席国民党执行委员会第一六二次常务会议,会议撤销国民政府警卫军特别党部,改为国民政府警卫军第一师特别党部;山东省死事文武员兵,明令抚恤,追给勋章。

十月二日 上午,出席国民政府第十四次常委会,决议外交部长王正廷辞职,特任施肇基为外交部长;同意全国经济委员会秘书长朱家骅辞职。

下午,参加中央特种宣传后,就杭州中学生捣毁王文华墓庐,杜月笙的慈惠堂别墅亦被波及。先生托王衍庆、杨志雄转杜月笙一函,言诚信未孚,累及杜之损失,抱歉之至。

十月三日 上午,与刘书蕃谈沪上金融界状况。致函保志宁,并以南京各报登载学生捣毁杭州墓庐事之谈话寄之。

下午,与张竹平谈国际通信社事,先生答以待具体方案出来后将竭力赞助,并介绍沪上如有事相商,请告双清即可转达。

十月五日 参加国民政府纪念周会后,问于右任水线合同究竟如何结束。于介绍田君约期谈话。随即回交通部与俞飞鹏、韦以黻商邮政储金局

---

① 汤涛编著:《人生事总堪伤——海上名媛保志宁回忆录》,上海书店出版社,2018年1月,第42页。

问题。

下午,参加中央特种宣传会。

十月六日 出席行政院第四十二次国务会议,讨论通过警官高等学校规程、中央农业研究所章程草案。

十月七日 上午,出席中央政治会议。

下午,与何梦麟谈时事,均觉政府对日无善法,雪耻复仇恐期之数年后。

十月八日 出席国民党执行委员会第一六三次常务会议,通过中央审查党义教师资格委员会组织条例。会毕,又参加中央特种宣传组会议。

十月九日 出席国民政府第十五次常委会,对导淮委员会采用由张福河往废黄河至套子口为导淮入海之路线,全线计长一千七百一十九公里,总计经费共三千四百二十六万九千一百元方案准予备案。

十月十日 参加中央党部举行的国庆纪念大会后,介绍保志宁于宋美龄认识。

本日 在《自求》杂志发表《国难与国庆》文章。该文认为,雪耻御侮,转危为安,惟赖举国上下敌忾同仇以动心忍性之精神,为锲而不舍之奋斗,十年之后必可昭吴,故吾侪于痛愤之余所常急起努力者,盖有二途焉:"一曰政治力之团结结果集中也,一曰社会力量之养成与运用也。"①

十月十一日 出席中央党部举行的总理伦敦蒙难纪念大会,听邵元冲报告事实经过。

十月十五日 上午,从《中央日报》知悉国民政府对中日事件重开理事会。两日尚能主张公道,而日本示威海军亦稍和缓,先生心殊慰藉。

下午,召王漱芳来谈党政各事。

十月二十日 出席行政院第四十四次国务会议,讨论通过设置中央卫生设施实验处;通过卫生署修正中央医院章程;令救济水灾委员会就已经发行之赈灾确定工赈民数分配各省,如有不足,责由地方筹补。

会毕,见国民政府门前,聚集对日游行示威学生数万人。

十月二十一日 中午,访宋子文。宋告之政府财政困难,希望交通部以二三百万元借财政部周转,先生答尽力相助。

晚,偕王文湘往江干迎何应钦回宁,并相谈时局。何仍是平日态度,闻万恶政治,每露消极之意。

本日,接蒋介石借款手谕。曰:"伯群吾兄勋鉴:财政支拙,请将储蓄款

---

① 王伯群:《国难与国庆》,《自求》,1931 年第 31 期。

项全数存入中央银行,并借现款二三百万元于财政部以济急需为荷。中正,十月廿一日。"①

十月二十二日 上午,出席中央执行委员会第一六六次常务会议,准湖北省党部召开全省代表大会,并规定该省执行委员人数。决议中央通讯社误发国际消息,引起社会种种误会,对宣传部副部长陈布雷、程天放应予警告,中央通讯社负责人交宣传部查明严予处分。

下午,会见德国驻华大使托德曼、参议巴恩、参赞篮道一行。双方就中国交通发展状况、中德航空因此次日本强占东省致被阻滞事进行商洽。托德曼希望欧亚航线能迅速恢复,以期促进两国邦交。

十月二十三日 上午,出席国民政府第十七次常委会,蒋介石主持。会议结束后,先生与刘书蕃等商讨为财政部筹款办法,决定拟先致宋子文一书,告受储蓄近来困难状况,先代筹现款一百万元,同时托俞飞鹏面蒋介石陈邮政储汇局之困状。

下午,出席中央特种宣传会议。

十月二十四日 上午,与宋子文约面谈筹款事,并嘱其与桂系诸人结纳。接着,电致刘书蕃:(一)先筹借财政部现款四百万抵押手续与陈行君接洽;(二)拨存中央银行活期款四百二十万元,一月内非有紧急时不提取;(三)前抵存之统税库券四百万照市价公结一层。宋拟考虑后答复。

十月二十五日 上午,往何应钦住处,与坐中陈铭枢、宋子文、陈仪等谈特事及国联解决中日问题情形。

下午,海军部陈绍宽次长向交通部邮政储汇局借款二百万或一百万元,先生以邮政储汇局近况不佳婉拒。

十月二十六日 上午,出席国民政府举行的总理纪念周,蒋介石主持并就日本占领东三省做演讲。

中午,再与宋子文谈财政部借款事。

下午,派李梅侣女士代表保志宁出席首都妇女赈灾会,并以百元捐赈灾会。

十月二十七日 出席行政院第四十五次国务会议,议决通过铁道警察应适用违警罚法、勋刀规则草案、蒙古各旗教育行政委员会组织大纲等。

本日至十一月七日 国民党宁方和粤方在上海共举行七次会议。粤方代表汪精卫、孙科、伍朝枢、李文范、邹鲁、陈友仁和宁方代表李石曾、张继、蔡元培、张静江、吴铁城、陈铭枢参加会议。会议最后发表通电,提出改革政

---

① 王伯群藏原稿。

治的五项基本原则。

十月二十八日　上午,出席中央政治会议,蒋介石主持。议决预算章程案附加税作赈款、审查上海市越界筑路用水案等。

下午,会见美国驻华专员纳尔逊·詹森。

晚,赴海军部晤陈绍宽,陈要求与邮政储汇局往来透支三十万余,先生嘱其赴沪公便时与刘书蕃接洽。

十月二十九日　上午,参加国民党中央执行委员会第一六七次常务会议,会议通过第四次全国代表大会议事规则,定于十一月九日开中央执行委员临时全体会议。

十月三十日　出席国民政府第十八次常委会,决议公布预算章程及办理预算收支分类标准、国有铁路客票赈灾加价办法、参谋本部、内政部测量设计委员会组织条例等。

十月三十一日　乘中国航空公司"天津号"专航抵沪。闻何应钦在母亲处,乃速走晤谈,知沪上宁粤会议各情。

十一月三日　上午,出席行政院第四十六次国务会议,修正通过中央农业推广委员会组织章程,任命驻德公使刘文岛兼驻奥地利国特命全权公使等。

中午,与何应钦、王文湘夫妇午餐。

十一月四日　上午,以电话问何应钦行止,始知昨夜为和平正赴沪。星期一纪念周,蒋介石有长篇报告,语气不无责粤代表之处,而粤代表等闻之遂不满,和平大有破裂之势,故张继、吴铁城邀何应钦前往作和事佬。

晚,偕保志宁赴外交宾馆参加张歆海夫妇设宴。坐中有英驻沪领事许密德,美驻沪副领事、参赞等数人。

十一月五日　出席中央执行委员会第一六八次常务会议,修正通过中央党部工作人员暨省或特别市党部海外总支部委员及工作人员甄别审查条例。

十一月六日　上午,出席国民政府第十九次常委会,决议公布修正麻醉药品管理条例、颁发陆海空军勋刀规则。

下午,赴中央党部开中央特种宣传会。

十一月九日　上午,在中央党部第一会议厅参加第三届国民党中央执行委员会临时全体会议,决议第四次全国代表大会主席团人数,定为七人,其人选先行推定蒋介石、戴季陶、于右任、林森、蔡元培;推定丁惟汾、陈立夫、周启刚为代表资格审查委员会委员;推叶楚伧为秘书长;决议临时全体会议会期定为三日。

晚，在自宅宴请陈铭枢、商震、刘峙、朱培德、蒋伯诚、孔祥熙、何应钦等。

十一月十日 在中央党部第一会议厅继续参加第三届中央执行委员会临时全体会议，讨论提出的各议案，议决调派王子壮等为秘书处秘书。

十一月十二日 上午，参加国民党四中全会开幕式，于右任为主席，蒋介石做《党内团结是我们唯一的出路》之报告。会上发布实现团结通电。第四次全国代表大会主席团人数改定为九人；通过财政委员会组织大纲及委员人选；选任施肇基、钮永建为国民政府委员。

晚，参加孔祥熙召开的审查水线交涉案，将交涉原委加以说明后，认为合同执行人庄智焕执行不力，拟报告国民政府。

十一月十三日 上午，赴中央大学大礼堂参加四中全会预备会，于右任主持。按照组织法推选蒋介石、戴季陶、于右任等九人为主席团成员，叶楚伧为秘书长。

下午，续开预备会，签订席次，通过议事规则。

十一月十四日 出席国民党四中全会正式会议，会议决定设立对日问题专门委员会；通过《对日寇侵略暴行之决议案》和《对全世界宣言》，希望国联"迅速予日本侵略行动以有效之制裁"。

十一月十五日 上午，会晤朱光沐，将近日所得北方情形相告，嘱其转告张学良注意之。

下午，出席全国经济委员会，蒋介石主持并做报告，内容涉及经济建设、农工商振兴和交通建设。会后，与吴鼎昌、张嘉璈、李铭诸员略谈财政经济问题。

十一月十六日 上午，出席国民党四届一中全会正式会议，林森主持。先讨论中央执行委员会所提各案。会议宣布恢复自二届四中全会以来因政治关系而被开除党籍的汪精卫、李济深、李宗仁、冯玉祥、阎锡山等三百一十二人的党籍。

十一月十七日 参加国民党四届一中全会，蔡元培主持。

十一月十八日 继续出席国民党四届一中全会，蔡元培主席。

晚，会晤张韵海夫妇。

十一月十八日至十二月五日 孙科主持的国民党第四次全国大会在广州召开。会议谴责蒋介石不抵抗日本侵略、丧失东北地区的罪行，并表示宁、粤双方合作必须以蒋介石辞职为先决条件，否则仍在广州设立中央党部和国民政府。会议发生分裂，二百多人退出会场，转移上海。

十一月十九日 上午，在四中全会上审查会经济建设提案。

下午，讨论关于教育方针各案。

晚,在家宴请美国驻华专员纳尔逊·詹森夫妇,何应钦、刘书蕃、保君建夫妇等在座。

十一月二十二日　上午,继续参加国民党四届一中全会,讨论修改总章问题。讨论主席团提议,大会闭幕后粤方仍无诚意合作,代表中提异论者多。

下午,蒋介石主持会议继续讨论。散会后,党部职员和海外代表多人跟先生索书纪念。

晚,在家宴请傅作义、范小泉、钱慕尹、朱绍良等。

十一月二十三日　上午九时,在中央大学大礼堂参加扩大纪念周。蔡元培主席,戴季陶报告。有华侨某君继起演说,蔡主席许之说了许多,因其语言非粤非闽,多不之知,有人请其用书面分发乃停。十时,参加四中全会闭幕典礼,蒋介石致闭会词,痛言本党分崩离析之状。希望本党党员、本会代表以鞠躬尽瘁死而后已两句话贡诸国家与人民,情词悲壮,全场感动。

十一月二十四日　与何应钦、夏斗寅、刘峙论时局。闻粤方已议决将蒋介石开除党籍,一切进行均不依沪上所商办法,大有不顾国家存亡,只图报个人私怨之势,主使者非胡则白,不待言矣。又闻蒋介石已决心北上,实践以武力收复失地之言,以为对民众及学生之利器。先生闻后,深以为不然,认为:"盖蒋一动一举,关系大局,安危国家存亡,北行则日本人有所借,必以重兵略取山东,进据豫燕,彼时势不得不战。战而胜,东三省之失地如故也,不幸而败,则失地不知几倍于东省,首都且有被毁之虑,大局固不堪设想,蒋又如何下台耶。"①

先生心为之危。乃作一长函告宋子文,陈蒋不宜北行之理由,并言粤方得寸进尺,有意捣乱,不能以实力对外,其咎不在中央,而在粤方,民众及学生不难谅解也。

晚,乘夜车赴沪。

十一月二十五日　上午,始抵北站。到家即邀邓汉祥、任嗣达②、刘书蕃分别谈时局与贸易。

下午,往访汪精卫,相见恳挚,畅论外交党务之得失,先生力促汪入京共挽危局。本拟再访胡汉民与伍朝枢,闻他们昨夜已动身赴粤,遂作罢。

十一月二十六日　晚,与刘书蕃往晤何应钦,知时局仍无进展,至用眙危。十一时乘夜车赴宁。

---

① 　王伯群:《王伯群日记》,1931 年 11 月 24 日。
② 　任嗣达(? —?),云南昆明人。美国芝加哥大学政治经济学博士。历任交通部邮政储金汇业局局长,上海富滇银行经理等。

十一月二十七日 下午,在交通部会见英国驻南京总领事许立德。

晚,出席国民党执监委会议,戴季陶主席。讨论二案:(一)蒋介石不宜直接接见民众团体,须组成一委员会以应付之。推荐于右任为委员长,张治中、朱家骅为副委员长;(二)责成教育部召集在京教育界要人组成一会,以直接指导学生团体。

十一月二十八日 听杨志雄汇报吴淞商船专科学校学生情况。与协隆公司商谈交通部新公署设计图样。

十一月二十九日 先生研究近日关于外交各报,国联对中日事似有转机,故日本准备攻击锦州之后,已渐有撤退之势,惟天津方面所谓便衣队即变相之日本兵尚扰乱不已,用大炮进攻华界官署及无辜人民。

十一月三十日 出席国民政府举行的总理纪念周,参加蒋介石主持的顾维钧就署理外交部长职典礼。

十二月一日 上午八时,出席行政院第四十七次国务会议,议决减免营业税的四项原则及办法。

下午,宋子文来访,转告大北公司发无线电须经过长崎,凡国际欧洲无线电以经大东直接为妥。先生答其同时无线电并发方为称妥。

十二月二日 赴中央党部参加政治会议,蒋介石主席。重要议案为特种外交委员会提出的关于对日外交之判断。大意谓日本意在永久占据东三省,故在津沪等作扩大军事行动,若我国国内有军事行动,则适中彼计,国联乃想种种方法以遏止之,英法以对我表同情,美国到必要时亦必采取公正之手段。我对国联应以持信任之态度出之,对英美亦须勿失其同情并赞成划锦州为中立地以缓冲军事。天津军事日渐扩大,到必要时恐亦非于日界附近划一缓冲地不可云。当时略有讨论即通过,原则交国民政府令外交部遵办。

十二月三日 在中央党部第一会议厅出席中央执行委员会第二次常务会议后,回交通部路上见徐州中学来京请愿者男八女二,小者十余龄,冒雨而行。先生赞其精神至佳,志气可佳。

下午,许修直来告,交通、铁道两部恐仍须合并,汪精卫可即日来京,粤方经胡汉民、伍朝枢调停,已照沪样办理,然将来仍要蒋介石下野电以表示屈服。接双清电,言将偕石密德北上考查欧亚航空公司。

本日 汪精卫主持的国民党第四次全国大会在上海法租界召开,由广州四大分裂出来的一百五十六名代表参加。汪精卫致开幕词说,粤方同志不体谅共赴国难的退让精神,竟然随意将和平会议议案推翻,兄弟是很痛心的。因此之故,粤方"四全大会"显见已不能代表我全体同志之意志,则另行召集"四全大会",以谋共赴国难,乃不得已而为之。① 大会选出唐生智、王懋功、张发奎、谷正纲等十一人为中央委员。

十二月四日　出席国民政府第二十次常委会,于右任主席。决议交通部电政司司长庄智焕免职停止任用二年。

晚,与何应钦打乒乓,以锻炼身体。

十二月五日　上午,参加中央党部举行的肇和兵舰起义纪念日典礼。

十二月七日　上午,赴国民政府出席纪念周活动,路上见武汉大学学生请愿团集立国民政府,车道被塞。于右任报告应付请愿者情形,并声明外交及和平统一进行情况。

十二月八日　上午,出席行政院第四十八次国务会议,讨论通过工厂登记规则草案等。

晚,招待二十五军副军长王家烈,谈黔事甚详。见王家烈明日回黔,遂送赠铜磁文具一匣、男衣料花缎二幅、女衣料花缎一幅、小宝印泥一匣、檀香骨篆扁扇一把、《弗堂类稿》一部和王文华墓碑十份。

十二月九日　上午,出席中央政治会议,蒋介石提议两事:(一)国难会议组织大纲决议原则通过办法,派人筹备一切;(二)学生借外交问题渐有出轨举动,形势严重异常,应设法对付,免幼稚青年因爱国而亡国云云。戴季陶谓青年已发疯,整个的教育问题值得注意,然无论治标治本,总不开枪,宁牺牲一二警察亦所不惜。各委员均赞同戴意,决定组织特种教育委员会,推蔡元培为委员长,委员十余人。

下午,与龙达夫司长会见史密德,商谈欧亚航空公司事。史密德等将往西北试航。见其气颇壮,先生感叹曰:"惜乎吾国内乱不已,经济枯竭,无力利用外才大有发展也。"②

十二月十日　在参加中央执行委员会第三次常务会议后,见中山路途中有学生结队游行,并赴国民政府请愿,途为之阻。

下午,拟到交通部上班,见北方来南京请愿学生拥满中山路,行人辟易道为之塞,遂不果往。

十二月十一日　上午,参加国民政府第二十一次常委会,讨论决议公布户籍法、工会法;决议通过召集国难会议布告文;通过修正黄河水利委员会组织条例草案等。

晚,在自宅宴普林、韦斯两美方代表,略谈中国航空公司合作事。美方

---

① 《汪氏报告》,《二十世纪中国实录》编委会:《二十世纪中国实录第一、二、三、四、五、六卷1900—1996》,光明日报出版社,1997年2月,第1838页。
② 王伯群:《王伯群日记》,1931年12月9日。

代表等均提出这种新事业非政府补助不可,在中国尤为难办,颇有非得政府补助不愿继续合作之意。

本日 闻上海抗日救国会开会期间,中央党校、北京大学两代表被人绑去打伤,追源乃陈希曾利用公安局职权擅为之。先生评论曰:"此种卑劣而损政府威信之野蛮举动,非陈氏不屑为行,见学潮愈大,反政府之声浪愈高,可叹。"

十二月十二日 上午,与美方就中国航空公司合作召开预备会。会后,在俞飞鹏、何辑五、龙达夫陪同下,与美方代表韦斯、普林就组建航空公司举行谈判。谈判中,对美方要求按里给价办法不能容纳。先生指定俞、何代表下午与美方继续谈判。

十二月十四日 上午,主持大夏大学纪念周活动并做报告,表示对日方法要有组织、有计划,持久奋斗,方能雪耻复仇,否则徒牺牲而已。

下午,与伍朝枢畅谈一小时,四年渴别,为之一慰。

晚,何应钦来,言蒋介石决不犹豫而下野,不过须有人负责耳。闻何此来乃促粤方要人入京,而粤方诸人非蒋介石实行通电后不肯行,大约明日可通电。

十二月十五日 迫于粤方压力,蒋介石发表通电,辞去国民政府主席、行政院长和陆海空军总司令等职务,宋子文也随同辞职。国民政府主席由林森代理。

本日 沈燮臣来跟先生借款三千。见其颇有落拓之状,为之戚戚。

本日 为上海筹募各省水灾急赈会捐赠大洋六十元。

十二月十六日 参加国民政府委员会第二十四次会议,讨论通缉汪精卫议案。会上,王伯群与孙科、白崇禧等皆主通缉,蔡元培提出反对意见。

《谭延闿年谱长编》载:"哲生、健生、惕生、伯群皆主发通缉令,蔡子民起而辩驳。"①

晚,与刘书蕃谈交通财政及航空公司等事宜。

十二月十七日 出席于右任主持的中央政治会议。会上有人提到改组上海党部,陈铭枢以其奉命查寻详情报告,以上海党部人员行为太不光明,又复互相倾轧,影响党誉甚大,宜有以惩处之。而张厉生、陈立夫相继发言,皆左祖上海党人。

下午,粤方各委员由沪专车来南京,汪精卫因病未同行,京内要人纷纷前往欢迎,先生以素未习此种仪节,只有告不敏耳。

---

① 刘建强编著:《谭延闿年谱长编》,上海交通大学出版社,2021 年 12 月,第 1310 页。

晚,何辑五告王漱芳将于一月十八结婚,先生赠二百,请何转交以贺新婚。

十二月十八日　上午,出席林森主持的国民政府会议。会后,在交通部会见前邮政司长陈润棠,陈告唐文启在粤办理政务不善,已被陈济棠撤换。

下午,赴铁道部官舍访孙科、伍朝枢等,痛论党务不善之失败。

晚,赴蔡元培宅府,参加林森、吴铁城、陈铭枢四人为粤方新来之人洗尘宴。

十二月十九日　到中央党部出席国民党第四届中央执监全体会议谈话会,因粤方委员多数未到,会议只推吴铁城为秘书长,陈布雷、梁寒操、曾仲鸣、程天放四人为秘书。

晚,在励志社参加蒋介石宴请中央委员公宴。

十二月二十日　致刘书蕃函,谈目前时局。

十二月二十一日　参加国民党四届一中全会,后因粤方各委员未到者多,乃延期至明日。

十二月二十二日　上午八时,在中央党部参加南京、广州、上海三方国民党中执、中监委员,在南京联合召开四届一中全会,宣告国民党统一。开幕典礼由于右任主持。宁粤两方到者均过半数,会议对宁、粤、沪三方大会选出的委员一概承认。

中午,在励志社参加何应钦宴请中央委员,到者四五十人。因蒋介石下野,大部分人均持退步态度,乏进取精神。

下午,参加中央全体会议第一次预备会议,决议:(一)主席团人数及人选;(二)会议日期五天。

本日　蒋介石乘飞机赴奉化。

十二月二十三日　接何应钦请参加会议电话,先生以病推却。

十二月二十四日　听许修直来告,言抢交通部者人甚多,初则言陈公博,次则言李文范,总之此次新来之人如小儿争饼,饥鹰攫食。先生当召王漱芳来准备黔事,双清、刘经宇速来东进;电刘书蕃、赵守恒来南京,商讨各种结束事宜。

十二月二十五日　会晤从江西部队回宁的王文彦、李少阳、何绍周。接着会晤王毓祥,始知其所长执掌的交通部电信学校也起学潮。

十二月二十六日　上午,抱病出席国民党四届一中全会。闻孙科因与吴稚晖产生矛盾,带着李文范、唐生智愤而赴沪,因人数不足会议不能召开。有人发起签名,致请孙科回京。先生拒绝签字,认为此种只知要钱要位要权而不顾国家之存亡者,不可取也。

下午,继续参加四届一中会议,讨论通过《关于中央政制改革案》和《修正国民政府组织法案》,使国民政府主席成为虚职;规定国民政府主席为中华民国元首,对内对外代表国家,但不负实际政治责任,并不兼其他官职;行政院长负实际行政责任;行政、立法等五院,各自对中央执行委员会负其责任。会议推举胡汉民、汪精卫、蒋介石、于右任、叶楚伧、顾孟余、居正、孙科、陈果夫等九人为中央执行委员会常务委员;叶楚伧兼秘书长。全会通过中央政治会议组织原则为:全体中央执、监委员为当然委员,候补中央执、监委员可列席会议;不设主席,设三人常委,即蒋介石、汪精卫、胡汉民,由他们轮流任主席。

会上,薛笃弼等提议,惩治张学良,并责成抵抗日本收回失地案交国民政府酌办。

十二月二十七日 何辑五来,转告蒋介石希望先生持积极态度,勿要退让。

十二月二十八日 早晨,何应钦来晤,说中央常委南京方面已斟酌一名单,希望下午出席时照名单推选,常委分别是汪精卫、蒋介石、胡汉民、于右任、陈果夫、叶楚伧、孙科、居正、顾孟余九人,叶兼秘专长,并告陈铭枢任交通部长。何问先生任党部常委否?先生觉得九人名单已定,就回答说不必麻烦。何告国民政府委员中有一席,先生答此种大水秀才养老院有何意思,说一切均不干,稍为休息再说。何力劝不必辞,先生乃遂从之。

中午,在励志社聚议南京方所推出台之人及应付时局办法。

下午,出席国民党四届一中全会,依照双方接洽计划,确定国民政府组织原则、五院的正副院长、所属各部部长、委员会委员长,不兼任国府委员;现役军人亦不得兼任。根据此项原则,全会选任林森为国民政府主席,蒋介石、汪精卫、胡汉民、王伯群等三十三人为国民政府委员,孙科为行政院院长,张继为立法院院长,戴季陶为考试院院长,于右任为监察院院长,伍朝枢为司法院院长兼代特种外交委员会委员长。

十二月二十九日 上午,召俞飞鹏、韦以黻两次长告以交通部卸职准备。又召窦觉苍、龙达夫、钟秉锋分头准备交代事。

晚,何应钦来先生视疾,告知行政院各部部长人选,内政李文范、外交陈友仁、军政何应钦、海军陈绍宽、教育朱家骅、实业陈公博、铁道叶恭绰、交通陈铭枢、司法行政罗文干、蒙藏会石青阳等,并告中央党部各委员会正副主任人选。

晚,杜惕生来称,欲在邮政储汇局贴现一百五十万元,一月为期,全因已准备交代,故召刘书蕃来商决。

十二月三十日　听刘书蕃来告,何应钦想推其做交通部次长,并商陈铭枢,不料陈已安排陈孚木。

十二月三十一日　赴交通部与同事话别,并与全体同事合影纪念。

十二月　在《自求》杂志发表《中国航业现状之分析》一文。文章指出[1]:

> 吾国航政之衰败,至今日而极矣。以吾国海岸之长,内河之众,各省巨川细流,不计其数,倘有多量船舶,足资运输,不仅有俾交通,即国内商业经济,亦不难依次发展。徒以年来军事频仍,商船之征调既繁,财政之受创尤重,加以航权尚未收回,航业尚无保障,欲维持现状,已属不易,遑言发展。揆之现势,欲实现总理物质建设中之航业计划,恐为期尚远,兴念航业之前途,可为寒心。现值进行收回航权之际,吾人当勠力奋斗。

---

[1]　王伯群:《中国航业现状之分析》,《自求》,1931年第32期。

一九三二年（民国二十一年　壬申）　四十八岁

一月一日　元旦。上午，嘱秘书郑硕贞抄录刘湘致何应钦电文，言川滇黔应仿粤例设政治分会。

一月二日　接王家烈卅电，称已安抵湖南洪江，准备照原定计划进行。先生当复一电，言时局变化因果，并告知西南（川滇黔）今后应取之办法。

一月三日　上午，作致王家烈电："得樵峰专言晤奉化（蒋介石）情状，余之不辞交通部长职，乃因奉化以交通关系重要，嘱勿辞。不料我方代表竟无力保全，实非我之负奉化人，奉化人之负奉化也。"

晚，宴交通部荐任以上同事三十余人，聚叙甚欢。席间，闻陈铭枢明日到部任职。

一月四日　上午，从萨家湾移居至平仓巷出租屋。

晚九时半，何应钦出示何辑五来电，云奉化（蒋介石）已秘密来沪，时局恐有变动，嘱何赴沪晤奉化云云。先生看毕，上海电话又至，阻何应钦前往，大约奉化又返乡。何应钦令何遂以电话通知各处，取消赴沪。

一月五日　参加交通部各科长宴请简任以上人员聚宴。

一月六日　中午，在自宅宴请交通部贵州同乡四十余人，并合影纪念。

一月七日　中午，在自宅宴请交通部秘专厅全体秘书。

晚，与何应钦夫妇谈时局，何劝先生就任国民政府委员和出席中央各会。先生答曰："外交内幕令人怀疑而不解，同负卖国之责任，实非所愿也。"何以国事阽危，如不共同挽救，覆巢之下安有完卵相劝。何出示一书，嘱先生赴奉化代陈蒋介石。先生对何应钦热忱毅力全堪佩仰，但认为其"太忠厚诚笃，受人利用欺侮而不自知，如孙、陈等之争权夺利，无异于小儿争饼，于国家之安危何尝计及。何固安之若素，徒责吾辈远引，未免阿其所好矣。虽属至亲，而精神上隔膜，政见不同如此，此近日极灰心政治之所以。"

一月九日　往访张群、俞飞鹏谈时局。俞决定回交通部任常务次长并述赴奉化见蒋介石略情。

一月十日　再访宋子文，谈拟赴奉化访蒋介石，请为一电。宋允答后再告,因孙科等欲去,恐蒋不见而徒劳。

一月十一日　与从南京抵沪的何应钦,以及赵守恒、何辑五、蒋伯诚、俞飞鹏谈论孙科往访蒋介石不宜之理由。期间,闻何应钦将往访银行界中人。先生劝告说此乃财政部长责任,行政院长、副院长亦皆出马,不应军政部长出面。孙科等既无把握,何以事前如此剧烈逼蒋下野离宁? 未免太以国事作儿戏,无论如何应负责任,不能一走了事。吾辈亦至少希望其维持二三月,将言稍践,即对广东之独立取消,对外交之失败挽回,方能许其下台。何应钦告定下午与张继两人赴奉化谒蒋,请示办法。先生料难得要领。

一月十二日　接待原云南镇守使兼建国军第六军军长何海清来访,与谈时局,何至为愤慨。

一月十三日　上午,听杨志雄来告孙科、陈铭枢等将停付公债本息,上海银行家、商家及公债持票人大起恐慌,群起谋对付之法。先生以为其导致后果不外罢市、罢工、罢学并通知海关将关税扣留以作准备。

下午,与张群、孔祥熙、杨永泰讨论应付政局方策。

晚,双清来汇报西北试飞成功,李景枞科长、刘书蕃、钱景星均同来详询西北试飞经过,八千余里长途,三日而达,开从古未有之奇事。先生闻之,大为快愉道:"余与卸交通部,不知继起者能继续实行否也。"

一月十四日　上午六时,赴梵王渡车站乘车赴杭州晤蒋介石。车抵龙华,会俞飞鹏,即在车中谈近日政局骤变与应付方策。

下午,俞飞鹏由蒋介石处来转,告蒋见甚切。先生急趋车往澄庐见蒋,与谈约一时三刻。先生对时局意见倾吐之并请示办法,蒋烦闷万状,且愤言社会太无公道是非,吾人过去为国家为社会之成绩几尽忘之,非至社会大有觉悟时,吾人今后不轻于尝试矣。由蒋处出,先生又赴延龄路三号访宋子文,见坐中人杂,不便深谈而别。

是日,蒋介石退居杭州对记者发表谈话,宣布他之所以下野,皆因胡汉民等威逼所致。他说:"广东同志胡汉民先生等以为必须余实践下野,方能来京出席。余为促成团结起见,遂辞去本兼各职,免为统一之障",蒋称自己"辞卸一切政治,完全系为国家利益,毫无个人私见。"声明为本党精诚团结,愿意"以在野国民之地位"辅佐新政权。[①]

一月十五日　趋车访往蒋介石询有他事否,阍者以有约会之客,未为通约。在西湖边访宋子文,互谈近状,并言南京方面已积极进行,吾人尚预访之。五时,刚返新新旅馆时,而蒋介石电话到,先生急往访晤。未数语,陈立

---

①　《蒋介石在杭发表谈话》,《申报》,1932年1月15日,第1版。

夫至,说系乘飞机来。语未毕,陈铭枢相继来。先生只好跟蒋告别,并托陈立夫达未尽之意。

一月十六日　上午,访黄郛,谈甚久。

《黄郛日记》载:"又修直偕伯群来晤谈。"①

晚,访张群。张告知与陈铭枢同回沪,在杭州晤蒋介石时,蒋态度烦闷万状。

一月十七日　上午,与俞飞鹏、德国汉沙公司代表华尔德、中德各董事主任秘书,在爱文义路二〇〇号出席欧亚航空公司西北新疆试航成功酒会。总经理双清致欢迎词。

下午,得蒋伯诚一电,言张学良欲晤谈,当复以非马日不克北上。

一月十八日　与杨永泰痛论时局。先生主张中央与地方分治办法,杨甚不以为然,谓:"如承认现状则又返民初割据形势,相互争夺,相互含并,政治仍扼于武力也。"讨论良久,殊无善法,乃约往张群处再谈。闻昨日孙科、何应钦、吴铁城应蒋介石、汪精卫之召赴杭晤商大计。吴铁城今夜返沪,孙科或明日回南京。

一月十九日　与刘书蕃赴交通部邮政总局参加五十余同事公宴并略谈话,皆希望勿因人之更动而影响事业。

一月二十日　上午,访黄郛谈时政,先生表示:"第一,须复兴党势;第二,须变更从前武力统一方针,军事为辅,政治为主之宗旨;第三,中央某集权是否可行,如改地方分权、或分治,或均权于现状是否可行。"

晚,往访张群,知杭州巨头会晤情形。

一月二十一日　听何应钦来告蒋介石乘汽车来宁,约六七时可到。汪精卫由大车来,夜十时可到。五时,关方珩、陆桂祥两人来,诉交通部已将其等撤职,先生以技术人员本应保障,大家不奋斗、不团结只好听人宰割。

一月二十三日　上午,接蒋伯诚来电,告已将缓赴北平之电代达张学良。

晚十一时,接上海电话,言今夜日本兵舰封锁吴淞,中国籍轮将不许入。先生曰:"抚今追昔,未免自寻苦恼也。虽然人事无绝对之美,要思所得已多是偿,所失而有余,又何憾焉。"

一月二十五日　往中央党部出席中央执委会临时常会,汪精卫主持。决议:(一)通过中央执行委员会组织通则、各委员会及各处会组织通则;(二)四全大会及第一次全体会议交下各案、由常务委员分别各种提案性质

① 王郛:《黄郛日记 1931—1932》,香港开源书局出版有限公司,第 126 页。

部类、组织审查委员会、或交政治会议组织审查委员会、审查报告等。

在讨论中央执行委员会内各种规章，通过汪精卫提出一临要案，即孙科电辞行政院长。会上，陈铭枢发言说院长既辞，副院长请另推一人暂代。先生是日记载曰：现在之行政院等于立宪国家之责任内阁，院长等于内阁总理，决定此制度系根据上海和议，孙科乃和议中粤方首席代表，对于此制之创制，此位之重要必有精深之研究。于就职之前，党中推任孙科任此职，亦以希望此职最切而最合，且乃推之亦非无意义也。今任职未一月，而三去辞，未免以国家作儿戏，且当此内忧外患严重时期，孙科曾主张团结御侮者，蒋汪因孙科之无请而来，来未数日，一切大计尚未决定，孙科忽而态度又变贻，蒋汪以不采纳其意逼之出走之讥评，又以党治国数年于兹成绩不见国人，对党已万分非难，而孙科轻举妄动，时时表暴国民党无治国能力之弱点，而增加国人毁党之口实，果党因之而败坏而丧亡，孙科其唯一罪魁。人言父创造之，而子丧亡之，将实证耶。孙科不满于中央之政治，叛之往粤组小朝廷，以至议和，中央为安内攘外计，一切言纳其等意见，不料所议条件，孙科应负责办者，如取消广东政府及一切类似分裂之现象，而孙科食言而肥，毫未办到，既不能安内，则攘外无功，锦州失守，上海受侵，皆孙科二十余日责任内阁所招者也。凡此种罪戾，岂以一走能了事耶，真儿戏党团之至也。

最后会议讨论，决议派张静江、张继、居正前往慰留。先生闻之叹息："唯仁者宜在高位，不仁而在高位，是播其恶于众也。上忘道拨也，下亡法守也，朝不信道，工不信度，君子犯义而人犯刑国之所存者幸也。如此不仁之孙科，推而居如此高之位置，安得不播恶于家乎，上亡道，下亡法，国不亡者几希。"

晚，与蒋作宾谈时局，蒋主张蒋介石实行迪克推多（Dictatorship，专政）以为非此不足以挽救危亡。先生主张分权共治，以为过渡。

一月二十六日 上午，往访蒋介石：（一）谈北方时局安定，在张阎合作，蒋应作调人，早促二人觉悟；（二）告张学良有电相约往商一切，询宜去否，去应向张谈什么。蒋对前者称善，盼速进行，对后者须稍待时局变动再说；（三）举政府因孙科之措施行动不当，荒唐失威信，孙即再来，示无办法，请蒋大定大计，外交不战，只有屈服，屈服不过牺牲一二人，则保全甚大，为国尽忠者应顾虑周至也。蒋亦谓然；（四）请促俞飞鹏早到交通部，保全邮政储款。适俞飞鹏亦到，遂而促之。

下午，接孔祥熙电，诸托代召集审查上海市给水合同，拟明晨照办。

一月二十七日 出席中央政治会议三〇一次会议，讨论通过：（一）函中央执行委员会,本会议常务委员,业己到京,特务委员会应毋庸存在;(二)成立外交委员会,指定蒋作宾为主席兼常务委员,推蒋作宾、王正廷、顾维钧、顾孟余、罗文干五人为常委,蒋兼委员长;(三)甘介侯报告最近国际联盟会开会情形,吾国代表颜惠庆请示要点一一,交外委员会研究答复之;(四)政治会议所属各组之委员,如何分配,由常务委员拟定。

一月二十八日　日本在上海制造事件,向十九路军发动进攻。

上午,在中央党部第一会议厅参加第五次常务会议。会毕,接开中央政治会议,成立外交委员会常务会议,讨论外交方针。陈友仁在英文报上发表宣言,谓蒋介石反对彼之政策,故辞职。汪精卫对之辩正,用谈话方式发表。

下午,访张我华,谈时局并论机关之组织等。

晚,赴临时中央政治会议,议决汪精卫继孙科为行政院长,张继为立法院长,罗文干为外交部长,并宣布外交方针,在不丧失领土、不丧失国权之范围内退让,如日本得寸进尺,只有牺牲。

一月二十九日　出席临时中央政治会议,通过宋子文为行政院副院长兼财政部长,组织成立军事委员会,直隶国民政府委员七人或五人,行政院长、训练总监、军事参议、院长、参谋长、陆军部长为当然委员,选定蒋介石、冯玉祥、阎锡山、张学良、李宗仁、陈铭枢为委员,蒋介石、何应钦、朱德培、李宗仁、冯玉祥为常委。先生发现前行政院、各部长均先后更动,而会议席上每言不以责任内阁论,因人成事,殊属可叹。

一月三十日　往励志社开会,会议决定为避日本威胁,决计迁都洛阳,并发宣言通告中外,至深夜一时方散。

一月三十一日　与傅真吾、李子厚、王漱芳等谈滇川黔团结事。

二月一日　上午十二时,得何应钦电话通知,赴励志社出席谈话会。会议报告近日迁洛阳步骤,预料日本派遣大批援军,必不在租界附近,大战今后或聚焦天津、青岛、南京、汉口与其他外国人无关系之地。当为何应钦斟酌复孙科电。

二月二日　往访何应钦,见宋子文、陈绍宽在座。宋告将赴沪筹款。陈言昨夜下关开枪事,实乃系有人先以手榴弹炸日本,码头看护者受伤,于是放警号,海军因之发炮七八响,我方并未反攻,如此则非日本人挑略。日本兵舰四支,陆战队不过二三百人,决不敢开炮,我方军官观察不明,不免幼稚。正谈话间,何接外交部次长郭泰祺电话,转告美国已有一通谍,劝告中日停战双方撤退,由友军填防,中日争端由列强居间调停,根据非战公约及国际联盟十月九日议决案处理,不得有何保留之条件云。先生闻听后,以为似此则于我甚利。

二月三日　下午二时,赴中央党部出席谈话会,各界代表在坐,谈宣传及指导民众要点。三时,到励志社,何应钦召集京中新闻界谈话。晤陈铭枢,陈告先生云,今晨十时,日舰向吴淞炮台进击,我之还击,击沉日驱逐舰一支,伤巡洋舰二支;我官兵伤亡三十余员,各坏炮三门。何应钦得邓振铨司令报告亦同。海军方面,吴淞炮战果将日舰击沉。

晚,到何应钦宅,闻有主张派飞机发往吴淞助战。先生认为须与外交部商妥后方去,盖日方接受英美法劝告,不扩大战事,当顾虑国际同情。先生遂亲往外交部,与徐谟、罗志希二人讨论片刻后复何应钦。何等亦有所顾虑,深恐我飞机数量少,恐牺牲不值,仍决不派。十一时归寝,闻汤山警卫师驻兵一连携械逃跑,且闻为蒋介石乡人,先生觉人心难测。

二月四日　往何应钦处,知吴淞尚在激战,日舰十余艘环攻一炮台,自然有弹尽之忧,为之怆然。

二月六日　往何应钦处询大局消息,晚十时止,无大变动。

二月八日　访何应钦,知对日外交上,上海方面诸人不接受英军舰司令的调停办法,以至延搁两日,日本增援陆军赶到拒绝调停。先生闻之叹曰:"呜呼! 政府不健全,一国三公,安能生存于现世耶。"

先生在笔记中写道:"英国海军司令克莱之调停办法,系双方先行停战,各退原防,以第三者军队居间为缓冲,即开始交涉。沪案吾方诸外委尤其是郭泰祺外交部坚持非中日全案解决不可,遂延搁二日。于本日,陆军陆续上岸,则此办法全被拒绝,日人反提出非中国军队撤退二十英里不可。又闻日方表示若中国愈依赖英美,时局难解。譬如两人交易,若加一中间人,必多一分佣金,而当双方或让价或言情,反无面子与机会。又闻吴淞炮台不能发守兵,又不敢退,而日方以新式战舰之大炮轰击,台基多毁,守兵死伤大半,有守吴淞镇之兵,两连只剩二十,兵凶战危至可怜。"

二月九日　晚,访何应钦,询中日战况,交涉有进步否? 何告日军似以吴淞为根据,待大批陆军到后再大战,外交无进步;张群、顾维钧、蒋作宾今日来南京晤商汪精卫。

二月十日　赴何应钦寓探军情,获知本日无大战,而日军已占据江湾,且撤回沪江大学附近,似坚守以待援,回驻海军可掩护之地。

二月十一日　上午,阅中央党部所发情报,并读上海各报均无特别消息,有重要者已成明日黄花。

二月十三日　在何应钦寓见吴铁城电文,说英法公使主张中方军队撤退距租界十余里之地,日军亦退入租界。先生认为,英使完全袒日,目前只有两途:(一)准备大战一场,使民族性发挥,任何牺牲非所计也;(二)自动撤退相当地点,换警兵维持吴淞、闸北地,安全不必再靠调人。

本日 得讯日本政府已训该驻中国大使重光葵可以接受上海各国领事及公使提案,但只言沪案不牵涉及满州问题。先生预料今夜或明晨吴淞、闸北将有大战事。

二月十四日 上午,闻蒋介石已回南京,想往谒而不果。

晚,往何应钦处探抗日军情,知日方已到陆军二万数千人,械精饷足,势非一战之后不能言结束。先生认为,强弱异势,若不与战,使稍受打击则求和,厄对无望且其陆军气焰正甚之时,即让步亦不能杀其气,如太让步,则政府当局不足以对人民及天下后世。正讨论间,吴铁城来电,言日方态度强硬,叫中方军队先撤退不可。我撤之后,日军是否同时撤退,是否不进战我退出之区域,毫无不知日方情形。吴来电请调一二师精兵赴援。何得电后,详加考虑,以为此刻抗日、剿共二者不可并进。欲抗日到底耶,则非与共匪妥协,一致抗日不可;如欲剿匪耶,则抗日只能适可而止。何当将此意电吴铁城,嘱告各中央委员迅集首都,共决大计,以免顾此失彼。电文斟定后,至深夜一时回家。

二月十五日 闻双清本日赴洛阳与俞飞鹏接洽欧亚航空公司事,如有款则续办,否则弃之。先生当劝双清回黔,表示从地方建设起。地方不良,中央无基础,吾人在外太空泛,凡事费力多而成功少,宜早知自反,况今后国家一切建设,均须以交通为基本,西南更然,交通先办不能统一,故以后应注意到此。

二月十六日 何应钦见示孙科一电文,大意指责为何不援十九路军,不接济械饷,使十九路军受困窘且和派代表勾结日方,预备当亡国大夫而不惜。何阅后愤极,但仍平和地回复孙电。何抱怨在南京所负责任太重而不讨好,拟商蒋介石离宁北上,并具辞军政部长职呈交汪精卫,准备一二日内起行。

先生赞成何有此决心,以免丧失历年勋绩。当日日记云:"粤人引外力而倒蒋,敬(何应钦)为蒋之替身,自然在被毁之列。""避免不誉,敬在京目标大,他往或可减少京中战事耶。"

二月十七日 命人购船票自宁回沪。船上续读《日本侵略中国外交秘史》,附录篇为李鸿章关于中日问题者甲午军事与各方往来电报。

二月十八日 访宋子文,谈财政及邮政储汇局等问题。

二月十九日 晚,先生日记记载:"日军司令殖田送一《哀的美敦书》于我十九军长官及市政府,词极荒谬,一字也不能接受。市政府及十九军转呈政府令外交官拒接,故今夜战争又开始矣。""倭寇横暴欺侮我人太甚,非以热血坚毅之精神与之周旋不可,此时,果东三省同时及攻收回失地或可能矣。"

二月二十日　晨起,即闻炮声隆隆,知我军与敌又大战开始。

下午,访杨永泰,视其肾脏炎疾,医谓系用脑太过,与前次乘机受伤所致。

二月二十一日　上午,听杨志雄来述上海各界对日抗争情况。

晚,阅报知"本日我军与倭大战于江湾方面,闻我军小胜。"

二月二十二日　致王家烈养电,希望以后治黔举贤任能,庶政公开,免除苛细捐税,裁减过量军额,振兴教育,发展交通,造成一自治省区,然后联合各自治省区共组一中央,其中央方能健全,有自治之地方与健全之中央,上下相维,国庶有中兴之望。

晚,闻炮声巨大,以电话询张群,知前线放弃胜利。

二月二十三日　由于连日均闻炮声,先生夜不成寐。

二月二十四日　闻中央拟在洛阳召集国民党四届二中全会,先生由于对过去种种不满,灰心已极,颇欲静养数月。张群、刘书蕃等好友均劝说休养尚非当时,不往则与政治绝缘,不予赞同。

二月二十五日　上午,与何辑五商中国航空公司与美国合资事。

下午,访张群、杨永泰谈中日战事,并以赴洛阳问题征求意见。张极主张前往。

二月二十六日　会张群、何辑五、汤漪等谈中日战事。

二月二十九日　与邓汉祥往访蒋介石,相谈川黔现状及两粤将来。蒋要先生赴川黔视察,先生以王家烈、毛光翔问题尚未解决前不便前往,拟先赴洛阳,嗣赴北平,最后则至川黔,蒋首肯之。

三月一日　邓汉祥因与蒋介石接洽事毕,告今日将乘船返沪。先生当以黔事告之注意,请相机准备一切,待北游返来即进行。

本日　在日本策划下伪满"建国",扶持溥仪为伪满洲国的执政,建"年号"为"大同"。

三月二日　晚,从浦口乘火车赴洛阳。

三月四日　上午,在洛阳西宫东花园出席四届二中全会第一次会议,顾孟余主席,听汪精卫做政治报告,何应钦做军事报告;会议通过慰劳淞沪将士和战地同胞电。会上,薛笃弼发言独多,均为责备日寇入侵后,政府当局不援十九路军之种种,尤以责何应钦。郭春涛、黄少谷复和之,一时会场空气紧张。先生认为综其议论,无不在反蒋反何防制独裁专制报复,昔之怨而已。

下午,继续与会,讨论通过实行财政公开,实行减政;成立财政委员会;

现役军人不得兼任政务长官之规定;筹设各级民意机关,以导入于宪政时期。

晚,与双清谈欧亚航空公司近况,相约两日后赴北平。

三月五日 在洛阳西宫东花园出席四届二中全会第二次会议。讨论通过(一)以长安为陪都,定名为西京,以洛阳为行都;(二)通过颁行大赦案,交国民政府饬主管机关迅速拟定办法;(三)关于划一刑法案,交政治会议将各种特别法分别废止,如确非得已,必需暂留者应明定施行期间;(四)通过国民政府军事委员会组织大纲修正案。

三月六日 上午,出席四届二中全会第三次会议,通过大会宣言。汪精卫致闭会词。

下午,因有赴北平见张学良使命,遂与王茂如、钱慕尹、缪斌乘火车西行过郑州、开封。

晚八时,抵徐州花园饭店,交通部电报局匡经猷局长、陈永清处长来迎。

三月八日 抵北京饭店,参加李景枞在丰泽园设宴。

本日 国民政府特任蒋介石为军事委员会委员长。

本日 溥仪在"新京"正式宣布就任伪"满洲国执政",同时任命各"府"、"院"、"部"的负责官员,伪"满洲国"宣布正式成立。九日,溥仪举行就职典礼。十日,同日本签订密约。

三月九日 晚,接待张学良来访,谈中央对东北伪满洲国,决先通告国联揭穿日本侵吞东北阴谋,请各友邦主持正义,然后决正式明令讨伐,此次沪战我已予日军以重创。

三月十日 上午,接待北平三名新闻记者访问,与之畅论此次中日上海战事、洛阳政情,以及来北平任务和个人政见。

本日 日本驻伪满特命全权大使武藤信义和伪满洲国国务总理郑孝胥在长春签订《日满协议书》。日本政府发表关于承认"满洲国"的声明,宣布承认"满洲国"。

三月十一日 中午,赴张学良设宴,坐者有于学忠、商震、王维宙、周大文等。

三月十七日 上午,访蒋伯诚谈政局近况,并询北平当局有关系人之历史。下午,赴周作民设宴,坐中有于右任、鲁荡平、蒋伯诚、白云梯等。

三月十八日 得何辑五来电,言黔省政府主席问题,建议先生不可放任。

三月十九日 又得何辑五皓二电,言陈铭枢有辞交通部长讯,俞飞鹏促先生注意,勿客气失去良机;又希望一面设法请中央发表黔省主席,一面设法复交通部长职。先生觉得自己既不愿回黔与王家烈、毛光翔争主席,又不能直接向汪精卫索位职,况陈铭枢之夺交通部有如饥鹰之攫仓,小儿之争饼,既已到手,安肯放松,遂电谢何辑五。

三月二十日　上午,与马懋勋乘欧亚航空公司飞机俯游长城与十三陵。

中午,得何辑五和何应钦电,均主张回黔主政。先生认为王家烈欲得主黔之意至为坚切,夺之不免离二,反于黔省大局无补。电复何应钦并致邓汉祥、张群,请勿主张。

三月二十一日　访蒋伯诚谈黔事,并出示何应钦电,托他电蒋介石,表示自己回黔任省主席之不当。

三月二十二日　晚,访张学良,告以近日时局内幕,谈约一小时辞谢而出。

三月二十三日　中午,参加鲁荡平于西四胡同和居设宴。宴毕,畅谈党政,并约在京集党中干部会商复兴之策。

三月二十四日　与熊希龄、谷九峰、覃振同车返宁。

三月二十六日　闻何应钦有电建议,行政院发布王家烈为黔省政府主席,先生认为黔事遂告一段落。

三月二十七日　与俞飞鹏畅谈交通、外交、军事各问题。研究认为,若重返交通部,皆宜从汪精卫处着手。

三月二十八日　出席中央政治会议,讨论关于国难会议、民意机关等设等事宜。

三月二十九日　访蒋介石,值其将往中央党部召开先烈死难纪念会,未晤而返。

三月三十日　上午,再次往访蒋介石,侍者告知尚有七八人相待,请先回再待电话。

三月　辞中国航空公司董事长职。

四月二日　晚,往访张群,备闻停战议和近情。张转告中方主张限期撤退日兵,日本方面恐撤兵后一无所获,欲留待圆桌会议将上海善后问题,得有结果后方肯撤退,因之双方坚持进步极小,间有破裂之势,和平前途甚为悲观;张知先生不愿就贵州省主席电,乃携往杭州谒蒋介石,为善辞。张转告蒋意,仍拟先生往。

四月三日　与何辑五、徐经宇、邓汉祥、双清谈黔事,先生说明自己不能回黔任主席理由。

四月四日　夜,晤张群,探听本日停战会议消息。张表示有回四川意。先生扣问何故?张答其母不习惯上海,欲率之归乡。先生闻之,不觉亦有同感,是日记述道:"然黔事未了,余不能率母归。黔事果妥,余亦无替人可以送归侍奉,乃伤弟兄之少,凡事皆一人独当,可痛可怨也。"

四月五日　往杨永泰处吊唁,且详告北方时局。

四月九日　上午,驱车前往祈齐路(今岳阳路)十一号见宋子文,见其形色憔悴。先生先慰问之,次畅言汪蒋合作的现在及将来,涉及政治党务。宋自言素来注重事务,不问政务,殊不知事务往往受政务之累;嗣讨论保全邮政储金汇业局必须有根本办法。先生答复,根本办法在先得合作之人,宋亦首肯。不过何法可更换,初决定先向交通部借款二百万,如不允则是表示不合作,不合作即可促汪精卫去之。

四月十日　接待黔籍邱石冥、倪松寿来访。邱在沪拟举办个人书画展览,欲请先生为发起人之一。先生允之。

四月十一日　晚,听许修直来告,中日停战和议可望告一段落,唯东三省日本人决不放松,似此则南京安全,沪宁路一月内可望通行。

四月十四日　与张群谈西南和大局事。

四月十五日　往晤蒋介石。先谈北方张、阎、冯、吴等关系及将来变化,次言国民党之复兴问题,再次言西南问题。蒋拟派先生速往川黔一行。先生答以至快须黔省问题改组就绪后方可启程。先生促蒋改组黔省政府。

四月十七日　致何辑五电,告交通部已派代表四人与美方开股东会,改造董事并定刘沛泉为中国航空公司总经理。

四月十八日　中午,在蜀峡饭店与张群、黄郛、何应钦便饭,坐中有陈仪、蒋作宾、钱昌照共七人。

《黄郛日记》载:"蜀峡饭店午餐,同座有何敬之、王伯群、陈公侠及岳军、雨岩、乙黎诸人。"①

四月二十四日　得刘书蕃两函:(一)报告与宋子文谈话经过,宋欲其缓赴闽,待商挽救邮政储汇局之策;(一)述《时事新报》论说之荒谬,欲延律师与之一讼而明是非。

四月二十五日　出席中央政治会议,通过各组委员名单,先生与陈果夫、宋子文、孔祥熙等分在经济组。

四月二十七日　中午,宴请四川刘文辉代表张百常、冷杰生、杜履谦、傅真吾,邀请双清、何辑五、邓汉祥、徐经宇陪谈。

四月二十八日　赴蜀峡宾馆访张百常、冷杰生、杜履谦。

四月二十九日　上午,听邓汉祥谈川事,并告与蒋介石接洽情形,转告

---

① 黄郛:《黄郛日记 1931—1932》,香港开源书局出版有限公司,第127页。

蒋约明日下午四时见。

四月三十日 上午,李仲公来谈汪蒋近况,及周旋于二者之间情形。

下午四时,往访蒋介石,把所拟策川滇黔大纲函呈请核夺,并请电四川刘文辉、刘湘,云南龙云,贵州王家烈,告派先生前往慰问。再请作致四川邓锡侯、田颂尧两书。

晚七时,赴谷正伦宴,席间知今日枪毙共产党数十人。

五月一日 听俞飞鹏述交通部近状、与蒋介石谈话情形、大局趋势和党派暗争等。

五月二日 乘船自宁返沪。与李石曾谈地方制度及分治合作主张,与杨杏佛谈时局党派等问题。船入吴淞,只睹兵燹惨痕,令人凄然。

五月三日 作函邀请李子厚赴西南视察。函曰:"滇川黔为西南重镇,在革命史上久具声光,顾团结未固,势力薄弱,处此严重时局,上未给捍卫国家,下未能福利人民,本有独立自治之可能,常居附庸被动之地位,每一回溯,不胜杞忧。近为时势所趋,三省内外人士咸以乘时崛起,团结一致,上卫国家,下利人民,此其时矣。遂有命群前往三省之议,伯群自顾浅薄,离乡已久,敬恭有心,竭蹶时虞,欲求事之有济,尚赖贤豪。吾兄茂才异能,久著乡邦,出使四方,不辱所命,拟请拨冗一行,众志成城。古有明训,左提右挈,予日望之怅护赞同,以月之十四日以前,由沪起程为便。伫盼好音,无任企盼。"

五月七日 访宋子文谈大局、粤局、川局及交通等问题。宋交一最密电本以备紧要时用,名曰"始密"。

五月十二日 往访蒋介石,与谈赴四川手续。蒋告与汪精卫商拟先生以"川滇黔视察专使"名义赴川。蒋还云,李仲公得王家烈电,反对何辑五长民政厅,询先生有所闻否?先生答未有所闻,闻有电促何辑五速回,反对之说不知何因,容考察再答复。蒋嘱先生电王家烈,询问究竟。

本日 接汪精卫约宴函。函谓:"伯群先生大鉴:昨携介石先生台端一电,未知已达否?顷闻大驾莅京,至为欢慰,拟于明十三晚七时在舍间薄具晚餐,邀请屈临一叙。千乞勿却为荷。专此,敬请台安!弟汪精卫顿首。"

五月十三日 赴铁道部官寓参加汪精卫晚宴,坐中有居正、王正廷、褚民谊、曾仲鸣等。

五月十四日 往谒汪精卫,谈四川事至久,最后决定假"视察专使"名义而往。先生请汪准备一切,五日内首途。

五月十六日 闻日本军人暴动,刺杀首相犬养毅,又破坏交通机关多处。先生以为日本军阀狂暴至此,非中国之福也。

五月十九日　上午,接待上海《时事新报》《大陆报》《大晚报》、申时通信社来访。

晚七时,赴蒋介石饭局并谈话,坐中有李石曾、蒋作宾、张群、杨永泰。餐间谈日本首相犬养毅遇刺事件、今后日本政治趋向与中国所受影响。餐后,先生报告黔省反对何辑五长民政厅的背景,并将代拟致川中各将领之函交蒋署名。

五月二十日　国民政府令:特派王伯群为川滇黔视察专使。

五月二十一日　赴谷正伦晚宴。谷言此次沪上邮政工人罢工酝酿已久,恐涉及交通部路电扩大范围,不知交通部如何收拾。有主张用武力解决,谷表示绝对不赞同,往陈于蒋介石,如用武力压迫,则目标又将转移到蒋身上,殊不值当。

五月二十二日　往访汪精卫,解释道:"邮工反对邮政储汇局分立及津贴,航空乃反对余之政策,至传单之打倒某某,拥护某某,乃间离挑拨之惯技。"汪示深以为然,并详述经过及解决方法。汪嘱明日出席中央政治会议讨论此事,先生答以未便发言,恐惹纠纷,声明不出席。

本日　国民政府任命蒋介石为鄂豫皖"剿匪"总司令。

五月二十六日　上午,拟一信直致汪精卫:(一)请将致川中当局信函早备交下;(二)嘱褚民谊捡给川康问题材料;(三)请定时间谈话。同时,编"察秘"一册送汪存用。

五月二十七日　接汪精卫函,函曰:"伯群先生惠鉴:手示及密本敬悉,兹将各函奉上,川康文件亦嘱民谊兄捡呈矣。启节之前尚思一晤,容再函订,此请勋安! 弟兆铭。五月廿七日。"并附蒋、汪共同签署的致川中刘湘、刘文辉、杨森、田颂尧、邓锡侯专函。

五月二十八日　接待贵州遵义人刘健群来访,自我介绍说应蒋介石之召来担任政治工作。

五月三十日　上午,与张群谈川事和黔事。关于四川问题,张主张设军事委员会,隶善后督办之下,集各军重要代表与委员,刘湘为之长,以合议制处理军事;设财政委员会,集各军代表为委员,以刘文辉为长,处理财政,充实督办署及省政府职员而执行云。职务以刘文辉名义,拟稍加修改,或称川康边防督办,然须待吴晋航①到后始发表,予吴一点面子。先生对张群主张未加可否,因既决入川,一切问题欲实际调查后,方不致隔靴搔痒。关于滇黔问题。先生表示,因何辑五、双清能回去否,尚不可知,故只好以团结,走

---

① 吴晋航,时任重庆和成银行总经理、四川生丝公司总经理。

在一条线上为妥。如川局不统一,黔局颇受牵制,黔局人动摇,滇亦不保,仍以统一川局为解决西南大局之先导。张深以为然。

六月一日 上午,携郑硕贞、陈春霖、贺其英、张璧宸等随员上"江华号"船。江华船为招商局最佳者,速度至快,不一时已超过先行数船。何辑五、双清、丁宜中均由沪起程在船上相见。先生先听沪上罢工后各方情况汇报,次商此行应付方法。何出示黔中欢迎各电,表示回省势无大碍。

六月二日 下午六七时,船抵九江。

六月三日 与何辑五、双清、丁宜中,及二十四军代表杜履谦等抵武汉招商局。武汉警备司令叶蓬、驻绥靖公署主任何成濬代表陈光组到船表欢迎。

六月四日 接待何成濬来访。先生是日记载:"雪竹负武汉绥靖之责,而湖北遍地皆匪,人民之苦较任何省为最,直失职之尤。其地方大员失职,中央不能撤惩,中央大员失职,则一味敷衍,如陈铭枢者,政治腐败良有以也。"

六月七日 下午五时,船抵宜昌,王陵基师长派人携名片来迎,各交通机关、各乡人等纷纷上船寒暄。先生觉王师长资格老,智识望,乃川将领杰出之才。

六月八日 中午,参加"快利号"船主和招商局分局长徐仁东船上设宴。

晚,赴王陵基师长家宴,与之畅谈此行任务,望其赞助一切,甚欢而散。是日记载:"(王师长)一九一三年已任重庆镇守使,余心目中以为其人必魁梧奇伟,年在五十以上。今次见之,乃一中等身材,精神弥满气象,发皇论时事多得要领,政治常识亦丰富,谈锋尤健,真川将领中之表表者,可爱也。近负指挥川军来鄂西剿匪之责,想可大告成功耶。"

六月九日 会见刘文辉驻京代表吴晋航。听其备谈成都方面意图,仍主二刘合作解决川局。

本日,蒋介石在庐山召集豫鄂皖赣湘五省"剿匪"会议,宣布"攘外必先安内"为基本国策。

六月十三日 下午抵万县,万县各界代表上船欢迎。先生下船至公园发表演说,报告此次之使命。

六月十五日 上午,船抵重庆。先生远见岸上欢迎之军队林立。刘湘驻京代表张必果、稽述庚及司法行政各机关职员数十人在岸上设座欢叙。夜宿重庆世界饭店。

晚,与随员郑、陈、贺、张商定应付各界方法。

六月十六日 下午,原赴纯阳洞与刘湘约谈。嗣据张必果来言,刘因感冒,请改期。先生知刘实则明日生日欲避寿,当令人备寿席酒面烛炮等赠之。

六月十八日　上午,出席重庆交通部电政界全体人员的欢迎会,并略致训词。

晚,得赵守恒电,言黔中反对何辑五、双清,组织便衣队希图暗杀,望先生等注意。先生以原电示何、双,谓空穴来风,无足虑以安慰之。

六月二十四日　上午,赴陶园出席中央军校旅渝同学二十余人之宴。在致辞中略谓,中山先生开办军校之意义,乃在造国家武力和民众武力,现在全国之武力尤其是四川能达此目的者少,希望同学诸等努力,勿忘中山先生初意。

六月二十五日　上午,赴四川省委大礼堂出席重庆各界六百余人参加的欢迎仪式,刘幼甫委员主持。先生做题为《国难期中吾人应有之觉悟与努力》讲演。略谓本人追随总理革命逾二十年,至今主义仍未实现,目的仍未贯彻,而国内战祸之烈,外侮之亟,且视昔更甚,言之痛心,今后吾人欲达到精诚团结,一致御侮之鹄的,则对于以往一切错误,应加以周密之检查。在心理方面,亟应恢复忠孝仁爱信义和平诸固有道德,以挽回颓风;在物质方面亟应开发交通,努力生产,以裕国脉,而厚民生;在社会方面,亟应推行自治,普及教育,以树民主政治之基础,诚能本总理遗教,努力各项建设,则对外不难达到雪耻目的云云。讲毕,全场欢呼口号,有王专使是解除四川民众痛苦的救星,欢迎王专使促成川局和平统一,欢迎王专使促进四川训政建设,欢迎王专使请转中央废除苛捐特税等语。旋即摄影散会。

六月二十六日　应中日问题研究会彭云谷之邀约,往青年会做《国难期中之交通建设》演讲。

六月二十七日　拟上蒋介石电,报告:(一)刘湘因病谢客,一切尚未详商,无由呈请核示;(二)刘湘困难情形,请酌予奖劝;(三)中央须推陈出新,方能起衰建信等语。致汪精卫一电,报告近状。复刘文辉、杜少棠、杨森各一电。

六月二十八日　《中央日报》登载《王伯群谈视察任务》记者问答。次录如下[1]:

（记者问）:专使此次受命中央,视察西南,使命重大,得闻其详否?

（王答）:余备位中枢,已度六载,平时观感所及,深信非修明内政,

①　《王伯群谈视察任务》,《中央日报》,1932年6月28日,第6版。

不能御外侮，非建设地方，不能固中枢。过去数年间国内多故，干戈连岁，事实上尚未脱离军政时期，而中央与地方，因交通不便，情形隔阂，一切政事施行，每难收指臂之效，因隔膜而误会，因误会而梗阻，所谓统一不过形式而已。盖建设地方，非空言可致，势必实地考察，因势开导，尤应融会沟通中央与地方之意见，互为提挈，始克有济。故余此次奉令视察，其目的厥有三端：第一，宣达中央注重西南之意旨，与历年对内对外之一切设施；第二，考察三省之党务、政治、军事，及地方种种情形，与三省当局切实磋商一建设进行之具体方策，期速其成；第三，西南三省自民元以降，于革命历史极占地位，而讨袁护法诸役成绩尤著，此后拟与三省人士，晟勉发皇，辅佐中央，以完成国民革命之使命。

七月一日　阅何辑五出示的各方来电，有言黔事恶化者，有言川局不清者。

七月四日　赴世界大旅社招待三十余名重庆新闻记者并致词，略谓抵渝以来，初因党政军之接洽，嗣又小病数日，今日始得欢迎诸君，过迟为歉。简言述之，则主要下列三事：（一）此来使命，在谋西南数省精诚团结，共赴国难；（二）在谋西南数省之建设，尤其是交通建设，以固国基；（三）提倡地方自治，以为民主政治之始基而舒民困。记者代表答词，并询先生三事：（一）希望中央注重清除共匪；（二）消弭川战；（三）注意川民疾苦。

七月六日　与张必果赴刘湘公馆拟商谈大局、川局及三省诸问题。因刘初病后，精神尚未复元，乃约异日再谈。归后，先生对刘湘评价曰："为人极稳练，对川事过去曾想有解决办法多种，以最后之由经济问题而解决军事政治办法，为其最得意之笔，卒因中央未与其二千万公债之发行通过，遂延至今未得第二办法实行也。刘之俭朴，亦非常人可比，可钦也。"

七月七日　上午，与王家烈代表马空几畅言黔事：（一）询王家烈对中央究竟如何，何以反对中央人员之声如此高？马答以彼才短，不能慑服反动派；（二）询黔军近日有分裂之说确否？毛光翔之旧部是否另有团结以谋制王家烈？马答近甚团结，毛、王常晤面，想不致分裂，惟车鸣翼、侯之担两部，王家烈未入筑时曾出力欢迎后，王事后论功行赏不及二人。二人未免怨望，他则未闻；（三）毛光翔是否离筑？马答因王家烈忌之，故留筑以明无他，近则欲离而未能也；（四）江国璠部有叛变者，究因何故？马答因江更换私人过多，人人有自危之心也；（五）询其是否回筑？马答彼系江津籍，寄屋桐梓，今欲回原籍。

七月八日　晚，赴重庆商界各帮之邀参加总商会设宴。

本日　旅外黔人闻王家烈派反对省委人员，大为愤恨，欲组织人民武力以自卫。先生闻外间对于黔局颇多谣诼，为烛机事先计，特电达黔省党局，及各方将领，号以爱护桑梓，共纾国难。兹摘录原电如次①：

贵阳王主席绍武兄、安顺犹副军长用农兄、遵义蒋师长丕绪兄、赤水侯旅长铁肩兄、洪江何师长知重兄、铜江车师长羽如兄均鉴：

此次绍武兄旋里，具有改造军民两政之决心，用能感动内外，一致推贤让能，事非偶然，可资回想。迭接诸兄函电，亦以拥护中枢，同御外侮为言，路入光明，曷胜敬佩。弟奉命南来，职在视察地方，同行诸人，均共此旨，倘争名利，胡远市朝。昨者市虎怀蛇，颇多谣诼，始传外来之疑误，继闻内部之分歧，自系浅薄者流，神经过敏，兄等深明大义，应不为所动摇。而最近乡中要人通讯，犹惴惴于内部之裂痕，此则颇堪注意，现值满案尚悬，国难未已，吾辈为民族争生存，为地方策治安，乃至爱护友朋，自全声誉，精诚团结，共济艰危。即语其浅者近者，不自分化，为能与争，倘启纠纷，人尽兴隙，其势虽不遽至此。然二十年来之内争，往往造端甚微，燎原可怀，危词最易耸听，祸变转出所防，不烛机先，恒悔事后。务望兄等以静御动，以智息愚，贯彻初衷，愈加团结，厚积实力，为国驰驱，鉴往知来，努力建设。无任无事化有事，小事化大事，徒快奸人之就，致贻邦国之忧，桑梓安危，同负责任，直纾所见，尚企监察。

王伯群叩　有印

七月十一日　第二次与刘湘来谈大局。（一）关于西康问题。刘认为西康刘文辉负有全责，应速派劲旅收复失地，然后组省，否则只有四五县，皮之不存，毛将焉附，刘举唐柯三之言为证，证实刘文辉不负责任之点，并言今后之应付方法，约两小时。（二）关于川事。刘谓川事如未有良善方策解决时，不如暂维旧状以免纠纷；接谈川中各将领个性及过去解决川事之方案，又一小时。（三）关于黔事。刘认为对黔事拟先电驻筑代表，详询王家烈治黔方略，并待王家烈复何应钦电后，再定办法。会谈结束后，先生评价刘"长于说词，每谈一事，必源源本本反复推敲，假设结果而论断之，惜无专业常识为之基础。"

七月十二日　发蒋介石一电，报告：（一）王家烈初入黔省，尚有清明气象。未几，遂为江国璠、郑先辛、黄道彬、刘民杰等桐梓系数群小包围，欲把

①　王伯群：《王伯群日记》，1932 年 7 月 8 日。

持黔事,以便私图;又受邻省利诱,阳虽拥护中央,阴实通款粤桂蓉。(二)刘文辉拒绝中央接近之人,似此情形,西南破碎仍不能免。(三)现正与刘湘商应付方法,待有头绪再请授示。

七月十四日　接待刘湘第二十一军军部政务处副处长陈学池来访,备谈川中团务教育、北方危险情形。

七月二十二日　接待刘湘来访,商谈:(一)关于党务。刘赞成促使徐中齐等旧日根基,以备不虞,允照旧接济之;(二)关于川局。刘谓过去种种方案,均觉或不适用,或时效已失,势非重新拟定不可,至新制方案,则当此御侮剿共进行期,不能不再三审慎,故非短期间所可完善,不过抱定二义:决不使川局有混乱现象发生,贻中央与蒋介石西顾之忧;决不令川局影响大局,致碍御侮剿共工作,此敢负责者也;(三)关于黔事。刘谓过去并不十分注意黔内部问题,素所留意者当局而已。王家烈未入黔之初,得邓汉祥电,极推重,嗣丁宜中代表王家烈来渝所述,亦觉可以引为同志。不料其入黔以后,态度一变,至此可为黔惜。现何、双既不愿入筑,一时想不出善法,以黔省关系,西南大局目下唯一要点是匡救王家烈,使之不走入歧途,破坏西南局势,如此最小限度皆不可得,只好不姑息。然第二步办法,请先生商何应钦之决定云云;(四)关于西南交通促进会组织事宜。刘表示相当赞成先生之意见。

先生颇感刘湘谈论婉转而不着边际,虽每次延数小时,结果颇少。当告数日之内将赴成都一行,询其有何意见。刘表示请先听听各方论调,再归纳而谈。最后,先生再提大夏大学募捐事。

七月二十四日　致电蒋介石,报告:(一)报告刘湘决抱不使四川有混乱现象发生,贻中央西顾之爱,不使川局影响御辱剿匪工作;(二)贵州此处实王家烈庸蠕无能所致,第一步仍只有维持,纠正促其觉悟,否则再第二步办法;(三)四川党务因加某派,恐从此纠纷。

七月二十五日　偕刘湘参加唐式遵等筹办交通促成会组织会议并略为发言,会议推丁宜中为起草电稿委员,用王伯群与刘湘名义发电,邀请西南各省人士共同为发起人。

七月二十六日　与何辑五谈返沪宁及工作,嘱其到武汉谒蒋介石、到宁商何应钦后详告一切。

七月二十八日　由永川乘长途汽车出发。晚八时后抵成都城边。刘文辉、邓锡侯两军率全城各机关法团代表郊迎。

七月二十九　与双清往谒刘文辉、邓锡侯,略谈时政。

八月一日　致蒋介石、汪精卫各一电,报告离渝来成都情形。

八月三日　接待田颂尧来访,先生代蒋介石、汪精卫慰劳,盼望各将领团结一致,努力建设,为振兴国家之基础。

八月四日 上午,会见刘文辉、李光普。刘谈二十四军财政状况,告用兵西康后,特别支出约二百数十万元,以致拮据异常,希望中央接济。先生以中央困难情形告之,令其从收束军队以节开支。接着,会晤杨森的参谋长甘德明、刘介藩,代表杨致欢迎之意。先生说明未能到广安与杨见面之原因,把蒋介石、汪精卫专函托其带去。

下午,得朱培德、田颂尧、刘文辉复电,赞成组织西南交通促成会。

八月五日 出席刘文辉、田颂尧、邓锡侯欢迎会。

八月六日 出席成都各界代表欢迎大会,植久安主持致欢迎词后,先生以"自治是人民自制的好办法"作答。各界代表纷纷要求,以川省人民痛苦于横征暴敛甚矣,求立为解除。先生允为转呈中央咨达地方当局,尽力为民请命。

本日 汪精卫致中执委会、林森、蒋介石、各院部长,请辞行政院长职。同时致电张学良,痛责张因循坐误,望其共同下野以谢国人。

八月八日 赴四川高等法院访问,龙国桢院长率全体职员开会欢迎,在致词中介绍川省司法现况请转呈中央。先生以三事相勉:(一)保障司法独立,再求进步,一方可以保障人权,一方又可为完全收回依赖裁判权之工具;(二)供给立法方面一切有经练之材料,使不致闭门造车;(三)司法服务人员,亦须本司法独立之精神,刻苦自励,以尽至天职。

八月九日 被刘文辉约往成都城外二化庵晤谈。刘恳切表示:中央(蒋介石)派大员能来到成都,已感激非常,以后一切至当诚意奉命而行,尤盼先生随时加以援助。过去之与中央隔绝者,以后可望疏通。对大局主张非有中心势力不能,尚此难局,故早已认蒋介石为中心势力之领袖。先生是日记载道:刘文辉欲建树之心甚切,因为渝方所压迫而另开出路,而在外为之奔走者,又无法与蒋介石方面生密切关系,遂酿成今局,实则皆环境造成耳。对于川局,久延不决,实刘湘有意延宕,果照历次二刘相晤时办法做去,既无须打仗,又无须大举,只要二刘连名下令已可解决一切,裁兵待有款,恐成待河之清,无款不裁兵,则兵永不能裁,故余(刘文辉)主张立刻裁兵,四川因首领太多,政治纷乱,减少首领乃唯一统一办法。讨论结果,刘拟将过去方案提出再一研究呈蒋介石核定,或与刘湘再商后呈蒋介石更佳。

八月十日 得邓汉祥电,言汪精卫借张学良不出兵为名辞职。先生则认为汪"实则别有文章也。""汪之轻举妄动,欲借此博美誉而下台,不顾时局之危险,徒争单据,吾人早已料定矣。小张(张学良)果不遵命,仅可惩办。以一国之行政首长与一军官拼,殊不得体,汪可谓失职矣。"

八月十一日　访田颂尧军长谈时局与川事。

八月十二日　得何辑五由武汉来函,说蒋介石询入川后情形,并盼速返京,勿久拘蜀中。

八月十三日　上午,阅报知,如汪精卫决不复职,张学良亦非去不可,但蒋介石无表示。

八月十五日　接王漱芳电,言蒋介石、汪精卫分裂事实甚详。

八月十八日　会见刘文辉叙谈大局。刘询先生黔事以如何处置?先生以王家烈、毛光翔皆无识无才,而私于桐梓人均应减其兵权而纳入民治,具体方案,须回京与蒋介石、何应钦商妥后奉告。

八月二十日　接王漱芳元电,报告南京方面所得政局内幕,谓汪精卫表示虽对张学良,实则感办事棘手,与蒋介石冲突之点太多,借此下台,决不回任。继任人选推蔡元培于蒋介石,恐须月底三中全会决定。

八月二十一日　天虽微雨,决意回程。与刘文辉、邓锡侯、田颂尧全体军政界职员等数百人握别。

八月二十四日　抵重庆后,接待刘湘来访,相谈在成都接洽情形并传刘文辉愿马首是瞻等语。刘历述过去自不觉悟,致川局延而未决之点,且自夸刘文辉此刻之意见,乃自己十余年前已虑到,而未行此。

八月三十日　再次接待刘湘冒雨来访。刘与先生谈五大问题:(一)对北方时局主张。甲、留张学良以维系其余不祖汪精卫;乙、放弃择有历史实力者而交之,使其自行应付难局;(二)贵州问题。刘表示过去从未过问黔省内部,现因黔局影响大局,与川局今后不能不进一步注意;(三)川局解决方法。刘始终认为时机未到,条件不备,不能不精详筹划,待时而作;(四)剿共川军饷械困难,友军避难趋易,致久延无功;(五)西南交通促成会。主张即时成立,一面疏通桂粤。

九月二日　出席并主持西南交通促成会成立大会,提议请大会讨论主要铁路干线。先生主张以由重庆起,经过贵阳、柳州为宜,而原议之钦渝路,因当初与法国订借款合同时,法人有发达滇越路之阴谋,且极不经济,非反对不可。近日广州方面有主修钦渝路者,实含有政治作用。先生还建议纯以国家的整个交通政策为标准,决无丝毫私见存乎其间,稍加研究即明白。

九月七日　上午,与随员、双清夫人等自重庆登船出发。

九月十一日　上午,船抵汉口。邮务长何朝宗、师密氏、邮政总局业务处长叶挺瑞到岸相迎。

九月十二日　向蒋介石汇报视察四川情况:(一)刘文辉有归附之意,而刘湘骄满,恐不能统一川局,川事宜待中央健全制成方案,令之遵行,迁就得甲,迁就不得乙,丙丁均非策之此者;(二)王家烈、毛光翔、犹国才、蒋在珍等无一可靠,贵州桐梓系局势已成阴联桂粤、阳奉中央,以后非直接有实力前去不能根本解决。蒋均以为然。汇报结束后,先生周身发痛,速往一德医处求治。

九月十五日　上午,船抵九江,在国民饭店与何应钦晤谈四川视察情形。

下午,在船中与湖南建设厅长谭常恺,谈湖南马路交通等建设成效。

九月十六日　抵达南京,招待媒体来访,介绍六月间赴四川访察情况。

(一)《申报》登载曰[①]:

> 与各将领会晤,申达政府意旨,各将领体会寇侮日深,决不再生同部之分化,惟川省军额,数逾四十万,经费月需千万。如此浩大军费,已予民众以重大负担。关于建设事业,当注意川省交通,余发起西南各省交通促成会在重庆成立。是否再赴滇黔视察,目前尚未决定。

(二)《中央日报》报道更为详细,兹摘录以下[②]:

> 计此次入川来回,已逾三月,兹将视察所得,择其可以发表者数点,分述于次:
>
> 川军态度
>
> 川中各将领态度,于晤谈之顷,均表现十分诚恳。对于中央,一致表示拥护,虽其内部情形尚多繁复,而际此内忧外患交迫之秋,金以除集中力量,以剿匪御侮而外,实无他图。并于每次谈及军政情形时,咸感觉养兵太多,军费浩繁为可虑,统计全省兵力,约四十余万,盖增加捐税,预征丁粮,纵可暂救一时。而商业因以凋敝,农村经济,因以破产,究非根本解决之方,且兵为农民之化身,兵愈多,则农作之力量愈减少,农作之力量愈减少,则农事生产,必日陷于衰落。结果上下交困,民不聊生,费无从出,挽救綦难。各将领近来对于此层,均在深筹熟计之中,期破此难显别开生面,视听所及,认此种共同感想,实为川局前途之福音也。
>
> 建设事业

---

① 《王伯群到京后之谈片》,《申报》,1932年9月17日,第9版。
② 《王伯群视察归来对记者谈入川经过及感想》,《中央日报》,1932年9月17日,第3版。

川省建设事业,因地处边陲,连年多事,致其进行骤难普及。现在已有者,仅长途汽车路数条,又各城市之马路及公园等等,此后欲谋发展,其惟一先决条件,即为政治之推进,军费之减缩,然后方能集人力与财力,以应建设之需要。又凡百事业所赖以进行者,厥惟交通,又以铁路为首要。川省人口衍繁,物产丰富,自古已有天府之国之称,所苦者山川萦细,运输不便,至人力物力,诸多委弃,因势利导,则铁路之敷设,实为迫不容缓之图。曾将此意历向川中各当局申说,佥表同情,已会同发起组织西南交通促成令,俾从事设计,鼓吹实行。至与川省有关之干路,鄙见主张有二:(甲)为同成线。即由山西大同经陕西潼关越过陇海线而达成都;(乙)为成广线。即由成都经贵州广西各重要城镇而出海口。而铁路建设,如轨道桥梁车站仓库等,最关节要之材料,厥为钢铁与水泥,而行车后,又非煤莫办。川省煤铁产业甚巨,不处缺乏,惟同侍明应进行者,则炼钢厂水泥厂之创设,及各地煤铁矿之开辟,亦应预为之计。且钢铁水泥,不仅为建设铁路所必需,其他大小建筑,以及家常用器,农作用器,仰给尤殷。此层亦曾与川省当局讨论及之,但此种种建设,动需巨款,非一省之力所能及,势必合西南数省之人力财力共同举办,或在可能范围内,酌量利用外资,由地方政府乘承中央,订阅合办契约,限以期间,将股份逐渐收回,亦未为不可,

　　民生凋敝

　　川省民生至为艰窘,其原因一由于十余年来干戈扰攘,百废莫举。一由于粮税苛繁,生产及输出入均日益减色,而农民且有因预征丁粮,负担不起,弃地出亡者,重要城市之商号,据云皆外强中干,仅暂维现状而已。但足迹所经,无论平原高岗,其土地之肥沃,农产之丰饶,均令人欣羡不置,他如山泽林监,盖藏所蕴,黄金遍地,而民众之服苦耐劳,尤为沿江海及腹地各省所不能及。设能地尽其利,人尽其力,一一启发,匪时川省民生无处不给,且推而广之,并可济他省之穷。故于视察所及,对此实有无限感想。兴谈至此,以来宾待见甚多,记者乃与王氏握手告别。

　　九月十九日　何应钦夫妇来视疾,转告汪精卫曾说广西李宗仁、白崇禧有电致,言先生赴川滇黔是奉蒋介石命团结三省以对付广西,粤桂代表也有此感,然故广西出剿共之师亦撤回。何当否认此事,并请汪去电解释。

　　九月二十二日　往访何应钦,何说得蒋介石电,促其赴庐山相晤。先生以在川发起西南交通促成会事与何详谈,并说明路线之必要改动。何担心两广仍因政治关系不赞同。

十月二日　《新闻报》等刊登《王伯群抵沪后之谈话》采访稿。

十月三日　上午,赴祈齐路九号访宋子文,畅谈此次视察四川情形,并述何应钦此次回京原因。

十月十五日　晚,宴请张啸林、杜月笙、宋子文、马懋勋、刘书蕃、许修直、郭润生、赵守恒、杨志雄等。

十月十六日　赴华格臬路(今宁海西路)赴张啸林、杜月笙之宴。坐中遇老友章士钊、汤漪、黄钟瑛、章保世、马懋勋,畅谈至快。

十月十七日　闻汪精卫决定出国,先生将川中诸将领致汪函五件加一信送之,并说明因病未能拜访,同因汪在病中,亦未便启扰。

十月二十一日　宋子文、杨志雄同来视先生病。

十月二十二日　何应钦来访,告此行来沪是送汪精卫出国治病,并说汪形容憔瘁,确系病重。接着,劝先生要常住南京出席党部会议,以免隔阂,对政府也不宜太冷淡。

十一月二日　上午,托杨志雄访杜月笙,再为大夏大学捐助。

十一月七日　赴二马路河南馆东兴楼与于右任、刘成禺、潘云超等会餐。

十一月十一日　访章士钊,见其壁有莫友芝为江南制造局写篆书八大幅,闻最近某局长以珂罗版重印相赠者,拟函何应钦索要一份。

十一月十四日　访于右任,赠川中土产数件,并请写大楹联一付、果严盦及双雨山馆两横额。询国民党四届三中全会事,于说照例开会而已,无大问题。

十一月十八日　往漕河泾黄家花园参加黄金荣别墅四教厅落成之喜。

十一月十九日　晚,在自宅宴请宋子文、张乐怡夫妇与何应钦夫妇。

十一月二十一日　与汤漪谈现代政治与人物之得失

十一月二十七日　接云南省政府主席龙云电,大意谓先生视察省事前,未有所闻,后于渝报知之,以为晤言匪遥,今已返京,不胜怅怅,以后无论因公或闲游,均极欢迎,谨扫榻以待其实现。先生读之,觉意至恳挚。

十一月二十八日　与吴丞斋、胡霖生、许修直、宋述樵谈外交、内政、党务问题。

十二月三日　上午,接待中央通讯社探访主任冯有真来访,并为通讯社捐资二百元。

晚,何应钦来访,出示蒋介石来电,说王家烈措施失当,为部下所逐,弃贵阳南走,犹国才已占据省垣。毛光翔支持以犹国才继任黔省主席。先生问何应钦有何主张?何答,闻王家烈尚有实力若干,何知重一师又自湘归附,最好待其大势决定后,中央方发表主席继任者。先生认为这也不过是治标,如若治本,则毛、王、犹等均一丘之貉。最好先得纯粹,为国家为地方为人民的军队前往整顿,将军队改变后,不干涉政治,方为治本之策。最后商讨结果,先由何应钦拟稿复蒋介石。

十二月五日　访何应钦,顺便谈大夏大学财政窘况。何应允为大夏大学向各方募捐,嘱先生代拟致哈同夫人、姬佛陀、张学良、陈济棠、何键、杨虎城等函,以捐足十万为目的。

十二月十三日　坐船赴南京,船上读《王壬秋集》。

十二月十四日　与何应钦参加中央谈话会,蒋介石、于右任、叶楚伧、蔡元培、戴季陶等四十余人参加,会议决定准蒙王藏佛等旁听,会期为五日至七日。

十二月十五日　上午,在中央礼堂出席四届三中全会开幕式,于右任致开会词,讲述历次会议经过及目前必须团结,先生认为语虽简单,尚觉沉痛。

下午,出席四届三中全会预备会,会议推蒋介石、孙科、于右任、顾孟余、丁惟汾、戴季陶、居正为主席团,推叶楚伧为秘书长;决定会期定五日至七日。会议推定经济组为宋子文、王伯群、吴铁城等十八人。

晚,赴励志社公宴。蒋介石发表谈话,谈国民党武力成功,文治失败,追其原因皆由同志们误信武力万能之心理,一切工作委诸武人,故政治不上轨道,建设毫无成绩,今乘各同志先生欢迎之会,以最诚恳之态度,盼望各同志今后弃此心理,各人起而同负文治之责,数年之后,必大有可观。

十二月十六日　下午,出席国民党四届三中全会第一次大会,蒋介石主持。会议讨论决议中央常务委员会报告、中央组织委员会工作报告、中央宣传委员会工作报告、民众运动指导委员会工作报告、海外党务组织委员会工作报告和政治会议报告,并交党务组审查;决议行政院报告交政治组审查;决议整理本党实施方案等议题。

十二月十七日　上午,参加四届三中全会经济组会议。讨论通过柏文蔚提议纠正导淮办法案。先生认为,导淮会的根本计划,系江海并重,但提案人所拟三项原则,足供导淮会采纳施行。会议还讨论通过筹款赎回胶济路案、保护本国纺织业、增拨债券基金、救济农村、开发西北等提案。

十二月十八日　上午,在寓看四届三中全会各议案。

十二月十九日　上午,赴中央党部出席四届三中全会第二次大会,讨论召集国民参政会、慰勉蒙藏来京各员并团结国族,以固国基等事宜。

下午,赴中央党部出席四届三中全会第三次会议。

十二月二十日　上午,接待格桑泽仁来访,谈康藏问题,闻达赖新由印度购军器不少,知川中有事,刘文辉部川军撤退及刘失败必来反攻,如此则一年以来稍有眉目之康藏问题又将前功尽弃。格桑再三嘱先生在中央力为主张,早定大计,并为其推荐得较优地位。

下午,出席四届三中全会第四次会议,讨论实施宪政议题。会中有主张不确定日期者,有主张非确定不可者,互相争辩逾一时之久,先生觉得为开会以来最有精神之讨论。

十二月二十一日　上午,出席四届三中全会第五次大会,讨论外交、确定教育标准与改善制度、改善高等教育案、拨款建筑中山大学新校舍与总理纪念堂等事宜。会议决定组织以宋子文为首的特种外交审查委员会,负责对以前外交政策、行动的审查。会议还通过《督促政府完成肃清共祸工作案》等决议案。

十二月二十二日　上午,出席四届三中全会第六次大会。会议结束后,即在大礼堂继续举行闭幕礼。本次会议决定一九三三年召开国民参政会,作为民意代表机关。通过《关于改善党部组织案》《关于整理本党实施方案》,决定以中央执行委员会常务委员为中央政治会议常务委员,以加强领导。

晚,赴蒋介石在励志社设宴。宴会时,闻立法院孙科因副院长邵元冲将立法院委员改组名单请孙同意,孙以邵侵其院长特权愤而赴沪。先生评论道:"邵于方通过立法院委员由院长提请国民政府任命之际,邵以副院长提出名单未免太厚颜,孙因一人之故愤而去,亦未免太量狭矣。孙邵俱非国民政府大员,如此安得,不令国人失望耶。"

十二月二十三日　上午,赴中央党部出席中央政治会议。

十二月二十四日　上午,蒋介石约先生与何应钦商谈黔事。先生汇报说,贵州问题关系整个西南问题,王家烈、犹国才、毛光翔、蒋在珍等皆不足当重任,皆不能负西南干城主责,欲求根本办法,惟有中央直接遣一万人一师或两旅乘机入黔,将旧有军队改编缩减至一万人,再加以训练,合新旧两万人分为两师或四旅,一面编练民团,设警备队以补之,使警备队专供国防之用,如此则军民分治,政局可上轨道。先生最后指出川人不可靠,听其坐大更难收拾。蒋以为然,约一周后再详谈。

十二月下旬　中央政府最近欲将改革高等教育,停办文法学院,上海大学联合会即派代表赴南京请愿。在先生与褚民谊、蔡元培等帮助沟通下,三中全会未将该案讨论,而交由中央政治会议讨论,结论是限制文法学院,是限制大学以后不再添设。

十二月三十日　上午,接内政部原次长陈群来函,告知为大夏大学捐款一事。

一九三三年（民国二十二年　癸酉）　四十九岁

一月五日　上午，闻榆关（山海关）已告失守。先生愤懑既久，曰："从兹倭寇长驱直入，平津危如累卵，中央党部、国民政府大员一盘散沙，自分赃巧取豪夺者自巧取豪夺，日闻民穷财尽，经济困难之呼声，而大小各机关人员增加无已，铁、交、实三部闻较前年每部加人至一倍以上，去专门之才而进亲戚朋友，假公济私，莫此为正，政治之坏无过此时，贤人远引盗贼，横行天下，已乱人不亡我，我亦将自亡，何况日人之虎视眈眈耶。"故虽新年初雪，先生亦无心玩赏。

下午，何应钦伉俪要赴前线，前来话别。谈及山海关失守，双方叹息久之。闻蒋介石将由杭飞宁，先生道："蒋亦未见有何良法纾此国难，盖真能为国家负责者，以国家百年大计为前提，不顾牺牲个人以为国家。蒋与现在负责人员畏首畏尾，恐浅见者及反对党之反对，遂不直接交涉，一误再误，以至于此，若再迁延平津失后，城下之盟亦不能免，彼时将何谢国人耶。"

一月十日　与何应钦、何梦麟、王漱芳、钮永建等谈党政问题。先生认为，国民党之敝，在无中心思想，以发令为政策，勉强精诚团结相号召，实则集合百余人思想不同、目的不同之人于一堂，掩耳盗铃。先生提出，目前应该将中山先生危境之民生主义一项，切实体察中国目下国情与现代思潮之关系，而下一适时适地之论断，以为治国之标准。若中心思想不确立，则每次议案，均以每人意思一时冲动而出之言论为基础，故人杂言庞，莫衷一是，不特党外之人深致怪论，即党人亦莫名其妙，于是党内时起纠纷，党外对党愈轻视。更有学非所用，地质家谈政治，市侩谈教育，政治与教育要有清明与进步之望。至政治之敝，在以军事为主，推动其他，故军事发展已到极度，而其他政治落后，结果军事亦失败。以后应使教育、实业、工商与军事同时同样发达，无倚轻倚重之弊，然后国力方能表现，社会方觉有序，民力方能充实，国势亦可日拯矣。

接着，先生问何梦麟，江苏浙江素称财富之地，今为何亦一蹶不起？何答曰："政治制度不良，官吏无责任，中饱者多，此其一；中央束缚太甚，所有生产之费皆无所出,此其二;政治不良,民穷财运亨通尽,监匪充斥,人民不能安乐,经济枯竭,此其三。"先生再询何应钦中央对外交有何办法?何答:"须日本人悔祸,能取消伪组织之满洲国,吾国方能屈与商量,否则只是屈服作城下,不凉于天下后世,无人敢负此责也。"

一月十四日　与冷杰生、何辑五、何朝宗叙谈,其中谈及前年蒋介石、胡汉民违异事。先生至为感喟道:"因胡乃国民党元老中较有政治头脑,洁身自爱者也。自胡去后,汪精卫率大批小喽啰入都以后,政治日趋腐化,威信日益堕落,各省分裂更甚,外侮之凌临更多,蒋如不觉悟,长此以往,不特个人只有威而无德,有权而无治,国民党亦从空无一物为全国国民怨恶,政治无清明之望,国力无由充实,国难无由昭舒矣。"

一月二十日　接蔡元培函,推荐熊十力到大夏大学任教。函谓:"黄冈熊十力先生精研宋明理学,对于道德政治甚多卓见,又由是而研究印度哲学,进支那内学院治'惟识论'数年,不满于旧说,著《新惟识论》,现已付印(中华书局),其他言论略见于其门弟子所辑之《尊闻录》中。良为好学深思之士,曾屡在北京大学讲印度哲学,每星期两点钟,酬报百元。因北平严寒,于熊先生甚不相宜,欲改就上海讲学,如贵校能按照北大条件请熊先生为讲师,于学生之思想及行为上必有好影响,专此介绍。"[1]

一月二十三日　阅本日各报知段祺瑞由天津抵南京,表面说被嫌,欲南下避避。先生猜测是交涉日案而来。

一月二十四日　复函蔡元培,表示无法接纳熊十力来大夏大学任教。函谓:"顷奉大函,敬悉一是。黄先生学术造诣夙所钦佩,惟敝校下学期所有学程早已订定,限于经济未能增开,尚希鉴原为幸,专此奉复,顺颂台祺。"

一月下旬　蒋介石兼任赣粤闽边区"剿匪"军总司令,在南昌坐镇指挥,对中央红军发动第四次"围剿"。

一月三十一日　听许修直来称,闻中央已决定与日本一战。先生答复,此刻国家决无与日本一战的力量,恐此谣之来,若非出自日方,则为反蒋介石者所编造。

二月四日　上午,与宋思一谈黔局现状及应付方法。

二月六日　与张群谈时局,认为:(一)段祺瑞来宁沪不外避嫌,由吴鼎昌、钱永铭见蒋介石促成,无特别意义;(二)川局仍无办法,盖刘湘野心太大,不易就范,故张群自称亦只有决定不去之办法;(三)粤局因陈济棠之环境恶劣,有利用中央远援之处,中央略援之,一时当不致大变化;(四)十九路

---

① 汤涛主编:《王伯群与大夏大学》,上海人民出版社,2015 年 8 月,第 201 页。

一九三三年(民国二十二年　癸酉)　四十九岁

237

军在蔡廷锴之手,陈铭枢、蒋光鼐皆在何应钦之列。蔡为他本身前途,一时决不会反叛中央。先生又将近来对黔意见与办法告张群。谈罢,先生访何应钦,表示王家烈不欲问黔政,自己想问黔政,并提出要树信立义,缩减军款,澄清吏治,努力建设。归访黄金荣不遇,赴西泠印社购章太炎丛书一部。

本日　致函卢作孚①,恳请为大夏大学广为劝募。

二月十五日　中国航空协会为征求会员,推定吴铁城为会员征求队总队长,先生被推定为队长。

二月十六日　接待卢作孚来访,顺托为大夏大学募捐,卢慨然允之。

三月二日　何应钦出示蒋介石电,说北方局势严重,张学良恐难支持,嘱何往援,今夜起行赴南京。

三月三日　闻热河情势危急,北方局势紧张,蒋介石来电促何应钦即日北上坐镇,以便张学良赴热背师抗日,何今夜由南京首途北行。

三月四日　是日,先生记载云:"有人传说热河已失守,汤玉麟不战而退,冀平东北军人早有放去热河保全实力,固守平津之计,信不诬矣。国家以人民血汗之资,养兵不能守土卫国,可为痛心。"

三月五日　赴上海银行公会参加浙江实业银行银行股东会,照章讨论一切。

三月六日　读吴鹏飞、郎醒石合译《太平洋大战》第一至五章。

三月九日　蒋介石秘密飞抵保定,亲自指挥长城抗战。

三月十一日　审定《致西南人士及当局论成广铁路有速成之必要书》一文。

三月十二日　赴汤漪等设宴,在座皆为段祺瑞旧人。席间,段祺瑞妻弟吴光新指责国民党专政期内,召外患,酿内乱,比清末有过之无不及。所谓国民革命而国民之命被革,所谓革命外交而丧失国土,不知国民党人有觉悟否。

三月十三日　上午,接待王右篯来访,随谈数年经过及最近北方时局段祺瑞派近况,并声明两年前与交通部交涉,系对电政司龃龉,请先生不要误会。

接待宋述樵来访,表示愿意协助先生。先生与宋畅谈自己的政治感想,即以武力推动中央集权失败以后,应当觉悟,改弦更张。第一,中央与地方释去怀疑,互相缩小军事范围,减省军费,增加建设费,化消耗者为生产者,

---

①　卢作孚(1893—1952),重庆合川人。大夏大学校董。爱国实业家、教育家、社会活动家。同盟会会员。民生公司董事长。

人民衣食不缺，然后可以礼义，有礼义然后可以团结政治；第二，中央与地方权限宜以约法明白规定，互相誓守，勿逾地方之权，提高地方政府负责建设，中央勿代为负责，治绩乃彰；第三，西南西北应速办交通，赶筑干路，俾作以后国家之根据地。

三月二十日　上午，许修直来访，闻蒋介石决心对日作战，将剿匪责任交西南担负，黄郛、张群等皆不赞同。

下午，访杜月笙，听到与许修直正相反说法。杜说西南已有计，蒋通电发出，因蒋令人与日本妥协，不图恢复失地。先生评价曰："余意蒋有革命历史者，非至万不得已，必不轻于出于妥协之途，要知卧薪尝胆，忍辱负重，古有明训，若怀挟私怨，假公济私以图报复，则国事不堪闻矣。"

三月二十八日　上午，为《交通杂志》社"铁路专号"题赠："物质建设交通为首，总理遗教路十万里，日居月诸成效未觌，缅怀先哲宁不愧耻，愿我同志从兹奋起，轫斯专刊春风夏雨，一德一心贯彻终始。"

下午，访于右任。

三月二十九日　上午，抵达南京即参加革命先烈纪念和中央政治会议常委会。在中央政治会议上，晤蒋介石、居正、李烈钧等，与汪精卫约改日详谈。

三月三十日　上午，出席中央常务委员会，讨论通过七月一日开临时全国代表大会，讨论国民大会问题。戴季陶提议国民党开放政权后相关善后准备，此案交常务委员会研究后提出讨论。

晚，邀李烈钧来寓晚饭，谈现政纷乱必须改革。

三月三十一日　上午，与蒋作宾、杨永泰谈政治问题。

三月　在《交通杂志》发表《致西南人士及当局论成广铁路有速成之必要书》。指出，成广铁路之应速成，固不仅供川黔粤桂之直接需要，而康滇之间接需要，亦得其绝大效力，是其有裨于我西南全部之国防政治实业文化诸问题。①

四月三日　往军委员谒蒋介石，汇报黔省情况。曰："黔省王家烈恐不出两月将倒，毛、犹均不理于人口，中央亦决无再倚重其等之理，故应请中央准备数千人为基本，前往操纵，则黔局不难定，黔局则西南数省有入手处；黔与川滇桂之关系，中央应偏重于云南龙云，黔事应责龙云多负责任。"最后，先生表明自己近来于政治制度略有研究，各省内情略有调查，如蒋有较长时

---

①　王伯群：《致西南人士及当局论成广铁路有速成之必要书》，《交通杂志》，1933 年第 1 卷第 6、7 期。

间,当可一一陈述,以供参考。

归途,在铁道部官舍访汪精卫,将去年入川经过及川中当时情形简要报告。

四月四日 蒋介石乘"楚有舰"赴江西。四月六日抵达南昌。

四月五日 出席中央政治会议,讨论国民大会组织法、实行废两改元、顾祝同提请惩治贪污、宋子文辞中央银行总裁以孔祥继任等案。

四月六日 上午,在中央政治会议上,汪精卫起立发言道:受孙夫人之托有一提议,即孙夫人代表中国民权保障同盟之请愿书,请释放一切政治犯及废止一切民刑法以外之特别治罪法。议题引起多数人发言,如白云梯说,甘省党擅捕蒙古学生,严刑拷打;陈肇英谓顾祝同擅杀镇江请愿团长刘煜生等,将军人执政与党部干涉司法行政等行为,击得体无完肤。最后决定,将此案交常委切实研究答复。

接着,张继、黄绍竑相继报告北方军政情形。先生是日总结为五点:(一)过去因张学良资望大浅,嗜好太特,对恢复东三省失地毫无计划,即保守热河亦无准备。热河之失,非失之日本人之来攻取,乃扔之于热河人民受汤玉麟蹂躏太甚,不得已起而反抗,日本人乘机而入也。汤之失民心,张学良应负此责;(二)热河既失,十余万东北军凌乱不堪,虽加中央军十余万,目前只能言守不能言攻,且战略上已处于被动地位,费力多而收效少;(三)我军虽有二十余万战斗力,远不及敌人,因缺额太多兵器太不良,若比例言,则日本人一师可抵我三师,故我虽有三十万,敌人十万足矣;(四)现虽固守长城各要隘,然周围战线太长,如敌人再来攻取,我即有顾此失彼,应援不暇之虞,如改取攻势,则我可增援之兵有限,将此一部牺牲,增援缺乏,敌人更可长驱直入,北平、天津甚至冀北方各省已去;(五)北方政治过去全掌握于军人之手,腐败万分,决不足以补助军事。

四月十一日 晚,与何辑五、王漱芳等由浦口登车赴北平。

四月十三日 抵北平,与何应钦谈南方政党近情及北方军事现情。

下午,先后赴表章库胡同访马懋勋、外交部四十二号访陈伯诚,稍知北方政局及党派内容。接着赴禄米仓陆军被服厂访俞飞鹏,谈东北军内容及宋哲元请病假十日,作用是不满于不能尽量补充。

四月十四日 在居仁堂晤何应钦谈时局。据各方消息,日本进占平津之野心愈炽,冷口方面我军已无恢复希望,事实上将暂以滦河为界,凭河以守,则河水至浅,渡之极易,果日军再前进,未能抵抗也。

四月十六日 赴五华台参加陈伯诚宴,座中有军委会及北平市党部人员。

四月十八日　中午,在蜀峡饭店与张群、黄郛、何应钦便饭,坐中有陈仪、蒋作宾、钱昌照共七人。

四月二十二日　会见津浦路委员会长邱躬景,谈津浦铁路近况。

四月二十四日　上午,接待蒋梦麟来访,相谈时局。

中午,在居仁堂与何应钦谈北方时局及应对办法。

四月　在《交通杂志》第四期发表《过去之交通概况与今后建设方针》文章。文章全面回顾过去铁路、电、邮政和航运发展情况,提出四条建设方针:一是救济国内政治经济之危机;二是应付第二次世界大战之准备;三是建设西北、西南交通工具之第二中心;四是以交通建设并力求事业之商业化。①

五月三日　中央政治会议第三五五次会议,决议设立"行政院驻北平政务整理委员会"(简称平政整委会),以黄郛、黄绍竑、王伯群、张伯苓等为委员,黄郛为委员长。次日,国民政府发布任用命令。

五月四日　上午,许修直来告黄郛已同意蒋介石、汪精卫提议,任平政整委会委员长之职。

五月五日　上午,赴祈齐路四十四号访黄郛,纵谈时局和平政整委会。先生主张:(一)欲平政整委会有成绩,须国民政府有威信,欲地方政治清明,先中央政治清明;(二)平政整委会须职与权相当,有名无实之组织决不能应付目前北方危机也;(三)平政整委会与中央各部权限宜早划清,勿蹈过去地方与中央常起纠纷之旧弊也;(四)北方党派复杂,须各方面顾到,不可以国党自封,使异党离二则为渊驱鱼也。黄郛闻后,深以为然,坚约先生同行北上,先生表示年来懒散成瘾,恐无补于事,又向黄郛力辞。

五月七日　访陈布雷,谈教育问题。陈甚赞大夏大学教育学院办学成绩优良。

五月九日　上午,阅王文湘出示的何应钦来函,知北方时局因日本人反攻又极紧张。

下午,访黄郛,谈时局。黄嘱先生转达何应钦两事:(一)英美人士同情我者固多,与日本人交厚者亦不少,对日意见丝毫不能向英美人表露;(二)北方军人通敌者欲使中央军大受挫后,彼辈好出头。故中央军亦宜保全实力,方有办法。

五月十日　作复何应钦书,转告与黄郛谈话情形。

五月十一日　上午,再致函何应钦,转告黄郛的两点意见:(一)勿以对日意见告知英美人;(二)尽量保存中央军实力。

---

①　王伯群:《过去之交通概况与今后之建设方针》,《交通杂志》,1933年第1卷第4期。

五月二十一日　蒋介石撤销赣粤闽边区"剿共"总司令部,设立军事委员会委员长南昌行营,全权处理赣粤闽湘鄂五省军政事宜。

五月二十三日　闻北平已被强寇侵入,先生为之痛心之极。是日写道:"一则愤军阀历年穷兵黩武,东征西杀,将实力耗一内战,只顾个人权位,不顾政治清明与否,致国政败坏,国力衰弱,强寇之来遂不能抵抗。二则愤政府中人只知争权夺利,谋一党一派之私,致酿亡国之痛,故足病为之稍增也。"①

五月二十五日　上午,与何辑五谈北方时局,认为和平运动颇不利于何应钦,且备有一信,劝何勿为人利用而导致身败名裂。

六月八日　接黄金荣、刘颐漳在漕河泾黄家祠堂宴帖,因精神不快,函谢之未往。

六月十二日　赴蒲石路(今长乐路)一〇三号参加刘燧昌设宴。

六月十三日　赴章士钊和富滇银行上海分行的负责人袁砚公之宴,谈近日大局。

六月十七日　致函周佛海,推荐陈令仪为南京女子中学校长。

六月十八日　平政整会正式成立后发出通电,特派黄郛、黄绍竑、张继、韩复榘、王伯群、蒋梦麟等为委员,黄郛为委员长。

六月十九日　偕王文湘由平浦通车赴北平。

六月二十一日　往丰泽园晤黄郛。黄与先生历数一月来困苦:(一)财政只有两月准备,以后则非宋子文接济不可;(二)告中央不予体谅,屡多隔膜;(三)平政整委会内部只一秘书处负责,办事亦只秘书处为自己之人,余均仍旧。接着,黄问大局如何?先生答曰:"始终感觉中央政府太无威信,中央政治太不清明,恐努力结果仍是徒劳无益。"

下午,接待刘凯宗来访,刘介绍赴南昌晤蒋介石谈话情况。

六月二十二日　上午,与何应钦在春耦斋,将近日观察时局所得情形详告之,并建议制度改革,拟设元老院,容纳各元老以资团结,惟虑胡汉民、蒋介石不能共聚一堂。何在军事方面,仍力主统一。

下午,先后访陈伯城、何其巩、王维宙、马懋勋等。

六月二十三日　在马懋勋宅遇范恼黔。范谈到唐生智、俞飞鹏、朱孔阳、邱炜等在沪狂赌,动则胜负数万数情形。先生闻后大骇道:"经手银钱之人,有此豪赌,不侵蚀公款,吾不信矣。最不廉洁者,莫如军界,此弊不除,政治无由清明,政治不清明,复兴云云不知何时矣。"

① 王伯群:《王伯群日记》,1933年5月23日。

六月二十四日 上午,接待王纶参谋长来访。王谈到东北军对何应钦感情尚好,惟恐其去,自北平市长换浙江人,而暗潮生,盖一般人恐其饭碗打破,此切身之利害,较任何问题为大。

下午,殷汝耕前来谈华北军队,心里尤其是对东北军不满,大有受张群、吴铁城之骗之意;又谓日本人见中央在美借债成功及任用马占山、苏炳父为军事委员等,又生怀疑,故将滦东伪逆军卵巢以为卷土重来之地步。综合近日观察北方大局,基础仍飘摇不固。

晚,赴东四七条八宝胡同吴宅参加何其巩设宴,坐中有徐庭瑶、李石曾等。

六月二十六日 与何应钦、黄郛商讨处置关东军事问题。

六月二十七日 接待商震来访,互道近况。

七月一日 上午,应黄郛之邀,在丰泽园与宋哲元、傅作义、何应钦、何玉书、汤尔和、何其巩、刘敬舆、哲恩克巴图等会晤。

下午,与蒋梦麟谈大局,深感政治不清明,无论教育、实业皆受影响,彼此同之。赴新建胡同访国民党中央监察委员何澄,谈平政整委会的经过及现状。赴西城根访鲁荡平,谈北方及大局情形。

七月二日 上午,与何应钦游万寿山。

中午,赴石船晤黄郛夫妇,先生再次力辞委员。与北京市长袁良谈市政近况。餐毕,与黄郛在一铜牛之下合影,表示卖力如牛。

七月三日 宴请汤尔和、何玉书、何其巩等委员。

七月四日 陈又新团长、涂师宗师长来访。听陈谈同党军由粤出发至今经历。

七月十三日 上午,接待窦居敬、窦居仁昆仲来访。

下午,阅何应钦出示的冯玉祥电文,说已攻克多伦,拟进而收复四省失地。电文有讥蒋何拥兵百万,拱手与人为城下盟之意。何以冯玉祥事愈趋恶化,颇感棘手,又觉政治前途无清明之望,尤觉心冷,有去国避困之意。

七月十五日 访黄郛,劝其在宋子文未回时,先会蒋介石、汪精卫将外交方针决定。

七月十六日 先后接待保君建、刘燧昌、殷汝耕来访。

七月十七日 赴外交大楼参加何应钦晚宴,中外宾客六七十人出席。

七月十九日 上午,访美国驻华公使纳尔逊·詹森夫妇。

七月二十六日 出席平政整会第二次会议,讨论通过平政整会议事规则草案;为救济东北难民,续发爱国奖券三十次;兴修河北全省水利,并恢复前设之农田水利委员会,以便克期进行。

八月一日　听刘燧昌谈上海市政府参事殷汝耕被任为战区行政专员后，叹息道："职禁不严，法令皆具文，此证也。"

八月二日　中午，被王文湘约往中南海午餐。

八月六日　与何应钦夫妇游太庙，遇故宫人谈旧宫事。太庙中设有清皇室历代家祖，今国体共和，皇室已废，先生认为此庙似不应久存。

八月七日　上午，与保君建访欧美同学会。

八月十日　上午，在万字廊遇黄绍竑，黄将代表蒋介石欲赴山西一行。

八月十一日　往何应钦处辞行返沪。

八月十四日　会见贵州籍人士蒋在珍、杨其昌、谢彬三人，以初痊困疲，告改日约谈。

八月二十四日　接待王剑伟与益地产公司经理洋人，其说工部局对愚园路新住宅估价为三十余万两，每月应收房租两千两，房捐则照此为标准缴纳。先生解释，"房捐当以造屋合同为证，造屋合同为五万八千两，地皮十余万，请其向工部局交涉，以四百元出租，见租额纳捐。"[①]

八月二十六日　与许修直谈大局及黄郛行动，指出今后恐只有屈服日本外交，黄郛于各种问题已圆满解决，今后当放手在北方做去。

下午，接待聂开一来访。聂告仍在航空公司任监察、交通部技正。

八月二十七日　与邓汉祥谈时局。邓说刘湘已到成都，刘文辉溃败，只余一万余人退雅安；又说李仲公想回任黔主席，而王家烈未欢迎。

九月二十五日　蒋介石集中一百万军队，两百架飞机，向各红色根据地发动第五次军事"围剿"。

九月二十六日　与黄郛畅谈内政外交及北方各问题。

九月二十八日　倡议修筑川粤铁路。先生提出：广州铁路连贯四省，起点为成都，经重庆綦江而入贵州遵义、贵阳、独山、转入广西思恩、柳州、象州、梧州、而达广东之德庆、三水、广州。认为此路完成后，西南与长江客运、货运可打成一片，同时对国防亦有莫大助力，将来京川铁路完成衔接时，则与东南交通可以一气呵成，不必再利赖海上含有危险性之运输。

十月六日　作复教育部和上海市教育局关于整饬教育行政者函。

十月七日　上午，与欧元怀等商改大夏大学董事会章程。

十月十八日　接上海市长吴铁城函，告知在校门设岗已遵嘱查办。

十月二十五日　与覃振谈时局。覃愤汪精卫之卑污苟贱，以行政院首长而行为国事，愈不可为。

---

①　王伯群：《王伯群日记》，1933 年 8 月 24 日。

十月二十六日　宋子文来访。宋因与蒋介石、汪精卫有龃龉,决定辞去财政部长。先生是日记述道:"知子文因所财政之策与介精两人相左,而外交政策更各走极端,已决意辞去财政部长职。余初劝慰之后,见其志正坚共,吁噱久之,忠而见屏,信而见戮,余不得专美于前矣。子文亦以步我后尘为言,是余之受屈亦有人同情,私心为慰。"

十月二十九日　见报载蒋介石因宋子文辞职事,乘飞机抵南京商讨继任人物。先生欲赴南京与蒋介石会商黔事,然继悉蒋抵京二三日,无暇接见,遂中止。

十月三十日　上午,致函何应钦、何辑五,告宋子文辞职事,并转告宋子文托致意等。

下午,主持大夏大学校务会议,通过《大夏大学民族复兴教育实施纲要》草案,并向全校师生征求民族复兴教育实施具体方案及步骤。①

十一月八日　中午,往访钮永建、王漱芳商谈黔事。

十一月九日　上午,接何应钦电,告近闻中央政局,心颇不安,有人攻击华北外交不当内容如何如何,若知何人暗中策动,请先生密告,并建议先生出席中央各会,籍悉政情。

十一月十五日　在愚园路新宅宴请金仲荪、章士钊、程砚秋、宋子文、张啸林、杜月笙、杨志雄、吴铁城等。期间,宋子文问政府大局如何?先生答:"以咸为公(宋子文)抱不平,亦为国家惜损失也。"

十一月十六日　杨志雄为宋子文辞职抱不平,先生解释公道自在人心。

十一月十八日　致驻湖南湘西湘军师长李云波函。

十一月十九日　读《墨索里尼传》。

十一月二十二日　阅报知昨日陈铭枢、蔡廷锴、李济深、蒋光鼐等在福建成立中华共和国人民革命政府,发表人民政府组织及宣言。

十一月二十五日　晚,接国民党中央党部秘书处电,决议于十二月二十日召集四届四中全会。

十一月二十八日　听邓汉祥谈川事及赴赣晤蒋介石情形。邓言刘湘自负,剿匪似不成问题,二级将领也渐慑服,或有统一之望;黔事则中央无力过问,无暇顾及,惟滇方仍急进不已。

十一月二十九日　上午,出席中央财政会议,财政部长孔祥熙说明近日财政状况,即请增加印花烟酒各税。十时,出席中央政治会议第三八六次会

---

① 《本校征求民族复兴教育实施具体方案及步骤》,《大夏周报》,第 10 卷第 7 期,1933 年 11 月 6 日。

议,讨论准罗文干辞外交部长职,然尚未物色得继任之人;会议讨论重要案件被泄议题,有主张严查惩办,决议由常委严办。

十一月三十日　访李仲公谈时势。李愤懑无已,尤痛行政首长之卑鄙不堪,牺牲国土以自固禄位,卖国卖友、不忠不义之极。

十二月一日　下午,听沈九皋说,铁道部实已派员前往接洽欲与伪满洲国通车,嗣因中央委员有人反对而中止。

十二月三日　上午,登"公和轮"船赴南昌谒蒋介石。先生此行,筹划与蒋介石谈三大问题:(一)大局问题。须以快刀斩乱麻手段,扑灭闽逆,遂以安反侧,一面用政治方法团结南北诸省,一面开党禁,使全国之有政治欲者均能与闻国事,则乱萌可遏,乱源可止,然后徐图建设;(二)贵州问题。要求假械弹饷若干,自己负完全责任,在贵州树立根基,使政府无西顾之忧;(三)上海教育界人才招致问题。即中间阶级之团结尤属必要,自己亦可负责办理。同时,拟聘杨永泰为大夏大学校董,取获政权一节亦托之相机进行。

中午,在船上与陈立夫、钱宗泽同席畅谈时事。

十二月四日　与陈立夫、钱宗泽宿大华饭店。

十二月五日　上午,与陈立夫、钱宗泽乘车自九江至南昌,坐论教育问题。

中午,先生抵南昌,住贡院背三号,闻邵力子也寓此间,遂访谈之并谈闽事、推论粤方心理。邵力子推测陈济棠对中央不即不离,对元老则仍事敷衍,对闽方相当谅解。又推测胡汉民唆使李济深反蒋汪事后,亦把握不住等等。在谈到西北交通时,先生主张修筑铁路,邵力子则关于公路建设,认为与其轻而易举连成之后,可救军用之急。

下午,见杨永泰表明此次来意,拟与蒋介石谈探讨三件事:(一)大局问题。注意在政治上修明;(二)贵州问题。主张准备实力;(三)上海学界。主张从网络教职员而及于学生等等。

晚,与陈立夫、钱宗泽续谈交通建设问题。

十二月六日　下午,往北坛谒蒋介石,并将何应钦电进阅。先生力言中央威信大失,政治大退化,故叛乱不休,主张先健全中枢以遏止将来的乱源,速平闽乱,以立大信于天下。次又谈黔事,蒋提出等闽平后不能顾及。先生欲再说,则时间不许可,蒋说有事,请与杨永泰详谈。辞出后,先生闷闷而归。

晚,赴蒋介石约宴,同席者有陈立夫、钱宗泽、方觉慧、陈庆云、邵力子。临别前,蒋再对先生言,有事情请与杨永泰详谈。

十二月七日 与杨永泰互谈至十二时。杨劝先生常往平赣走走,勿太消极,政治社会中生活,尤其是现代,消极则愈离愈远,非所宜也。先生托杨有机会时注意黔政动态和上海中间阶级之罗致。杨表示以后常用密电通消息。

十二月八日 乘车自南昌抵九江,分别会晤九江招商局局长林子平、公安局长张寿松。

十二月十三日 下午,跟何辑五、钮永建谈赴赣经过。何转告由各方查得某方对自己在北平的态度,认为袒护东北,失地辱国,国之师为失职,实则东北军对自己尚不满。

十二月十五日 得中央党部秘书处寒电,通知四届四中全会改至明年一月二十日开。

十二月十六日 跟何辑五提出何应钦久在北平,对各方皆不讨好,早离开为妙,并告知此行有两事与何商办:(一)设法接洽雷鸣九、杨其昌,用特别费名义支一二万元购子弹二十万枚,应不为难;(二)劝何应钦速派人开办勤勇小学,以免朋辈中无求学之地。

十二月十八日 听傅式说转述日本对中国态度。言近有日本交情不浅的昔年同学、外务省科长奉政府之命到沪调查,谓:(一)日本于亲日亲美态度不明,十分焦虑,闻庐山会议当局,主亲美者二三人,亲日者无之,中立者最多数;(二)果中国不切实与日本合作,则日本必设法延长中国内乱,使中国无统一之协定,盖恐中国统一后与日本为敌;(三)因之闽省事件,日本不能说无关系,然亦不能说不助蒋;(四)现在日本以援助中国之义业已停止,并反对欧美以经济援助,故如美棉麦借款,日本多方破坏之;(五)庚款亦决定用作宣传日本文化于欧美之用,现已设有日本文化国际宣传委员会;(六)使华北成为伪满洲国,竭力促存黄郛之地位而利用之;(七)上海市民以金钱购飞机名为国防之用,实则助长内乱,如言国防直当于儿戏耳,焉有国防计划日日在口上宣传耶;(八)日本之急务,乃在与英美争海上霸权,绝非对中国。对中国早已绰有余力,不必再准备,然中国若亲美,则日本虽欲不侵略亦不可能矣云云。

十二月二十五日 上午,阅读《日本法西斯运动》一书之第三章第一节"日本法西斯激进派各团体之政纲"。先生评论曰:日本人有言论集会结社之绝对自由权,中国名虽共和,实则仍不脱君主专制之恶习也。

晚,读胡汉民最近宣言,觉数千言皆为有声有色之文章。

十二月二十六日 听杨志雄报告,蒋介石、宋子文由至戚而交恶,完全由汪精卫等小人辈在旁离间。

十二月二十九日　与川桂滇驻沪代表邓汉祥、温樵生、陈少轩、范崇实等午宴。先生坐中述中日今后关系,并传日本人某所论三四年后世界战之不可免其理由:(一)因日本军人太骄横跋扈,非一战不能使日本国内四民安乐;(二)日本决心与英美争海上霸权;(三)日本对中国与世界已势成骑虎,只有积极备战,兵犹大也,不战将自焚,有此数者,逆料下次大战决不能免,中国邻近日本,三面在其包围之中,苟不亲日,一旦战事发生则先为刀下俎,亲日则甘为奴隶牛马,故为今之计,只有积极图自立自主,方能生活。欲图自主自立,首先要择国内地势优之西南数省合作建设作为根据。

十二月三十日　读报知暨南大学发生驱逐校长郑洪年风潮。

一九三四年（民国三十三年　甲戌）　五十岁

一月一日　致许修直函，托转达黄郛，望其注意清明中央政治之意，顺便托取平整政委会薪津。

一月二日　上午，遇章太炎。先生惊讶太炎先生"六七年不见，光采犹惜"，席间谈国学研究法为多。

下午，邓汉祥转告云南龙云代表裴某来沪，言之前在南昌晤蒋介石，为龙云要求两省绥靖主任不遂。

一月三日　接待来访之人，多有以中央军战况不利之谣相询。先生答："以十九路为数只五师且尚未加入前线，此刻尚非主力接触，中央有十师之众，决无不利之理，然天下事往往有出人意料之外者，请稍安勿躁，待之可耳。"

一月五日　读报获知伍朝枢于一月三日在香港急病逝世，有人疑为中毒。先生是日写道："余以为梯云最明哲，能养晦，敌人颇少，何至中毒耶？以仇敌多则不如胡展堂、邹鲁等，至言身体强弱，则伍系强者，身体素强之人而惊急病，病即死，亦不合理，故伍之死殊为疑问也。"

一月六日　读报悉张学良明日抵沪。先生评论道："光阴易逝，东北四省沦亡将两年矣。国势不振，可为悲痛。"

一月十日　是夜，先生百感交集，作诗一首。

> 夜静风声分外衰，午愁百感梦中催。
> 民族骤落今为正，复兴大任在吾侪。

一月十九日　由沪赴南京出席国民党四届四中全会。

一月二十日　上午，赴中央党部参加四届四中全会，汪精卫主持并简述此一年来情况，行礼如仪，摄影而散。出席四中全会预备会，决议推蒋介石、汪精卫、孙科、戴季陶、于右任、顾孟余、居正为会议主席团；推叶楚伧为会议秘书长；决议全体会议会期自一月二十至二十五日。先生与宋子文、孔祥熙等列为经济组。

一月二十一日　接待钮永建偕陈渠珍师驻京代表郭蜀江来访,当与讨论陈渠珍应付各方方法及黔局将来。

一月二十二日　上午,赴中央党部出席四届四中全会第一次大会。主席团决定续到委员何成濬、夏斗寅、张定璠、商震为军事审查组委员,陈璧君为党务审查组委员;居正报告中常会务,陈立夫报告组织会务,邵元冲报告宣传会务,主席指陈公博报告民众运动会务。最后,汪精卫报告政治会议及行政院工作。先生评价曰:"汪精卫说得天花乱坠,慷慨激昂,无如行起来的时候,只为私而不为公,只知植私党分赃,所谓国与党存亡俱不顾矣。尤其是毫无政治道德,惟知势利,较之任何人皆卑劣可鄙。"

一月二十三日　上午,赴中央党部出席四届四中全会第二次会议,蒋介石主席。会议讨论党务政治案件颇多。会议改委员主席制为省长制一案得多数赞成通过。

下午三时,往中央党部参加经济组审查会,孔祥熙主席。审查减轻田赋附加以减民困、整饬田赋、先事土地登记、实行倾销税、迅予完成西疆铁路等六案。在讨论关于土地制度政策、土地法案时,先生主张由政治会议详细研究,因国家地广,各省风俗民情大不相同,断难以一法通行全国,应多派人往各省详为调查搜集材料,然后制定富有弹性之法律以施行细则补助之,始能行之有效,否则闭门造车安能合辙,掩耳盗铃徒自欺耳。孔祥熙提一减除苛捐杂税及附加款案,先生极为赞同。

晚,汪精卫在华侨招待所宴全体委员一百数十人,先生却之未往。

一月二十四日　上午,出席四届四中全会第四次会议,孙科主席。会议关于地方自治问题争议颇久,其余则照审查案通过。会议结束后参加经济组讨论,继续审查减轻田赋附加以减民困,整饬田赋,先事土地登记,实行倾销税,迅予完成西疆铁路等六案。最后决定提交给二十五日大会讨论。

晚,赵蒙藏委员会参加石青阳设宴,班禅额尔德尼来南京特大宴以表欢迎。

一月二十五日　上午,继续出席在中央党部第一会议厅举行的四中全会第四次大会,讨论通过选任林森连任国民政府主席,选任班禅额尔德尼为国民政府委员案。讨议胡汉民提议的西南方面议案时,会场空气颇紧张,小有争议。最后审查意见通过,并选林森继任国民政府主席,定明晨在中央党部就职。讨论四全会宣言后至一时,行闭会典礼,居正主席致词,汪精卫读宣言后摄影而散。

经济组审查通过限期完成西疆铁路、开发西北、整理田赋、减轻田赋附加,以救济农村,解除民困案等提案。

晚,往励志社赴蒋介石、汪精卫、孔祥熙等十余人为黄灾募捐宴,汪蒋均捐五千元,先生慨捐五百元。

一月二十六日 上午,往中央党部参加林森连任国民政府主席典礼。十时,南京市民大会欢迎中央委员及蒋介石军委会委员长,先生因畏寒与烦,未往。

下午,与吴淡人谈川中近况。吴说刘湘下分为三派:王芳舟为一派,范绍曾等为一派,唐式遵、藩文华又一派。王范二派有时恐必脱离刘湘。至邓锡侯、田颂尧仍有合作之势,吴已加入李其相部下充当一旅长云云。

晚,先赴汪精卫宴,少坐,迳赴蒋介石宴,同席者皆外省主席。

一月二十七日 上午,接待甘肃省政府委员谭时钦来访。

下午,往访汪精卫,讨论西南问题、上海教育界与国民党的问题。

一月二十八日 上午,与杨永泰谈中日大势及黄郛在北平无办法。缪斌来辞行并谢午宴。

中午,宴请商震、刘峙、谭时钦、何朝宗、王漱芳、杜惕生等。

一月二十九日 上午,与原配妻子之侄儿周元椿谈论黔事。

下午,访张学良、孔祥熙、宋子文,均不遇。

一月三十日 与杜惕生同访国学图书馆柳诒徵馆长,赠送二部《弗堂类稿》,并托其辨别《史记》是否宋本。柳认为"弘"字未缺笔,为非宋本。

一月三十一日 上午,出席中央政治会议,晤孔祥熙。孔转告蒋介石已定今日出发前方,关于西南问题,无暇细谈,请先生制定详细计划进行以书面传达。

二月三日 交通部中英电台落成典礼,朱家骅夫妇设宴相招,先生以疾婉辞。是日记载云:"国际电台早已勉强较敷用,而交通部必欲多购此一具者,乃别有作用,今日之官场腐败十倍于满清,呜呼!革命如此结果,仁人志士安得不痛哭耶。"

二月五日 接待吴厚安、赵守恒来访。吴谈在桂粤接洽情形,其将回黔欢迎毛光翔赴粤任政务委员。

二月九日 上午,周元吉希望先生起而领导救济乡邦。先生表示了种种困难,非有一般乡人起呼不能引起中央及各省人士之注意,如有人或团体起而大声疾呼,或声罪致讨,自己即可据以向中央建议或主张改革。

二月十一日 上午,会见王德安代表罗启疆。罗说云南龙云若主政贵州,非一致反对不可。先生说,龙云曾欲求中央假以名义,不过蒋介石未许,将来如何,不敢预料,如成事实,非乡邦之福,当随诸君之后一致反对之。先生又说,对黔方策,在缩减军额最多不能过两万人,集中训练为国用;另训练警备队及民团,维持地方治安,民政应趋于军政之上,最好请中央派大员点验,有一师留一师,以好枪为标准,军长、副军长名誉从此取消,移费作建设之用。先生又鼓励罗,目前当以现有名义扩充实力,有机会补充则补充之,不必呕求外官为宜。

二月十四日　旧年初一。上午,先后接待陈丹士、杨志雄夫妇等来贺年。

二月二十六日　签发大夏大学本学期民族复兴教育方案。[1]

二月二十八日　致张竹平函,告知因病不能出席《时事新报》股东会。

二月　在自宅宴请杨永泰、杜月笙、张竹平、王志莘、傅式说、王毓祥、欧元怀等新校董。

三月八日　听许修直来述,时局一年内北方相安无事,蒋汪合作仍旧,或将从数省内政入手。

三月九日　赠蒋国尹旅费一百元,勉励数语。先生认为此人尚肯用心,并努力致力于乡邦问题,较之空来纠缠者不同。

三月二十四日　与王云五等人发起上海市新生活运动。

三月二十九日　接待广西省立博物馆主任廖葛民来访。廖索屏联陈列博物馆内,先生允数日内写好寄去。

三月三十日　函请蒋百里来大夏大学做《太平洋各国之军备》演讲。

四月二日　当选为上海生活运动促进会理事。

四月十五日　为《大夏大学学报》创刊号撰写发刊词。[2]

四月二十二日　先后接待郑方珩、胡霖生来访。

四月二十四日　访李铭,推荐胡霖生为币制委员会秘书,李允说商张嘉璈再复。访李芸侯接洽公债事,当将各处浙员等存凑四万元交上海银行,准备托之营业。

四月二十五日　段叔瑜仍欲回湘西凤凰奔走黔事。先生当即作致陈、雷、杨、车数函交其持往,并允为筹川资。

四月三十日　晚,赴邓汉祥宴,坐中有胡政之、张伯驹、黄惠平、汤漪、李少川、章士钊等。

归宅读某通信社新闻云:日本自三月一日,溥仪称帝之后,拟四月十五日保护溥仪入关占领黄河以北,但日政府对华政策现分二派:军人派主张占

---

[1] 《本学年实施民族复兴教育的步骤》,《大夏周报》,第10卷第16期,1934年3月6日。
[2] 王伯群:《大夏大学发刊词》,《大夏周报》,第10卷第7期。

领,外交派主张用外交手段。两派争执结果,先用广田之外交手段,如不成功则用武力。当田本武官密向黄郛提出溥仪须于清明节前后赴北平扫墓,如中国不能保护,日本决派一师团,名为扫墓,实则欲占北平。黄郛以如此一来,则本人太无面目,乃求日本对其苦衷与以谅解。日本遂改提以下三条:(一)河北、山东、察、绥四省让与满洲国;(二)华北军队两周内完全撤退;(三)双方对此条约绝对秘密。

黄对此三条,认为利害有碍亲善政策之进行。日本则以伪善口调,言此乃对俄并无对华野心,但为维持中政府之地位与信誉,计可作下方之让步,即:

(一)东北军调往黄河以南;(二)平津一带另换驻军队,但实力不得超过治安所需;(三)关于通车、通邮、设关以及满洲国之交通计划,中国应以相当便利;(四)日本助中满完成承德、北平间铁路;(五)察绥境内许日本派兵剿匪;(六)日本得在平津增兵。

黄持此六条南下与蒋介石、汪精卫面商。汪说为之要保持平津察绥可放弃,蒋谓目前中国国力不足,后方共匪未平,西南与中央为难,不得暂时让步,利用此时机解决共匪及西南,待统一后,国力充实再来对日,因之同意日本六条,但有相当之修改:(一)溥仪不许入关;(二)最低限度保持平津治权名义;(三)通车、通邮、设关及华北建设就地解决;(四)东北军可以完全撤退,但留一部分中央军防内乱;(五)华北政府尊重日本意见改组,张群任主席,于学忠离开河北;(六)日本不得援助反中央势力,在必要时日本应与中央勘室内乱之便利;(七)日本派兵赴察绥一带剿匪及增加平津驻军,中央在事实上可默认,但无须明文规定,以免反中央者借口。

以上黄、汪、蒋在南昌会议决定后,即由黄与日本驻华公使有吉明会晤进行也。

五月一日　本日为世界劳动节,大报均休息,只有小报可看。先生回忆在日本时,未闻报纸有休息之说,欧美亦然。认为"吾国欧化以后,欧美之好处未学得,不良习惯则变本而加厉,此风不挽,行见国本动摇,文化扫地矣,可不悲乎。"

五月三日　与协隆公司结算愚园路房租造价,计新屋造价总数十一万余千两。

五月五日　晚餐后阅报,见汪精卫等在南京召开革命政府成立纪念会时之欺人报告。汪在中央党部报告云,民之至五袁世凯称帝,民六张勋复辟,民八九西南实力派与北洋军阀勾结,孙先生为求贯彻三民主义,不惜困苦艰难与恶势力奋斗,造成后来之光荣。吾人应不忘孙先生艰苦卓绝,认定主义,继续努力打破当前国难,现在国难异常严重,希望国民能拥护主张,了解政府困难,加增政府力量,从前世界各国亦有如中国今日危难者,但国民都能同情政府以图救挽云云。

先生评论曰:"按中国今日之国难,诚严重矣。然至此严重者,为谁国民,所以不能同情之故,何在世界各国危难时,亦如中国今日当局乎? 余甚愿汪氏稍稍反省也。口蜜而心剑之语,满面仁义道德,一肚子男盗女娼之小人,吾不禁为喷饭,将其语抄入前方,以待以世之公平。"

五月八日 读《日本法西斯蒂之运动》。

五月九日 上午,听俞飞鹏谈出洋考察交通的主旨及方法。

下午,会见聂开一。聂谈中国航空公司已月有盈余数千元,不料因沪粤线两机失事,致大损失,本月又亏数千。

先生是日记载云:本日为中国受日本屈辱之国耻纪念日,而一般要人政府当局明虽要舒抒国难报仇雪耻,暗中则与日本勾搭卖国,人心已死,如之何不亡耶。

五月十日 晚七时,为俞飞鹏出访送行,韦以黻、郑方珩、孟博霖等作陪。

五月十四日 上午,到祁齐路访晤黄郛。

下午,听许修直来谈其赴莫干山谒黄郛经过。许言昨日方返沪,明日又将北上,谈及时局,黄亦觉悲观;又谓在沪与有吉明及其他日本人接洽,大约下月中蒋介石北上。

五月十七日 会见《国民日报》总经理夏纯散,夏由张道藩介绍而来,向先生索题词和小照一张。

五月十八日 与黄郛略谈彼此近状,愈时而别。

五月二十一日 赴格罗希路(今延庆路)一二五弄十四号访江西通志馆馆长吴霭林,见刘成愚适在吴家。寒暄后,吴求助先生推销《庐山志》。

五月二十五日 上午,周人吉来计划回黔,征询有何建议,并希望先生为公为私而积极问黔事,黔民苦桐梓人苛政久矣,非先生不能昭苏之云。先生闻此言,曰:"不觉惭汗无地,余何尝忘黔之七百万生灵耶。祖宗坟墓不祭扫者,十七八年田园荒芜,刻未去怀,徒以形移势变,不得已而放弃耳。先我而入黔者,在可能范围内亦当为黔人吐气不可。"

五月二十七日 吴霭林送来《庐山志》二十部,嘱先生代售。

六月九日 先后接访赵守恒、邓汉祥、欧元怀、傅式说。邓告知川黔应付贺龙率队伍入黔事,又探知桂滇近情。

六月十日 下午,赴小沙渡路访章士钊,商应付刘书蕃、任嗣达讼案方法。章主张函罗文干请其主持公道,较为有效。先生认为如以私人资格向法院请求做证,感觉有失体面之嫌。随即将许多材料交章,请详加研究后代筹一应付方法。访刘书蕃告以一切。刘又约至刘崇佑律师一谈,刘律师则主张向法院申诉以证逊记非刘书蕃化名,十万亦确非刘书蕃物。先生觉有深加考虑之必要,逾时辞出。

晚,告知任嗣达与章接洽之情形,并约明晚八时邀集严仁珊在此准备逊记组织及账项。关于"逊记"事件,《申报》以《刘书蕃等被控案续讯》为题,报道五月二十七日审讯情况。①

六月十九日 上午,赴马斯南路(今思南路)访李烈钧。

下午,冷杰生与聂开一来访。冷本任师长,不知何故又被调为指挥,名虽升官而实权则被削。

六月二十九日 中午,赴明湖春参加朱巽元之宴。

七月四日 郭润生引前四十三军官翁小斋即车鸣翼副师长来见。翁初由湘西凤凰来京沪,欲求外边黔人援雷、杨,并历述黔中近况。先生答曰:"从黔事至今,已为四邻发生密切关系,若非与四邻接洽得有相当谅解,则容易引起纠纷,故告翁须注及此,至援助雷、杨造中心势力,又必待相当机会。此次贺龙入黔,本可得机,问中央请求,不久又为王家烈来电所掩,殊为可惜,如能将贺龙近占各县并未击溃种种据实宣布,则外边乡人根据进行矣。"

七月十四日 上午,接待马学波、吴和清、余辉庭、王定一来访。四人皆黔省高级军官,新由军官班毕业,欲回黔东与雷鸣九、杨其昌努力黔事者。先生以六百元赠吴和清、余辉庭、王定一三人回黔东旅费。

下午,接待中央大学毕业生汪瑞广来访,汪表示欲办报以维黔事。会见新由湘西凤凰来的军官翁小斋,谈黔事甚久。

八月二十日 访魏乾初不遇,送其《庐山志》一部。往胡筠庄家吊唁,晤胡谈片刻即回。

八月二十八日 会见傅式说、马君武两人。前闻马病不能行动,自如今见已好为之贺祝,互谈数年渴别之情。

九月十六日 先生母亲病逝,享年七十三岁。

十月一日 得邓汉祥送来两广方面对中央开五全大会修正议案之电二通,措词甚为扼要,读后不知中央对之如何应付。

十月九日 听何纵炎来报南京政局无变动,蒋介石以剿匪为重,汪精卫则利用多一事不如少一事之心理,以恋栈并竭敷孙科、宋子文云云。

---

① 《刘书蕃等被控案续讯》,《申报》,1934 年 5 月 28 日,第 11 版。

十月十七日　上午,何澄来宅询问何应钦何时在宅,嗣又谈华北与日本关系、刘石荪与黄郛最近之交涉,及今后外交的方针。

十月二十二日　上午,邀请校董何应钦在大夏大学作《怎样挽回不良学风》的演讲。

下午,邀请陈立夫来大夏大学作《礼义廉耻的科学分析》的演讲。陈氏先从科学原理上解释智仁勇之意义及其作用。他说,欲知四维在于智,决定四维在仁,实现四维在于勇,由智仁勇生敬爱。敬之对于人为礼,对己为廉,爱之对人为义,对己为耻;从经济方面观察,礼与廉是分配,义与耻为生产;就四维之对象说,对人为礼,对事为义,对物为廉,对己为耻。而敬爱生养成,由于父严母慈。①

十月二十四日　有王雄者,朝鲜志士,从前在贵州进讲武堂学陆军,欲以个人本领恢复中韩关系对付日本,卒以力小愿大不能相副,至今尚沉浮中国军界,特由南京前来吊唁。

十一月三日　邀请吴稚晖、褚民谊、黎照寰、刘湛恩、吴铁城、李大超出席大夏大学十周年纪念会。先生致开会词,畅述校史,在致辞中,首次阐明创校四大精神,即(一)革命精神,(二)牺牲精神,(三)创造精神,(四)合作精神。继宣布今后以民族复兴教育为施教总目标。②

十一月四日　往谢林森、于右任、吴铁城、杨虎、吴稚晖、戴季陶、刘文岛。

十一月六日　在自宅宴请胡文虎、吴铁城、杜月笙、张竹平,以及湖北教育厅长程其保校友等,宾主尽欢而散后杜月笙等陪胡文虎参观大夏大学。报载③:

> 南洋华侨巨商、现任本大学名誉校董胡文虎氏,对于历来祖国建设事业,一掷巨万,不厌不倦,急公好义,举国同钦。最近抵沪以来,备受各界热烈欢迎,宴无虚席。本月六日中午于百忙酬酢中应王校长之宴请,在愚园路王校长自宅,畅述回国印象及个人怀抱。席间由杜月笙、张竹平、欧元怀、傅式说、王毓祥诸校董作陪。湖北教育厅长程其保氏及市府李大超科长,虎标永安堂胡桂庚、叶贵堂亦在座。餐后又杜、欧、

---

① 《陈立夫中委讲礼义廉耻之科学的分析》,《大夏周报》,第 11 卷第 8—9 期合刊,1934 年 11 月 3 日。
② 王伯群:《十周年纪念典礼开会词》,《大夏周报》,第 11 卷第 10—11 期合刊,1934 年 11 月 12 日。
③ 《胡校董文虎来校参观》,《大夏周报》第 11 卷第 10—11 期,1934 年 11 月 20 日。

傅、王等陪同来校参观，颇多称赞。胡校董常谓："我的钱是从社会上来的，当然还归到社会上去，所以本人对于一切社会事业都愿尽力的去促进他"。本大学第一期建设，胡校董曾捐资一万元。现在第二期建设又在开始，胡校董表示更愿赞助云。

十一月七日 接待原交通部书记员杨质伯来访。杨两年无事，几将饿毙，近来此间助先生母亲丧葬颇久，先生悯其困窘，特别助以四十元。

十一月九日 为严仁珊作两荐书，一致浙江省主席鲁涤平，一致民政厅长吕宓筹。

十一月十二日 赴国际大饭店参加胡文虎之宴，其目的在欲与胡及大夏大学同人一见，发探捐款究竟也。

十一月十五日 上午，阅报知史量才由杭州乘自备汽车返沪中，为六人暗杀，立即殒命，同遇难者有同车之邓某和妻子。先生以为如此有组织之暗杀，决非等闲事，必有怨恶深入人心。不禁感叹曰："呜呼！世衰道微处，事与人更不可忽，然维持世道人心之道德仁义，已不可恃。惟有出此卑劣之手段，亦可谓轰烈之手段，可叹亦可畏也。"

十一月十七日 赵守恒来商赴滇探龙云对黔意见如何，以备相机进止。先生认为毫无把握，不甚赞成。

十一月二十一日 致郑硕贞一信，令其在南京备三十元酒菜一席，款待刘湘督办。又致邓汉祥一信，因无法赶去南京，请代为婉向刘湘表达歉意。

十一月二十二日 托许修直代达黄郛，请留意日本青年军人中的武官，并留意仇人之嫉视如刘石荪之类。

十一月二十五日 与何应钦谈大局、川事、黔事，何希望先生赴桂一行。先生因无暇分身辞之。

何辑五来谈中央将派兵两师入川剿匪，邓汉祥主张由川分兵两师入黔，解决黔省问题，在京同人恐川军入黔，流弊滋多，欲中央直接处理军事。何辑五希望先生回黔主持省政。先生分析道，此举非只黔省单独问题，乃全国问题，西南问题须全国问题决定办法，然后西南问题一省间可迎刃而解也。建议何应钦前去统率数万剿匪军队，为全国在西南树立远大根基。

十二月二日 读报得知，孙科、王宠惠两人为斡旋西南和局而南下，将于五中全会时赶回。又载宋子文宴刘湘后，同车赴杭州游览，大约借在车中谈大局与川事。先生叹曰："政治已有动机，而余病不能赴命已夫。"

十二月三日 邓汉祥引刘湘、张必果、傅真吾、邱甲来访。

十二月六日 接待兴义籍、大夏毕业生陈立言、刘汉宗来访。刘说已考取赴美学习航空机工科，欲请先生作一介绍函致中国驻美公使，先生觉得与施肇基无交情，拟为之托李铭试办之。

十二月七日 中国驻意大利大使刘文岛夫妇前来辞行。

十二月十日 上午，赴中央大礼堂出席纪念周及国民党四届五中全会预备会议，汪精卫主持。此次委员到会者特别之多，有精诚团结之象。会议推蒋介石、汪精卫、孙科、于右任、戴季陶、丁惟汾、居正七委员为主席团，摄影而散。

晚，赴何应钦宴，同席为何成濬、顾祝同、刘峙、吴铁城、张群、杨虎、夏灵炳、钱大钧、钱慕尹、张治中等十人。席间谈及红军将经湘入黔，而川若非先出一军进驻贵阳为先发制人之计，则红军占据贵阳必长驱入川，入川后则不可收拾。先生认为入黔军队不可太多，一师足矣。

十二月十一日 参加国民党四届五中全会第一次大会，讨论宪法草案一案。先生认为，此次立法院所起草之宪法草案，虽费时长久，费力甚多，而不妥之处尚多。缘该院委员多产之都市及沿江沿海，即有边远省区之委员亦在外已久，于边远省区之民情风俗、生活程度早已忘却无余，故所起草之法律，若闭门所造之车，无符合之途径以行也。当时会议结果，作为初稿之审查指定若干人审查。

十二月十二日 出席国民党四届五中全会第二次大会，议各审会审查案多件。

十二月十三日 上午，出席国民党四届五中全会第三次大会，会议讨论通过刷新政治与民更始、恢复人民食盐自由、提高法官待遇、限制律师资格、振提整理监狱等事宜。

下午，与李仲公、陈又新谈黔省"共匪"之患，表示如中央稍纵即逝，将来有不可收拾之痛。

十二月十四日 上午，出席国民党四届五中全会第四次大会，讨论学校减少假期缩短学年、安徽省冬赈春赈无款办理依法救济、切实整理军队并保障官兵待遇等。

中午，赴励志社参加蒋介石茶会。

下午，出席国民党四届五中全会第五次大会。

十二月十五日 上午，访汪精卫，先表谢母丧派人致祭之意，嗣言两年以来未尝于求，一则因前年入川毫无成绩，尤其是对刘文辉未能相助，抱愧异常；再则因先慈年高，不敢远离，然有人几疑以汪公有隙者，是嗣后不得不求公予以相当工作，一则可杜悠悠之口，再则人生无几何光阴，尚欲为国党尽力。汪当答言："君曩者有游欧美之意,今令堂作古,无家室之累,何妨远游一次。即仿孔祥熙办法以专使名义一往亦可,抑或待某国公使出缺奉屈亦可。"先生答曰："此固所愿,惟出洋亦恐是短期,缘外国文字毫无要荐,求学不可能,只一游增见闻而已,然知群莫如公,应如何方,相当谨待后命耳。"

嗣又访邵元冲,谈久之,并参观其图书室及善本各书,邵送毕秋帆《闽中胜绩志》一部。

下午,孙希衍来谈司法院情形,易培基案颇详尽。

十二月十六日　上午,先后接待陶光威夫妇、欧阳秋帆来访。

十二月十七日　《中国日报》来信索小照与履历照,先生给之。

十二月十八日　张慰彬来访,谈湘西凤凰方面情形及剿"共匪"经过甚详,先生当托致函陈渠珍师长表示谢意。

十二月十九日　接中央政治会议通知,因病不能出席。

十一月二十一日　郭润生夫妇来访,谈贺龙已攻入桃源,罗启疆部二千军被击破,常德危。

十二月二十二日　接待谢彬师长来访,该部已奉命开赴南昌待命,或将加入川黔之剿红军部队。谢说,如黔籍各军能团成一气,统一作战,或可收效,收特别之效,如分割支配于他部队之中,则其涉山越岭勤苦耐劳之特长,亦必不能表现。先生允有机会为之助,又嘱其有机会时要求补充。

十二月二十三日　往访邓汉祥。邓将王季文由港来信主张桂黔合作出示。先生阅后答曰："吾人早有此意,无如某公对桂尚无明白表示,现在中央大军如黔吾人更不能指挥裕如,苟某公能令何应钦负统率指挥之责,则合作剿匪以安乡,安乡以为国家基础,徐图中兴事可能也。"又谈王揖唐在段祺瑞下之地位与段系诸人对其并无好感,王揖唐在对日外交上亦甚空虚,此次恐利用段老招牌为幌子自想做官,如蒋认为王揖唐对日有办法,则大误矣。

十二月三十日　兴义人刘汉东被派赴美学习航空,特来辞行。

一九三四年(民国三十三年　甲戌)　五十岁

259

一九三五年（民国二十四年　乙亥）　五十一岁

一月一日　读《王文成公全书》卷四文录，先生觉每篇中皆求道之言，读之耐人寻味，发人深省，处人欲横流、学绝道丧之时，身心正无安顿处，将该书反复玩味，真不啻热病中服清凉散。

一月七日　上午，听何应钦谈赴奉化谒蒋介石经过，在对日外交方面，感到过去似为黄郛所隔阻，以后当稍直接，且有拟定杨永泰赴日之意，而杨未允。

下午，接待何澄来访。何谈刚由北平归，黄郛见日本人对之空气不佳，正请何为之奔走，故何拟由大连而满洲而朝鲜而日本为之游说去。何欲将近况告何应钦，嘱先生约晤。然意不知何应钦何往，至晚八时尚寻不着，当将何澄意告王文湘转达何应钦。

一月十三日　下午，接待傅启学、傅启运昆弟来访，谈贵州事至详。傅说内外黔人传先生时时过问黔事之说，且有传已赴昆明者。先生曰："黔省是桑梓之地，生育之乡，祖宗坟墓田园，戚族老幼在，余安能置之不理，安能片刻忘情，然非个人得而私会，必约多数黔人共同方能进行一切也。倘多数黔人感觉黔事有速起过问之必要，余虽不敏，决不辞劳而附骥。倘多数黔人对王家烈等人行为为然，安之若素，余孱弱之身又何必介入，不自量而与之作难耶。"

一月十四日　宋述樵转述刘庐隐欲与何应钦面晤，探询何日返沪。先生告以一月或二月不定。

一月十六日　读报知蒋介石已由奉化飞沪，下午即将入南京。先生记述云："其病已痊耶，抑外交已有途径耶。国难日深，凡热心为国家谋福利，余均乐于祝其健康耳。"

一月十八日　接何应钦来电，言已返回北平。

一月十九日　与宋述樵谈许久。宋转告刘庐隐来谈目的乃寻求合作云。先生认为胡汉民乃坚信主义之一人，如主义相同，不合而自合，主义稍异，则徒口舌，表示无益也。

一月二十一日　上午，会晤何澄。何称刚由长春、大连归，此次满洲欲为黄郛挽回紧张空气而往，不料日本各驻华武官在大连会议的结果，认为中国政府亲日政策尚不彻底，决定用种种压迫使中国政府就范，日伪军向宋哲元取攻势，图占张家口与大同，使平绥铁路入日本人势力支配下，此其见端不久或将再进而干涉华北内政，又不久或将寻衅以压迫首都，如蒋介石能向日投降，则脱离国联，日本经济合作等种种要求立必提出矣。何并言日本已下大决心，恐租界内亦有短期纷扰，嘱先生早为准备云云。先生闻罢，叹曰："呜呼！结果则亡国矣。自九一八事变至今，国家受莫大耻辱，而举国上下，仍不知奋发有为，刻苦自励，上而如汪、孙之辈，只知率领党徒争权夺利，营私自肥，把气节之士引走殆尽，下而全国之人，意气消沉，遑遑惟个人生活之是谋，不问国家之存亡安危，偶有一二爱国仁人志士，奔走呼号，则目之曰反动、或被明惩、或被暗杀，舆论之稍稍激烈者，则被封禁。呜呼奈何！"

下午，快函致何应钦，言何澄赴长春归来所得消息颇为紧要。

一月二十六日　上午，与洪君勉谈及时局，异常愤慨，说国家将亡，追源祸始，皆军阀黩武穷兵致全国分裂，小人从而媚惑之，以私济私，不惜牺牲一切以保其禄位，正人君子悉被屏斥，真可为痛哭流涕也。

一月二十七日　听蔡培来谈北方情形及许修直活动交通部次长经过，并言日本板西中将，即前在交通部任内先生曾宴之，当时板西率李择一为翻译，不料今跋扈至此，升为关东军副参谋长。

一月二十八日　得何澄来信，说何应钦在北平向人谓其造谣生事，愤懑异常，大有当局至死不误，吾人静观其败而已之态。先生拟函慰之。

一月三十日　与刘庐隐再谈时局，多英美日本外交关系。

二月二日　往访黄郛，先将数月所得消息缕述之。黄亦将某公由陕西入北平对日本外交之应付方针，近虽与日本有吉明周旋，然具体方案尚未提出，不如外面宣传之甚。

晚，在自宅宴请陈丹士、张继等三十余人，宾主尽欢而散。

二月三日　上午，将猞猁皮袍一件、《西陕颂》碑拓等送章士钊。

二月六日　闻俞海请假赴宁，以《庐山志》二部嘱其带往，一部存京寓，一部送王漱芳。

二月八日　命人送喜幛一张，贺熊希龄与毛彦文结婚。

二月九日　龙达夫转告沈叔玉因孔祥熙嘱约之来沪相见，似有仍令其任交通部邮政司司长之意。先生答曰："交通部司长由财政部长物色人任，行政统系已乱矣。交通部长尚不知趣而辞职，真只知做官无耻之尤也。"龙达夫请教出处之宜，先生答曰，政治失道，清流无益，为事业及计，应注重以专门人办邮政,免致邮政事业败坏至不可收拾。

接卢晋侯来信,说福开森与内政部订约,其古物允全部陈列于故宫文华殿,然文华殿此刻由北平军分会据用,索而不还,拟请先生向何应钦疏通早日归还,免失信于福开森。

二月十日　得李仲公来信,说奉命往贵州协助"剿匪"将行,并寄一电码以备请示。先生当复一信,言蒋介石知人善任甚慰等语。

二月十三日　何辑五谈李仲公赴黔经过,谓起于王家烈小妻贿李,李亦为之动,求杨耿光撮成者也。对于黔事,何主张薛岳主持,先生觉不妥。嗣谈何澄对何应钦误会事,自己虽为之解释,希望以后勿再加重。

二月十五日　上午,往访宋子文,谈外交财政诸问题,而宋皆默默,似不能告人之隐。先生又询有何计划,宋答"如此时局只看书消遣而已。"先生因感久不见面,颇疏远,遂辞归。

下午,偕保志宁访李烈钧,感觉至快。李言云南起义今已二十周年,当日同人死亡强半,所遗少数亦教改处各方,欲开一纪念会而不能集中,不胜感慨之。由李烈钧处出,路遇宁子春,相约来访。

二月十六日　晚,偕保志宁赴宋子文夫妇之约,坐中有李石曾、刘航琛、胡筠庄、杨志雄等,餐后又演影二部。

二月十九日　赴姚主教路(今天平路)访缪斌。

二月二十二日　与宋述樵谈时局。宋谈王宠惠之赴日必得蒋介石之谅解,三四月或将返国,为过渡时代之行政首长,亦未可知,欲任以后之行政首长,必先视对外交有应付方否,故其赴日作准备云。

二月二十四日　上午,会见王家烈的参谋长黄群书。先生觉黄无知无诚,所谈皆王家烈夫妻如何分派,希望如何保存王家烈妻党势力等等,真不堪一谈也。当答以王家烈自暴自弃到今天,已无法可挽回末运,待王氏之妻万淑芬回沪再相机进行可也。

二月二十六日　下午,接待宁子春来访,谈川事颇久。宁告与数友人共出资一百万开一银行,将以大夏大学命名云云。

晚,宴请宋述樵、刘庐隐,讨论如何建立三民主义适合现时中国国情之革命理论、改革党务之必要等议题。

二月二十七日　作一诗送李仲公赴黔行。诗云:

> 我懒百事废,渐少交旧知。
> 朝学眠叟篆,暮读柴翁诗。
> 愁来戏稚子,饥来呼山妻。

怕闻乡国政，久为之所噍。

犹独君不弃，贻书问机宜。

黔居几大间，折冲诚未易。

区区这所见，首先贵自立。

新仁而善邻，三军其政治。

君为千里行，我乏酒一卮。

愿时寄好音，慰我长相思。

二月二十八日　与许修直谈外交与党务，沿二小时。许明日将赴莫干山谒黄郛，询有寄语否。先生答以沪曾长谈所未尽者，改日再谈可也。

三月一日　何家成来访，禀告李宗仁代表黄建平欲来与谈西南问题。

三月二日　何家成引黄建平来谈。黄首出一电见示，言朱德、毛泽东反攻于宥日，陷遵义、桐梓等处，驻遵黔军两团完全损失，薛岳已至乌江南岸督战。果如此，"共匪"据黔北而打扰川东南，势成燎原，非中央军数万人所能消灭，必合川桂滇黔数省之力与中央军合作恐不济事，然军事固重要，政治尤须同时改进，所谓彻底"剿共"，必"三分军事、七分政治"之意也。然一提及政治，则西南数省负时望，必起而团结，共同努力，勿专恃中央，此又不易之理。故黄代表李宗仁特来征求对西南意见。

先生答："以三军七政建设西南，以应付未来之世界战争，以为复兴民族的国家之基础，此余素所主张，唯障碍在中央当局，故欲设法使中央同意。中央有觉，则易如反掌，如中央与地方尚怀疑，则一切皆谈不到。"先生希望中央地方之精诚团结以达建设西南目的，请黄代表以此主张告李宗仁。

三月三日　接待出访归国的俞飞鹏、韦以黻，略谈欧美发达近况。

三月四日　何家成送来黄建平近接"邑电言黔中匪势披猖，王家烈驻遵义之杜、江、宋三旅长均负重伤，所部伤亡亦重。蒋在珍旅则遮断于松坎、猷、何尚仁怀茅台，薛部韩、唐两师退守乌江南岸，欧师方由扎佐开息峰，滇军孙部已到土城，川军唐、潘各部二日可到桐梓。"又言"王、薛两部现已节节引退，土本人由白蜡坎向半水嘴退，悟生已退到美竹箐，猷、何两部尚未到仁怀，周浑元先已达白蜡坎，大部尚在长乾山附近等情"。先生忖测：如此，则朱毛在黔北势尚不小，若应付稍失，当由又将扩大入川也。

三月五日　得何家成送来的三册《三民主义月刊》、一张贵州地图，并将川滇桂中央黔各军与共军相持地点一一注出。

三月六日　接何家成送来李宗仁为朱毛红军扰黔事电，其代表黄建平转来一歌电，并广州所得黔中军情一电接后，先生略言近日病未愈，拟稍适作复也。

三月八日　复李宗仁、王季文各一电,大意谓"团结西南诸省,建设交通实业,省防经济诸端而发展地方,挽救国难。"托黄建平用密码译发。

三月十二日　接何应钦转来窦觉苍一电,言黔朱毛红军已成强弩之末,黔在西南中心政治应速根本改造,请先生与何建议中央主张一切。

三月十三日　往国际饭店参观,联合保险公证事务所机械工程师王尔陶与一外人率引一一介绍。

三月十七日　上午,往新亚旅馆三楼六号访何澄。何曰:"日本少壮派对某公仍不满,有推倒之意,盖因某公应付日本外交无根本办法,头痛医头,脚痛医脚,而供奔走者更软弱无能,一味敷衍,为日本人看不起也。"何又述石荪已赴粤,为粤方奔走对日问题。何拟本日回苏州,数日内赴南京,始上莫干山与黄郛见面。

三月十八日　得何应钦转来李仲公一电,电文谓:"李仲公贵阳来电称:'黔中自军权交薛(岳),虽委座以维持政局许王(家烈),王知势去,极动摇不安。黔人对王痛恶已深,全省政治枯竭,经济破产,王即留恋,亦无维持可能。现与伯陵(薛岳)维现状,候委座亲临决定办法。公应早商委座,促群兄出负艰巨,弟当竭诚相助,以救可怜待死之贵州。如何?祈复并转群公'等语。弟应钦。巧,行营。"

三月二十二日　陈又新①约先生至警官学校做一次训话。

三月二十三日　上午,听许修直转述,黄郛月底返京就内政部长职,并言一万万元金融公债,恐金融界发生不良影响,办法系以五千万加入中央银行,二千五百万元加入中国银行,一千万元加入交通银行作官股,俾中国、交通均完全如中央可供政府之用云云。

三月二十四日　摘抄总理遗训以自勉:"经一次失败,即多一次的进步,然则失败者进步之原因也。盖失败而隳然气尽,其不摇落者几希矣。惟失败之后,谨慎戒惧,集思补过,折而愈劲,道阻且长,期以必达,则党力庶有充实之时。历观前事,足以气壮。"

三月二十五日　何辑五来告于右任健康,已复来京任事,今晨且赴汤山观炮兵试验新器。

三月二十七日　上午,赴中央党部出席中央政治会议。见王世杰、王用宾之类均以非中委而特许加入者也。会议由居正主席,讨论食粮专卖、修改

---

① 陈又新(1891—1957),云南广南人。历任黄埔军校潮州分校队长、第51师师长、中央军校成都分校主任、第十五集团军副总司令、第二十八集团军中将副总司令等职。

中央银行组织法、修订陆军上将等级。任命蒋介石为特级上将,阎锡山、冯玉祥、张学良、何应钦、李宗仁、朱培德、唐生智、陈济棠等八人为一级上将。陈调元、何成濬、朱绍良、韩复榘、宋哲元、刘湘、刘峙、万福麟、何键、白崇禧、刘镇华、顾祝同、商震、傅作义、徐永昌、于学忠、杨虎城、蒋鼎文、龙云、徐源泉等二十人为二级上将。会议通报石瑛辞职,马超俊继任南京市长。

三月二十八日 发一电复李仲公,言委座莅黔后,最好由李商承主持,倘西南交通及其他余力所能及,当唯命共策进行。以快邮复窦觉苍一电,亦谓苟力所能及,必追随乡人图之。

三月三十日 将各函致何应钦者,快邮发出。何函系因王文华抚恤金事,欲致军政部一公函,稿先寄与何应钦一阅,以决可否,然后发出。

四月三日 出席中央政治会议,讨论事项比较重要者,则通过七人为各省区监察使,公布土地法施行法等。

四月四日 再读总理遗训《民族主义》第一讲。

四月五日 读《民族主义》第二讲。

四月八日 上午,出席大夏大学总理纪念周活动并做《本大学对于复兴民族之责任》报告。①

四月九日 下午,何家成引黄建平来谈西南军政问题。黄欲邀先生赴粤桂一游,共决西南大计。先生认为西南安危关系蒋介石之治国方针甚巨,须先探得方针后始能商酌,否则南辕北辙,劳而无功。闻张定蟠已由桂入黔晤蒋,不知有若何进步否。

四月十一日 听倪文亚述最近在南京所得消息,关于外交者,本日中经济提携将实现及亲日、亲美两派如何明争暗斗,又某某要人借国联以自重。

四月十三日 上午,作致何应钦函,告知无可介绍入黔专员和县长人选。

下午,接李仲公来电,言黔省主席已定吴忠信。李任财政厅长,民政厅、教育厅由吴推荐;又云王家烈任一路指挥军长,犹国才副之。

四月十四日 上午,与何家成谈桂事。何转述李济深在梧州召集十九路旧军练数师之说。先生认为此决不确,桂财政困难负担不起,粤虽能稍助,亦决不肯助桂练兵,以为粤异日之患,至报载蒋介石将赴粤桂,恐亦不确,黔事正急,川局未定,蒋胡能离川黔耶。

---

① 《王校长讲本大学对于复兴民族之责任》,《大夏周报》,第 11 卷第 22 期,1935 年 4 月 15 日。

下午，得王文湘寄来的代取存款据一纸，函中有"无权无势，倍感痛苦，倘果严尚存，今日岂有受人凉暖如此"。又云："吾兄精神苦，无时不在妹脑海中旋转，倘电兄不遇害，则今日之吾辈有权有势，如何致被人冷眼。回忆当年，兄等有势力时，妹之快乐，不禁叹息，真所谓人情冷暖，世态炎凉，然事已至此，只好忍耐处之。"先生读罢，为之不悦者逾时。

四月十五日 接待周铭久来访。周以其叔在重庆方面与亲友为款项交涉，而亲友托何应钦致贺国光函，以武力迫之还债。先生殊以为怪，大约何应钦左右有假借名义干涉民事耶，不然何以为之函贺国光，代索债务也。

四月十六日 李烈钧夫妇来访，谈青岛名胜甲于全国，邀先生往游。

四月十九日 上午，篆赠温哥华中华会馆三幅。文一曰："解除侨胞痛苦，发扬民族精神。"文二曰："杭海梯山同来新陆，良辰美景共话乡关。"文三曰："提携北美侨胞工商事业，发扬中华民族奋斗精神。"

下午，接待将赴黔就省府主席的吴忠信来访问政。先生告交通为先，欲谓交通，首在睦邻。吴领悟，言即返苏。

四月二十六日 赴新亚旅店往访何澄，畅谈外交内政诸端，知北方局势及黄郛不欲北返情形，知王克敏来之任务，且谈今后时局变迁预测。

四月二十七日 在自宅宴请日本矶谷廉介中将、影佐中佐和山本顾问。三人由何澄引荐而来。

五月一日 接何家成禀报，称黄建平将返广西，先生若派人前往，其可伴行。先生答曰："以人选甚难，且计划未定，殊不易商酌，现在吾国政治纯为日本外交所左右，能与日本接洽者，则操国家政权也。某方不注意此点，持门罗主义而不留意政权之获得，余以为其失策也。"先生当约明日下午与黄建平晤谈，并拟备一函交其携往，以应酬之。

五月二日 访张竹平，其夫人出而招待，畅言受胁迫，不能离"四社"之苦衷，实在对不起股东。先生劝以政治朝夕万变，劝其勿太感伤，机会甚多，少少休息，得体力培养健壮以待机而大活动也。

五月五日 庄智焕到访，出纸两枚嘱先生书屏条。庄称孔祥熙以七万五千元把张竹平的"四社"收买而去，并令张竹平永远不得办报。又言交通部不问需要与否，又于沪设置广播电台，殊浪费云。

五月八日 上午，出席中央政治会议，讨论（一）签订中法通商条约；（二）附加海关进口税百分之十，以抵若干补转口税；（三）铁道部呈沪宁杭甬借款案备案。均密而不发表，无文件带出者，其余则编入普通议程中。会议至十二时散。

五月九日 本日为国耻纪念日。先生是日记述："何为国耻纪念？即袁世凯于民国三年冬帝制酝酿时，日本派兵占青岛，进迫济南。明年一月十八日日本又提出二十一条，其中侵略南满、东蒙、山东、福建，权力甚巨，同年五月七日提最后通牒以威胁卖国残民之北京政府时，袁遂屈服，卒于五月九日签字。自此后，日本及各帝国主义侵略我国之谋愈急，民国十四年五月三十之上海惨案，同年六月二十三日之沙基惨案，十七年五月三日之济南惨案，及九一八与一二八之变，皆不平等条约为励阶，始于国耻日也。"

五月十五日　听许修直来告黄郛拟辞去平政委会事，就任内政部长或在往渝一行之后。

五月二十三日　陈香圃欲请先生为其证明有七年以上革命成绩，因与事实不符，先生设词却之。因条例规定，有虚伪须负法律上之责任。

五月二十五日　接张道藩电话，说已得托购邮政大地图之信，该图之所以不发卖者，因云南边境关于片马处自缩小之嫌也，如欲得而供参考，可设法送二册；又云朱家骅欲招待参观交通部新官署，问下星期中有暇无。先生答刚好下周计划回沪，下次来京，再约往观可也。

五月二十六日　先生阅报知，蒋介石由渝乘机飞蓉督剿"共匪"，似贵州境已无匪矣。先生感叹曰：前之为黔痛者，今可稍后安慰矣。然苛政之后，继以兵灾，何日方能出七百万生灵于水火，未可逆料也。

五月二十九日　阅报知昨日国民政府开会，先生竟未接通知，感到可怪也，好在不到会者人甚多，不足异已。

五月三十日　与宋述樵谈时局。宋言以华北对日外交似觉紧张，有言汪精卫将去职者，王宠惠将提前回国组阁说。先生以为此理想之词，外交紧张则内部更不易变动，当局尽借外力以延生命者也。

五月三十一日　上午，偕保志宁于祈齐路访黄郛夫妇。关于对日外交，黄郛道："吾人如医者，初本微症，一二粒阿司匹林可愈，而病者不肯服侍，其病深入伤寒始服医初言之药，当然不效，遂怪医之庸而无能，真冤枉也。且此番之病来势颇猛，非往次可比，政府无根本方策，吾不知何以善后也。"先生谓，许多问题本应皆外交当局办者，反推在君身上，又有许多问题君不肯轻诺，而中央即许之，故觉对于君无好感，智者为之不平也。相互吁唏久之。

六月二日　被上海市识字教育委员会聘为分团团长。

六月五日　上午，与黄郛伉俪谈对日外交颇久，均感根本政府不定政策，支节应付一定失败。

六月六日　接待新由粤桂回沪的黄建平来访，阅毕李宗仁函后，先生问对日外交如此紧迫，两粤诸君有何法以补救否？黄答现正商酌中，或有善意的向蒋介石劝告云云。

六月七日　上午，先生欲与宋子文一谈时局，命人以电话询时间。据答云，宋尚高卧，须待其起方能询明答复。

六月八日　上午，赴西爱咸斯路(今永嘉路)访孔祥熙。先生将华北问题以往失败及现在补救及将来决策一一述后，又言统一内部，整理政治，改良党务，缕述之约半时。

归赴哥伦比亚路二十二号(今番禺路六十号)访孙科。先邀请孙二十三日来大夏大学毕业典礼讲演，嗣详述对日外交华北问题，再言政治有澄清必要，党务亟宜改善。先生强调中山先生创业不易，承继而发扬光大，责在孙科，若孙科能负责，老同志均愿助之，若照此不求改良，则党亡矣。孙科似为感动。

六月十六日　因病未出席《时事新报》《大陆报》《大晚报》、申时电讯社等四社股东会。先生久欲晤杜月笙一询究竟，因循未果。

六月十七日　致何应钦书，言念其贤劳，不能相助，为怅国事已至万劫不复之境，京中如无善策，曷赴成都一请示蒋介石。

六月十八日　听保君建谈在外所闻种种消息，似蒋介石已秘密准备有良法对付日本，不过时间之早迟耳。先生曰："余闻之以为，如果实在是天相中国，非常快慰，然一念及两粤统一虚伪，民穷如此，政坏如彼，不似大有为之象，如从容准备，如何能日本人之前耶，又为之悚然。"

六月十九日　接待梁烈亚来访。梁谈广西白崇禧与日有勾结。先生问何以知之？梁答胡汉民系抗日倒蒋，而白是联日倒蒋，故胡不安于港而去矣。又谓日本人土肥原赴桂时先过港见胡，劝胡联日，胡不允，赴桂遂成功。返过港再见胡，言君若抗日，恐港亦不安居，于是胡不得不去。先生认为梁言如此，姑志之，唯梁势利之徒，人未必以实告。

六月二十日　闻欧元怀等言，近日谣言颇多。有谓蒋介石已来南京，与汪精卫相见之下大为痛哭流涕，感觉中国不亡于满清，不亡于袁世凯、段祺瑞、曹锟，而亡于国民党，而亡于蒋汪，殊可痛云；有谓广西白崇禧主张容共，主张联日两粤似不稳，不出两星期必有分晓；有谓日本人对上海党政军人物均不满。先生认为此种种似去事实太远，皆无稽也。

六月二十三日　接何应钦来信，说华北虽告一小段落，今年之内恐日本人将另有大举，何决不再北行，安推京事后或来沪一谈。

晚，见远东通讯社报道，检察院弹劾汪精卫、黄郛、唐有壬、李择一、陶尚铭等六人。

六月二十九日　严仁珊来告李仲公免贵州省财政厅长的原因，系卖官纳贿云,且系革职查办。

七月六日　晚,在宅宴请日本驻中国大使有吉明,谢去岁先母弃养时亲来祭吊之厚意。同席者日本人堀内有野、芦山田四书记官,以及欧元怀、傅式说等。至酒酣时,有吉明忽评论国民党要人胡汉民有强项气,然仪表不伟壮;汪精卫仪表非凡,皮肤细白,看之如三十许人,尤以岸动柔媚,较梅兰芳更细腻可爱,真特别人才也。先生闻之不禁深耻,以一国之行政首长,博如此批评,可耻孰甚焉。席后,先生谓日本与中国应谋人民之亲善,但求两国之政府当局接近利益也,有吉明亦首肯。

七月七日　与何辑五聊外交,认为外交之败,坏在汉奸弄权于内,何应钦卷入漩涡,殊属不值,以为可小休矣。

七月十二日　与陈仪等访圣奉祀官孔德成。

七月十三日　晚,受傅式说之约,同赴日大使有吉明宅晚宴。有吉明专为宴先生而设别未请他人,故决意趋赴。同席除林筑之外,石射总领事、堀内一等书记有野、参议芦野山田二等书记官共九人,食用日本料理,席间杂谈,终席未及政治。

餐毕,往西爱咸斯路再赴孔祥熙晚宴,见草地上置六席,灯光月光竞明之下放映电影。据云,系宴圣裔孔德成,孔祥熙为孔德成上二辈等亲属,系孔子第七十五代圣裔。同席有覃振、陈绍宽、宋子文等。

七月十八日　与保志宁携儿往黄浦码头搭“奉天丸”船,赴青岛避暑。

七月二十日　上午,与外交部常务次长王家桢谈中日外交。

七月二十七日　往青岛俱乐部访李烈钧夫妇。李言已发有数电函至南京、成都谈国事,不知得蒙采纳否。先生建议须先约同志同时进言,否则听者不易动,对日外交并不难,而吾国当局自失信用,殊可惜耳。

七月三十日　得何应钦书,告昨夜返南京,并简述当局对日外交近况。

七月三十一日　接待青岛市公安局长王时泽来访。先生似觉旧相识,扣之则民元在沪之前,于日本时常相见。与胶济路局委员长葛光庭略谈路局近况。

八月二日　晚,至迎宾馆赴沈鸿烈市长宴。坐有唐梦潇、诸昌年、林笃信、梁寒操夫妇、吴铁城、张发奎、王锡昌等共二十余人,欢宴至十时散。是日先生记述对沈之评价[1]:

> 沈原为海军司令,属东北范围。东北事变后,率舰队入关驻青。青

---

[1]　王伯群:《王伯群日记》,1935 年 8 月 2 日。

市治安赖海军维持,遂委为市长。沈亦以海军范围日小,毅然辞去,怀念职任市长匆匆三年余矣。人极干练,好做事,脚踏实地,故青岛一切建设不亚于德国执政时也。沈,鄂籍鄂人,如此干练者不多,或沈为海军出身,教育有特异处耶。举其成绩之大者:(一)治安。盗匪肃清,全市境内皆安睹游山游海,皆无戒心;(二)交通发达,市内固不待言,市外亦汽车可四通八达;(三)教育方面,小学中学大学均经费充裕各具规模;(四)街市清洁,无乞丐,公园任贫民游览不收费;(五)人民生活安定,乡村住宅日渐改良,均变草而瓦矣。

古人云:衣食足则知礼,故人民颇知礼守法已到控化。总之,青岛一市,德国人以最科学方法植其基础,日本人接管后,亦萧规曹随,吾人收回后,如不求进步则不可得。又有干练职沈者继之故有成绩也。

迎宾馆者本为德管时代德人建造之提督官署,破费百余万,工料均上上等,图样美备,地点优良,前任市长均据为住宅,而沈到任后改为迎宾馆以之招待四方贤俊,惜仓卒之间未尽研究,拟异日再往考察。

八月五日 作致何应钦函,问报载颈病赴中央医院检查是否确定? 有碍否乎。

八月六日 赴迎宾馆出席沈鸿烈茶会,中外嘉宾计四百余人。据云每年春秋二季皆有此举,意在联络感情。在会中遇李烈钧、王正廷、诸昌年诸君,以及交通界旧职员多人,寒暄久之方归。

八月八日 接待沈鸿烈来访,与谈外交及青岛市政。

八月十二日 与来访的李子厚谈时局。李口气责汪精卫之语多已打破现局,谋政治改进之道;又谈西南应积极建设,蒋介石往西南一行,当有认识建设或转易进行。先生主张在外西南人士应以团体条陈诸当局方有效,个人发言易引起误会。

八月十三日 读青岛报见载汪精卫提出辞呈,西南见之并不惊异,且有胡汉民将回任要职之说。又社评谓一行政院长辞职乃普通事,且汪自关于国事无补,应让贤能云云。此报主张显然赞成汪之辞职,至胡任要职,此亦空气或由王宠惠光信外交部长再进而改革一部分政治问题。又报载陆军部长何应钦亦提出辞呈,其理由为称疾,实则照例援汪精卫耳。先生评论曰:"何应钦亦巧于应付矣,人有言其忠厚,此等处则不忠厚也。"

八月十五日 偕孙科、彭东原等游崂山。至山顶,听孙科畅谈时局,始近所闻者皆多皮毛之论,隔靴搔痒者也。蒋介石之态度对外交非不欲亲日恐无把握,欲命张群先往探约日本人真意后,再直接云。对四川用全力经营,对两粤无进取意,至于汪精卫的辞呈,乃前星期三中政会席上,覃振、石瑛、王陆一、傅汝霖一致反对汪之外交并指斥多端,故汪得信后即提出辞呈;蒋与汪及中央一部人约在庐山相见,现蒋已到庐山,而汪因已发表辞职,恐非蒋恳切约之或特许以援助而外,汪未必赴庐山。

八月十八日 上午,与李烈钧赴黄县路十九号访殷承瓛①,略谈滇事。

晚,往彭东原家赴孙科设宴,坐中有张群、沈鸿烈、曾仲鸣等。张群由庐山乘飞机衔蒋介石命来迎汪孙,略谈近况。

八月十九日 张岱公来访,谈李烈钧近身为国主张并述党务政治败坏。

八月二十三日 携妻儿由青岛返沪。

八月二十七日 与严仁珊谈黔事。严说黔仍遍地皆匪,中央军虽三师,不敢言剿,而黔军携二者日愈披猖,现只有省垣稍稍安静云云。

八月三十日 备祭幛一张,送铨叙部林璧予部长。

九月二日 何家成引侯念言来访,介绍说为蒋百里亲信之人,谈蒋近甚活动,常与汪精卫有接洽,并谓希望与先生合作。先生因与候素未平生,与蒋亦非知交,不敢轻有表示,只称赞蒋为日本通而已。

九月三日 上午,何家成来请先生与蒋百里面谈。先生允三数日后再谋往谈。

九月六日 赴法租界国富门路(今华亭路)二十号往访蒋百里。蒋为日本官学生之最早、而学问最好者,对日本国情军事极有研究,曾为大夏大学撰文登诸党报,因近应国民政府行政院之请担任情报方面任务,故往访之欲知其活动概况。

九月八日 得缪斌近作《武德论》一册,似参照某日本人原著而成,略阅数章侧重道德为挽救末世,计亦佳构也。

九月十二日 上午,再次往访蒋百里,听谈日本最近情形。蒋谓:(一)日本政府自六月天津驻日军官酒井高桥擅自行动,对吾国华北高级官吏胁迫交涉后,既感觉失体,故重臣会议以后,无论何处事件发生,须经过政府命令方得对外行动,故此时北方日本军人或不致有强横举动。(二)广田外务大臣之生命至多只能维持到本年,政府不过内阁只管更变,而国策始终操一军人之手,不因内阁之更动而易也。(三)海军对中国欲鲸吞,陆军对中国欲蚕食,海军联英成功则中国自然降服,陆军注重对俄,海军注重对英。对俄者谋以实力胜,对英者谋以策略胜,故海军与元老可

① 殷承瓛(1877—1945),云南陆良人。与蔡锷为日本士官学校同班同学。历任护国军第一军参谋长、川边镇守使,后晋升为陆军上将。1918年卸职为民。

一九三五年(民国二十四年 乙亥) 五十一岁

271

合作,陆军与元老派不易合作。谈逾一时之久,蒋尚滔滔不绝如江河,最后提出两周内不离沪,有机会欲与何应钦一谈。先生允以何如来沪,必约会谈,遂告辞而归。

九月十四日　晚,见日文晚报载《何应钦北上却起纠纷》一文,将原报寄何并转告蒋百里于日本情形至熟,时局未来变化亦有研究,劝何访之一谈,作北上之参考。蒋十日赴京,如缓行可在南京谈,如行期急则以来沪谈为妙。

九月十八日　得何应钦函,言一时不欲北上。

九月二十四日　接待黄季陆[①]来访,与谈时局久之。黄批评过去政治之荒唐。

九月二十五日　于愚园路自宅宴蒋百里、黄季陆、侯念言、欧元怀、傅式说、鲁继曾、王毓祥等。

九月二十六日　主持大夏大学财委会。

九月二十八日　访庄智焕,谈时局及对日外交甚久,并以代书屏联与之。

九月二十九日　接侯念言电话,告本日是蒋百里诞生纪念日。先生因不想亲往,乃作一函,称近感寒病,不可以风,不能驱往庆祝,略备微仪(菜单二十元),籍申祝悃云云。

九月三十日　侯念言自称系汪精卫的小党员,在汪领导之下工作多年。似在蒋百里处出入,亦汪使之也,并谈蒋如何成败,汪如何危险,日本外交如何简单等经。先生觉其语言亦有十之一二听不清白,以谈不得要领,略与周旋。

十月四日　得何家成赠日本领事在沪议会之会议录一册。先生曰:日本人处心积虑,无时无地不在积极谋侵略中国,而中国人除少数有血性者外,大多数无知无识,不生不死,在人世鬼混不知亡国之祸即在目前,而自利自私者泰然也,为之浩叹。

十月五日　出席国民政府第十六次委员会议,林森主持。讨论事项第一为司法院呈请免予金树仁三年六月之徒刑。处分金的犯罪系与苏联擅定损失国权协定,经三级审讯之结果,不知司法院何以自相矛盾,忽请取消。先生起而发问:"欲知协定内容及其效力与政府对该协定善后办法?"林主席答不出,以此案为司法院呈请,决请居正院长出席说明,遂缓议以待居至,将

---

①　黄季陆(1899—1985),字学典,四川叙永人。历任国民政府内政部常务次长,四川大学校长、国史馆馆长等职。著有《对俄外交问题》《民主典例与民主宪政》等。

其余不重要之案数件先议解决后,居果来矣,续开会请居列席。先生起质问金树仁免予执行三年数月之罪,理由是什么?金与苏联所定丧权协定如何挽救,请居说明。居亦始终无正大理由,只说各省长官为之缓颊者多,协定亦非大不了者,故有此请。

先生以为,既有今日之免予执行,何必当初认真授意法官三审均主张有罪,既力主有罪于前,而判决之今无正大理由而取消之,恐为国民所不值,况日本人讥我联俄,我正否认之时如免金处分,亦予人口实。讨论久之,决定于双十节大大赦完了,先生始终怀疑其中有故。

十月六日 往何应钦处午餐,坐中有赵丕廉、胡政之、马衡、何靖武、李仲公、黄慕松、何辑五等。

十月七日 听李仲公来谈在黔经过颇久。

十月九日 上午,出席中央政治会议。汪精卫报告外交,略分意阿战事近况影响东亚及吾国者至钜,又提出国联对中国无益,不如退出等。

晚,赴何应钦为程潜设宴,坐中有何其巩、熊斌、曹浩森①。

十月十日 赴国民政府行国庆礼,高级人员到有叶楚伧、戴季陶、张继、何应钦、邓家彦等,低级人员各部均有,集一时之盛。公推叶楚伧主席,行礼如仪,主席致词,略谓纪念的意义,要不忘先烈缔造之功,思有以承继之,并要祝健康,祝个人健康合而为国之健康。

十月十四日 因感不适,未参加中央纪念周会。

十月十五日 本日读报知悉蒋介石已于昨日由太原返南京。抵京时无人知之,故各要人无一往接者。闻蒋到后,方电话索汽车,坐赴京邸云云。先生读罢赞曰:"介石真人杰也哉,来去无定,苦劳莫名。"

十月十六日 出席中央政治会议,会议通过禁烟禁毒两种条例备案,以及数种预算等案。

十月十七日 上午,与骆美奂谈时局。骆说陈立夫或将出洋,国民党五全大会代表已由常会决定人数及名单,闻此次运动选举者多,请先生特别注意。

下午,往陵园访孙科,谈整理国民党、应付现在政象和对日外交。

十月十八日 往访黄郛,畅谈甚久。

十月十九日 偕保志宁携儿游音乐台后,评论道:"音乐台之类建筑未免浪费,如此民穷财尽之时,不宜浪费,若节省以充国防经费,则有益于

① 曹浩森(1884—1952),名明魏,字浩森,江西都昌人。历任孙中山总侍卫、军政部陆军署署长、江西省政府主席兼保安司令等职。

国矣。"

十月二十日　接待徐沐曾、吴三锡等来访。吴出示其父《吴元臣先生事略》嘱为题篆，当为写题"哲人其萎"。

中午，赴板井居宅祝居正六十寿。先生闻有五十余席之多，叹民穷财尽，而个人庆吊仍不免浪费，殊觉怪事。在居宅遇戴季陶、焦易堂、宋述樵等，宴后方归。

十月二十一日　上午，参加中央党部纪念周活动。

下午，宋述樵、王迈群引蒋百里来访，略谈日本近日各会催开之原因。

十月二十二日　安排蒋百里、何应钦在自宅长谈，午餐谈且食至三时方散。

十月二十三日　上午，出席中央政治会议，议案之重要者阎锡山所提土地村有关案讨论，历两小时，会场全体皆重视之，惟因阎系重大，由常务委员收回再加研究。

下午，参加何应钦主持招待美国陆军部长代表茶会。美国驻华大使纳尔逊·詹森及中外来宾五六十人，有国乐助兴盛会。

十月二十四日　上午，出席中央政治会议一九二次常委会，重点讨论宪法审查案。会议决定五条原则交立法院：（一）为尊重革命之历史基础，应以三民主义建国大纲及训政时期约法之精神为宪法草案之所本；（二）政府之组织应斟酌实际政治经验，以造就应用灵敏能集中国力之制度，行政权行使之限制不宜有刚性之规定；（三）中央政府及地方制度在党法草案内应于职权上为大体之规定，其组织以法律定之；（四）宪法草案才有必须规定之条文，而事实上有不能即时施行或同时施行于全国者，其实施程序应以法律定之；（五）宪法条款不宜繁多，文字务求简明，其次则指派各省市党部代表名单之确定，又有所谓特许代表六十人，发表后，各省市正式选出之代表乃不谓然，有请愿否决之举，以中央此种决议违背党章也。

当先生议此案时，常务委员因见各省市代表起而质问，遂自动修正前日决议，代表仍为指派代表，反将指派扩增为六十名，所谓换汤不换药，避特许二字而已。然请愿代表纷纷欲入会场陈述反对意见，阻之不可，几至动武，结果会议派张继、张道藩向请愿代表解释，遂散会。

中午，听保君建来称，唐有壬已表示北平外交部特派员已无希望，许以海参崴或西伯利亚抑或伯力总领事或领事一席。先生等极力赞成前往海参崴再说。

十月二十五日　赶新任交通部长朱家骅午宴。朱以交通部新大楼为先生曾花一年计划，故设宴请往观其成焉。朱做向导，由最下层参观至上层。

先生不觉有无限感慨。是日记述道："古人有云，前人种树，后人乘凉，信有之矣。后来之人变简为繁，变俭为奢，使人责余为始作俑者，冤矣。而辛峰记因之破产，亦可哀矣。"

十月二十七日　访李庆慈夫妇。

十月二十八日　得汤德民来告，蒋鼎文欲进中央委员托其活动，先生漫应之。

十月三十日　上午，出席中央政治会议，照常案件。见蒋介石未出席，远东参加之人不少，张学良、邵力子均到。散会时，先生晤孔祥熙，互道前周未接谈之歉意。邀孔至休憩室，托其达蒋介石，说自己欲得一实际工作，以报国家与知己，请设法帮助，如有误亦能解释。孔允之。

十月三十一日　上午，出席中央政治会议第一九四次常务会议，讨论决议：（一）立法院修正之宪法草案送六中全会；（二）中国童子军全国理事会理事任期届满，准予延长一届改选；（三）四届六中全会定十一月一日上午八时谒陵。十时开预备会议开会式，推汪精卫主席，并致开会词，预备会议推于右任为临时主席；（四）中央执行委员石青阳病故，遗缺以候补执行委员黄实依次递补。

十月　《大夏周报》刊发先生在大夏中学秋季始业式做的《为学做人与中学生之觉悟》训词。[1]

十一月一日　赴中央党部出席国民党四届六中全会开幕式，汪精卫主持并致开会词。在下楼合影时，汪精卫突然遇刺。蒋介石亲将汪送至中央医院后，仍举行预备会。先生详述汪精卫被刺经过[2]：

> 群赴新会议室下大门前摄影。甫毕，招待员大呼请上楼开会，余等回身欲行而枪声作矣。余知为手枪之声，返身而观见精卫已中枪而仆。溥泉抱住凶手，枪声尚未已，一连十余声，有如大炮，众人蜂涌而入，有面无人色者，不知何人将精卫扶入楼下一室休息。谬丕成上楼告蒋，言精卫被击受伤事，蒋下楼视，与余值于梯上，当时凶手亦被汪之卫兵猛击两枪，奄奄一息矣。据言，凶手系晨光通讯社外勤记者，原为十九路军军官姓孙名凤鸣，能不顾一己生命而来作此，可谓天下之大勇矣。细询汪伤，共中三弹，一由背入弹来，在肋骨内；一由臂入弹，已突出；一中在额骨缝中，虽一时无生命之危险，然亦甚重云。咸以为共党所为，然

① 王伯群：《为学做人与中学生之觉悟》，《大夏周报》，第 12 卷第 1 期。
② 汤涛编著：《人生事总堪伤——海上名媛保志宁回忆录》，上海书店出版社，2018 年 1 月，第87 页。

政治黑暗,内情实难揣度。汪夫人云,此革命党应有之事,无足为奇,亦可谓知己之言。

十一月二日 上午,赴中央党部参加国民党四届六中全会第一次正式会议,居正主席。会议主要讨论中华民国宪法草案。

下午,分组讨论,先生出席经济组审查会。

十一月三日 上午,出席四届六中全会宪法审查委员会会议。

本日 受先生之邀,孙科允任大夏大学校董。

十一月四日 上午,出席国民党四届六中全会第二次正式会议,于右任主席。通过中华民国宪法草案及各组审查案多件。十时散后,接开经济组审查会。

下午六时,往陵园赴孙科之宴,坐中有何应钦、朱培德、陈公博、连声海、陈策及孙之秘书二人。

十一月五日 赴中央党部出席国民党四届六中全会第三次会议,通过宪法草案及政治、教育、财政、军事等多案,并决定明日闭幕。会议有主张要宣言者,有不主张宣言者,争持久,决议用闭会致词代宣言,推定于右任为闭会主席致词。

十一月六日 上午,赴中央党校大礼堂出席行国民党四届六中全会闭幕典礼。于右任主席,到者四分之三。于致词谓,本会此次到者人数之多,为从来未有,足见大团结之成功;次言开幕时,汪精卫委员被刺,殊为不幸;再次言宪法草案之完成,货币统一之实现,不以宣言方式,以为有五全大会在迩不宜,只有宣言以惑人观听之意。十时散会后,先生往第一会议命侍者代取公费,见蒋介石亦入会议厅,先生方欲趋前言礼,而陈果夫、张群、唐有壬相继而入,见蒋另有约会,遂携款而归。

中午,赴励志社朱培德、唐生智、何应钦三人约宴。坐中有冯玉祥、许汝为。

下午,恭候马君武来访。马言已来多日,住居正家,即以一学生嘱先生转荐于何应钦而别。学生彭地虎,江西人,中央大学物理系毕业后在广西大学任教二年,欲求军政部兵工技术司理化研究所任事。

十一月七日 赴居正宅访马君武,并告已为彭地虎向何应钦推荐。何谓军政部理化研究所,请将彭详细履历及有何著作开去,以便有机会时为之设法安排。

十一月九日 听庄禹灵谈北方日本人横暴之状后,叹息曰:"日本人之所以如此横暴,多为吾国失意之人勾结指使所致。呜呼!道德日沦,人心愈险,丧心病狂之徒,不惜卖国以求荣,可胜叹哉。"

十一月十一日 赴中央党部参加国民党五全大会预备会,事项包括:(一)推选大会主席团;(二)决定大会预会会期;(三)大会开幕典礼之主席及宣言;(四)大会各委员会之组;(五)大会秘书长及秘书处之推定及组织;(六)大会地点之决定;(七)西南代表名额。

十一月十二日 上午,赴孙中山陵参加国民党五全大会开幕式。抵陵园,小雨蒙蒙,寒气迫人。五百余人盛会,林森主席并致开会词。

下午,王漱芳引南京市社会局长陈剑如来访。

十一月十三日 上午,出席国民党五全大会预备会议,到会中委代表共五百余人。于右任临时主席。首先讨论议事规,则抽签定席,次推选主席团,小有争议,改为十五人由中央介绍,三十人再经代表大会选半数为主席,因筹备不及改,俟第二次预备会决定。

下午,往南京市政府参加李文范等十人公宴,被邀者多为国民党老同志。席间,张知本先致词,说公宴意义在大团结,所邀者皆为无派之人,希望起而得兴国民党,张继、石瑛、覃振、陈策、梁寒操、李文范等相继发言。先生略述国民党将亡之感想,希望大家团结而中兴之,并谓不要以一餐后仍散沙一盘,必且继续努力,有组织、有方针方法号召,方能有效,众以为然。又有主张不公开者,先生认为这种结合于党与国皆有益,于蒋介石亦裨补甚多,无所用其秘密,不如推举一二人访蒋扣政见,以便一致进行。最后推张继、张知本二人出马。

十一月十四日 上午,出席国民党五全大会第二次预备会议。蒋介石主席,决议主席团为二十三人,人选除前次所提十九人外,新加入陈果夫、吴忠信等四人。

下午,接待出席国民党五全大会贵州代表蒋国尹、刘文焕来访。蒋、刘说黔人痛苦不亚王家烈时代,请求先生起而振救。先生嘱其先访京中各黔人意见后,再集合多数人意见办理。

十一月十五日 出席国民党五全大会第一次正式会议。

十一月十六日 出席国民党五全大会第二次正式会议。

十一月十七日 上午,赴中央医院看望汪精卫,某交际员代答说汪神疲不见客,已告其夫人陈璧君。又视张静江疾,亦派代表代见。

晚,往首都饭店访张学良、何应钦,坐中有宋子文、张群、杨虎、杨永泰、朱家骅等。未几,陈希曾携来一张传单,说在中央饭店抓得一散攻击吴忠信传单之人,已交中央饭店警察。杨永泰、张学良展阅,谓不尽实。

先生跟杨永泰道:"此请愿书有人负责,非匿名揭帖可比,望明察之,黔匪猖獗,中央军奸淫抢劫究竟有无其事?"杨亦不能为讳,答曰:"欲剿黔匪,须地方保甲办理完善或能有功,军队往则匪散,军队去则匪聚,故也。至于中央军曾有某某师纪律不严,已择惩办,不可盖而论,且奸淫或有之,黔人以一麻布包裹作下衣,此外无长物供抢劫也。另外,攻击吴忠信者,多非事实,各机关皆安徽人,亦诬也。唯采忠信甚刚愎自用,如冯剑飞任保安处长,均不准参加省政府会议,以为伊本人为保安司令,可代表矣。然何既有省主席,有何必要各厅长会议耶?"先生闻后,曰:"无论如何,贵州不能再任其成匪区,以上累国家,下害剿匪,足下留意焉。"

十一月十八日　上午,赴中央党部参加纪念周活动,听取邹鲁报告谓,此次各方来到,中央感于国难之严重,不惜牺牲一切意见以求精诚团结,然闻开会之后,须求有一好办法,否则仍无结果,殊失大家远来之意。

出席国民党五全大会第三次会议,讨论召集国民大会颁布宪法一案,反对、赞成者均多,诣两小时而无结果,遂有人主张重付审查,再讨论其他案件时,各案皆无异议通过。

下午,访李烈钧,赠送《爨龙颜碑》和《爨宝子碑》各一册,李颇喜慰。

十一月十九日　上午,出席中央政治会议,阎锡山主席,蒋介石、孙科二位左右辅之,讨论例案。蒋报告外交建议案,全场拥护之;张继主张撤换外交当局,群众尤为赞成。次由孙科代主席团报告选举中央委员名额及办法,办法已详于前,名额较现在扩张为执委一百二十名、候补六十名,监委四十名、候补二十名,共二百四十个名额。办法宣布后,代表中有起而反对者,最后重交党务组审查。

下午,赴中央党部出席教育组审查会。

十一月十九日、二十日　赴灵谷寺参加阵亡将士公墓落成典礼。祭奠毕,归赴鼓楼二条巷十五号访覃振,决定明日宴老同志数人,谈政治党务。

十一月二十一日　上午,出席国民党五全大会第四次会议。蒋介石宣布对外方针。孙科宣布选举中央委员办法,一时会场中反对之声大起。蒋复登坛说明此不过主席团提出之一种意见,大会为可行则照通过,否则讨论之亦可;如大会认为不妥,可交付审查,于是主张交党务审查。

下午,赴中央党部续开教育组审查会。

晚,听黄炎来告,邓悌、贺衷寒、钮永建、叶秀峰均运动中央委员正力。

十一月二十二日　参加国民党五全大会第五次会议,讨论各案毕,因选举票印制不及,宣告下午再开会选举中央委员。

十一月二十三日　上午,出席国民党五全大会闭幕典礼,蒋介石宣读大会宣言,致闭幕词。代表直接选出中央委员二百零八人,通过主席团拟定中央委员五十二人。先生再次当选为中央执行委员①。先生记述道："伏念国民党十余年来，破费数千万元，不过为二陈造一地位，于国于民究有何益？而野心家又从而利用之，以致全国人民离心离德，自己落选不足惜，只惜太无公理，是非不足以大信于全国，行见日蹴国百里耳。"

十一月二十四日 据何辑五等言，今日同乡五十余人公请吴忠信茶会，欲于会上质问在黔政绩，而吴先期离京未到，最后推举代表刘健群、王漱芳、何兆清、史维焕、刘文焕五人谒蒋介石，请主持黔事。

十一月二十五日 设宴款待李子厚、邱开基、贺衷寒、冯剑飞、张西林、李伯英、张必果、李仲公、宋述樵、刘健群等湘滇黔三省人士，座谈时势严重，非建设西南吾人根据不能确立，建设西南以铁路干线为要，嘱先生作计划，待两广负责人来再集议办法。

十一月二十六日 上午，听何应钦来告，他势非允政府之命北行不可。先生与之研究利弊颇久，何亦知弊多而利少，然为国计，只有不顾一切牺牲而行云。先生又谓某公对自己态度不如前，不知系为诿词所蔽否？何表示或不至于此。谈到以后复住居问题，何答只有云南、广西稍安，滇黔浪人太多，或以广西较妥。何又将在北平两年应付北方时局的材料一束给阅看，先生因精神不济，未能畅所欲言。

十一月二十七日 与李子厚、裴成同谈西南问题。闻裴今夜赴沪即返滇云，先生顺便作一函托裴带致龙云，言西南对国家责任至重，目下之破碎，实不能满吾人之意任建国之责，希望龙云奋臂高呼，左提右挈，以求危亡。

十一月二十八日 阅刘文焕携来的跟中央请愿文稿，以其稍冗，命酌改删，并借旅费一百元给之。

十一月二十九日 上午，听缪斌、许修直谈何应钦北上须先有相当准备。先生为之考虑久之，因昨见张群在沪与日本驻华大使有吉明、武官矶谷谈话，颇有不利何应钦北行之意。当托许修直往访驻京日武官探消息。十二时许归，谓两官不在，虽晤谈其他人，不得重要消息。

下午，读沪报获知，张群在沪与日本人接洽情形更详。许修直反对何应钦北行，托言宋哲元反对。先生深为何应钦忧之。

十一月三十日 往访何应钦，见何与杨永泰、陈仪、殷同生、唐有壬均在坐，商立即北上处置北方坑陷之时局事。自两周前，殷汝耕叛变后，北平宋哲元部亦有在平津宣布自治，脱离中央而独立之形势，皆为日本人在暗中策

---

① 注：此届中央执行委员120人，其中蒋中正等100人系选举者产生。王伯群等20人系主席团拟定经大会通过者。(刘维开：《中国国民党职名录(1894—1994)》，中华书局，2014年6月，第86页。

动,近渐具体化。宋哲元来电,限中央于两日内筹有效方法(所谓有效方法,乃于不失中央面子之下与平津等处以自治之权),中央得此消息,以何应钦与北方将士尚有好感,令其亲往挽救。前日已发表行政院驻平办事长官名义尚未就职而事太忽严重,现恐长官名义不能为北方诸将欢迎,本日遂以军政部长名义先往,相机处理。同行者有熊式辉、陈仪、殷同生三人,陈、殷用以应付日本人,熊则用应付王揖唐之类。何不欲过津,与日本人正面交涉,可绕道先赴保定,然后赴平,计划已定,遂于六时出发。

十二月二日　参加中央党部举行的纪念周并宣誓就职国民党五届中央委员,吴稚晖监誓。誓词有绝对不许加入或组织政治团体之言。先生曰:"吾等当之无愧,不知所谓 CC 政组各派人内愧于中否?"

参加五届一中全会预备会,于右任主席。会议通过会期五日,主席团十人,推叶楚伧为秘书长,通过提案审查委员会。先生分在教育组。

十二月三日　上午,赴中央党部出席五届一中全会第一次会议,丁维汾主席。行礼如仪后,讨论在国民会议宣布宪法案。发言者颇多,新选中央候补委员杨永泰有长篇演说,陈立夫 CC 派均厌恶之,因其说话点时间太多之故。

下午,听何辑五与许修直来报告,介绍在沪与缪斌诸君往访矶谷廉介为何应钦疏通经过。何辑五返京已与张群详谈,何应钦入北平似无问题,不过以后困难甚多,已派缪赶赴保定晤何应钦面谈,不日何辑五亦将北上云。

下午五时,接待卢泰来访,因多年不见,欢慰无已,问桂粤滇诸友情况至详。有可注意之点:(一)李云谷长子将与张彭年之女结婚;(二)李云谷确有财上之损失,其故乃粤中统制烟土贩卖之故;(三)黔中仍纷乱匪多,行人不利;(四)桂省种树采矿等事业利颇丰厚,惟日期须五年至十年;(五)马路已通百色,只须滇黔能通到兴义,则桂可接至兴义,如此则三省均便。谈至六时半,约李仲公往美丽川菜馆便饭,再谈到八时余。

十二月四日　上午,赴中央党部出席五届一中全会第二次大会。居正主席,行礼如仪。所讨论者皆五全代会所交之案,除定期开国民大会宣布宪法一案较为重要外,余皆照例之案。

散会后,约邵力子在家晤谈。先生先谈北方局势,认为表面虽缓和,内容则尚危急,并举改革币制一问题,中央嘉奖孔、宋之功,而北方则力持反对阻碍实行,此皆很矛盾之现象也;次言西南问题,认为要点在使西南当局离惧消失,信使往还,解释固佳,而安定川黔,使滇桂感觉对地方建设之努力亦妙法;末后,先生言自己与蒋介石之关系,原本密切,而间疏远者不解何故,为诬蔑所蔽而受陷,则前途危矣,不敢再为努力矣。邵力子略加解释而别去。

下午,听卢焘谈广西实业有希望,盼先生前往经营,并以章程示阅。

十二月五日 上午,参加教育组审查会,为广州中山大学索款事,曾接邹鲁、柳亚子专函,托不能主张通过,自二十五年度每月拨给十万元,以三年为期,又已用亏之二百万元,主张由财政部透支给之;杨虎等提肇和中学,请保定学生入海军及政治学校一案,决议交国民政府常会酌办。

下午,参加五届一中全会第三次正式会议。初将各审查会所约结果,讨论皆照案通过。最后教育部通令全国主用简体字议案,反对者颇多,有人主张交常会详加研究,遂无形搁置。本已宣布要散,而有五十人签名为《大公报》声被停邮之冤,发言者至多,有主张惩办北方当局者。张继见北方局势危急,人民陷亡国奴之痛,乃愤而言道:"吾人一致拥护蒋介石同志为领袖领导,吾人共赴国难,所有过去之各派,如改组派、CC派、西山会议派等等一律应视为昨日死,大家以赤心赤诚共同起而挽救危亡。"言至此,台下掌声如雷。有前为改组派健将如谷正纲者,起而声明近已脱离。又有曾为西山会议派之邹鲁,亦起而声明,此次实本赤心而来谋挽救亡国云。孙科主席遂宣告散会。

先生见形势如此紧张,感觉何应钦在北平应付更应棘手,乃书一条送杨永泰,请其商蒋介石,速将近日华北危急情形及应付方法酌量向本会宣布,以免怀疑者多更起纠纷,使当局愈盛应付之困难。杨允将今日会场情形告蒋。先生顺便问刘芦隐,报上盛传胡汉民起程返国确否。答确然,惟中央教他做何事至今未明言,对日外交亦无办法,有得一日过一日之势,令人不解云。

十二月六日 参加国民党五届一中全会第四次会议,邹鲁主席,讨论党政改革案,发言者甚少,主席慌乱无序,致时间虚耗,成绩不著,至六时未毕而散。

晚,宴请林云陔、刘纪文、张定璠、蒋伯诚、王东臣、钱慕尹、李师广诸君。席间,吴忠信自始至终夸其掌皖黔之政绩,殊入喷饭也。先生暗讥曰:"一言以蔽之,其人不学无术,好大喜功,倔强鲁莽而已。"

十二月七日 上午,到中央党部参加五届一中全会第五次会议,陈果夫主席。先生续被推选为中央政治委员会委员。会议讨论通过党务多件,会后提出一名单,自中央党委至国民政府五院重要职员均照单通过。

下午与李仲公谈大局与出路。李因卢焘建议关注西南实业问题,先生觉得此乃自己此二十年前之志,嘱李详拟计划后,邀西南数省人士之志同道合者,共同图之。

十二月八日　与李仲公、卢泰畅谈西南实业公司之组织,先稍投资作一二有利人民之实业,以坚人民之信仰,然后发展至政治上去计议。略定卢担任赴桂说李宗仁、白崇禧及桂中友好;李负责说川中卢作孚、刘航琛等;先生则担任黔方友人。章则及计划亦由李执笔谈。卢索王文华神道碑文,先生送六份,又遇难记一份,并以姚华《弗堂类稿》一部、近作篆书十言联"须二分水三分竹一分屋,愿人长健花长好月长圆"一付赠卢。

本日　先生始终为何应钦处境焦灼,迳往杜惕生处,商援助何应钦方法。而何辑五已得北平电,言平局由宋哲元主持,已有解决希望。

十二月九日　见报载北平事已大体解决,精神为之一振:设一冀察政务委员会,在不碍主权范围之内实行自治,宋哲元为委员长,纲罗北方失意军人、政客及现在当道为委员,闻吴佩孚、曹汝霖、章宗祥、王揖唐等均加入,正有谓殷汝耕也委员之一者。先生曰:"呜呼,真名存而实亡矣,可胜痛哉。"

十二月十日　许修直转告黄郛今晨已来南京,大约应蒋介石之约。

十二月十二日　赴中央党部参加中央政治委员会第一次会议,蒋介石主席。会议决议本会秘书处及专门委员会组织规则;决定行政院各部会人选,计内政部长蒋作宾、外交部长张群、军政部长何应钦、海军部长陈绍宽、教育部长王世杰、财政部长孔祥熙、铁道部长张嘉璈、实业部长吴鼎昌、交通部长顾孟余、蒙藏委员长黄慕松、侨务委员长陈树人、卫生署长刘瑞恒;决定本会各专门委员会主任,法制李文范、内政陈公博、外交王正廷、财政徐堪、经济宋子文、教育经亨颐、土地陈果夫、交通朱家骅。蒋介石又报告华北最近政变及何应钦忍辱负重情形。

十二月十三日　与何辑五、王文彦、冷欣谈时政。冷等均以此次行政院皆亲日派,恐有危险为问。先生答:"以蒋公自有计划,余辈所虑者蒋公当亦虑及,可勿过虑之。"

阅华泽钧携一介绍函,见李烈钧、于右任等三人已签字,函嘱先生签字后将投张嘉璈为其荐一铁路局长位置,先生慨签印。

十二月十四日　赴励志社行政院长蒋介石午宴,中央党政机关人员到者约三四十人。

下午,听聂开一介绍,中国航空公司月可盈余四万元。先生认为如此则此新事业基础稳固,亦可慰也。

十二月十五日　下午,与张干之略谈大局。

晚,与同乡诸君谈乡事,决定先组织"贵州学会",然后再由会发生一切作用。

十二月十六日　上午,往中央党部大礼堂参加纪念周活动,冯玉祥主席报告三四年来日本每次侵略中国详细经过。截至本日止,计失去土地六省,人民其势尚日进无已,若言恢复失地,复兴民族,必须人人实行新生活,尤须中央委员以身作则云云。

中午,访杨永泰,谈黔事并时局久之。闻杨不久将任湖北省主席兼行营秘书长,而杨否认。

十二月十七日 与宋述樵谈黔事及胡汉民事甚久。宋欲将黔财政作学理的研究,跟先生要材料。

十二月十八日 上午,出席中央政治会议,所议皆五全大会交付之案,分别交各专门委员会审查;修改军事委员会条例,加冯玉祥、阎锡山两人副委员长,追认程潜为参谋总长。约十时半,因学潮渐起,会议通知教育部部长王世杰列席说明现在情形及应对方法。会上,马超俊主张勿使有请愿游行罢课等事发生,覃振、居正主张政府须有足以安慰青年爱国学子之宣言,徒抑之恐更烈。

会上,蒋介石报告蒙古恐被日本人利用,有自成一国之事实,发现平津亦非我矣,不过此种退却,乃吾人革命力量不济而退却,可谓战略上之移转,决不足惧,譬如此刻不过十七八年之局势,革命势力尚未充分可也,自问现在已比十七八年内容充实发展之机会更多云。谈至此,叶楚伧得报告,言中央大学学生正开会问请愿之举事在必来不如散,蒋见叶签呈,遂宣告散会。

晚,与贵州同乡商讨组织黔学会(贵州学社),续商改进贵州政治、经济、文化,决议具函交黄齐生带往粤桂及筑中。

十二月十九日 听邓汉祥介绍川匪黔政至详尽。邓亦言吴忠信撤换黔人过多,失业者众,故匪风更炽;贺龙、萧克又猖獗于外,黔局万分危险。先生嘱邓面蒋介石时择要陈之。

十二月二十一日 上午,拟致李宗仁、白崇禧函,谈西南问题并介绍黄齐生前往。

下午,往访何应钦询大局近况。据云,日本人求得进步,虽亲日者全部上台,仍不能令日本人满意。如此咄咄逼人,迟早不免一战,否则甘为亡国奴。

十二月二十二日 李师广携致张嘉璈、曾养甫函为某友说项者,先生为之签名盖章。

十二月二十三日 上午,赴国民政府参加纪念周,林森主席并做"人格救国之意义"报告。首就总理在广州全国青年会演说词,"我们要造成一个好国家,便先要人人有人格,正本清源,自根本上做工夫,便是在改良人格来救国";次谓要造成好人格,必定要注重道德;末谓总理以伟大高尚人格领导吾党,还是要本党同志,政府同人,负起救国责任;又通知自本月二十五元旦日起,每纪念周委员必到,有事必请假,此为中常会之决议,盼大家严守云。

下午,窦居敬谈在北方任县知只四十日,即遇殷汝耕叛国,誓不附和,几生命莫保,今得全归,亦不幸中之幸也。

十二月二十五日 上午,赴中央党部出席云南起义护国二十周年纪念,林森主席,李宗黄报告经过。

下午,与吕志伊、李烈钧、何应钦、朱培德、李宗黄、程潜、唐继虞在励志社出席云南起义二十周年纪念会。先生作专题报告,略起义前之准备、起义时之状况,大约结论为:(一)党内外人士大团结;(二)以义无反顾之精神与敌周旋;(三)应将滇黔当时的精神与勇敢用于目前之难关;(四)速建设西南为基础,以挽救当前之国难而复兴民族;(五)大家在此团结起来,达上数项目的。演说后,何应钦、黄斐章相讲话至五时,然后偕朱培德往中山陵园赴李烈钧纪念云南起义之约。李为当时重要分子,故每年皆集旧日关系人作纪念会。

晚,闻唐有壬在沪被人暗杀殒命。

十二月二十六日 赴军校蒋介石宅晚宴,坐上有丁维汾、经亨颐、陈其采、石瑛、翁文灏、蒋廷黻、叶楚伧、陈果夫、吕宓筹。先生提议,对学潮根本预防办法,以平日团结各大学优等教授,定达中央意旨,使之随时转告学生,使优秀好学之青年平时明瞭中央之意,则临事不致起大风潮。蒋以为然。接谈贵阳风景,蒋谓黔土地肥沃,风景佳甚,且及王阳明讲学之所。蒋注重阳明之学,连及史可法、文天祥、黄宗羲诸人,以为挽救国难,须先挽救人心,挽救人心,须提倡旧道德,故想及诸人耳。

十二月二十七日 上午,为吕伯敬、李居平欲往交通部任事作荐书。

十二月二十八日 出席国民政府第十七次委员会会议,林森主持。会议有未满有十八岁妇人共同谋杀连续相奸一案,已定无期徒刑,司法院援例以未满十八岁为由,请减为十二年有期徒刑。蒋介石以十八岁未满之人,不能为连续相奸,共同谋杀,疑法官有意含混年岁为之贿脱,决议再令司法院饬司法行政部复查详实,并另提注意年龄确实之案。

十二月二十九日 阅李仲公转示的卢焘函电,言粤桂均同意经济组织。

一九三六年（民国二十五年　丙子）　五十二岁

一月六日　参加国民政府第五次总理纪念周，林森主持。

一月十三日　上午，在中央党部参加孙科主持的第六次总理纪念周后，参加国民政府总理纪念周，听林森做题为《尽力服务》报告。

一月十六日　晚，参加孔祥熙设宴，在坐有张伯苓、胡适、傅斯年、刘湛恩、梅贻琦、王正廷等。

一月十七日　参加蒋介石主持的各地学校代表会议。蒋表示决不签订损害领土主权条约，勖勉各校长和学生须守纪律负责任。

二月三日　参加居正主持的国民政府纪念周活动。

二月四日　出席有吉明夫妇举办的中外来宾招待茶会。

二月十日　分别参加中央党部和国民政府举行的纪念周活动。

二月十二日　出席中央政治会议第八次会议，蒋介石主持。讨论通过复兴公债及铁路建设公债年息均改为六厘，通过各省市地政施行程序大纲修正。

二月十六日　假华安饭店宴请大夏大学全体教授茶叙并作校务报告，略谓国难重重，今非昔比，望各教授关注学生进修学业外，特别注重青年人格的修养，尤希望诸教授领导学生做实际的救国工作。

二月十七日　在大夏大学春季开学典礼上做《国难日急声中吾校师生应做的工作》训词。指出：今日中国要想复兴，只有"自力更生"这条路可走。望我全体员生，各就现在地位及能力，先来实现我们设计的纲要。①

三月十六日　出席国民政府第十五次纪念周，林森主持并即席报告。

三月二十三日　出席国民政府纪念周，听取林森做《劳动服务的重要性》演讲。

三月二十九日　参加于右任主持的中央革命先烈纪念报告会，听取于略述黄花岗烈士起义之精神，吾人今日亟应秉承诸先烈遗志，继续奋斗，以

---

①　王伯群：《国难日急声中吾校师生应做的工作》，《大夏周报》，第 12 卷第 11 期。

挽救国家危难。

三月三十日　出席中央党部第十七次纪念周,孔祥熙主持并做《自力复兴经济政策》报告。

四月十一日　在愚园路自宅主持大夏大学校董会会议。孙科、居正、褚民谊等校董出席,听取大夏大学行政情形、财政状况和中学部发展情况汇报。

四月十八日　主持大夏大学全体导师会议。

五月十二日　闻胡汉民逝世,先生送花圈吊唁。

五月二十二日　邀请江西教育厅长程时煃校友到校做《学生之修养》的演讲。

六月一日　主持大夏大学建校十二周年纪念大会,师生校友两千余人出席。在致辞中指出,本校以极端绌之时间,物质、精神均有长足进展,全希师生合作之结晶。本年校庆,以值兹国难严重时期,不作任何足以损失国力之铺张,望诸位教授、诸位同学本过去坚苦卓绝之精神,认真教学,再接再厉,以期达到本校年来拟定实施复兴民族教育之目的。

本日　为《大夏周报》撰写《弁言》中提出,惟是大学使命,在培养国家领袖人才,而新中国之领袖人才,必须具有学者之知识,苦工之身手,斗士之精神,吾人本此鹄的。望我全体师生,本过去自强不息之精神,继续努力,以期达到原来目的。①

六月十三日　出席国民政府十八次委员会议,讨论通过例案多件,报告事项共计四十余件。

六月十五日　参加国民政府二十八次纪念周,林森主持并即席讲《民族精神与民族生存》。

六月十六日　参加中央党部举行的总理广州蒙难纪念活动。

六月二十日　上午,主持大夏大学毕业典礼并致辞,次请校董孙科致训词。

下午,在大夏中学部大楼参加毕业生话别会并做训词。

六月二十一日　赴海格路五四三号大沪花园(今华山路丁香花园)参加张啸林六十寿庆。

六月二十三日　发起成立贵州学社,被推为理事长。何辑五、史维焕、张志韩、何玉书、张廷休、宋述樵、黄齐生等七人为理事。该社目的系谋促进贵州政治、经济、文化事业之发展,实现民族复兴。社址设南京五台山村一

---

①　王伯群:《弁言》,《大夏周报》,第12卷第18期,1935年6月1日。

号,南京市党部已准予备案。

六月二十八日　当选为国民经济建设运动委员会总会委员。

六月二十九日　出席国民政府第三十次纪念周,听取丁惟汾做《一心一德之真意》演讲。

七月一日　出席国民政府成立十一周纪念会,林森主持并致辞。

七月六日　出席国民政府第三十一次纪念周,听取陈立夫做《国民经济建设运动及土地问题之关系》报告。

七月十一日　在中央党部出席五届二中全会第一次大会,居正代表中央常务委员会作党务报告,张群作外交报告,何应钦、程潜作军事报告,蒋介石作《外交的限度与组织国防会议之意义》的报告,明确表示决不签订承认"伪国"的协定,并对"牺牲的最后关头"作出解释:"假如有人强迫我们签订承认伪国等损害领土主权协定的时候,就是我们不能容忍的时候,就是我们最后牺牲的时候。"

七月十二日　参加王漱芳、张志韩等为理、监事的中山学社成立大会并致辞。

七月十三日　参加国民党五届二中全会第三次会议。会议决定成立国防会议,通过《国防会议条例》,规定由军事委员会委员长、行政院长分别兼任国防会议正副议长,每年开会一次,决议交国民政府执行。国防会议议长为蒋介石,并依国防会议条例指定李宗仁、白崇禧、陈济棠、刘峙、张学良、宋哲元、韩复榘、何成濬、顾祝同、刘湘、龙云、何键、蒋鼎文、杨虎城、朱绍良、徐永昌、傅作义、余汉谋十八人为国防委员。会议对两广事变作出处理:在广州的中央党部和国民政府撤销后建立的西南执行部及西南政务委员会也全部撤销。对粤桂两省负责人区别处理,仍任命李宗仁为广西绥靖主任,白崇禧为副主任,黄旭初为广西省政府主席;免掉陈济棠本兼各职,任命余汉谋为广东绥靖主任,林云陔为广东省政府主席。会议发表的宣言中,对两广事变严加谴责,但同时表示"仍本于总理宽大为怀之精神,务以政治方法消弭异动"。

七月十四日　出席国民党五届二中全会第三次大会,讨论审查常务委员会及组织宣传民众训练三部工作报告等。

九月二十一日　上午,在大夏大学秋季开学典礼上做《发扬立校精神与复兴民族》报告。①

下午,在中学部大楼出席毕业生话别会。

---

①　王伯群:《发扬立校精神与复兴民族》,《大夏周报》,第 13 卷第 2 期,1936 年 9 月 30 日。

十月九日　为五洲药房三十周纪念撰贺词：

振兴实业　抵塞漏卮
救国之本　其在于斯
合智并力　人人有责
维贵公司　先鞭独策
卅载研求　出品极优
风行之广　不愧五洲
皇皇大厦　既宏且丽
连云蔽空　海天无际
日月居诸　如火如荼
利民福国　岂浅鲜乎

十月十一日　在中央党部大礼堂出席总理伦敦蒙难四十周年纪念,叶楚伧主持并报告个人对于总理蒙难之感想。

十月十二日　在参加国民政府第四十五次总理纪念周后,出席国民政府第二十次委员会议,讨论通过例案数件,报告事项七十余件。

十月十四日　出席中央政治委员会第二十四次会议,讨论修正公务员任用法、修正邮政储金法、国有铁道购运材料纳税半数记账办法等。

十月二十五日　在中央党部大礼堂参加胡汉民国葬典礼,林森主祭。

十月二十六日　分别参加中央党部第四十七次纪念周和国民政府纪念周。

十月三十日　撰《寿蒋委员长》一文。①

十一月五日　在愚园路自宅主持大夏大学全体导师会议。

十一月十二日　在中央大礼堂出席总理诞辰纪念,被国民政府授予"国民革命军誓师十周年纪念勋章"。

十一月二十日　出席国民政府第二十一次委员会议,讨论通过例案数件,报告事项一百三十余件。

十二月七日　在霞飞路(今淮海中路)参加段祺瑞逝世公祭。

十二月十二日　晨五时,张学良和杨虎城在西安发动"兵谏",捉拿蒋介石。西安事变正式爆发。张、杨向全国发出了"关于改组南京政府,容纳各党各派,共同负责救国;停止一切内战;立即释放上海被捕的爱国领袖;释放

---

①　王伯群:《寿蒋委员长》,《大夏周报》第13卷第5、6期合刊,1936年。

全国一切政治犯;开放民众爱国运动;保障人民集会结社一切政治自由;确实遵行孙总理遗嘱;立即召开救国会议"救国八项主张的通电。

晚,国民党中央召开中常会及中央政治会议联席会议,决议夺本兼各职,交军事委员会严办。会议最后决定剿抚并用,一方面任命何应钦为讨逆军总司令,另一方面任命于右任为陕甘宣抚大使。

十二月十三日 偕夫人保志宁参加上海市妇女界绥远剿匪慰劳会茶话会,会议推保志宁为主席团主席。

十二月十四日 上午九时,在中央大礼堂参加总理纪念周。居正主持并报告西安事变详情及蒋介石被劫持经过,他说:"今天是西安事变发生,我们唯一最高领袖蒋先生蒙难的第三天,同志们对于这次事变,一定非常痛心,非常切齿的,蒋先生的蒙难,是国家的大不幸,其蒙难情形之严重,有过于十一年总理在观音山的蒙难。"十时,参加国民政府纪念周,林森主持并做报告。他说,"这次西安变乱,突如其来,全国人民,无论男女老幼,无不叹息痛恨"。"在目前事变严重的时候,镇静实为必要,切不可慌张自扰,听信谣言,本席相信,只要我们大家能立定脚跟,沉着应变,格外服从长官,遵守命令,不难于短时期内,完全解决此决事变的,愿共勉力。"

本日 接周素园从陕西保安发来的函,就西安事变请先生劝说何应钦,接受共产党的一致抗日条件。函谓:"今蒋氏个人虽被拘禁,而国民党的统治尚未动摇,倘中央执行委员会诸君尊重已成的舆论,容纳合理的要求,重新考虑总理遗教,迅速转变谬误政策,所谓'亡羊补牢',未为后时,如犹客气用事,覆辙是遵,一任感情的冲动,不加理智的制裁,结果并恐将危及党的生存。敬之在过去历史中已取得重要地位,今日态度,国人瞩目,关系之大未有伦比。干脆说一句,真是流芳千古、遗臭万年,两条大路摆在敬之面前,待敬之之开步。弟已致函敬之有所建白,恐须老大哥为主持也。"①

十二月十六日 出席中央政治委员会第三十次会议,孙科代理主席。决议关于处置张学良叛变,推何应钦为讨逆总司令,迅速指挥国军扫荡叛逆,由国民政府即下令讨伐,推于右任宣慰西北军民。②

十二月二十一日 上午九时,出席中央党部第五十五次纪念周,叶楚伧主持并报告国军入关勘乱最近状况,继对邵元冲暨萧乃华、蒋孝先在陕遇难深致悲悼外,于国策不变中央对戡乱诸决议之坚确执行,加以详尽说明。十时,出席国民政府纪念周,林森主持,并即席做《中央明令讨伐叛逆的重大

---

① 叶方明编:《周素园文集》,贵州人民出版社,1994年7月,第916页。
② 《国闻周报》,第14卷第1期。

意义》演讲。

十二月二十三日　出席中央政治委员会第三十一次会议,林森主持。听讨逆总司令何应钦报告讨逆军事进展情形,讨论讨逆总司令部组织大纲。全场一致起立,坚决表示拥护决议,贯彻到底。[①]　会议决议关于西安张学良等叛变时死难诸烈士,交由国民政府明令抚恤,并追赠官阶。

本日　西安方面再次提出六条主张:(一)停战,撤兵至潼关外;(二)改组南京政府,排逐亲日派,加入抗日分子;(三)释放政治犯,保障民主权利;(四)停止剿共,联合红军抗日;(五)召开各党派各界各军救国会议;(六)与同情抗日国家合作。

十二月二十四日　赴孔祥熙宅之宴,与孙科、王宠惠、王正廷等讨论时事。

十二月二十五日　与戴季陶、张继、经亨颐等发起黄郛追悼会。

十二月二十六日　蒋介石抵达南京,西安事变和平解决。

十二月二十七日　在明故宫飞机场参加首都各界庆祝蒋介石回京大会。

十二月二十八日　参加国民政府纪念周,林森主持,听于右任报告"奉命宣慰西北军民之经过"。

十二月二十九日　出席中央政治委员会第三十二次会议,通过(一)蒋委员长自请处分,应无庸议;(二)张学良亲来都门,讨逆军事应即停止,讨逆军总司令及讨逆军司令部并应撤销。

---

①　何应钦将军九五纪事长编编辑委员会:《何应钦将军九五纪事长编》,黎明文化事业公司,1985 年 4 月,第 521 页。

一九三七年（民国二十六年　丁丑）　五十三岁

一月四日　上午,参加国民政府举行的纪念周,听林森即席主讲《民族主义的真义》后,出席国民政府第二十二次委员会议,林森宣读蒋介石为张学良请求特赦的呈文和司法院的核议提出做了说明,会议一致表决准予特赦。

下午,国民政府发布命令:"张学良处十年有期徒刑,本刑特予赦免,仍交军事委员会严加管束。此令。"

一月　《交大学生》刊登先生《对于民族复兴与青年运动之管见》文章。①

二月八日　出席中央党部第六十二次总理纪念周会,听何应钦报告西安善后问题解决经过。

二月十四日　登记参加国民党五届三中全会,担任大会教育组审查委员。

二月十五日　出席国民党五届三中全会预备会,推蒋介石、汪精卫、戴季陶、王法勤、冯玉祥、于右任、孙科、邹鲁、居正九委员为第三次全体会议主席;推叶楚伧为第三次全体会议秘书长;全体会议会期定为三日至五日。

二月十七日　到鼓楼医院探视朱培德疾。

二月十九日　在《大夏周刊》发表《关于非常时期教育的意见》。②

二月二十二日　出席国民政府举行的总理纪念周,听林森做《个人自由与国家自由》报告。

三月一日　上午,出席国民政府举行的纪念周,林森即席做《地方行政为国家政治的基础》报告。

三月七日　被推选为中外文化协会名誉董事。

三月十日　出席中央政治委员会第三十八次会议,汪精卫主持。决议通过修正国葬法及国葬墓园条例草案;通过整理革命债务办法、发行整理革

---

① 王伯群:《对于民族复兴与青年运动之管见》,《交大学生》,1937 年第 1 期。
② 王伯群:《关于非常时期教育的意见》,《大夏周报》,第 13 卷第 16 期。1937 年 2 月 19 日。

命债务公债原则。

三月十五日　上午,出席中央党部第六十七次纪念周,居正主持,听取邵力子做报告。十时,出席国民政府纪念周,林森主持并即席讲国民体力的培养。

本日　邀请福建省主席陈仪到大夏大学做《复兴民族与心理建设》的演讲。

三月二十二日　上午,出席中央党部第六十八次纪念周,汪精卫主持并即席报告。十时,举行的总理纪念周,听取张继即席主讲《欧亚文化交通路线变迁的研究》报告。

三月二十四日　出席中央政治委员会第三十九次例会,汪精卫主持。决议通过审订二十六年度普通预算办法、国营事业公务员任用法等。

三月二十九日　上午,在中央大礼堂出席总理纪念周暨革命先烈纪念会活动,邹鲁主持并报告。

三月三十一日　偕何应钦等参加全国美展开幕式。

四月七日　出席中央政治会议第四十次例会,决议修正行政院处务规程、调任吴铁城为广东省政府委员兼主席、任命朱绍良为甘肃省政府委员兼主席。

四月十二日　主持大夏大学纪念周会,为一千余名师生作《国难严重声中大中学青年应有之修养》演讲。①

四月十四日　闻蒋介石兄蒋锡侯去世,与何应钦、张群、邵力子、蒋百里、钱永铭乘坐宁绍公司"新宁绍"轮赴宁波奉化溪口家祠致祭。

四月十五日　偕何应钦、居正、李石曾等由宁波返沪。

四月十六日　偕何应钦夫妇出席大夏大学横跨丽娃河东西的丽虹桥落成典礼,王文湘剪彩,桥名由何应钦题写。学生及附近居民一千余人前往观礼。②

四月十八日　在中央大礼堂参加国民政府奠都南京十周年纪念会。

本日　在《中央日报》发表《和平统一与救国》一文。文章谓③:

> 然则救国之道其在斯乎?盖惟和平方能培养元气,充实国力,安定人心,维持秩序,惟统一方能集中贤能,群策群力以从事于政治经济文

---

① 《王校长讲国难声重中大学青年应有之修养》,《大夏周报》,第13卷第22期,1937年4月23日。

② 《丽虹桥本月十六日举行典礼》,《大夏周报》,第13卷第22期,1937年4月23日。

③ 王伯群:《和平统一与救国》,《中央日报》,1937年4月18日,第2版。

化国防等一切建设,而达到现代化国家之组织。我政府既以绝大容忍与苦心行之于先,其必再接再厉以完成其使命于后,则破碎河山,其将继今日之和平统一而统一矣。瞻念前途,曷胜振奋,愿我国人士勿满勿懈,继续努力,以与政府其竟救国之图,则我中华民族之复兴直可待耳。

四月十九日　出席中央党部总理纪念周,听林森即席报告此次视察鄂湘粤桂赣等省经过,及各省一般建设进步情形。

本日　邀请新任驻美大使王正廷博士到大夏大学做《青年救国之途径》的演讲。王氏在报告中,希望青年学生将来为社会服务,一切都须以国家利益为前提,牺牲小我,成全大我,摒弃自私自利的劣根性。"能够这样,兄弟相信中国民族定可复兴,国难不怕不能解除,失地也不难从敌人手里收复回来;而我们的救国事业,也就无形中完成了。"①

四月二十一日　出席中央政治委员会第四十一次例会,会议推王伯群为交通专门委员会主任委员,俞飞鹏为副主任委员。

四月二十三日　在《大夏周报》第十三卷第二十二期发表《大学生应有的责任与修养》。提出第一须锻炼强健活泼的身心,第二须陶冶勤俭纯洁的品性,第三须充实适应环境的智能。

四月二十八日　出席中央政治会议第四十二次会议,汪精卫主持。决议通过修正土地法原则、改组安徽省政府等案。

本日　中央政治委员会以大夏大学办理成绩卓著,决议自本年度起,每月由教育部补助经费一万元。②

五月三日　邀请立法院秘书长梁寒操到大夏大学做《为什么要信仰三民主义?》演讲。

五月六日　出席中央政治会议常务会议,通过党国旗升降办法和处置破旧党国旗办法。

五月八日　与何应钦、谷正伦、谷正鼎、李仲公、周仲良、张道藩、谷正纲、何辑五、何纵炎、杜忱、王漱芳、张廷休、史维焕、宋述樵等黔籍人士联名电呈蒋介石,为贵州拨款急赈。"迭接黔省府顾主席暨地方父老函电见告,今岁春荒惨重灾家已成,仓储久已空虚,春耕犹未播种,灾区遍于全省为近数十年所未有,饥民嗷嗷待救至殷。虽赈济委员会发款十万派员散放,但以

①　《驻美大使王廷正博士莅校讲青年救国之途径》,《大夏周报》,第 13 卷第 22 期,1937 年 4 月 23 日。

②　《二十六年度起教育部年助本大学经费十二万元》,《大夏周报》,第 13 卷第 24 期,1937 年 5 月 11 日。

灾区过广,杯水车薪,于事无济,旅京黔籍人士,连日集议,金以钧库关怀边民,痌瘝在抱,一致决议,吁恳钧座,即予批发赈款一百万元,交由黔省府会同地方赈济委员会,切实办理急赈,以救子遗,而挽危机。"

五月九日　参加中央国耻纪念,居正主持并即席阐述"明耻教战"之精义,言知耻而后明耻,明耻乃能雪耻,是为一定不易之理。

五月十日　出席胡汉民逝世周年纪念大会。

本日　邀请张发奎将军到大夏大学做《青年在国难期间应有的准备》的报告。

五月十二日　出席中央政治委员会第四十四次例会,通过民国二十六年度国家普通岁入岁出总概算;通过修正县市自治法及施行法原则、行政督察专员公署组织暂行条例、修正县长任用法。

五月十四日　上海筹募黔灾义赈会在福熙路(今延安中路)浦东同乡会成立,何应钦报告筹备经过及灾情,会议推蒋介石、宋子文、孔祥熙、虞洽卿等八人为名誉会长,推何应钦为会长,推杜月笙、王伯群、钱永铭、王晓籁、张啸林为副会长。财务组推王伯群为正主任,徐圣禅、何辑五为副主任。

五月十六日　贵州旅京同乡召开黔灾赈务后援会,决定募捐办法,商请农本局办理农贷,致电黔省政府开放平仓义仓积谷等,后援会推何应钦任会长,王伯群、谷正伦任副会长。

五月十七日　上午九时,出席中央党部纪念周,听取张继即席报告《党史史料陈列馆与社会教育》。十时,出席国民政府举行的纪念周,林森主持并讲《怎样纪念革命的五月》。

五月二十四日　邀请并主持陈立夫到大夏大学做《建设中国应有的信念》的演讲。陈氏结合时局谓:"处在今日的中国"大家都想收复失地,但照兄弟意见,收复无形失地较收复有形失地更重要。所谓无形失地,就是现在中国人缺乏中心信仰,缺乏自信力。"五四"运动虽给予吾人不少西洋新思想新道德,但"五四"实在只有抨击中国旧道德旧思想,而无新的思想建设。陈氏接着道:吾人今日要想建设新国家,必须从建设新思想做起。要建设新中国,大家都知道它必须工业化,但兄弟以为中国的工业化绝不能与西方其他工业国家相同,一个崭新的中国,它必是农工商并重的国家。中国的中心思想,自仍依赖于恢复旧道德,乃系主张改造旧道德,以期适合我国国情,至于西方的自然科学研究精神,我们则必须迎头赶上。能够如是,中国前途必有希望。①

---

① 《陈立夫校董在纪念周演讲》,《大夏周报》,第13卷第26期,1937年5月29日。

五月二十九日　在《大夏周报》发表《大夏大学今后之展望》,提出五年计划方案。计划第一年完成图书馆,第二年完成科学馆,第三年完成工程馆,第四年完成教育馆,第五年完成大礼堂。

五月三十日　联名在《申报》发布《上海筹募黔灾义赈会鸣谢广告第四号》谓:

> 兹承戴眦莘先生经募,中国华成烟草公司捐助赈款国币四千元,除掣奉收据并即解往灾区放赈外,特专登报鸣谢以扬仁风。
>
> 会长何应钦,副会长俞鸿钧、杨虎、王伯群、王孝赉、屈映光、杜镛、张寅、钱永铭同启。

六月一日　上午,主持大夏大学成立十三周年纪念大会,五百余校友及来宾参观科学馆、图书馆及各学院研究室。

下午,主持大夏新图书馆破土典礼。会后,观看大夏学生与圣约翰大学田径友谊比赛。

六月十日　同何应钦、俞飞鹏在交通部参加京黔长途电话通话仪式。并对张志韩通话,声浪清晰明朗,两地相距二千余公里之遥能有此成绩,殊属不易。

六月十二日　出席国民政府委员会第二十四次会议,讨论通过例案四件,报告多项事项。

六月二十一日　在体育馆主持大夏大学毕业典礼并致辞。致辞中指出:古时大学在为修身齐家治国平天下。今之大学,在为国家培养专门人才,所言虽异,而其目的则希望各毕业同学本大夏立校精神,牺牲奋斗,为国家创出新事业。

六月二十五日　为《大夏大学附设大夏中学一览》撰写《弁言》,指出办理中学迥异于大学,亦较难于大学。盖中学生皆血气未定之青年,染苍则苍,染黄则黄,匪特于教科方面应特加注意,而如何善养其血气,如何导引于正途,如何灌输以民族意识,如何培养其人格基础,则尤关重要,不容或忽。

六月二十六日　出席国民政府委员会第二十五次会议,讨论国民大会代表特种选举,指定候选人事项等。

六月二十八日　与梁寒操、黎照寰等参加交通大学教授陈柱尊长子陈一百婚礼。

七月七日　"卢沟桥事变"爆发。

本日　以国民政府主席林森代表出席上海市政府成立十周纪念开幕典

礼,并以国民政府代表训词。兹摘录如下[①]:

> 上海开辟为中外通商口岸,并设立租界,到现在已有九十余年的历史,城市造因,由鸦片战役之后,中国与外国第一次缔结不平等条约,所谓南京条约而来的。现在上海虽称为世界第五大商埠,但是过去九十余年的建设,仅固于租界,而华界则进步极缓,所以到上海的中外人看到租界之日新月异,华界的因陋就简,便不知不觉发生谬误的观感,甚至认上海即是租界,租界即是上海,是我们很可耻的一件事。

> 民国十六年,国民军奠定上海,中央惩前毖后,决定以上海为特别市区,设置市政府,扩大范围,努力建设。到现在仅仅十年,所有关于交通、文化、商港、以及社会上之种种新设备,或已见诸事实,或正积极迈进,不特一洗从前萎靡不振的积习,并且处处抱定"迎头赶上去"的主旨,向着适合时代路径推进。这种方兴未艾的状况,可以纠正中外人士谬误的观念,可以增加我们国家的地位,也可以说是我们民族复兴的表现。因此我们觉得无限的欣慰,然上海能够致此的原因,第一因为有总理伟大精深的计划;第二因有历任当局的苦干实干精神;第三因为有社会的群众推动。

七月十日 闻唐继尧铜像在昆明大观楼公园揭幕,撰《赟赓将军铜像完成纪念》以示纪念,诗云[②]:

> 胡虏末造国倾危,天下纷纷谋鼎革。
> 将军崛起于滇池,万里从风振娇翮。
> 飘扬汉帜扫欃枪,屏藩边土声威夷。
> 窃国汉帜据上京,劫持民意声威爽。
> 雷霆一怒发昆明,将军奉命驱群逆。
> 联疆风雨共安危,终见旂常奏伟绩。
> 再造河山复共和,重光日月销反侧。
> 骑驴煮酒罢衔枚,舞剑投壶息鹏翼。
> 栋折榱崩暗天南,三军缟素鼓声寂。
> 崇德报功饰典隆,巍峨铜像资楷式。

---

① 《各代表等致词撷要》,《申报》,1937 年 7 月 8 日,第 11 版。
② 李自强、邹硕儒注释:《护国寺词选注》(内部刊),云南新闻图片社,1937 年,第 131 页。

胜似凌烟阁里图,千秋明月照颜色。

七月十五日　受国民政府邀请,与欧元怀、吴泽霖赴庐山参加蒋介石谈话会,商议迁校事宜。[①]

七月　力排众议,决定将大夏大学西迁贵阳,并争取教育部拨款二十万元迁校费。[②]

八月十一日　出席中央政治会议第五十一次例会,会议特任王用宾为中惩会委员长。

八月十三日　日军大举进攻上海,淞沪会战爆发。

八月十八日　日寇首次轰炸沪宁、沪杭铁路。[③]

八月中旬　分别与英国驻沪领馆和美国驻华使馆接洽,为妻子购买去香港的船票。[④]

八月二十五日　在先生的安排下,保志宁携王德辅、王德馨和看护佣人乘"皇后号"轮船赴香港。二十七日抵香港,暂住在王文湘处。

九月一日　大夏大学在《申报》发布《大夏大学暨附设大夏中学紧要通告》:"凡本校新老学生,自即日起速到福煦路、慕尔鸣路口四十号光夏中学内本校临时办事处登记为要。"

九月上旬　同复旦、大同和光华大学四校联名呈请教育部准予迁至内地,开设联合大学。

九月十八日　与欧元怀赴南京教育部商谈大夏大学迁校事宜。

九月中旬　因大同、光华大学决在上海开学,退出联大。先生决定与复旦成立筹备处,地点设在愚园路自宅。

九月二十日　上午,致电贵州省政府,商借贵州讲武堂为大夏大学校舍。

下午,与欧元怀及复旦大学代理校长钱永铭、副校长吴南轩会晤教育部长王世杰,商定将与复旦联合,设第一联合大学于庐山,第二联合大学于贵阳。江西省主席熊式辉已允赞助。[⑤]

九月二十四日　与钱永铭在南京与教育部筹划,派使欧元怀与吴南轩抵九江转庐山,筹备复旦大夏第一联合大学。[⑥]

---

① 欧元怀:《大夏大学的西迁与复员》,《中华教育界》,复刊第 1 卷第 12 期,1947 年 12 月。

② 汤涛主编:《欧元怀校长与大夏大学》,上海人民出版社,2017 年 9 月,第 171 页。

③ 姚崧龄编著:《张公权先生年谱初稿》,社会科学文献出版社,2014 年 10 月,第 176 页。

④ 汤涛编著:《人生事总堪伤——海上名媛保志宁回忆录》,上海书店出版社,2018 年 1 月,第 94 页。

⑤ 《京中大金大将迁四川沪四大学迁赣黔》,《申报》,1937 年 9 月 21 日,第 2 版。

⑥ 欧元怀:《大夏大学的西迁与复员》,《中华教育界》,复刊第 1 卷第 12 期,1947 年 12 月。

十月三日　复旦大夏联合大学连续多日在《申报》发布《复旦大夏联合大学在牯岭开学并招收新生借读生通告》。第一部定于十月二十五日在江西庐山牯岭开学,设立文学院、理学院、法学院、教育学院、商学院和师范专修科;第二部设于贵州贵阳开学,日期容后公布。

十月六日　致函钱永铭,商议复旦大夏联合大学统一对外口径事。表示,教育部重在赣黔设永久性之联大,以备将来改为国立(黔请设国立大学已在中央政治会议通过),借此不费而塞责。今见赣校设在庐山,黔校并未筹及,遂大为不满。①

十月十日　参加国民政府举行的国庆纪念会,林森主持并做报告,提倡募集抗战将士慰劳金及伤兵难民棉衣。

十月十八日　出席中央举行的总理纪念周,听取居正做《我们因何而抗战》报告。居指出:第一,我们为保卫世界和平正义而战;第二,我们要为争取最后胜利而战。

十月二十二日　与钱永铭呈报教育部王世杰部长请求刊发复旦大夏第一联合大学校印。

十月二十三日　自南京乘"龙圣轮"抵九江,上庐山复旦大夏第一联合大学。

十月二十四日　与钱永铭主持联合大学行政委员会会议,决定由欧元怀、章友三、鲁继曾等赴黔筹备第二联合大学,王毓祥为联合大学驻京办事处代表。

晚,从九江乘船赴武汉。

十月二十五日　自武汉乘欧亚航空公司飞抵香港九龙机场,与妻儿见面。

十月二十七日　阅报知大夏大学校舍遭敌机三度轰炸,大学部教室、高中部教室全部坍毁,平房数间幸存,学生宿舍、实验小学及大夏大学新村房屋也大部炸毁。② 先生为之痛伤久之,为十四年心血结晶与锦绣河山同归于尽,叹息不置。

十月二十八日　与钱永铭联合署名呈报教育部长王世杰,请求设立驻京办事处。聘王毓祥、端木恺为代表,地址在南京市青岛路青岛新村三十七号先生自宅。

---

① 《王伯群就联大统一对外口径事致钱永铭函》,(1937年10月6日),中国社会科学院近代史研究所近代史资料编辑部编:《近代史资料》总117号,中国社会科学出版社,2008年,第209—210页。

② 《惨遭敌机三度轰炸大夏大学全毁》,《立报》,1937年10月27日,第3版。

十一月二日　接教育部长王世杰令,复旦大夏第一联合大学钤记及印鉴开始使用。①

十一月三日　发致贵州省教育厅长张志韩函,请为联合大学相助。

十一月四日　接傅式说函,得大夏沪校未有受大创,但近二日见报载已被炸毁不堪。阅后,为之伤痛。

十一月五日　上午,接陈立言函,告知南京情形及王毓祥接办联大驻京办事处事。

十一月七日　与王文湘谈时局,三妹决回南京收拾一切。

下午,致函李景枞,感谢安排香港飞行。

十一月八日　上午读报,见淞沪战事国军节节败退,至为忧虑。

本日　复旦大夏第一联大正式上课,注册学生八百五十余人。②

十一月九日　上午,与保祥麟赴欧亚、中航两公司询问航空消息,能否于短期内在贵阳站停落,服务员答月底可行。

十一月十二日　与钱永铭联名致函熊式辉,恳请为联合大学准拨永久校地。

十一月十七日　发函至南京交通、上海银行,嘱其汇款至贵阳。

十一月十八日　接贵州绅耆来函,表示欢迎回乡。

本日　得江西省主席熊式辉复函:"贵校公函以现拟建筑校舍嘱令九江县政府代觅相当校地以利进行等由,准此,自应照办。除令行该县长即便妥为查报再行函告外,相应复请查照为荷。"

十一月二十日　国民政府发表移驻重庆宣言。宣言谓:"国民政府兹为适应战况,统筹全局,长期抗战起见,本日移驻重庆,此后将以最广大之规模,从事更持久之战斗,以中华人民之众,土地之广,人人本必死之决心,继续抗战,必能达到维护国家民族生存独立之目的,特此宣告,惟共勉之。"

十一月二十三日　接何应钦电话,告知从南京住宅已为取出各物运武昌,若先生由长沙回黔,他可派人送至长沙。

十一月二十八日　与钱永铭就派专轮协助迁校联名致电蒋介石。"唯交通梗阻,教职员学生数百人难于成行,图书仪器运输维艰。伏恳令饬主管机关速派专轮开来九江,运送入渝,转道赴黔,无任拜祷。"③

---

① 《教育部颁发联大校印令》(1937年11月13日),中国社会科学院近代史研究所近代史资料编辑部编:《近代史资料》总117号,中国社会科学出版社,2008年,第212—213页。

② 欧元怀:《大夏大学的西迁与复员》,《中华教育界》,复刊第1卷第12期,1947年12月。

③ 汤涛主编:《王伯群与大夏大学》,上海人民出版社,2015年8月,第115页。

一九三七年(民国二十六年　丁丑)　五十三岁

299

十一月底　接吴南轩、吴泽霖汇报庐山联合大学第一部并黔事的电文。"为时局关系，教王①在山面谕，于必要时并黔。现已积极准备，月初启程，谨电闻。"

十二月一日　复旦大夏第一联合大学部分师生由庐山出发，计划由四川转道贵州。②

十二月四日　在先生的力促下，驻贵阳讲武堂军队迁出，联大教职员迁入讲武堂办公，并着手修理房舍。③

十二月九日　与钱永铭联名致函贵州教育厅长张志韩，恳请解决讲武堂教具等若干问题谓。

十二月十八日　致函张志韩，恳饬贵阳政府征工搬移航校器材。

十二月三十日　携妻儿、保祥麟乘船从香港出发赴黔省贵阳。

---

①　指王世杰。
②　欧元怀：《抗战期间大夏大学的苦斗》《教育杂志》，第29卷第4号，1938年4月。
③　周蜀云：《我在大夏大学的教书生活》，《学府纪闻·私立大夏大学》，第52—53页。

一九三八年(民国二十七年　戊寅)　五十四岁

一月一日　船抵越南海防,中国驻海防领事刘家驹、署员曾衍宝到船上迎候。

一月十三日　乘飞机由河内先行飞昆明。次日,妻儿等乘快车由河内赴昆明。

一月十五日　住昆明甘美医院,出席昆明的好友故交晚宴。

一月十六日　赴云南省主席龙云欢迎宴。

一月十七日　出席旅滇贵州同乡会馆晚宴。遇蔡锷夫人及其子。先生跟保志宁说,蔡子非常像他的父亲。

一月二十六日　赴张纯鸥、陈荫生于观楼外设宴。

一月三十日　本日为旧历除夕,参加龙云招待中外来宾的宴会。

二月三日　与钱永铭、吴南轩联名呈报教育部长陈立夫,请求在北碚觅地建校。①

二月上旬　接贵州省主席吴鼎昌欢迎回黔电。

二月十二日　上午,由昆明乘汽车赴贵阳。

二月十四日　上午,抵贵州盘县,县长龙雨仓前来迎接。晚九时半,抵贵阳大井坎老家。至亲好友、欧元怀及大夏大学教职员等到城外十里之地郊迎。②

二月十五日　派遣曾广典赴广西南宁接收南宁中学,并更名为"大夏大学附属南宁中学"。

二月十六日　接陈立夫关丁照准复旦大夏联大在重庆北碚征用土地的令。

二月二十一日　参加大夏大学师生欢迎会。③

---

① 汤涛主编:《王伯群与大夏大学》,上海人民出版社,2015年8月,第116页。
② 汤涛编著:《人生事总堪伤——海上名媛保志宁回忆录》,上海书店出版社,2018年1月,第101页。
③ 陈旭麓:《大夏大学内迁十年纪要》,《陈旭麓文集》第二卷,华东师范大学出版社,第612页。

二月二十五日　复旦大夏联合大学行政委员会决定,自一九三七年度第二学期起,复旦、大夏大学分立,以重庆之第一联大为复旦大学,贵阳之第二联大为大夏大学。

二月二十七日　复旦大夏联合大学呈报教育部,请求联大第一、第二部分别立校。

本日　同钱永铭联名呈报四川省政府,请求备案联大分立办理。

本日　分别致函上海《新民报》,成都《新蜀报》《国民公报》,汉口《武汉日报》《大公报》《扫荡报》,广州《民国日报》等,请求刊发联合大学分立通告。

三月十日　出席大夏大学与贵阳县政府合办花溪"农村改进区"开幕式。

三月十二日　出席贵州各界纪念总理逝世十三周年纪念会,并发表演说。

三月十四日　偕欧元怀率全体师生前往民教馆吊祭第三战区阵亡将士。

三月二十一日　大夏大学在沪师生恢复办学,租新大沽路四五一号作临时校舍开学,注册学生三百余人。留守教授吴浩然、唐庆增、陈柱尊、张耀翔、王国秀、韦悫、孙亢曾等均在校担任职务及各科教授。

本日　附属大夏中学暂租借福煦路(今延安中路)七二五号为临时校舍开学,注册学生三百余人。

三月二十五日　欢迎由重庆第一联合大学肄业来贵阳的一百余名老同学。

三月下旬　接周素园函,希望能帮谋一职位。函曰:"昆明逆旅,两奉手书,备承关爱。""弟藉兄之鼓励,古井翻澜,亦颇欲有所作为。默察贵阳环境,今似尚非其时,怀念妻孥,遂急就归程之途。然客中强自支厉,一经宁家,筋骨松弛,百病丛生,兼之室如悬磬,满目荒凉。身体既异常疲惫,生活又十分艰难。当世达官贵要,弟雅不欲仰面看人,惟向故旧乞援,得失不生关系。顷已致书辑五,烦转请敬之设法弄一闲散名义。"①

三月二十六日　偕欧元怀赴武汉参加国民党临时全国代表大会。

三月二十七日　先生忽感冒发热,周身疼痛,王文湘请英人医生代为诊治。

三月二十九日至四月一日　参加国民党临时全国代表大会。会上,叶楚伧作党务报告,汪精卫作政治报告,王宠惠作外交报告,何应钦作军事报

---

① 叶方明编:《周素园文集》,贵州人民出版社,1994年7月,第874页。

告,孔祥熙作财政报告。大会通过的主要议案是:(一)制定《抗战建国纲领》;(二)设立总裁制,以代行总理职权,选举蒋介石、汪精卫为正副总裁;(三)组织国民参政会;(四)取消预备党员制,设立三民主义青年团;(五)设立中央调查统计部。

四月一日 在《大夏周报》发表《复刊词》。指出:我大夏大学所在之贵州,居西南之中心,为我民族复兴之最后根据地。我人务须善用此极重要之地理环境,发挥我大夏大学固有之师生合作精神,以贵州为研究对象,在学术上有所新发现,贡献诸政府,增强抗战力量,则周报之介绍贵州研究资料,亦属重要工作之一矣。①

本日 大夏大学由复旦大夏联合大学恢复原校名。

四月六日至八日 在武昌出席国民党五届四中全会。会议通过《三民主义青年团组织要旨》《国民参政会组织条例》《关于改进党务并调整党政关系案》及《总裁交议:各级党的会议必须举行,每一党员均须确定隶属于区分部,必须缴纳党费,并参加区分部或小组会议,其办法由常会订定之案》等。会议改组中国国民党中央领导机构,推选丁惟汾、居正、于右任、戴季陶、孔祥熙、孙科、阎锡山、冯玉祥、叶楚伧、邹鲁、陈果夫、何应钦、李文范、白崇禧、陈公博十五人为中央常务委员会委员;推选张厉生为组织部长,陈树人为海外部长,顾孟余为宣传部长,陈立夫为社会部长,朱家骅为常务会秘书长。

四月二十二日 赴普海春参加大夏大学学会武汉分会茶会。

五月十日 由汉口飞抵重庆。

五月二十三日 出席国民政府举行的总理纪念周,林森主持并即席做《改良地方金融机构之重大意义》演讲。

五月二十九日 在大夏大学纪念周会上做《参加临全大会归来的几点感想》报告,着重说明抗战建国纲领。②

六月一日 主持大夏大学建校十四周年校庆典礼。

六月五日 勉励大夏大学在校服务毕业同学会的同学,要"大公无私、慎重行动和忠心职守"。

六月七日 主持大夏大学校务会议。讨论通过下学期开学、设置校务发展委员会、聘请校外人士参加、决定在贵阳创办附中等校务。

六月九日 在自宅主持大夏大学学会总会理事会议。会议决定发行《大夏学会通讯》半月刊。

---

① 王伯群:《复刊词》,《大夏周报》,第 14 卷第 1 期,1938 年 4 月 1 日。
② 王伯群:《参加临全大会归来的几点感想》,《大夏周报》,第 14 卷第 8 期,1938 年 6 月 15 日。

六月二十日　主持大夏大学纪念周会,为五百余名师生报告校务。

六月二十七日　邀请滇黔监察使任可澄来校作《抗战必胜与心理建设》的演讲。

六月　为《新大夏》创刊号撰写发刊词。①

七月四日　在全校作《大学生暑假应做什么工作》的报告。要求学生无论是回原籍、受军训、进暑校,均应以国难为怀,修养身心,唤醒民众,以期成为有用人才。

七月七日　主持大夏大学校务会议,讨论通过下学期训育大纲、拟定下学期《新大夏大学》月刊编辑和举行国文甄别试验等事项。

七月十二日　受邀在教育部主办的战区中小学教师贵州服务团学术讲座上做《抗战与学术建设》报告。②

七月十三日　联合中央大学校长罗家伦、中山大学校长邹鲁、北京大学校长蒋梦麟、浙江大学校长竺可桢等致电哥伦比亚大学校长转美各大学校长教授及各文化机关,请阻止供给日寇军火。③

八月十五日　在贵州全省中等学校教师暑期讲习讨论会上做《抗战建国与公民教育精神》报告。

八月十九日　陪同校董江问渔、参政员黄炎培参观大夏校园。

八月　在《东方杂志》第十六期发表《抗战建国与西南交通》文章。指出,西南交通建设的完成,并不是单单完成西南铁道网,还要强化桂越路的交通,同时我们还要把滇越和滇缅两路打通,才能算得真正的完成。④

九月七日　接鲁继曾报告大夏大学沪校情况函。⑤

九月十一日　大夏大学秋季开学。先生对部分受训同学训话,提出大夏大学的三种精神,即创造的精神、牺牲的精神和合作的精神。⑥

九月二十七日　主持大夏大学第五次校务会议,决定在最短期间内举行防空演习,强化本校防护队等事项。

九月下旬　大夏大学花溪农村改进区社会教育计划获教育部嘉许。

十月二日　接孙亢曾报告大夏沪校大中两部校务函。⑦

---

①　王伯群:《新大夏》为大夏大学1938年6月创办的学术月刊,同年11月终刊。
②　王伯群:《抗战与学术建设》,《大夏周报》,第14卷第10期,1938年。
③　王伯群:《各大学校长电欧美文化界请阻止供给敌军火》,《申报》,1938年7月13日。
④　王伯群:《抗战建国与西南交通》,《东方杂志》,1936年第35(16)期。
⑤　汤涛、朱小怡主编:《华东师大馆藏名人手札》,华东师范大学出版社,2017年4月,第34页。
⑥　王伯群:《1938级秋季始业式训词》,《大夏周报》,第15卷第3期。
⑦　汤涛、朱小怡主编:《华东师大馆藏名人手札》,华东师范大学出版社,2017年4月,第40页。

十月三日　主持大夏大学秋季开学仪式并致辞。再次指出,学校立校有三个精神,即创造的精神、牺牲奋斗、合作精神和"三苦主义",勖勉各同学本立校精神,继续发扬奋斗,共谋学校之发展,民族之复兴。[1]

十月十日　教育部变更大学教育院系组织,取消私立大学教育学院和教育科,唯独大夏大学教育学院得以保留。[2]

十月十二日　继续施行导师制,确定吴泽霖、夏元瑮、邰爽秋、张梦麟、谢六逸等二十八名教授为导师。

十月二十一日　主持大夏大学学会第二次理事会议,决定设立会所。

十月二十五日　主持大夏大学第六次校务会议,议决聘请各院长及科主任修改大夏大学规程。

十月三十一日　主持大夏大学纪念周会,听吴泽霖做《怎样才配做今日中国的大学生》的演讲。

十一月二十日　尹述贤来访,转告谷正伦(字纪常)有一电文,大意谓:黔政如此败坏,官吏贪污致民不聊生,铤而走险、杀人越货之事,日必数起,此皆外省人主政,不惜民困所致,此刻挽救之道,唯一须先去外籍之各级贪污官吏,与民更始,尤其是省主席一职,应当仁不让,倘先生不愿,则谷正伦亦愿挺身而出,否则实不足以对乡邦人士和自己良心云云。

先生是日记载云:以因负责改革黔政,故宣言不就主席,否则人将谓余为私也。纪常之意,非常可佩而彻底,余之属望纪常久矣。余始终仍持初意,盼尹转告纪常情事进行,余尤有进者印,欲过问黔事,须造成能代表黔人之力量,方克有济。有代表人民之力量,即省主席非黔人亦可监督之使不致作恶,倘无代表人民之力量以督导之,就黔人当局有时亦易作恶,故余意此刻应先由造出能代表人民之力量,入手省党部之职责,亦在乎此,盼尹同党委诸君注意及此而努力焉。

本日　在《东方杂志》发表《节约运动与民众教育》文章。

十一月二十一日　读报知湖南警备司令邓悌等误信流言,将长沙全市付之一炬,公家私人之损失无算,政府以该员等仓皇贻误,将邓等三人枪毙,以谢湘人。先生评论道:"长沙涉杨之变未受灾殃,为全国国有财产、私有财产之冠,非三员之生命岂能相偿,聊以将意而已。为政在平时有治法,平时养成只认为不认法之习惯,则乱时人为不藏,政治遂不堪问矣。中国只知人不知法之习惯,迄今未破,故人事稍疏,政即不良,长沙被焚之惨,又可

①　王伯群:《秋季始业式训词》,《大夏周报》,第15卷第3期,1938年10月18日。
②　《教育部变更大学教育院系之组织》,《申报》,1938年10月10日,第19版。

证矣。"

十一月二十二日　主持大夏大学第七次校务会议,会议通过清寒学生贷金办法、成立募集图书委员会等议案。

十一月二十八日　听国民党贵州省党部主任委员王漱芳来述中苏文化协会欲在筑成立分会,拟推先生为分会长。先生闻罢解释道:"余有两虑,一恐黔省政府以为余以此为武器而对抗彼辈;二恐国共势不两立,时人目我已加入共党,因国共摩擦太甚,终有破裂之日,嗣熟思之,黔省府于余决不谅解,欲求黔政之改良非空言可达,借此团体作外援亦佳,国共问题,要能应付适当不足虞也。"

本日　闻兴义县长王同荣,安徽人,孙希文之得意人也。在兴义任内不过八九月,无恶不作,无钱不要,又能利用不肖青年组织团体为之爪牙,利用甲攻乙,丙攻丁,彼则操纵居奇。兴义正人君子录列罗状诉之省府,省府不加撤换,反庇之如鸟之覆卵,致该员愈肆无忌惮,通匪首李肇宗与分赃,擅拘良民以资搞索,先生四弟王文渊因为夫妇口角,亦被拘旬日。刘显治长子刘公亮反对其聚敛,遂为之非法逮捕下狱,各方为之呼吁,该员神通广大,居然以煽布禁烟为名以罗致之。

刘公亮之弟刘焯昌来求先生请为设法营救。先生答曰:"已向黔籍省委说过,直接说项,恐反无效,如须有效,先使兴义青年团结一致,勿为贪官污吏之爪牙,并进而监督之、辅助之,民气方有来苏,民隐方能上达,随举一事为例,皆以乡人团结,自卫、自活、自治为唯一要着。"

十二月二日　参加徐廷栋夫妇在大众食堂举行的宴请会,贵阳各校三十余人参加。宴罢举行座谈会,徐欲推先生领导群伦,谋桑梓与国家之福利,并欲以本日到会人为基础组织一永久团体。

先生起立道:"久欲与教育接近,苦出外日久,熟识之人欲一一走候,又因事冗病多,迄未如愿,本日得因徐、刘二君之宴与各位相见,不特愉快,而且荣幸。此次回黔,见教育界比较进步,不得不钦佩在坐诸君之努力,惟国难方殷,国际国内竞争剧烈,以处常常方法而处变,恐不足以应付,况吾黔民性向重独立创造,不屑依人,时至今已感不济,竞争需要之力量愈大,苟不团结一致造成较大之力量以作竞争之工具,未有不失败者,现在东南、东北人士受敌人之侵略压迫,咸向西南、西北求出路。换言之,大家都欲开发西南、西北作为复兴国家民族之根据,挟其财力人力而来者,途为之塞,行见荒远僻静之黔中各城市,咸一变为竞争热闹。之吾乡人,苟不团结造出力量,必无加入竞争之力,不转瞬间富者必贫,贫者更贫,向来不能自活,必所铤而走险,以后恐演成劳动者、贫民、盗匪、农民为一阶级,官吏、富户、资本家为一阶级,互争而起社会革命,故先事预防。在吾教育界,诸君缘知识阶级始能领导民众故也,因之今日在坐诸君急起图之,余虽不敏,愿从其后。"①词毕,须有二三人起而发言,结果定为聚餐会,以后按期聚谈。

十二月四日 上午,赴贵州省党部参加中苏文化协会贵阳分会成立大会,新老会员百余人与会。会议推王伯群、吴鼎昌、王漱芳、曾举直、张志韩五人为主席团。王漱芳报告开会经过,周达时代表党方、曾举直代表军方致词。

王漱芳介绍选举方法,由主席团拟定名单介绍,众无异议。推定先生为黔分会会长,吴鼎昌、薛岳为名誉会长。王漱芳、曾举直、张志韩、郑道儒等九人为理事,谢六逸、马宗荣等五人为候补理事,一致通过并发电向蒋介石委员长和斯大林致敬。最后歌咏队唱抗敌歌《保卫中华》《新中华进行》等,现场气氛悲壮激烈。

十二月六日 出席大夏大学教务委员会第四次会议,听欧元怀报告募集图书进行计划等事项。

十二月九日 约贵阳教育界四十余人在自宅晚宴。

十二月十一日 叶再鸣前来备述个人处境之困苦望先生指点迷津。盖公路局前任沈氏弊端百出,公路局无不知者。若不认真撤办,则有狼狈为奸之嫌,苟认真彻查严办,则又碍于某某两要人之情面。先生建议以应请吴鼎昌派一人接任局长,而自己处于监督地位为上策,否则请财政厅会计处派一会计专家彻查其账目,亦不难水落石出。

十二月上旬 接周素园函,表示无法胜任大夏大学教授,再次恳求先生或可在重庆代谋一职位。函曰:"某君莅毕,具承尊旨。比奉赐书,盖纫厚意。弟死亡之余,自待久同枯木朽壤,而社会亦枯朽视之。惟兄笃念故旧,垂注殷拳,殊令我感奋无已。但大学教授实非绵薄所能胜。生平量而后入,不入而后量。举鼎绝膑,只益其愚耳。或兄赴渝后相机为我一谋。"②

十二月二十日 主持大夏大学第八次校务会议。

十二月二十一日 在黔省党部主办的苏党部书记长训练班做《民众动员的理论与实践》演讲。指出,这次我们的抗战,民众总动员的意义,是要集中全国各民族各阶级的人力,全国各行省各边区的物力财力,以及旅居国外华侨的物力财力,贡献给我们的政府,从事于抵抗日本军阀的侵略,粉碎敌人的野心,取得最后胜利。③

---

① 王伯群:《王伯群日记》,1938年12月2日。
② 叶方明编:《周素园文集》,贵州人民出版社,1994年7月,第877页。
③ 王伯群:《民众动员的理论与实践》,《大夏周报》,第15卷第11期,1938年12月21日。

十二月二十八日　得王正廷由港来电，言钱永铭月底到港，询问能否赴港一叙。先生当复电云："以下月在渝开五中全会，请新之下月中旬在渝晤叙。"

一九三九年（民国二十八年　己卯）　五十五岁

一月九日　为大夏师生做《第二期抗战后本校师生应有的认识》的演讲。

一月二十一日　在重庆出席国民党五届五中全会开幕式，蒋介石致开会词并做《唤醒党魂，发扬党德，巩固党基》的报告。会上，蒋介石对抗战到底的含意解释为："恢复到卢沟桥事变以前的状态。"开幕式后，参加预备会，推举王法勤、丁惟汾、居正、于右任等十一委员为主席团，朱家骅为秘书长。

一月二十三日至二十八日　分别参加国民党五届五中全会一至四次大会。

一月二十九日　出席国民党五届五中全会第五次会议，讨论通过党务报告、政治报告、军事报告等决议案；决议设立"防共委员会"，确定"溶共、防共、限共、反共"方针。全会决定设置"国防最高委员会"，蒋介石任委员长。大会发布第五届中央执行委员会宣言。

一月三十日　参加国民党五届五中全会闭幕式。

一月三十一日　大夏大学正式向教育部提交申请改为国立大学的报告。

二月三日　参加中苏文化协会第三届第七次理事会议，会长孙科主持。会议决定本月二十三日举行中苏人士联欢会，庆祝苏联红军二十一周年纪念节。

二月四日　闻日本敌机十八架滥炸贵阳，死伤一千两百余人，受难灾民达两万余人，甚为悲痛。

二月十六日　在贵阳自宅主持大夏大学第九次校务会议，报告在渝向教育部商洽本校改为国立大学及教育部关切本校情况经过，讨论春季开学日期等重要事项。

二月十七日　由筑赴渝。

二月二十八日　先生上海愚园路住宅，被日本武装宪兵黏贴封条，禁止任何人出入。

三月一日　上午,参加第三次全国教育会议开幕式,林森致训词,陈立夫主持并勖勉教育界共同努力,期对抗战建国,有所献替。先生列高等教育组。

下午,参加全国教育会议预备会。

三月二日　上午,继续出席全国教育会议首次大会,在会上作专题报告。

下午,参加高教组审议报告。

三月三日　为重庆市各业节的献金运动捐赠一千元。

三月四日　听取蒋介石做《今后教育的基本方针》讲话。

三月八日　在全国教育会议第八次会议上讨论会考存废问题。

三月二十五日　在国民政府大礼堂出席国民公约宣誓典礼,林森主持领导行礼并监誓。

春　兼任国民政府国史馆筹备委员会委员①,后皆连任。

四月四日　主持大夏大学本学期首次校务行政委员会②,报告多项重要校务,审核大夏财政、讨论本会事权范围等事项。

四月九日　主持大夏大学纪念周会,即席勖勉员生发扬本校合作、牺牲、奋斗等精神,讲解国民精神动员的意义和内容。

四月十日　在自宅举行大夏大学第十一次校务会议。通报沪校毕业同学会来电提议请改国立大学时保留原有校名等事项。讨论设置学术讲座,提倡研究学术风气等事宜。

四月十七日　主持岭南大学教授、加拿大人罗天乐博士做《英德外交与中国抗战》演讲会。

四月十八日　在自宅主持校务行政委员会第二次会议,会议讨论确定本会常会时间、职员签到及例行轮值办法、调整职员薪金、国民公约宣誓和沪校整理等事项。

四月二十日　在收到大夏大学沪校毕业同学会请求保留"大夏大学"校名来电后,与欧元怀联名复电:"大夏大学转毕业同学会,本校改国立在进行中,决保留校名,知念将复。"③

---

①　注:1941年4月,王伯群与国史馆筹备委员会主任委员张继、孙镜亚、邹鲁等13人联合向第五届中央执行委员会第八次全体会议提出议案,请国民政府令各机关将废存档案移交国史馆筹备委员会保存,得到会议决议通过。(重庆市档案馆藏,重庆市政府训令市秘一,第1295号,政府全宗,目录2,卷178)

②　注:大夏大学将财政委员会与校务行政联席会议合并,组织校务行政委员会。

③　《大夏大学改国立,决定保留校名》,《申报》,1939年4月20日,第8版。

四月二十二日 再复电大夏大学全体毕业同学会,报告本校改国立在进行中,决保留校名。

四月二十四日 出席大夏大学国民公约宣誓典礼,率大、中两部师生员工进行宣誓。

四月二十五日 主持大夏大学校务行政委员会第三次会议,讨论总理纪念周、国民月会、劳动节,改良学生伙食,改选并整理校徽,贫寒学生请求免学费或贷金等事项。

四月二十六日 接待赵发智偕其族叔祖赵伯俊来访。

五月四日 听取大夏大学沪校大学秘书兼教务长鲁继曾和附中主任孙亢曾汇报大、中两部校务。

五月七日 接待殷承瓛、李烈钧来访。殷谈滇省人民深感兵役与苛捐杂税之重,人民痛苦万状。先生告以贵州情形较滇更胜十倍,缘滇系本人执政,尚有乡土观念,致黔则吸取搞索者,毫不顾惜,肆意而行也。殷、李老友别去,先生录一词表达此刻心情:"夜阑人静微风绕,几抹流云星光小,又逢月明天,往事竟如烟。迢迢关山路,深深离情竚,只恨春漏短,未及问君安。"

五月八日 在《大夏周刊》发表《大学生对国民精神总动员应有之认识与努力》。文章希望全中国的大学生,从今天起,必须将精神总动员起来,做一个大时代中的大中华儿女,树立成一种良好的社会风尚,挽救国家。①

五月九日 在自宅主持大夏大学第十二次校务会议,通报教育部奖助本校兼办社会教育经费等事宜。会上,鲁继曾、孙亢曾分别报告沪校大中二部最近进展。

五月十日 上午,接待老友张献书来访。张谈贵州政治不良,其之同乡方某、张某颇富,由赣逃武汉而湘而黔。筑中被炸,始逃定番县,两大车行李,皆值钱者,不料在定番城外繁华市场前星期被劫一空,损失在十万以上,千辛万苦、千山万水逃来此间,为匪洗劫,殊觉痛苦,而当局讳莫如深,尤为可恶。有谓定番之抢并非土匪,乃某某部之兵,盖该县为模范县,土匪不易侵入,从容而来,从容而去,土匪所不能也。先生叹曰:"果如张言,则当局之失职,更足证明矣,有心人唯有浩叹痛愤。"

下午,在自宅主持大夏大学第四次校务行政委员会会议,决定聘请鲁继曾为大夏大学沪校秘书长,协助校长主持工作。

五月十五日 在贵州省党部出席国际反侵略大会贵州分会筹备会,被

---

① 王伯群:《大学生对国民精神总动员应有之认识与努力》,《大夏周报》,第 15 卷第 21 期,1939 年。

推为主席团成员。

与王漱芳谈中英庚款拟办云南中学设在保山之事。先生建议，中学办在保山太偏僻，主张移设兴义。其理由在中学为造就升学之青年数量要多，保山不易广收各省学生，西南文化落后，模范中学在补其缺点，如在保山不特教师不易罗致，即书籍仪器亦不易购买。此中学应以西南文化经济之改进为目标，应择桂滇黔三省适中地如兴义者，广收三省青年数千人，使之受同样统一其思想，调和其短长，俾由文化统一而达政治统一、经济统一之目的，如此则需费省而收效宏况，抗战建国先要建设青年心理，保山交通不便，与前敌相去太远，于同仇敌忾之作用太少。如在兴义，则集中三省之青年至数千人不难，交通便利，快报新闻之购求亦易激发对敌人之同仇敌忾，尤易启发三省其他中等教育之机会特多，于国家于西南之贡献，必有非常之成绩。约先生王漱芳连名至电朱家骅、杭立武两人，力促其成，并拟将此理由告何应钦，请其同作主张。

下午，接待行政院行政效率促进委员会调查专员王式典受命特访。先生问调查之结果如何？先生见其畏首畏尾，含糊其词，强调说因交通不便调查一般。便如实相告曰："要点在县长不得其人，保甲因之败坏，省府承中央旨拟办之新政愈多，人民愈苦，如区保经费之普遍多量，人民已不堪，而政府所得者少，官吏中饱者，兵役办理不善，人民因之愿为匪，不愿为兵，愿为匪不愿为工，以致铤而走险，甚至有钱之人亦购枪遣其子弟入匪，以保家以抗官。省政府不负责，只当中央之枢纽人民之痛苦毫不顾惜，故民变之案时所闻，如长此以往，大乱立至。"专员闻后，始觉证之彼新见亲闻丝毫不爽云。

五月十六日 上午，作篆百余字，录文天祥先生《正气歌》，欲借以讽励末俗，尤其是国家存亡危急之际，汉奸太多，惟有以正气正定纲常，挽回隳落士气。

五月十九日 上午，接殷承瓛来信，言有鸦片癖，恳图谋熟膏数两，不胜迫切，待命之至，所费若干示即奉上。先生当命佣人遍觅获二两送去，并附以函嘱件已寻获少许，送供急用，明后日续有所获，当再送存，知已不少，钱勿客气。殷承瓛复书云"援师立至，足支数日，费神若此，何以为报。"先生入夜，再购三两送去。又接殷承瓛来信，并伴法币二十五元，以先后五两每两五元计也。信云"睡梦之间增援又至，回转到滇，绰有余裕，非患难旧交如我公孰能若是哉，谨奉上阿睹物，如季愧待重耳之年之数社，转给原主不尽之情俟，大驾抵滇时，再为奉报。"先生作一书，伴原价二十五元归还，并声明佣人不晓事，擅携款来，殊令人耿耿于怀。

下午，闻李烈钧明日赴渝，乃往访之。以风猪两支分赠殷承瓛、李烈钧。

又以篆书屏条一幅、楹联一付赠殷承瓛之望。

五月二十日　接吴浩然、邵家麟拟聘余纪年、夏炎[1]返沪任职等事务函。

五月二十四日　上午，以最诚挚之态度跟贵州省府委员何辑五反映两点意见：（一）以乡邦人民困苦在区保经费之苛佃，人民已苦不堪言，官府则未满意，贪官污吏则腰缠累累，入中饱者过于政府倍徒，宜速想改良之法，否则将大乱。（二）人民自卫力太缺乏，保安处长既换，本省人可否为人民树若干自卫。

何答曰："孔（祥熙）、宋（子文）之间尚各自为政，似意见尚深者，近日贵州企业公司，宋有中国、交通、农民三行之股，由经济部承认接洽，不必由财政部过问此其事实？先生答不知。何又谓：孔祥熙曾拨款十万元在筑造屋，已成六宅，孔来电嘱交中央银行保管。黔灵山一屋，现已指定给蒋介石工作住宅，除原有造价外，恐近又加去数万，可证物价之高涨。先生乘机问花溪之屋尚有出租者否？何答渠之一屋可以借用，如买亦可，价在五千，又有为某君造而退者，约一千余元。先生以为，最初开价给何绍周夫人不过七百元，今言千余元，物价之高涨此又一证明。

晚，据确讯，日本派船至安南接汪精卫至上海，换乘飞机飞日本东京，偕平治晋见日皇，汪精卫、平治所订协约已签字，并呈日皇批准云云。先生评论云："精卫此种举动真令人不解，此刻求和，何以对全国无辜被炸无数同胞？何以对数百万阵亡将士？精卫不为个人名义计，独不为后世子孙耶？甘为此遗臭万年之举，真狗彘之不若矣，平时巧言如簧，不知欺尽天下人几许。"

五月二十八日　赴云锦庄为祖母等扫墓。

六月一日　主持大夏大学建校十五周年纪念大会暨第二次国民月会，勖勉九百余名大中师生完成本校迁黔三大使命：（一）为抗战教育的推行；（二）为促进西南文化；（三）为协助政府开发西南资源。[2]

六月五日　听李居平述此次临时省议会选举驻会议员，党团不能控制选举过程，不三不四之人反而当选，李遂与相关人起冲突。闻此事之后，先生反思曰："故凡处世接物，必要有一种技术，否则先令人不快，尚何能希望成功，孔子之于是邦也，必闻其政，以能温良恭俭让，故也。余近年躯屡多病，于温恭让三字皆未做到，所以在政治上失败噫，自修之道，可不慎乎。"

---

① 夏炎（1913—2002），湖北鄂州人。1938年毕业于大夏大学化学系。曾任华东师范大学副校长。

② 王伯群：《弁言》，《大夏周报》，第15卷第23期，1939年。

六月六日　主持大夏大学第十三次校务会,通报本校改国立事,已再度呈教育部;讨论通过欧元怀于最短期间前往渝再向教育部复洽本校改为国立等事项。

六月十日　读报知中央已准王漱芳辞贵州省党部主任委员职,派陈铁庐暂代。尹述贤、傅启学、张定华、杨治全、刘祖纯均请中央慰留。先生观五人行动或必与王漱芳共进退。

先生与何辑五谈论此事,何认为王漱芳与贵州省府鹤蚌相争,渔人得利。先生则表示,见仁见智,各有不同,若不能行其志,自以一去为妥。古人谓,道合则从,不合则去,非无故也。王漱芳究竟可取,可算真黔人也。

六月十三日　上午,读报知王漱芳在大夏大学纪念周发表《革命党人之风格》演说。新生认为虽多牢骚,然不屈不淫不移之气溢于言表,可以风末世,可以厉贪婪,中央听其辞而成全贪污,此中央之失也。

六月十五日　宴请张献书、朱用和、陈敏章等诸君,宾主尽欢。张为先生二十年前旧交;朱为同乡,久未返省,此次来办实业被推为黔东煤矿公司董事长。

六月十八日　晨,见有一青岩保育院难童来寓,先生扣其何至?他说因手臂痛,冯玉祥夫人等嘱来省就医。与保志宁皆以为杨凤珍、俞曙方、李新之诸女士已归,而汽车尚未回来。遂之问该童乘何车回来?他说乘公共汽车,先生闻后非常惊骇。急用电话询问俞曙芳女士,始知昨天上午她们在定香保育院视察,下午在青岩定香路途当中,油箱破裂漏油,遂不能行,正在维难之间,遇航空公司汽车将她们送到青岩保育院,在青岩宿一晚,今晨乘公共汽车回省。再问到汽车,还在青岩定香之间待救。先生随即遣人雇车及修理人拖车回来修理。意外破费九十三元,先生觉得殊无味也。

下午,接待贵阳监狱营长、大夏大学毕业生刘番滋来访。刘备信封纸若干、纸烟四盒,并伴一函,似有送节礼之意。函中备述在校受益,现之有地位,皆师长母校之赐。

晚,接待原贵定县长李书侠来访。李谈其对抗战现在及将来之观察,又请致李子厚一介绍函,意欲求得滇省一官耶。

六月二十一日　上午,接待自渝返筑的周元椿来访。周谈渝方要人得吴鼎昌等报告,黔人尚继续排外,如王漱芳之党到省参议会的各质问与提案皆是证例,领导者仍为王伯群。先生闻之,愤恨不已,曰:"若准肆行贪污,榨取盗窃,掠夺种种罪恐不自觉,而不准天地间有是理乎?如是而可忍,则又何必抗日,日本人之侵略亦不过如是而已。能为吴鼎昌等之顺民,则可以为日本人之顺民,况吴辈亲日派素以归顺日本而自重,后挟日本人之力而夺取政权者。若辈直接为日本人之顺民,欲黔人间接为日本人之顺民为双料之顺民,万不可能。黔人素重正义,重革命,万万不甘受此屈辱,此为天地之正气,岂余能指使者耶。人类有良知,能以判别公理是非,岂一二人如此胡为胡行,可以掩盖天佣人之耳目耶,该吴鼎昌与其狐群狗党可以休矣。"

六月二十五日 接待马超俊、谢作民来访。马告奉国民政府命为慰劳前方将士团,团长、副团长由渝起程,经筑而桂而湘而粤而赣,约两月方毕,率领团员约二十人携有慰劳物品多件,明日即将长征。先生欲留之洗尘,均告无暇后,遂赴招待所参加王漱芳招待慰问团之宴。

六月二十六日 为大夏大学师生做《二期抗战中敌人在沦陷区域的经济侵略》报告。

六月二十八日 陪同教育部官员邵鹤亭、陶愚川视察大夏大学。邵、陶评价大夏是西迁大学中不可多得之最高学府。

六月三十日 阅王漱芳展示何应钦一电文,系赴重庆待机会之意。先生猜测恐王漱芳在黔不利耶?抑军政当局恐王漱芳有不利于已之活动,暗中托何调之离黔耶?二者必居一。先生是日记写道:"于此然无出于何途,足证黔当局之内虚。若作事,可对天日,可对黔人,则黔人拥护之不暇,又何不利之有?若作不能对黔人,不能质天日,则杀一艺圃,不知尚有若干艺圃出现,军政当局能杀尽黔人耶?又能杀尽天下之仁人义士耶?一手能遮天耶?可以包围一二糊涂虫,未必能欺蒙天下后世之人,故不特不为艺圃惜,而实为一千万之黔人庆也。"

本日 闻汪精卫已准备采联邦制,南北伪组织皆为一邦,汪则在各邦之上组建联邦政府,七月内即将实现。先生以为"果尔,则国民政府又多一劲敌矣。自古亡国,必有内奸,今日之事,又何能例外耶。"

七月一日 阅王漱芳持来何应钦电文,大意是何劝其赴渝,而电码不明。先生当用电话询何应钦,何不在,王文湘来听,王漱芳略谈别去。

七月二日 接何应钦电话,解释王漱芳赴渝之意,因某日晤朱家骅,谈及贵州省党部集体辞职,中央认为是王漱芳从中鼓动,故希望其离开贵阳,若其不赴渝,回家亦好云云。先生当允代转达王漱芳。

七月四日 赴大夏大学主持第九次校务行政委员会会议,会议报告财政情况,讨论筹办贵州省党部抗战建国二周年纪念筹备会议等校务多项。

七月五日 听欧元怀汇报在渝接洽大夏改国立经过。

七月十日 与张志韩长谈。张谈省政府教育厅环境恶劣,办事不能顺手,欲去不可,欲进不能之痛苦。先生以为张失得之心太重,做官之心太深,故人利其短挟制之,如秉刚正之气,道合则从,不合则去,人心不敢侮之矣。

造成自苦境,皆由自作孽。古人云,自作孽,不可活,此之谓也。

七月二十一日　委派大夏大学讲师钟焕新接替曾广典担任南宁大夏大学附中主任。

七月二十二日　上午,访上海银行姚吟舫。闻金融界有人云外汇日涨,法币日落(美金一元已值法币九元以上)。先生感叹曰:"足证近日英国态度忽变,左袒倭寇矣。五月份情报,倭寇在吾国扩充工业,搜刮资源,抢霸交通收入,种种消息,皆足使我财政日枯,倭寇经济活泼,如此则长期抗战又遭打击,不能不有新策略之订出,方足取得最后之胜利也。"

七月二十三日　赴黔东煤矿公司往访朱用和。谈及黔省治安,坐中有冯剑飞之弟冯树蕃,前在贵州省府秘书处任秘书职,现派煤矿公司任副经理。冯谓剑河县长汪某,河北人,被匪劫去。何辑五补充说,该县历任县长从未出巡一步,汪某自命勤能下乡巡视,故被架去。自兴义来此者,言由兴义到兴仁途中,土匪出没无常,行人多有戒心,非结大批同伴,决难通行。

七月二十五日　上午,为胡工群等入党事赴贵州省党部访陈惕庐。谈及贵州治安问题,陈曰:七月中最大案件为剑河县长被民众攻杀事。本月初,剑河县长高焕升,偕县党部书记长某率县政府科长二人、县保安团队长一人下乡巡视,巡至某区县党部,书记长以七七典礼回城主持,而县长、科长、队长则仍往前进,遂被民众围攻。书记长报告生死不明,党部命再查,复越数日。又据报,县长、科长二人、队长一人均被杀。先生闻后,叹曰:"怨愤之于人心大矣哉。若能宽厚待民,得民心者,何至以身殉之耶。民众亦人也,而出于此者,必无他途,可以成仇怨之故。贵州省府当局尚不自悟,动则诬黔人绅耆为反对外省人,排斥外省人,果外省人有德政于民,又何惧排斥耶。"

七月二十八日　上午,王国忠来述,平坝数日前发生一劫案,颇重大。平坝土商恐烟土存城内,虑有敌机轰炸损失,乃移置城外,为数不少。某日有匪徒二百数十人,半数持有枪械,将存烟土抢去,临行时且如军队开拔,时大吹号令,扬长而行。平坝城内驻有官兵两连,闻声偃旗息鼓,不敢稍动,听匪自去。先生评论曰:黔政府养兵,平日虐民,有枪案发生又置之不问,议者且谓兵匪相通,暗中分肥,不失绥靖主任责任何在,如何政纪真亡,国之政纪,如此长官,真亡国妖孽也,言之可痛。

下午,读报悉知,英倭东京谈判,英已承认在华举动为事实,至法币大落,金价日涨,闻美金已涨至一元价值法币十元之谱,港币一元值法币四元余。先生以为,如此法币低落,足证英之袒日而抑华,美国见而不平,乃毅然宣布日美商一九四〇年满期后即不生效,美国即可停止供应日本原料,此消息一出,日本国内大起恐慌,证券有下落之象云云。美国数年来对日华问题,总是英国之马首是瞻,尊重英国之意见,不料美国过于自私,过于软弱,在欧洲已着着失败,反使国意轻视,今对日又忽迁就,美已看不过,乃独自表示态度。此种仗义执言举动,令人佩慰,否则强暴无敛迹之日,和平永无实现矣。

七月二十九日 主持大夏大学临时校务会议,讨论男女交际要则和通过优劣等学生奖惩案。

七月三十日 接待贵州省立女子中学学生陈立言的姐妹来访。先生询问女中情况,据言校长不教课则已,上课则以极下流之口吻辱骂全班,不分贤愚,皆被其辱骂,故学生中多有想转学者;上学期英文只教十课,国文只作文两次,数理化学则补上一期课程,犹未完,其程度之低下,真是为想像所不及。而省教育厅置若罔闻,每年破费如此之巨,成绩真令人闻之发指。先生忍无可忍,遂向张志韩转告须更换衡山女校长及女训导女教员。

七月三十一日 听闻长寨县县长刘仲雅,安徽人,近亦被民众杀死,且身首异处。察其原因,据该县长用一会计,对人民苛索至窜,有某区长因不与狼狈为奸,又畏罹祸,乃逃避,不料县长将其父吊打索子,惨几频死。其子闻之,乃聚好义者百余人,黑夜攻入县署,将县长杀死,并割去其头为父报仇。闻贵州省府民政厅长孙希文部下,安徽人,有议为该县长请恤者。孙以该县长深夜为匪,枪杀未闻抵抗,县城陷而身死,死有应得何用恤,为现正谋替人,而外省人皆不敢前去,有拟用周佐治云。

八月二日 傅启学来告贵州省党部已成僵局,拟待张定华来决定。张被朱家骅、陈立夫召往中央党部,不知有何善法以解决目前之纠纷。傅劝先生可作一调人,先生答:"早有此意,不过陈惕庐未开口,余不使先提及,为五委员保存政治节操也。"

下午,接待曹漱逸来访,曹言黔江只有三班初中一级,经费如收容安顺中学二三年级,则非请示庚子赔款委员会不可,如张志韩诚意要办,当早有电械致中庚会,然上月二十二日至今不见回音,恐庚会尚在候张志韩之消息云。先生闻之,旋约张志韩返省晤商而别。先生叹张志韩办事太不精干,如此重要问题几于遗忘,使岁月荏苒,殊为可惜。

晚,得吴浩然快函,告上海愚园路别墅被加修一碉堡,作汪精卫办公之用。

八月四日 宋述文来述,八月二日,毕节、黔西、大定三地枪决招安军数百人,某君自黔西来省,目睹东门外死尸积累遍地,闻该处自晨八时至下午二时,分批枪毙,惨不忍闻。先生叹道:"见招安而来处以极刑,则以后无自新之路,匪患共聚物不堪设想矣。"

八月二十八日　主持大夏大学第十五次校务会议,议决给予黔籍学生免学费全额五十名,免学费半额五十名。

八月二十九日　在自宅主持大夏大学第十六次校务行政会议,讨论确定花溪校址并设计建筑新校舍等校务。

八月三十日　聘请马宗荣为大夏大学总务长。

八月　先生总结八月事物,云:"诸事缠身:就大夏大学言,大、中两部延聘教员、招考学生、修理校舍、调整人事、筹措经费亦至忙返。就国家言,乍汪精卫派离二,汉奸愈披猖,抗战愈无把握,各处军事有停顿状态,令人焦灼欲死。就国际言,苏德忽合作,致英法未能以全力助我,苏德忽订休战约,致倭寇少蒙迁顾虑,以全力图我。凡此种种,均劳神思,故余欲恢复健康,减少思虑,谋身体奈强之计亦不行矣。似应于忙里偷闲,苦中作乐,以劳动图健康,以带来延寿命,方是非常时期之人生观。"

八月　《东方杂志》刊登先生《现阶段的公民教育》文章。文章指出:公民教育的意识形态,是因时、因地、因人诸种对象而制宜的。现在的中华民国,在时间上,是正当异族侵略,起而作英勇抗战的壮烈伟大的时代;在地域上,是位于物产富庶,气候温和,广袤三千四百九十多万方里的亚洲大陆的东南部;就民族言,是一个继承五千年光荣灿烂的历史,并为世界上最古老,最伟大的中华民族。[1]

九月五日　主持大夏大学第十六次校务行政委员会会议,讨论扩充女生宿舍、学生制服及被单由大夏代制等事项。

九月七日　接大夏大学沪校鲁继曾、吴浩然、邵家麟关于招生、财务等报告函,云"兹附呈秋季学期教职员名录,上学期学生成绩优劣名单暨日前校务会议开会记录另邮寄奉到请詧收,尚候(复)示。"

九月十五日　出席大夏大学贵阳附中开学典礼并讲话。

九月二十四日　听段叔瑜谈川事。先生闻后道:"蒋公以总裁兼主席入川,未免示人以无人,然亦可见川省有之不易治,中央之苦心矣。张群之不能到达主川之目的,亦当觉悟。余之不能达主黔目的,而黔人对余属望其殷切,其阻力不在黔,而张群之不能主川,其阻力在川,不能主川与不能主黔同,而民众之信仰则异,由此余可以自慰矣。另,陈筑山长四川建设厅,可谓出乎意外,可谓倘来中央处置川事,仍是头痛医头,脚痛医脚,毫无根本办法,吾为政治前途十分悲观焉。"[2]

---

① 王伯群:《现阶段的公民教育》,《东方杂志》,1939年第36卷第16期。
② 王伯群:《王伯群日记》,1939年9月24日。

段叔瑜问广东虎门要塞司令郭思演的父亲在距贵阳城二十里之某村为匪所劫杀,不知确否。先生答,如其确也,则绥靖主任不能辞其责,将领在前方拼命,其眷属在后方应使之安全,而黔实相反,此亦令人痛哭之一端也。

九月二十八日　赴重庆筹办大夏大学经费。[①]

十月五日　接吴浩然报告大夏大学沪校校情函。

十一月十三日　在重庆出席国民党五届六中全会第一次会议。蒋介石讲解第五次全国代表大会宣言内容,计十点:(一)崇道德以振人心;(二)兴实业以奠国本;(三)弘教育以培民力;(四)裕经济以厚民生;(五)慎考铨、严考绩、以立国家用人行政之本;(六)尊司法、轻讼累、以重人民生命财产之权;(七)重监察、励言官、以肃官方而伸民意;(八)重边政、弘教化、以固国族而成统一;(九)开宪治厉内政以立国民确实巩固之基础;(十)恪遵总理遗教,恢复民族自信,确立正当对外之关系,以保持国家独立平等之尊严,而达世界大同之目的。

十一月十五日　向教育部长陈立夫报告《一九三九年六月底以前抗战损失》,其中包括《大夏大学财产损失报告单》《附属大夏中学财产损失报告单》等附件。

十二月十三日　晨,由渝起程返筑。

十二月十八日　在大夏大学纪念周会上通报多项校务,对本校的奋斗历史和师生合作等立校精神详加阐述,再增勉励。

十二月二十日　作为监誓,出席贵州省党部主任委员黄宇人暨全体执行委员举行宣誓就职典礼,在致训词中勖勉各委员,加强团结,加紧奋斗,加紧建设。

十二月二十六日　受邀在贵州广播电台,以亲历者做《由云南起义二十四周年纪念说到抗战必胜建国必成》的讲演。[②]

---

① 陈旭麓:《大夏大学内迁十年纪要》,《陈旭麓文集》第二卷,华东师范大学出版社,2018 年11 月,第 622 页。

② 王伯群:《由云南起义二十四周年纪念说到抗战必胜建国必成》,《革命日报》,1939 年 12 月26 日,第 2 版。

一九四〇年(民国二十九年　庚辰)　五十六岁

一月五日　主持大夏大学第十八次校务会议,通报建筑花溪新校舍计划,成立新校舍建筑委员会。

一月十日　陪同教育部长陈立夫和高等教育司长吴俊升视察大夏大学。

二月　《时代精神》刊登先生《宪政的基础》文章。①

四月三日　应贵州广播电台邀请,作《汪傀儡的伪组织,对于抗战前途有利无害》的广播演讲。指出,第一,可以增加各国对我援助的决心;第二,可以增强我将士抗战的勇气。第三,给同胞以比较认识的机会。②

四月　推荐欧元怀为贵州省教育厅长。

五月四日　偕欧元怀联名致函鲁继曾,建议大夏大学沪校整体内迁贵阳。

五月六日　致函张继,撰写《国史馆筹备大纲草案意见书》,对国史馆筹建提出三大问题和诸多建议。其一,关于官制。首先提出"清有国史馆,明史馆,及明国初年之清史馆,无不以馆为称,故国史馆似宜以称馆为宜";其次提出"史官之标准,昔人已有定评:曰德,曰才,曰学,曰识,必须四者具备,始可作史,可入国史馆";再次提出"不设储才馆"。"不如使各大学研究院负培养训练之责,庶可事半功倍"。其二,关于筹备会编纂。对国史体例,建议"仍用纪传体为宜";其次"清史稿纠谬工作,至为急需";第三,编纂日历及月表年表,亦至急需。其三,关于年表条例。"年表书事,本无限制,保存史料,亦最优良,今宜尽量利用,愈详愈善"。③

五月十一日　在大夏中学部纪念周做训词,提出本校的立校精神有三:(一)牺牲创造的精神;(二)艰苦奋斗的精神;(三)师生合作的精神。

五月十四日　主持大夏大学第二十三次校务会议,通报欧元怀辞职慰留、花溪新校舍建筑招标及筹款项情形和财政近况。

---

① 王伯群:《宪政的基础》,《时代精神》,1940年第2卷第2期。
② 王伯群:《汪傀儡的伪组织对于抗战前途有利无害》,《大夏周报》,第16卷第13期。
③ 王伯群:《国史馆筹备大纲草案意见书》,中国第二历史档案馆藏,全宗号三四,案卷号127。

五月二十一日 在大夏中学部总理纪念周上的做训词。

六月一日 主持大夏大学建校十六周年纪念大会暨国民月会。在训词中表示，以政教合一，推行抗战教育；精神训练，促进西南文化；科学研究，协助政府开发西南资源，为本校迁来贵阳之努力目标。

六月六日 复函鲁继曾、吴浩然，同意继续维持沪校并相约暑期会见。

六月八日 参加大夏大学社会教育系纪念成立十周年庆祝仪式并致辞。

六月九日 出席大夏大学花溪新校舍破土典礼，介绍花溪校舍筹建经过。全校教职员及大、中两部学生，各机关、学校代表，当地群众一千余人到会。

六月十四日 呈请教育部准许大夏大学贵阳部分因经济困难无法维持而改为国立。①

六月十八日 主持大夏大学第二十四次校务会议，议决续请改为国立暨如何进行。除由校长亲赴重庆进行外，并推吴泽霖、马宗荣、夏元瑮教授代表全体教授赴渝与驻京代表王毓祥向教育部申请，同时由全体教授联名电请教育部等。

六月二十七日 主持大夏大学第四十三次校务行政委员会，讨论在渝招生地点及负责办理招生人选等事项。

六月 出席吴泽霖夫人陆德音教授的葬礼。

七月三日 主持大夏大学第四十四次校务行政委员会会议，讨论通过花溪区公所深造学生进本校肄业请予欠收学费等事项。

七月八日 接教育部陈立夫关于大夏大学改为国立一节暂从缓议的令。

七月十一日 主持大夏大学第四十五次校务行政委员会会议，通报财政近况、花溪新购校址业已税契等事项，准予职业教育系学生组织野蚕丝业考察周及每人津贴十元。

八月二日 主持第二十五次校务会议，报告花溪新校舍建筑工程情形，重推请夏元瑮等教授赴渝向教育部申请将大夏大学改为国立等事项。

八月三日 闻马君武逝世，即发唁电，以表哀悼。

八月十五日 主持大夏大学第四十九次校务行政委员会，讨论聘请教育学院院长、国立中山大学请求借用校舍、防空司令部函请本校担负防空捐

---

① 《大夏大学为本校贵阳部分经济困难无法维持呈请准予改为国立由》（1940年6月15日），《私立大夏大学领取补助费的文书及表册》，中国第二历史档案馆藏，教育部档案，五/4109/172。

五百元等事项。

八月二十五日　接国立贵阳师范学院函,拟借用花溪校舍及搭建临时建筑。

九月十七日　接教育部函,同意大夏大学十月九日开学,并通知所请补助防空洞建筑费两万元,俟本年度省私立专科以上学校临时补助费追加案奉核定后再行酌办。

十月十五日　主持大夏大学第二十七次校务会议。议决创办商学院附设商科职业训练班等事项。

十月十七日　致电教育部陈立夫,再度请求拨付补助防空洞建筑费。

十月二十六日　主持大夏大学学会第二次理事会,筹设学会固定会所。

十月二十八日　主持大夏大学第五十七次校务行政委员会会议,报告本学期注册学生总计五百三十四人等校务多项。

十一月五日　致函大夏大学沪校校务会议,告知黔校经济现状、争取大夏大学国立事宜。

十一月十三日　接教育部关于大夏大学难于改为国立一案的代电。

十一月十四日　主持大夏大学第二十八次校务会议,谢六逸等委员分别报告所主管部处的校务,随后讨论议案多项。

十一月二十九日　接大夏大学沪校校务会议函,拟向教育部详陈立场及协商公文办理流程等事项。

十一月　与杨秋帆、马宗荣、商文立同赴安顺为大夏大学募捐。

十二月一日　在《大夏周报》第十七卷第三期发表《诸生要认识现在所处的时代和环境》。文章提出要认识三个基本要件:第一,抗战建国必胜必成问题;第二,国际关系错综复杂问题;第三,认识自己问题。[①]

十二月五日　致函鲁继曾、吴浩然、孙亢曾,再次建议大夏大学沪校内迁贵阳。

十二月十日　主持大夏大学第二十九次校务会议,通报教育部拨给本校补助费六万元,转拨六千元给沪校。

十二月二十日　主持大夏大学第六十一次校务行政委员会,通报财政近况、贵州省士绅捐建校舍一座等校务。

十二月三十日　致函鲁继曾,勉励维持大夏大学沪校与敦促准备收支报告。

十二月　招待大夏大学赵静校友偕都匀县政府科长刘仰方来访。

---

①　王伯群:《诸生要认识现在所处的时代和环境》,《大夏周报》,第17卷第3期,1940年。

一九四一年（民国三十年　辛巳）　五十七岁

　　一月一日　赴贵州省政府南明堂参加何辑五、平刚等数十人为吴鼎昌莅黔主政三周年午宴。

　　一月二日　赴东吴食府参加《中央日报》协理朱漱石之晚宴，坐中有杜聿明、郑道儒、戴广德等。

　　一月三日　为保君啤事致何应钦一信，大意谓其任职外交界二十余年，在温哥华亦十年，廉洁自守，两袖清风，有子二人留学海外，一二年后方可毕业，近奉令调回外交部工作，其子有失学之虞。拟请何向外交部长王宠惠一言，改调海外他职为盼。本其历年经验，效力国家，为私可稍节鹤助学子毕业，则感荷无暨矣，可否，仍候卓裁，不情之请，幸谅云。

　　一月四日　上午，召王裕凯询大夏大学校务。先生告教育部垫款六万，其余一万筑、沪各五千元须再经财政部核发文。

　　下午，与郑道明谈黔政和社会问题。郑谓彭述文性情太和平，校内诸生"照准"之号，以学生之要求，彭皆照准之故。

　　一月五日　上午，招待郑道儒、胡工群先后来访。

　　下午，致国民政府文官长一函，说明丁照临秘书已他就，自元月起，以孙尧年继随从秘书，请备案，并附孙履历、印鉴各一纸。

　　一月八日　与胡工群谈精忠社事。

　　一月九日　接国史馆汇来的十二月夫马费一百九十四元五角整。

　　一月十日　与傅启学谈论复兴贵州，先生道："在政治上，乡人之大联合，余早有此心，且曾大努力，无如若辈利欲熏心，只知一己之私利而不顾一千万人之公益，此种人若太假以词色，则是非不明，公道不彰，正义不存，国将不国，省将不省，人类永无幸福之可言矣。余年将花甲，个人他无所冀，只欲为人类谋幸福，为国家求复兴，民族求生存，当于此不背，如何牺牲，余亦愿为也。"

　　本日　《大夏周报》刊登先生《弁言》一文，指出，我国自辛亥革命至今，战争填满过去整个历史空间，占据十分之七八，但总有结束的一天。那么，一九四一年应为中日战争结束年，所有我全国同胞要把握今年。[①]

一月十一日 由黄仁霖派来筑之某君口中闻蒋介石与宋美龄近小有龃龉，为国货案的涉及孔夫人嫌疑。蒋主严检不瞻顾，宋以为太损威信，故意见不一致而独自去香港。蒋宋结婚后第一次未同过圣诞节。先生曰："蒋宋结婚后对于国民革命相助极大，尤以宋于蒋爱护周至，使蒋以有用之精神为事，其功不可泯也。甚望早日恢复情好，勿使蒋精神不快而弛国事，此最要也。"

本日 先生读报知美总统罗斯福炉旁演说。先生评论曰："罗总统的演讲，证明中国地位提高，与英国等证明中国之战确为世界和平与中国自由而战，证明中国确为民主国家重要之一分子，确可发英希平列对付德意日。罗斯福主张以十万万美元制造军供给英希，中国抗战虽牺牲生命财产土地很多，而国际地位增高，民族地位提高，非无代价也，此皆自力更生之效。近见意军官兵有二万五千人于非投降于英军，法军投降于德，又可证明吾国将领士兵之人格高尚，民族道德崇隆，非法意可比，若无汉奸汪精卫一流，则更完满矣。"

一月十二日 接待聂述文、袁叔宽来访。听袁谈在医专职业学校经过，该校每年开支五六万，而所造就看护人员不过五六十人，而此五六十人旋收入旋逃遁，鲜能毕业者，故何辑五已辞职。

一月十三日 陪同教育部训育委员会专门委员王衍康视察大夏大学，并请其在纪念周做《组织教育》讲演。

一月十六日 上午，审核大夏大学沪校经济状况及有关收支报表。

下午，郭润生来述刘德一母亲近逝，欲印手巾送人，嘱为题记，先生当写与之。并询问郭是否可以任精忠社长，郭答以精忠社人太杂，办不好。

晚，在自宅宴请王衍康、黄宇人、周诒春、欧元怀、谭时钦、郑道儒、何梦麟、吴泽霖、马宗荣、谢六逸、夏元瑮、谌志远、金企渊、王裕凯、张尧年等。

一月十七日 邀请清华大学政治系主任浦薛凤到大夏大学做《治重于政》的学术演讲。

一月二十日 接待中央军事各校毕业生调查处贵州通讯副主任李南孙来访。李为郑镛介绍而来，黄埔学生，当请示在黔应有事。先生告以先团结造出力量，方能谈其余。

二月五日 接待周铭久来访。周告以新由渝抵黔，决回老家麻江居住。先生告以民国以来，贵州文献有搜求之必要，尤以护国护法两级为有表彰之

---

① 王伯群：《弁言》，《大夏周报》，第 17 卷第 4 期，1941 年 1 月 10 日。

必要,盼其仍居省中,以便商榷。周允不久再来。

二月十日 中午,宴大夏大学全体教授及本届毕业生,共五席,摄影纪念。

二月十三日 为大夏大学财政困难作致教育部长陈立夫函,请求救济。

二月十四日 上午,继续作致陈立夫函,交马宗荣携往面呈。大意谓大夏大学恐不能维持,请政府接收,否则唯有停办。

下午,作介绍函交马宗荣谒何应钦。又一函致张廷休,编造密电码一本,交马备通电。

二月十八日 闻杨秋帆转告,吴鼎昌谓"伯群对我不满,系因在交通部时代《大公报》曾加以攻击渠上海住宅耗费五十万之类,实则此为编辑人之责,我不知也。"先生解释曰:吾之不满为二十七八年各县吏治太坏,贪污者多,吴不稍审,余举王同荣、刘旭光向吴尽忠告,吴反倒到渝向张群、何应钦谓余为领导黔人排外,不为是非,不察情。实则何告知我吴之态度后,一九四〇年回黔,余即不问黔事,现在刘旭光畏罪潜逃,王同荣贪污案发给拘,可证余当时忠告不诬。吴擅宣传余领导黔人排外为别有作用,彰彰明矣。今吴撤换,孙希文而整顿吏治或小有觉悟。《大公报》之事,余早于忘怀,即当时也知为通讯记者与编辑人所为,未罪达铨也。

二月十九日 上午,何辑五乘一枣骝马来访,相告此次赴渝见蒋介石情形。

晚,有友来告大夏大学教授徐汉豪被告逼迫勒索一案,认为此案重大,可否先令徐与大夏大学脱离关系,以免使大夏蒙恶名。先生当答以明日侦察后酌办。

二月二十日 召徐汉豪来了解案情,徐告该案发生完全系警备司令部中粤人挟嫌所致,已由各方进行撤销。

二月二十一日 上午,与钱春祺谈中美火油公司经营状况。据刘书蕃来信,言该公司可八万出售,而普霖不肯。先生与钱景星、何辑五皆盼出售,取回此项资金另作他用,故与诸君函致公司及刘书蕃,委托刘代表进行。

中午,接待郭润生率孙天权来访,赠先生字一幅,且索篆为交换,先生允之。

二月二十三日 与夏元瑮、欧元怀送吴泽霖转赴西南联大就职。

二月二十七日 接杜月笙、钱永铭函,告三月中旬将往渝,盼先生前往会晤。

二月二十八日 听戴蕴珊汇报大夏大学商科训练班及建筑校舍事,先生允与金企渊、梅德昌商后再洽。

二月 贵州富绅华问渠捐赠田地四十余亩作为大夏大学花溪新校基。

大夏除登报鸣谢外,呈报教育部授予奖章。①

三月五日　与何辑五谈兴义乡会事。

三月六日　接待陆心亘来访,其由桂赴渝过筑,言明日即行。

三月八日　接待兴义中学校长花寿泉,告以兴中整顿办法。

三月九日　乘马访何辑五,适其赴花溪未归,久留而返。

三月十日　下午,接待廖世承来访,听谈国立师范近况。

晚,与叶秀峰谈党务政治。

三月十一日　招待抵黔视察军事税关的白崇禧来访,略为寒暄。

三月十二日　中午,得窦觉苍送来的关于食盐公司组织材料。

晚,与何辑五宴请白崇禧一行,黄镇球、郑达仙等在座,至九时宾主尽欢而散。

三月十五日　听赵发智详述郭润生代何辑五约其经过。

三月十六日　偕保志宁、周元椿赴渝。在遵义遇萧莫寒,知大夏毕业生在遵任事者五六人。晚抵桐梓旅行社,王臣标、施九才二生来谈近况久之。

三月十七日　过綦江见有大规模欢迎会,军警林立,途为之塞,询为刘峙总司令莅该地。晚餐时何应钦回,先生见其精神如夕,体气健旺,毫不减前年分别时态度。

三月十八日　上午,有空袭情报,遂未能出门。十二时发出紧急警报,遂相率入防空室中,约一小时解除,闻系城外纱厂铁厂被炸一二处,无大损失。

三月二十日　往交通银行访钱永铭、杜月笙、王志莘。

晚,参加军委会特别党部晚会,观王震欧之《辕门射戟》,俞珊、郑际生、王泊生等《奇双会》。

三月二十一日　接待王漱芳夫妇来访,言谷正伦力主搜集护国、护法史实以彰先德,而阐幽光,周素园如无成绩,恐失信于谷正伦也。

下午,先后接待刘燧昌夫妇、刘恺钟、宋述樵来访。

三月二十二日　上午,赴中央党部报到,领证章九十六号一枚,领汽车出入证一枚。赴国民政府访林森、文官长均不遇,取证章三枚。

晚,接陈立夫函,说大夏大学国立事待中央全会后再商。

三月二十三日　上午,与李晋谈道社②事久之,始发现港方生出无聊举

① 《华问渠先生捐产助学》,《大夏周报》,第17卷第6期,1941年2月20日。

② 注:道社,1929年于南京成立,为秘密组织,对外称"民生经济原理研究会",主张改良社会。彼时理事长为王正廷,理事为钱永铭、王伯群、孔祥熙、张发奎、卢汉、杜月笙、许世英、杨虎城等40余人。(张发奎口述,夏莲瑛访谈及记录,胡志伟翻译及校注:《张发奎口述自传:国民党陆军总司令回忆录》,当代中国出版社,2012年7月,第245页。)

动,为之骇。

晚,赴中央秘书处参加吴铁城、甘乃光二人宴。

三月二十四日 上午,赴国民政府出席国民党五届八中全会。纪念周与开会式合并举行,蒋介石主持开会词。接开预备会,通过王法勤、丁惟汾、居正、于右任、孙科、冯玉祥、戴季陶、邹鲁、孔祥熙、陈果夫、李文范等十一委员为主席团,决定大会议事日程,各组审查委员及召集人名单。

下午,林森主席会议,先生略致敬意。与何应钦送云南省府委员周惺甫上李家花园,并顺访张西林。

三月二十五日 上午,出席国民党五届八中全会第一次大会,听党政军负责人报告。

下午,参加国民党五届八中全会第二次会议,仍系听报告。接潘宜之来信,言贵州水银价值事,先生当复信谢之。

三月二十六日 上午,赴国民党五届八中全会第三次大会,专听行政院各部报告。

下午三时,出席经济审查会。

晚,先赴康心如宅参加刘峙设宴,旋又赴孔祥熙设宴。

三月二十七日 上午,参加国民党五届八中全会第四次大会,听报告。

下午三时,赴经济组审查会。

晚六时,赴交通部参加王沿津等宴会。六时半,赴金城别墅十二号徐宅刘经潘、韦以黻宴。七时半,赴蒋介石宴于其宅。九时毕,又赴徐宅,晤王正廷、钱永铭谈天。

三月二十八日 上午,参加经济组审查会。

下午三时,赴国民党五届八中全会第五次大会,听各省政及党部之报告。会散后,赴孔祥熙邸便饭,并与王正廷、钱永铭等谈道社事。

三月二十九日 上午,赴国民党五届八中全会第六次大会,听蒙回藏代表报告、省政府及党部报告。

下午三时,参加五届八中全会谈话会后,赴嘉陵宾馆出席林森主席宴,并观国父及西藏巡礼两幕电影。

三月三十日 上午,听邓汉祥来谈川事、川康经济建设与川康兴业公司事久之。王沿津携来大夏大学重庆附中主任张维信一件。

下午,参加经济组审查会后,赴嘉陵宾馆参加张嘉璈、张寿镛设宴。

三月三十一日 上午,参加国民党五届八中全会第七次大会,听各省党部报告。中午赴陈诚家午饭,由其夫人谭祥招待。

下午,出席五届八中全会第八次大会,听各司令长官报告。会毕,赴嘉陵宾馆参加周惺甫设宴。

四月一日　上午,出席国民党五届八中全会第九次大会,讨论军事、教育各案。

中午,赴刘航琛宅参加唐生智、邱丙乙设宴。

下午三时,出席国民党五届八中全会第十次大会,讨论特种审查会所报告各案。

晚,赴冯玉祥宴后,又赴张文伯设宴。

四月二日　上午,出席国民党五届八中全会第十一次大会,讨论特种审查会报告,关于党政三年计划及租税收归中央两案,均照通过。会上,蒋介石做训词。

下午,续开大会讨论宣言。会毕,旋步行上嘉陵宾馆,赴蒋介石公宴。宴罢,略演电影为余兴。

四月三日　上午,听张维汇报大夏大学重庆附中办学情况。

中午,受王正廷、杨德昭之约赴歌乐山集丙子初发起人,谈社务久之。

晚,赴审计部参加刘纪文设宴。

四月四日　上午,访孙科,告以大夏大学困苦之状。孙主张用一提案在国防最高会议提出讨论,勉教育部为难。先生决定先与陈立夫一谈后,再看如何。

下午,应陈立夫之约,在教育部谈维持大夏大学办法。陈表示不如将教育学院先改为师范学院国立,其余四院改为三院私立,当以此种办法,顷再加考虑。陈嘱先生与吴俊升一谈。

晚,在教育部参加陈立夫等设宴,张厉生、蒋梦麟在座,听谈说西南联大亦财政困窘。

四月五日　上午,偕邓汉祥、宋述樵赴钱永铭宴,即席谈道社社务。先生提出,吾人应反省过去缺点何在,以为将来发展之鉴,并指出健全干部联系等。

晚,赴徐可亭宴。归与贺国光谈川事久之,至更深方休。

四月六日　上午,接待王沿津、《中央日报》贵阳版驻都办事主任来访。

中午,偕何应钦赴游龙山参加胡仲实、邱丙乙宴。回至杨森家,何向杨索草花多种而归。

晚,参加何应钦宴各战区长官会。先生乘机与朱绍良谈,请其搜集民初护国、护法黔军战绩,朱慨允。

四月七日　上午,赴国民政府参加联合纪念周,戴季陶讲考试院院历及应该改革之点。

中午，参加何应钦宴美国小说家海君夫妇，席间谈抗战情形至多。

下午二时，送何应钦飞西北，同行者有朱绍良、孙连仲、蒋纬国，闻二小时即抵汉中。

四月八日 上午，访于右任问安，并以宣纸二幅求书。

中午，赴特园二十八号参加缪秋杰设宴。席中多道社同人，宴罢谈道社事久之。

晚六时，偕保志宁赴孙科夫妇宴。八时半，于广播大厦参加南洋公学四十五周年纪念，韦以黻、徐恩曾两人主持。先生以校长资格致词后，观京戏及听音乐。

四月九日 上午，与张嘉璈谈政况颇久，对政治缺点有同感。

中午，赴陆心亘宴于其宅。

晚，与郑达仙、杨德昭、宋述樵谈社务，感觉颇有收获。

四月十日 接待史奎光来访，谈食盐已专卖，黔民食盐公司似无组织必要。先生将重庆大夏附中须组织校董会托其约潘昌猷加入。

中午，赴交通银行参加钱永铭、杜月笙设宴。杜病，不能兴。

下午，告以王漱芳黔省近情，并相约赴冠生园参加谢伯元晚宴。

晚，赴孔祥熙宅，参加道社理事会，决定社务甚多。而大夏大学事无余暇再谈，久延未得一解决方法，先生烦闷异常，是夜因之失眠。

四月十一日 接戴蕴珊来函，嘱先生问财政部流通改银号为银行，复以扩大组织为妥。

下午，参观黄君璧画展，见佳者已为他人购定，不免沮丧。

四月十三日 上午，听庄智焕谈对于现代中国政治制度意见，颇有与同者，无治法是也。

再次往观黄君璧画展，先生评价其画兼石谷大凝之长。黄表达谦谢并叹首都沦陷时之损失，喟然久之。

中午，赴老鹰岩西山萧振瀛设宴。萧北方人，头脑清晰，魄力雄厚，笃交谊、念旧情，宴罢与谈黔政及北方过去数年政变详情。

四月十四日 上午，赴国民政府出席纪念周会，听居正报告司法院工作。

晚，赴交通银行访王正廷。归接张廷休函，云已将请求十二万元补助送行政院，并告先生也将送孔祥熙院长一请。

四月十五日 接谢伯元电话，通知手枪已办好两支，快慢机驳壳枪，配子弹四百发，共一千二百元。

下午，约宋述樵、张廷休同赴交通银行商如何组织道社核心，指导全社工作。

四月十七日 应中国兴业公司(华西公司)之约,与孔祥熙、居正等往江北参观钢铁厂。是日先生详述参观过程:

> 乘轿至江边,与孔(祥熙)、居(正)两院长,又主人傅沐波、胡子昂等同乘一木舟渡江。在船上,居问余何时返筑?余答:"若孔院长对大夏大学补助早得解决即回,否则予早归,大夏大学仍有危险,予也无法维持。"孔在旁则曰:"既来之,则安之。"余尚欲以土地陈报等事相嘱,顺便请孔助大夏大学,并请给予乘车便利,则自己以后可随时来渝。
>
> 船登彼岸,即至兴业公司钢铁部办公室。稍休观各厂,规模虽小,结构甚精,而原动力即造机器之母机则完全在山洞内,不畏突袭。又造砖瓦一厂出,品种类甚多,质料坚固,想系自用品,全部闻近一千万元矣,而砖瓦一厂不过十五分之一,至钢铸厂有一小部已有出品等。亲自将矿砂炼成铸块,由铸块抽成长方块,再抽成大铸条,再抽成小铁条,再抽成长细铁条,不过时一二分钟耳。若全部锅炉装面,每日可出数吨,虽为数不多,然在抗战期中需要迫切,亦至难能可贵。参观毕,举行奠基二周年典礼,主席傅汝霖经理、胡光庶致词后,孔、居两院长来宾、王正廷相继演说后,时已不早,主席欲请余演说,却之。
>
> 十二时赴宴,宴罢乘轿船过江,上岸乃步行回宅。
>
> 晚七时,又赴交通(银行)张嘉璈、卢作孚宴,席简尽高级职员,以余交通部创业之人,咸表敬重之意,故宾主颇欢洽,九时散归。

四月十八日 与杨德昭、宋述樵、张廷休谈社务将近进行情况之外,并促筹建社大计,组织国防经济研究会。

四月十九日 赴炮台街访孔祥熙,条陈:(一)粮盐等专卖须事前妥为考虑,勿惹起不安;(二)田赋收归中央而各省必不满,须分先后缓急行,勿太结怨;(三)川康滇三省一切建设必不可放松,须短期内求成绩;(四)注意各级党部,须注意教育界,注意参政会及省参议会,须多有新年活动,勿令改组派遣孽与某联合为祟;(五)丙社同人大都有才能,须令其名尽其才,各得其所,如胡光庶之于中央,似甚灰心,须设法解决,令能久于其任《时事新报》宜再求进步,使成为有力之宣传机关;(六)丙社干部同人须每星期召集谈话会一次,以宣传方针抒陈意见,勿使灰心;(七)大夏大学请求救济费十二万,拟请如数发给;(八)如须余再来者,请函告中央(银行)贵阳分行及中央信托局贵阳分部,凡有车赴渝即告,一俾的交通便利。先生说了半小时之久,孔表示将来欲希先生帮办。关于田赋归中央事,先生答"以如大夏大学难关可渡,固不妨常居都门"。

四月二十日 先后赴飞来寺九号访张发奎,林森路访史奎光。

四月二十一日 上午九时,赴国民政府出席纪念周会,听冯玉祥讲振作精神。冯引遗教一段,塞责后遂挪到《三国演义》之"三顾茅庐"。先生以为冯于《三国演义》可谓得其真谛。十一时,出席国史馆筹备委员会,关于纠正清史稿,作为材料看,不必修正,盖清史稿全部立场不同,不能以修正一二谬误即可。

下午,天热异常,拟备忘录十条,作第一号抄三份交孔祥熙、王正廷组三人。

四月二十二日 访王正廷、李晋谈政治。

四月二十三日 上午,赴炮台街孔祥熙公宴,坐中有萧之楚、孙鹤皋、刘航琛、贺耀祖、徐可亭、陈布雷等。客散后,先生以备忘录一号交孔,并略交通部邮政储金汇业局事,以交通部最近将邮储局并入邮局内,殊觉可惜,闻储金存已至万万元,邮务人员自然见之眼红,欲掌握之,不过交通当局不宜太不负责,将此苦心孤诣独立办理发达之事业令之退步。孔事前也未得知,足见交通当局徒见好于邮务人员及工会而出此,并未计及事业之前途耳,可为浩叹。

下午,访王正廷、李晋,告以与孔祥熙只谈交通初步,孔即疲倦厌闻,故未往前说去。王正廷以不得要领,稍表失望。

四月二十四日 上午,闻何应钦将归,乃往机场迎之,抵机场始知下午三时到到。回家为蒲鸿基入党事作一函致朱家骅。

下午,与王文湘、保志宁率辅儿前往迎接何应钦,甫到码头,北西方机声轧轧如大鹏之云天,大家相见甚欢。

四月二十六日 先生由何宅启程返筑。

四月二十七日 行至桐梓元田坝三多寺,偕妻子下车视察儿童保育院。该院由粤移黔①,儿童多粤籍,因院长不得其人,致凌乱异常,殊为可怜,见儿童身体尚健,且活泼又可爱。保志宁捐赠一万元,略训勉数语而归。

四月二十八日 下午,抵贵阳,见三儿小者王德桢瘦削不堪,大者王德辅面黄神萎,二女王德安稍健。

四月二十九日 上午,赴上海银行访姚吟舫询问沪况。闻有人匿名信

---

① 该保育院的前身是1939年从香港迁来的保育会直属第十保育院,属贵州分会后,改为贵州第四保育院,保育难童600多人。(道真、韩纯忠:《回忆战时桐梓儿童保育院》,政协赤水县委员会编:《赤水文史10》,1996年12月版)

责夏元瑮,先生顺访安慰之。

四月三十日　接待蒋国尹、唐和声二人来访,与谈人民苦况。

下午,接待胡上责来访,转告王正廷、李晋诸人将于数日内来筑,准备住交通银行二楼。

五月三日　听何纵炎谈政局及各党派斗争情形。

五月四日　偕保志宁、保俊迪夫妇查看大夏大学花溪新建筑已至若何程度。

五月六日　上午,见胡工群来访,先生深责以不能克制反省、刻苦耐劳、努力奋斗致失业已久,并举周轮远、张志辉、刘德本三人之不努力上进为证。胡无辞以对而别后,先生甚感歉然。

下午,主持大夏大学第三十二次校务会议。报告在渝向教育部接洽校务经过情形,花溪新校舍第一期建筑工程行将完竣,第二期工程即将开始。

五月八日　赴交通银行往访王正廷,见其精神甚佳,不胜羡慕。见吴鼎昌在,先生趋前寒暄一二。

晚,王正廷来宅访谈,略与谈社务。

五月九日　于自宅宴王正廷,傅启学、谌志远、欧元怀于左。

五月十日　上午,陪同王正廷为大夏大学学生做演讲。

中午,于西湖饭店宴杨秋帆、丁纯五、戴蕴珊、刘万全、赖贵山、李居平等。

晚,赴马宗荣宅晚宴,期间与杨秋帆谈天至更深方回寓。

五月十一日　上午,作一书致何辑五,答复《兴义九属同乡会章程》大体可用。

五月十二日　会见交通大学唐山学院茅以升院长委派职员李继煊。李转茅院长邀请函。函云:"伯群部长钧鉴:月之十五为本院三十六周年纪念,荷承俞允莅院致训,全院奋感。兹派本院职员李继煊趋前迎候,敬祈赐督是荷。临颖延仁,敬颂崇绥。茅以升谨启"。

五月十三日　赴邹绍阳宅宴。介绍说自满港购载重三吨半道奇卡车,每辆不过美金一千六百十元,合国币只三万数千元,运货至昆明连车出售,每车可盈二万至三万云。

五月十四日　与夏元瑮、杨秋帆同车参加交大唐山学院三十六周年庆。抵平越城外,茅以升率同教职员多人拦道相迎,携量入城,寓谭时钦宅。

五月十五日　上午,在交大唐院三十六年纪念典礼致辞,提出三点值得可庆:一曰抗战以还,大学被蹂躏,而倒闭者不少,交大唐院卒能内迁,日益发展,内容充实扩大,可庆者一;二曰交大教授有继续在校服务三十余年者,以交大为终身事业,可庆者二;三曰交大毕业生对抗战有极大贡献,可庆者三。接着提出三点希望:希望能再发扬光大,认定铁路建设为一切建设之母而努力;希望以西北、西南铁道为中心工作;希望注意政治环境之变化。

晚,赴白峰书局交大在校服务毕业生招待茅以升等九人之宴,

五月十六日　上午,与前来送行的茅以升道别,仍乘滑干至马场坪,并派有交通部路警二人持枪相送。

下午,接待都匀师范学校校长陈济浩等大夏大学校友来访。

五月十七日　上午,到都匀师范学校讲演后,又至都匀中学讲演。

下午,与杨秋帆步行砚唐家桥,见桥长七节,宽两丈余,工程浩大,以目前工料计之,非二十万不能造成。

晚,赴杨秋帆设宴,都匀中央机关主者均被邀参加,快极一时。先生不觉痛饮七八杯,至夜半肠胃小痛,竟至失眠。

五月十八日　请陈济洁购鲥鱼拟送欧元怀。

五月二十日　接待陈松乔来访。言兴义近况尚佳,不若一般人所传军队无纪律之甚,生活程度亦尚低,闻后可慰。四时,张永立来谈大夏大学理学院各教授均以夏元瑮院长进退为进退,询对夏去留问题如何解决。先生告夏并未向其辞职。

五月二十二日　与来访的老友袁世斌(字冠新)将军谈中国政治久之。

五月二十三日　晚,宴袁世斌、张定华、谭时钦、何辑五、郭润生、黄宇人。

五月二十四日　致岳丈保君皞书,主张来贵阳暂住为上策。

五月二十五日　赴行政干训团讲演,报告国民党五届八中全会经过,勉励团员以牺牲奋斗、严守秩序二义。

五月二十六日　上午,陪同袁世斌到大夏做《英法德义诸国大学生在战时的动态》讲演。

中午,赴傅启学、马宗荣设宴。坐中有韩文焕、何辑五、袁世斌、何朝宗、何梦麟、叶再鸣等。

五月二十七日　在家作篆书正气歌两人幅,计一百六十余字,预备赠何辑五。

五月二十八日　得熊震明送来安经畬赠之马。先生马乘至何辑五处,循城外马路而返。见马不畏汽车,性格纯良,尤可宝爱。

五月二十九日　上午,何辑五来观马。未几,突袭警报骤响。十一时半警报解除,敌机未至。

下午,郭润生来观马,称为近年所见马少有者也。

五月三十日　上午,乘马赴大夏大学办公。

六月一日　主持大夏大学建校十七周年纪念大会,并致开幕辞。指出,大夏大学于艰难困苦之中,又见立校十七周年纪念之来临,斯如万里征途,再逢驿站,藉此休息,考虑前程,吾人所负之使命与国家国策是否并行而不背。愿我同仁及同学本师生合作,牺牲之精神,朝夕惕励,共底于成,而达到学术之独立,民族之复兴焉。①

六月二日　主持大夏大学花溪第二期建筑工程奠基典礼。在致辞中说:"本大学第一期建筑工程赖中央及地方政府资助,现已完竣。第二期工程,赖本省士绅捐建,于今日破土,深表谢意,兹各生敦品力学,以无负国家及社会之期许。"

六月三日　在寓作复岳夫保君睥书,并介绍何应钦函。

六月八日　读冒辟疆著《影梅庵忆语》。

六月十日　主持大夏大学第三十三次校务会议,通报花溪新校舍第二期建筑工程业已奠基、改善同人待遇情形和财政近况等重要校务。

六月十二日　为杨秋帆、马宗荣作两单条分赠储隆局与怡兴昌号。

六月十三日　接待杨秋帆与杨端楷来访,略谈而别。

六月十四日　接待赵伯俊偕赵发智来访。先生询兴义近况,闻斗米不过十二元,而筑中斗小每斗已涨至三十五六元,先生以为当局处置不当,有以致云。

六月十五日　上午,与贵州企业公司总经理彭石年和孙伯陶相谈贵州企业公司经营状况。

六月十六日　接待新任遵义地方法院院长蒋慰祖校友来访,与谈黔中法界利病。

六月十七日　主持大夏大学第七十二次校务行政委员会会议,讨论粮食问题。因筑市近七日斗米由十五元暴涨至四十六元,员生不能生活,电教育部及赈济会索款。

六月十八日　赴大夏大学召集理学院毕业生谈话,勉以今后就业方法。

六月十九日　急电陈立夫请求速将十万元救济费拨下以解倒悬。②

六月二十日　偕保志宁访彭石年夫妇。

六月二十一日　赴贵州省议会旁听,期间与谌志远、杨秋帆谈校务。

六月二十三日　发函祝贺何辑五荣任贵阳市市长。函曰:"接贵阳市政

---

① 王伯群:《弁言》,《大夏周报》,第17卷第10期,1941年6月1日。
② 《王伯群致陈立夫电》(1941年6月19日),《私立大夏大学请拨发各项补助费的文书及教职员生活费补助清册》,中国第二历史档案馆藏,教育部档案,五/4020/62。

府市秘字第二十号公函,只念吾兄荣膺简命,出掌市篆,物望攸归,群情协庆。钦想新市始成,建设丕举,治标培本,谅有成竹。敝校凤荷赞助,今后尤赖合作,愿共图政隆教肃。特函申贺,聊布私愉,顺颂仕禧!"

六月二十四日　作致王文湘书,托领三四月份薪金。

六月二十六日　晚,赴杨秋帆、戴蕴珊宴。

六月二十七日　接待王克仁、杨秋帆来访。

六月二十八日　在自宅宴贵州省参议员全体成员。

六月三十日　上午,先生方起床,警报传来,查只有敌机一架,大批又往炸盘江铁桥。闻永久桥已被炸,在桥墩上搭临时桥,小车可通而今又毁。

七月一日　赴民众教育馆贺贵阳市府成立及何辑五就市长职,但见冠盖如云,礼品充斥。据云,因行政院通过开办费五十万元,故主张大闹一场,可谓慷中央之慨。

七月二日　赴西湖饭店参加华问渠为文通书局编辑部开设之宴。

七月四日　杨秋帆与周绍阳来言,戴蕴珊因囤积食粮被查出犯罪被拘。先生建议(一)以此事须先嘱省临时参议会秘书长杜协民询吴鼎昌意见,然后进言,否则意见太相左反不妙。平情而论,戴个性太不慷慨,致乡人及商界同行嫉妒之者多,故官厅乘虚而入,所谓物必自腐而后虫生,惟今之计,总以吃一点小亏,始能了结;(二)请何辑五从中转圜,欲找何辑五又以先找杜惕生为便。周、杨赞同先生建议。

七月五日　杨秋帆与丁纯五来探询戴蕴珊案情况。据云,平刚已将戴交县府,张馥荪向戴索二十五万罚款,戴尚未允。先生仍主张不必多找人,只找何辑五一人为便,杨可代一访之,看如何表示。前日报载,戴蕴珊囤积大批粮米被查出,畏罪潜逃,不知见者有何感想。

七月七日　为纪念抗战四周年,为《中央日报》撰《内政重于外交》一文。

听卢晴川来言,戴蕴珊在县府自承捐款二十万了事者,恐亦道听途说耳。然二十万之数不为不多,果戴允捐,亦可休矣。然为政府言,应作法办,法如因此而索捐索赠,未免失态,亦未免违法。

七月八日　欧元怀陪同顾毓琇来访,闻顾系四月下旬离渝往闽浙赣湘视察归过此间。

七月十日　中午,在宅款待顾毓琇。

七月十三日　为保君锷作一函致外交部部长郭泰祺。

七月十四日　与吴照恩谈大夏中学相关事务。

七月十五日　接待杨肇文、窦居仁来访。杨由翁安县长交卸来省;窦则新自兴义家乡来,备述近况,语词中多不满,于刘公亮之专横教育,实业均无进步。

七月十八日　中国合作事业协会黔分会成立,周诒春任理事会主席。先生被聘为名誉会长。

七月二十一日　得鲁继曾等咨询大夏黔校院系调整与秋季学期教员薪水调整事。

七月二十二日　接保君畴来信,言已见李复初,投介绍函尚顺利,并谓已见王文湘,未见何应钦。

七月二十四日　接何应钦养电,报告许世英已汇赈款六万元云云。

七月二十五日　接王文湘电话告何应钦已不赴昆明,亦不来筑,问先生何时赴渝。先生答以未定,非学校有头绪后不能分身。

七月二十六日　召集大夏大学教育学院和土木系诸生告教育部训令本校调整院系办法。

七月二十八日　何纵炎转达画家关山月欲借先生名介绍画展,先生允之。又谓吴鼎昌女儿结婚送礼否?先生答以拟有以送之。

七月二十九日　赴同乐社观关山月预展,见有《花溪之春》一幅,长约丈余,颇工细,其他小幅者亦有数件尚可观,已为他人购去。先生选一幅桂林风景《碧莲峰》,非上品,也有《三虎》为尚武俱乐部所购,价值千元。

七月三十日　为吴鼎昌女儿结婚备一帐赠之。吴将账内上下款收去,帐及帐中四大金字俱退回,先生觉此亦一退礼法也。

七月三十一日　赴竺可桢在贵州医学院茶会,商学生竞赛考试问题。

八月一日　上午,在湘雅医学院监试。

下午,赴南明堂参加吴鼎昌三女儿结婚茶点。

八月二日　以派克自来水笔与篆书《正气歌》四幅赠何辑五。

八月五日　接鲁继曾呈拟在香港设立分校并晤孙科校董的报告函。

八月八日　读张厉生《中国之民族思想与民族气节》,觉引经据典颇嫌冗烦,读之令人生厌,不适抗战时期之用,且眉目不清,此其短处。

八月九日　为夏元瑮教授申请教育部部聘教授。

八月十日　在燕市酒家宴王克仁、杨秋帆,破费两百元,菜甚可口。

八月十四日　接待贵州银行职员涂简齐来访。涂曾在邮政储金汇业局工作多年,为先生之旧部。听涂详述先年在筑部邮政局任职,故贵州形情较为熟悉;又言中美火油公司为美国犹太人普霖所把持,刘书蕃毫无能力与之相抗,恐将失败,现在美禁油输倭,上海属倭势范围亦在禁止之列,故更将停业。

八月十五日　出席贵州银行开幕式。

本日　接鲁继曾汇报大夏大学港校筹备情况函。函曰:"校舍已租定圣保罗女学院原址,决先办第一年级,学生约有百余人,九月中旬可开学。"

八月十六日　致函鲁继曾,嘱大夏大学港校先设办事处。提出港地物价高昂,社会情形邃难谙熟,与其日后万一发生阻碍,进退失据,不如预定缓进步骤,先行在港成立一办事处,稍假时日,以观望筹备,如此则可张可驰。

八月十七日　为陈立言父亲和周农风各篆便扇一把。

八月十八日　应贵州省暑期中等教师讲习会之邀,做《贵州对国民革命之贡献》演讲,分述贵州参加辛亥、护国、护法、北伐及抗日诸役成就。①

八月十九日　与谢六逸、傅启学、王裕凯等分别商讨聘任教师诸事。

八月二十日　致电大夏大学沪校,通报港校未获教育部批准。

八月二十四日　王文湘转告何应钦已到安南(今越南),明日赴兴义老家祭扫,约五日可来筑。

八月二十五日　与王裕凯、傅启学商量大夏校行政会及米贴发现款办法。

八月二十六日　出席兴义九属同乡会成立大会,被推选为理事长。

八月二十九日　与王裕凯商讨贵阳师院借花溪校舍、张尧年与保育会等问题。

八月三十日　往上海银行收股息,取现款千元拟汇安经畲作马价。

八月三十一日　会见杨秋帆率防空学校军队防空游动训练班粤桂组主任邹大华来访。杨拟以安顺乡人捐赠大夏大学五万元造一饭厅,并作临时礼堂,先生甚赞。

九月一日　往马王庙一带接何应钦。见何精神焕发,感叹抗敌时期,军人领导者,此现象国之福也。

九月二日　上午,偕何应钦早餐后,往访吴鼎昌。

下午,参加贵州党政军在南明堂欢迎何应钦大会,听何讲演沿两小时之久。何先介绍抗战大势,次讲昆明近情,再谈对贵州观感,最后希望贵州努力教育、交通、农产品、森林、牧畜矿业,种种加以剖析,颇精到又实际。先生以为其负责日有进步之处,可佩也。

九月三日　中午,宴吴鼎昌、何应钦、何辑五三伉俪。

九月四日　赴建业堂参加四行经理企业公司、贵州银行等机关宴,并参观企业生产展品。

九月五日　偕保志宁、保骏迪伉俪率王德辅乘车赴南明堂送何应钦赴

---

①　王伯群:《贵州对国民革命之贡献》,《大夏周报》,第18卷第1期,1941年10月。

四川,握别后复送至三桥,见各机关及军队候送道旁,遂不复前往。

九月六日　晚,至贵州省党部观赏《边城故事》话剧。

九月七日　主持大夏大学第四十次校务会议。讨论通过新学期预薪草案、香港分校预算草案、本学期校历草案,以及本学期出版刊物计划等。

九月八日　主持大夏大学纪念周会,强调大夏创造、牺牲、合作、刻苦、奋斗精神,希望学生认识而身体力行之。

九月九日　主持大夏大学第七十四次校务行政委员会会议,通报教育部令本校调整院系情形。

九月十日　接夏元瑮电话,告土木工程系学生转学困难,拟仍在大夏大学为之结束。

九月十一日　先生读报,知美日谈判近正积极进行,美国人不肯牺牲生命以维正义,若日本人稍予小利,则必为自己之利益而不顾他人之利害,此则吾人不可不知者也。

九月十三日　听段叔瑜谈兴义教育现状。

九月十五日　到大夏中学主持纪念周,附中已达五百余人。

九月十七日　接贵州高等法院函,请求大夏筹设法院书记官等专修科。

九月十八日　接待李居平昆仲来访。

九月二十日　函复贵州省高等法院,同意筹设法律专修科并拟订章程、课程表等。

九月二十四日　与谢六逸、夏元瑮等商谈聘请教授安排。

九月二十五日　晚,偕保志宁至大十字街,闻有三名强盗抢中英药房,盗逃至邮政储金汇业局前,有巡警捉盗,被盗枪伤三人。

九月二十八日　窦觉苍来告,有安顺糜君在水城开盐井,并集资六十万办理,欲拟请先生为赞助人,当署名应之。

十月一日　中午,参加何辑五宴行政院秘书长陈仪宴,并谈国内外大事,多时而别。

下午,吴震新决定赴甘肃郑通和厅长之聘,先生当为之作一书介绍信。

十月二日　接吴浩然、孙亢曾函报港校招生情况。港校注册人数已达一百,领缴费单者达一百三十余人,以法商学院占多数,理教居次,文学院较少。

十月四日　贵州农工学院院长李书田来访,其欲借花溪校舍。

十月五日　至江竹一家贺结婚之喜后,见月明如画,乃与王文湘、保志宁在院中赏月。

十月六日　主持大夏大学秋季开学典礼、纪念周会、国民月会,并报告校务及国内外时事。

十月七日　接待何朝宗与军政部医署副署长徐希麟来访。何告此次因湘北大战后,我军伤亡特多,特派赴湘视察过筑小憩。

十月九日　下午,接何应钦电话,告国军攻宜昌已多日,尚未下,然城外各据点已占领,或不日即下云。

十月十日　往大夏大学科学馆、物品陈列所出席开幕典礼,见大、中两部均有可观。

十月十一日　与谢六逸、谌志远、傅启学、夏元瑮谈校务。

十月十三日　赴大夏大学主持纪念周会,闻注册者已达四百七十九人,桂林、重庆附中招生录取者大部未到,到齐至少六百人,为移黔以来最盛时期。

十月二十日　在燕市酒家参加欧元怀发起的贵阳各大学同人宴请陈立夫、顾毓琇、凌鸿勋等宴。

十月二十一日　据王文湘急报,刚得何应钦长途电话,告岳父保君鹗暴殁于旅馆中,或中风或遇害,原因待察。保志宁万分伤痛,先生觉岳父为人太善良,居外国久,毫不了解中国社会黑暗情形,更不明白现状,致伤性命,亦至感伤。半日之间犹在梦中,不知如何应付惨剧。

十月二十二日　与何应钦通话两次,皆为调查岳父死因。保志宁与姑夫孙希衍亦一次通话。综合各种材料研究,岳父保君鹗之死大半为被仇人所害,惟凶徒计划周密,设计恶狠,致沉冤一时不能大白,殊为痛心。

十月二十四日　上午,据谢六逸、谌志远、傅启学三人来告,今晨已访陈立夫谈话结果,大夏大学改国立决无希望,并谓委员长有手谕,凡教育机关不能维持者,可归并之;当不能维持,则唯有归并他校云。

十月二十五日　偕保志宁、王文湘赴渝。

十月二十六日　下午五时抵渝。赴新都招待所访孙希衍,旋同往罗汉寺岳父保君鹗灵前一吊,生离死别,备极凄苦,人生如梦如朝露,不可不即时行乐,亦不可不谨慎处事接物,把握光阴,成功立业。

晚,与孙希衍商保君鹗丧葬事。先生是夜思潮汹涌,未能安眠。

十月二十七日　上午,偕保志宁等访孙希衍夫人,商如何丧葬,决定浅葬,托陶彦威觅墓地。

下午,在重庆嘉陵新村七号何公馆致函鲁继曾、吴浩然、孙亢曾。

十月二十八日　至保志宁处询与重庆市公安局长唐毅接洽情形,大有进步。

十月二十九日　上午,闻保志宁回言,其姑随同公安局人员前往侦捕嫌犯王原素。

晚,何应钦约戴季陶、吴铁城、陈仪、朱家骅便饭,先生被约作陪。饭后谈中日战事、国际问题等久之。

十月三十日　偕保志宁等赴法院看昨日捕获嫌犯王原素,并查今日有无新证据发生。据称,王又供认有一徐某同与岳父往还,而司法科人员则拟捕之于观察,王原素已确定是正凶。

十一月三日　上午,与何应钦同赴国民政府参加中央党部联合纪念周,林森主持。何应钦报告军事近况甚详,关于军服军粮之费之拮据,出乎意料之外,即每人每年只有一百元作服装费。据云,因上周冯玉祥对军事颇有不满之论调,故何应钦特举以答之,并正其余人员之观听。会毕,晤内政部政务次长张维翰,略寒暄行礼。

下午,偕保志宁等往嘉陵江北岸猫儿石久安公墓看葬地。见新墓满地,皆近时所葬,一望而知抗战时期一切从简之象。岳父所订之二穴,花费二千四百元,尚不甚宽。与管墓地人罗氏女约本月五日落葬,嘱其准备一切。

晚,接待程远秋来访,言将赴香港一行。闻明日辛巳九月十六日为蒋介石诞辰,今晨纪念周亦未见出席,想已避寿去矣。

十一月五日　上午,偕保志宁等诣罗汉寺,移岳父灵柩往江北猫儿石久安公墓安葬。

晚,接王裕凯来电,告红十字会运至儿保会之布为数颇多,无放置之地,询保志宁如何安置。先生代保答,以其心甚乱,恐亦想不出善法,仍请其与彭华琚商酌办理为妥。

十一月七日　上午,出席何应钦宴请政治顾问拉题摩亚、华籍主教于藏及各国有名新闻记者三人。

十一月八日　听邓汉祥备谈川中近况及参政会各党派之活动情形久之。

十一月九日　作致香港周尚、谢春溥等函。

十一月十日　拟参加国民政府纪念周,因为雨阻,在寓教王德辅国文二课。

十一月十一日　上午,宋述樵来电话,遂往访之,乘人力车归,费时颇久。

十一月十二日　本日为孙中山总理诞辰,先生搭何应钦车同赴国民政府参加庆典,林森主席,居正做报告。

下午,访孔祥熙,谈天至五时方归。

十一月十四日　访邓汉祥,谈会计专修班事。邓答已与光华大学有约,先生不觉失望。

十一月十五日　赴外交宾馆访郭泰祺部长,谈国际与中国之关系外,着重谈岳父之死,力陈可疑之点。

十一月十六日　搭乘何应钦车赴罗汉寺岳丈治丧处凭吊,终日在场招待来宾。

十一月十七日　上午,至国民政府参加联合纪念周,嗣列席第二届第二次参政会开会式。

下午,在参政会听何应钦报告军事、郭泰祺报告外交。在会场遇吴道安、马宗荣,略询黔事。闻马对吴鼎昌颇有怒词,先生以为足证此人之幼稚与浅薄。

晚,参加何应钦招待孙希衍夫妇、保骏迪、保志宁、王东臣夫人、刘燧昌夫人设宴。

十一月十八日　上午,往参政会听财政报告,财政部俞鸿钧次长代表作报告,沿约二小时毕,群起以无诚意责讷之,尤以关于通货膨胀、物价高涨两点之解释令人不满。最后蒋介石代俞作答,复始稍平息。嗣交通部部长张嘉璈报告交通,先生未听完即归,闻亦令人不满之处甚多。

下午,赴盐务总局参加缪秋杰宴,聚谈民生主义经济研究社事,当有鲁佩璋入社。与王正廷赴交通银行集道社干部商社务。

十一月十九日　接王沿津来函,央向何应钦索历届在参政会之军事报告。何答以因保守军事秘密计,并未付印,亦未抄副本,唯有方命。

十一月二十日　往交通银行参加道社同人宴。

十一月二十一日　上午,陈伯阳引其叔陈纯斋来访。陈纯斋为老党人,与周素园、平刚友善,近虽生活甚狼狈而思想尚新颖。向他表示,在贵州发扬革命历史须发扬于贵州方力量,盼先生为贵州发扬革命历史及集中力量之领导,愿在领导之下努力云云。先生逊谢而答曰:"贵州之事,矛盾太多,精力就衰,不能负此艰巨,仍望一般青年自身觉悟,当仁不让,挺身而出,始有办法云。"

晚,赴外交宾馆参加郭泰祺设宴,坐中有王云五、吴贻芳、王宠惠、吴铁城诸人。

十一月二十三日　接待朱家骅来访,略询大夏大学近况。见坐中王辅宜轻于发言,有诋毁人处而不自知,且谄骄备至,官僚之尤者,殊可恶也。访陶桂林,询问五金价格。

十一月二十四日　偕刘燧昌到参政会旁听,有主席团提议一案,内分四节"针对各党派实行民主案"而发,原案促狭,会场上虽有许多参政员不满,然多数已无异议,遂通过。

十一月二十六日　下午,偕何应钦往江北参加中国兴业公司钢铁石公司举行开炉典礼。会上晤王正廷,嘱先生劝钱永铭勿辞经济学社理事长。

十一月二十七日　上午,与邓汉祥谈此次各党派在参政会之行动未成。何应钦回家,与谈川康兴业公司事及川中近情。

下午,被王正廷约往谈经济学社事。钱永铭不愿当社长,王正廷也回避,后众推先生。

十一月二十八日　与王正廷赴百龄餐厅参加民生主义经济学社,结果照预定计划办理。旋又开理事会,先生被推为理事长。

十一月二十九日　与刘经堂谈经济学社计划颇详。先生以为刘有见地,具热情之人。

十一月三十日　下午,偕何应钦、王东臣、何键两夫人赴山洞范庄为范绍增排纠解纷。

晚,赴胡仲实、雷嗣尚两伉俪宴,计四席,坐中有牛某率两妾来,均少艾。唐生智素喜言笑,酒后均有醉意,一妾不满唐生智之语,怒而动武,合坐为惊。先生感觉如观剧。

十二月一日　晚,参加贺耀祖宴,坐中有杜月笙、王晓籁、许世英等。许闻先生失眠,赠药一片。

十二月三日　接待张嘉璈来访,谈时局及彼此近况。

十二月四日　访梁寒操,询孙科住址。

十二月五日　与李仲公谈彼此近况。李出其历年所著诗汇成巨册,属先生题签。何应钦先持去一观,以再题应之。

晚,读范频声著《民生主义经济政策之理论体系》,颇觉有味。又读李仲公所著《总裁革命哲学与中国哲学》一文,觉得李高视阔步,乡人中之文笔优秀者也。

十二月六日　与王正廷谈社务,提及郁爽秋得赈济委员会十万元资助毫无成绩,太息久之。

十二月八日　晨起,接国际宣传处董显光电话,通报昨日天明时,日寇已向美属关岛、檀香山珍珠港、菲律宾、英属新加坡、马来西亚、香港等处轰炸,上海英租界已被侵占,英美在沪兵船或被击沉,或被俘虏,英美侨亦被捕拘。日本人一面派人在美交涉进行谈判,一面则趁人不备,攻人不意,以先发制人,可谓极人世之诈虚伪,真强盗行为也。接电话后,当以电话通知保志宁,问其对港沪一切已处置否,实则自己亦无良法以应之。

中午,李仲公来便饭,坐中有刘镇寰、金汉鼎、章士钊等。

下午,访王正廷、钱永铭、李紫云等,问他们港中眷属已安排好否?均面面相睹,皆以事起仓卒,初未准备,已无法云。

本日 大夏大学上海、香港两分校宣布停办。

十二月九日 上午,李仲公偕其爱姬吴澄华来访,谈政局久之。

十二月十日 晚,读李仲公诗集,至夜深而眠。

十二月十一日 乘人力车赴林森路惠中旅馆访李仲公,相谈甚久。归于半边街空袭救护委员会访许世英,递送大夏中学申请补助报告。

十二月十二日 上午,访孔祥熙,递送大夏大学校董会聘书,孔欣然接受。

晚,主持大夏大学校董会。校董孙科、梁寒操、张嘉璈、钱永铭、杜月笙、许世英、何应钦八人一致赞成请政府援复旦大学例改为"国立大夏大学",并托许世英、张嘉璈、何应钦于行政会议时主张不变更名称。

十二月十三日 晚,赴吴铁城宴,坐中有孙科、张群、朱家骅、郭泰祺、甘乃光、俞鸿钧、何应钦、王世杰、陈庆云等,始终谈大局。

本日 读报知,英美在太平洋似只能逃战,不能抗战,故新加坡、菲律宾能守若干时日,谁亦不能保证矣。

十二月十四日 上午,阅各新闻,未见英美反侵略战事有何进展,至为失望。

下午,接待洪君勉来访,相谈甚深且愉快,并示以后吾人对国家政治所持态度,洪其同意而别。

晚,读报知国军向广九线猛攻策应香港英军作战,已与敌接触。激战中,我军果能予敌以重大打击,则香港之危或稍减,不过平素英方对我之合作毫未表示欢迎,彼此毫未准备,致令敌深入,已居主动地位,而今九龙已陷敌军,基础已立,恐费力多而收效微矣,可每浩叹。

十二月十五日 上午,出席国民党五届九中全会开幕礼与纪念周后,参加预备会,推选居正、于右任、戴季陶、孙科、孔祥熙、叶楚伧、李文范、顾孟余、冯玉祥、陈果夫、邹鲁十一人为主席团,会议报告多项事件。

下午,读李仲公《后华尊楼杂咏》,拟作一跋。

十二月十六日 上午,参加国民党五届九中全会第一次大会,听报告。被推为经济组审查会召集人。

下午,参加五届九中全会第二次大会,听党政报告。会中取蒋介石讲演集阅之,有题为《哲学与教育对于青年之关系》一文,可作学校训导学生之规范,拟告大夏大学大、中两部同人照办。

十二月十七日 上午,出席五届九中全会第三次大会,听行政院各部报告,王宠惠广东官话难懂,会场多有离席。先生以为郭泰祺外交报告尚能号召。

下午,参加国防最高会议。

十二月十八日 上午,在五届九中全会第四次大会上,听何应钦代表军委会报告军事,沿两小时,颇为精彩,听者不倦。接着谷正纲报告社会事业,先生觉其飞扬跋扈。

下午,往美专路十七号召集经济组各小组审查会。先生加入交通组,案件不多,稍研究关于交通之行政报告即毕。

中午,赴唐生智、徐次珩等四人设宴。

晚,赴康心如昆仲宴,坐中有张群、于右任、刘文辉、焦易堂、丁次鹤等,蔬菜精美异常。

十二月十九日 上午,在五届九中全会第五次大会上,听徐堪报告粮食部工作,沿一小时。按听教育部工作报告后,讨论常务委员提议各案。

中午,约王正廷、宋述樵至一心饭店午餐。

下午,在五届九中全会第六次大会上,蒋介石指示党政军与地方中央关系之种种要点。散会后又出席审查会。

十二月二十日 上午,出席国民党五届九中第七次大会,主席团报告各省市党部政府报告,并讨论常务委员会提案。

下午,在五届九中第八次会议,听各省市党务政治报告后,又讨论各审查汇报。

晚,出席经济组审查会讨论总报告内容,交张九如提笔为文。

十二月二十二日 见王文湘高烧不退,与何应钦在家照料医药,均未出席五届九中第九次大会。

十二月二十三日 上午,在五届九中最后一次大会上,讨论临时提出关于党政人选,许崇智副院长免职,刘尚清补之;钮永建调国民政府委员,朱家骅补之;郭泰祺调外交委员会主任,宋子文补外交部长;陈济棠免职,沈鸿烈补农林部长,陈仪为行政院秘书长。讨论九中全会宣言,行闭幕礼而散。

中午,赴嘉陵宾馆参加蒋介石公宴。

晚,至嘉陵宾馆赴林森主席宴,一握即别。为谭赞题"不远千里而来"数字于册纪念。

十二月二十四日 赴中央党部领得公费三百元,交通费一百元,膳宿费三百元。又至国民政府领获十一月份俸给工饷一千四百五十九元、生活津贴三百二十元、九月份代金一千零六十二元。

晚,赴盐务总局参加缪秋杰私宴,宴罢谈学社事。

十二月二十五日　上午,赴国民政府参加云南起义纪念典礼。

中午,赴交通银行参加钱永铭、王正廷、许世英、杜月笙宴。

本日　获知香港英军已于五时投降敌人之讯,先生大呼可耻。

十二月二十六日　上午,与刘汉义谈学社经济问题。

十二月二十七日　访建国银行总经理刘经泮询卡车价格。据云,新道奇在渝可售六万五千元,如福特则稍低。刘经泮谓昆明可七万以上,言昆明近日正抢运公物,需要较急。又谈学社事,拟缪秋杰、邓汉祥等五人作第一步之谈话,先讨论学社之财政问题,次则物色有才能者力图发展。

十二月二十八日　上午,赴飞来寺九号访张发奎,询他对道社意见,又托带书物两箱返筑。

闻倭寇将沪上十余家书店全行封闭,将所有书籍全数搬走,此又不止该十余家书店之损失而已,可为浩叹。

十二月二十九日　上午,参加国民政府纪念周后,在寓作篆书数幅,并看《日本的间谍》一书,颇觉有趣。

下午,往交通银行,见王正廷醉眼惺忪,且时长吁短叹"无家可归"、"妻子离散"等语,并谓其长子娶一美国女子为媳,如被日捕去,则双料俘虏更难脱身,有四幼孩尤为可怜。凡此种种,皆酒后所道一真言,闻之令人凄楚,唯有以好言安慰之。

晚,集钱永铭室内讨论道社事务,结果为:(一)清理关系,密切社内部关系;(二)补救孔祥熙缺点;(三)健全经济学社。闻张发奎明日飞昆明,先生询以有何任务?答并无任务,欲往考查滇省军政情况。

十二月三十日　上午,访李宗仁、白崇禧。入白崇禧卧室,见其体健壮如常,不遇痔疮开刀后不能行动而已。未几,李宗仁亦归,大谈国际形势而别。

中午,赴康庄参加冯玉祥宴会后,赴何遂太夫人之吊丧。

晚,接待牟廷芳来访,谈近况甚详。牟任师长多年,欲一升迁而未能,颇露失望意。何应钦戒以"不患无位,忠所以立"。先生亦告以先求自身健全,忍耐以待时机,注意各方面关系,随时找机会以补助进行,勿单恃一途更为必要。

一九四二年(民国三十一年　壬午）　五十八岁

一月一日　为庆祝元旦,大夏大学举行师生同乐大会、男女宿舍清洁比赛等庆祝活动。

本日　中、美、英、苏等二十六国代表在华盛顿签署《联合国共同宣言》。

一月五日　主持法律系主任高承元教授做《敌我形势与反攻时应采取之战略》的演讲。

一月十四日　接财政部盐务总局总办缪秋杰函,商请大夏大学代为训练会计与业务人员。

一月二十日　主持大夏大学校友会,一致议决呈请教育部援复旦大学前例改大夏大学为国立。①

本日　《大夏周报》第十八卷第六期刊登先生《三十一年吾人应有之努力》文章。文章指出:在这次太平洋大战的进行中,我们将要扮演一个怎样的角色呢?而必然会遭遇到的种种困难,我们又当怎样解决呢?这是我们应该密切注意的,尤其是在目前。横在我们前面的有两条路:第一,民主国家胜利,德意日失败。在这个局面之下,罗邱宣言自然成为解决战后一切世界问题的指导原则,第二,轴心国家胜利,中英美荷乃至于苏联,同归于失败,则世界前途必将不堪设想,我们为自己为世界当然希望前者之来临。因此,本人特于今年元旦提出几点努力的工作,以供献我全国同胞及友邦人士,作为共同奋斗之目标。②

一月二十二日　主持大夏大学第三十六次校务会议,通报贵州企业公司捐助本校新校舍建筑费四万元由董事长何辑五送来等,讨论通过筹办会计及业务人员训练班等事宜。

一月下旬　致函财政部盐务总局,把培训经费预算书随函奉达,以便寒假开始招生办理。

---

① 《大夏大学呈请改为国立》,《申报》,1942年1月21日,第2版。
② 王伯群:《三十一年吾人应有之努力》,《大夏周报》第18卷第6期,1942年。

二月三日　复函鲁继曾,建议大夏沪校全部西迁与黔部合并或在浙东择地复校。

二月十日　前因大夏大学经费困难,经校董会议决,呈请国民政府援照复旦大学例改为国立大夏大学。政府虽准予改国立,而校名需变更为国立贵州大学。师生闻讯,殊为痛惜,遂群起反对。①

二月十二日　主持大夏大学第三十七次校务会议,商定就本校沪部停办应如何救济方案。

二月十三日　致鲁继曾、吴浩然、孙亢曾函,通知大夏大学黔校议决沪校停办如何救济事。②

二月二十一日　致函鲁继曾、吴浩然,说明大夏大学黔部请求更改国立经过并希望沪校西迁。③

二月二十四日　何应钦向行政院提交的是"拟私立大夏大学改为国立贵州大学整顿办法请核实由"案,行政院会议议决"通过"。教育部提出的整理方案是,以大夏为基础,合并国立贵州农工学院,将大夏的文理法商四院与贵州农工学院的农工两院合并,成为一所拥有文理法商农工六院,至为完备的国立贵州大学。教育部给出的开办经常费也十分丰厚,其中加拨大夏九十万经费。④

二月下旬　中国远征军入缅作战。

二月二十六日　召开临时大夏大学校务会议,通报行政院于二十四日常会通过将大夏大学改为国立贵州大学及详细改并办经情形。讨论通过电请教育部保留大夏大学校名。

二月十八日　蒋介石在加尔各答会晤甘地,劝其早日加入对日作战行战,暂时放弃与英国的政治争执。

三月一日　上午,与欧元怀商定,拟一电文致教育部,请勿更名校名。

三月二日　周佐阶送来郑珍先生一付行书联,文曰:"荣光休气纷五采,高谈雄辩惊四筵",先生揽之觉气韵深稳,经籍之光耀于纸上,可爱之至,惜收藏不得法,墨纸为潮气所侵,间有朽脱,甚为可惜。

① 王守文:《抗战时期的大夏大学》,惠世如主编:《抗战时期内迁西南的高等院校》,贵州民族出版社,1988年,第151—153页。
② 汤涛主编:《王伯群与大夏大学》,上海人民出版社,2015年8月,第167页。
③ 《关于解释黔部请求更改国立经过并希望沪校西迁的函》,汤涛主编:《王伯群与大夏大学》,上海人民出版社,2015年8月,第168页。
④ 《陈立夫据呈拟私立大夏大学改为国立贵州大学整顿办法经决议通过》(1942年2月27日)、《私立大夏大学请拨发各项补助费的文书及教职员生活费补助清册》,中国第二历史档案馆藏,教育部档案,五/4020/108—109。

三月三日　接教育部第二次将大夏大学改为贵州大学呈行政院文。先生查系二月二十四日周二行政院五五二次会议事,深深以为教育部提案一厢情愿,不惟校名消亡,校产亦被告掠夺,真可谓非法政治矣。

三月四日　主持大夏大学校务行政会,决议根据校董建议案第三项原则保管全部校产。

三月五日　上午,与金企渊、高承元、王裕凯谈校务。高主张站在法律立场向教育部说话。先生解释道,以现在政治委员长手谕可变更法律,根本还谈不到法治,惟有众校友团结一致,方可维持一部分权益,众校友勠力同心,必能光复大夏大学。

三月六日　与赵发智、吴照恩告以中学应由大学部同事出而与之维持计划。

三月七日　与王裕凯、金企渊等乘车赴重庆。

三月九日　上午,先生问何应钦教育部对贵大校长人选为谁,何答陈立夫称仍欲先生任。

下午,访梁寒操,谈及教育部处分大夏大学之操切,梁亦以为然。

三月十日　上午,与缪秋杰同往交通银行晤钱永铭、王正廷。

晚,何应钦宴李宗仁及相关粮食问题人员,先生被约作陪。

三月十二日　孙中山先生逝世十八年纪念,往年例有仪式,今年中央常会某次会议决定不举行,然街市遍悬党国旗,似民众仍旧惯例纪念植树典礼。

三月十三日　上午,听刘恺钟来述,蒋廷黻不容于陈仪,陈已向蒋介石辞职,似许可。刘希望先生注意此席,觉同志中尚无相当合格人选。

中午,与钱永铭、王正廷赴军委会参观军政部兵工署自造军器展览会,殊有可观,枪炮、被服、弹药、卫生、交通各部均成绩斐然,如航空航海稍有基础,则国防问题可以解决若干。

晚,赴范庄参加孔祥熙宴,以李宗仁、卫立煌为主客,钱永铭,王正廷、周至柔、毛邦初、杨虎皆陪客。

三月十六日　访许世英,谈消弭反孔祥熙风潮经过。

三月十七日　上午,徐东谋、邢契薪二人来访。徐欲辞江防司令而又未大决,盖不愿归余汉谋统辖之意为多;邢现任航空委员会参专,与周至柔同在一地办事,等于赋闲云。

上午,陈伯阳、李厚如同来访,谈两事:(一)欲请先生多注意政治,如经济学社;又谓陈立夫、陈果夫与孔祥熙之关系似可合作。先生当表示经济学社之宗旨在研究目前及战后经济问题,并偏重国防经济,有志此道者于极表欢迎;(二)对于参政会条例修改公布极注意,似欲活动当参政员,求先生相助云。

晚,在重庆上清寺孔祥熙公馆主持大夏大学校董会,孔祥熙、吴铁城、张嘉璈、许世英、王正廷、孙科、何应钦、梁寒操、王毓祥、钱永铭等十一人出席[1],商讨国立事如何举行和通过组织校产保管、校债整理委员会等。

三月十八日 吴铁城转告陈立夫跟他说,是蒋总裁令其取消大夏大学,故其如此办云。

三月十九日 接王文渊函,言租谷早已售出,存无几矣,租税已完清,其三十一年度征收田赋收据内开"粮户姓名:王伯群,住址:景家屯,田地坐落荒字△段,计三百六十亩一分,应完粮赋一四五元七角四分。备注内开:共征二十九石一斗五升,加征一石四斗五升八合"。

三月二十日 得保志宁电话报告贵州儿保育会近况,并代已交卸之院索垫款,因吴鼎昌夫人信而不与。

三月二十一日 与宋述樵谈政治应用。

三月二十三日 上午,何应钦纪念周回家谈蒋介石在纪念周席指斥各银行尤其是国家银行薪给太优,工作不力,殊属非是,严令主管人取缔此事。此系《大公报》发端,而对象则为中央银行即可信性,是孔祥熙被攻击目标毫未减也。又有人云,徐柏园新任中央银行秘书之职,见《大公报》,有批评国家银行一小职员可月收入薪津合计在一千元以上之记载,乃加以解释,谓银行职员须优给薪津以养廉之谈话,蒋介石深不谓然,盖在抗战其中,依法各级人员一律刻苦,如云养廉亦应一律不能,银行为然也。

三月二十四日 于王正廷宴中晤陈仪。

三月二十五日 到教育部见陈立夫。陈谓决无消减大夏大学之意。

三月二十六日 赴特园二十八号参加鲁佩璋、缪秋杰宴。

三月二十八日 偕何应钦等避寿于军部乡间办事处,至晚九时方回。

三月二十九日 随何应钦全家避寿乡下。王正廷以书面请托向何应钦索一汽车通行证,先生代达之。

三月三十日 王东臣来访,谈其经济近况久之。

三月三十一日 上午,与刘经泮详商经营商业事。

下午,赴交通银行晤钱永铭、王正廷谈政况,朱紫云亦谓某派进行颇急,有机会即抓住,先生叹吾等无能与争也。

---

[1] 《民国三十一年三月十七日开会记录》《校董会等会议记录簿》,第37—44页,华东师范大学档案馆藏,档号:81—1—58。

四月一日 赴五福楼陈伯阳、马千里晚宴。归赴军委会特别党部夜会，观《天国春秋》话剧。

四月二日 上午，许昌威、冯思定二人来谈政治问题、党派问题颇久。下午，嘱王沿津撰民生主义经济论一篇，准备将来在社刊上发表。

四月三日 复施友才函，嘱商桐梓士绅再益增，因黄丕模等已允捐一万元。

四月四日 赴民生公司物产部参加李厚如、谢伯元、杨其昌、蒋在珍、马学波等十三人之宴，宾中有徐希麟、何绍周夫妇、戴云奇、陈玄秋夫人。宴罢，往国泰观《屈原》话剧。

四月五日 偕何应钦夫妇赴山洞胡光鹿等设宴，坐中王东臣夫妇、甘典夔等。

四月六日 作致商文立信，请为保志宁活动参政员。

四月八日 刘经泮来谈建国银行及建国公司近况，公司近将成立，拟又股五万，景源入五万。至银行增股至五百万。先生拟入一万元，获一董事地位，以为将来改行由商业以隐，勉力经营数年，然后脱离政治界，免再受派群狗党之瞎气。

四月十日 受刘经泮邀约，参加建国实业公司发起人会议，决定十五日再开筹备会，十七日则开创立会，股款则十五日缴纳。

四月十二日 访宋述樵，欲其任经济学社书记长以展开工作，并约往社址一视。

四月十三日 与缪秋杰商讨《盐务总局拟用设置讲座方式代为训练盐务会计业务人员合约》。

四月十四日 作致保志宁书，促速进行参政员选举事。

四月十六日 赴交通银行与王正廷、钱永铭商经济学社社务。王正廷已饮酒，话稍重烦，告十八日正午在孔祥熙处开理事会。

四月十七日 赴开源出席建国实业公司创立会，刘经泮主持报告筹备经过，讨论章程，资本一百万元先经营制造木炭炉装配汽车船。照章选举董事十一人，监事七人，先生被选为董事。旋开第一次董事会，又被选推为常务董事兼董事长，商经营专业计划。散会后，以二万元加入股款，代文梅红加入四万元。

四月十八日 李侠公来谈近况，言其八十高龄老母有倚闾成疾之情。先生闻之，曰："吾母七十余亦多病，后喜予得子，遂不杖而行，健步如壮年。越二年，闻予子殇而生病，以至于殁，足证父母爱子，祖父母爱孙之殷切，为人子孙者不可不知也。"

四月十九日 询张中君大中公司制造煤气汽车情形。张答,每套需法币三万元左右,每月不过出品五十部,该汽车所用非普通出口,以川境论,目下唯万县附近出产方可用,次则东溪产,此一困难问题尚待解决者也。

本日 大夏大学校友总会发动各地校友,为母校募集百万基金运动。①

四月二十日 赴临江门外访覃振,坐中有章士钊。覃谈锋甚健,主张亦正,先生颇感痛快。旋赴盐务总局,与缪秋杰等召开经济学社理事会。

晚,邓汉祥引胡子昂来会,略讨论经济学社社务。

四月二十一日 上午,刘经洋谈建国实业公司及建国银行事。

下午,访刘经洋谈建国实业公司事,决定向运统局借款三百万元。

四月二十二日 访宋述樵,谈被服厂组织并约王冠英加入建国银行,以及覃振向傅汝霖商灯泡制造机事。

四月二十三日 与何应钦、陈立夫同观喻宜萱独唱会。

四月二十四日 赴川康公司参加邓汉祥设宴。宴罢访李厚如、冯思定,谈经济学社事。

四月二十五日 约邓汉祥赴开源参加经济学社常务理事会。

四月二十六日 赴何宅公谯,坐中有何芸樵、贺耀祖、钱慕尹、陆心亘、张文伯等。

四月二十七日 赴上清寺中央银行楼上聚餐,有久不相见之友朋萃集一堂,殊可乐也。

四月二十八日 上午,邀请孙科为大夏大学董事长,孙应允。

下午,李仲公来访,谈近日活动,为李疏通某公者,李快慰之至。

四月 太平洋战争爆发后,无数青年学子转往内地就读,大夏大学接受大量沪港学生。

五月三日 刘汉东来告,严浦泉已因各戏院票价加有市长应酬费,每月数万,为某监察委员指责,而市长遂严查究办。

五月四日 听谌志远、吴照恩汇报大夏大、中两部校务。

五月五日 主持大夏大学校务行政会议,讨论提高教职员待遇等事项。

五月七日 于自宅主持大夏大学第三十八次校务会议。报告赴渝经过及改善待遇;通报校董会申请保留校名已蒙行政院会议复决,本校准予照旧维持,并酌加补助费的经过。

五月六日 宴请贵州省参议员商文立、谌志远等。

五月九日 吴照恩、王裕凯、赵发智先后来谈大、中两校校务。

---

① 《大夏大学百万基金募捐启》,《大夏周报》,第18卷第8期,1942年6月1日。

五月十日　得杨秋帆电话,说有人散布保志宁放弃参政员竞选谣言,先生觉有申辩之必要。

五月十一日　作致邓汉祥书,言孔祥熙意可感。

五月十五日　上午,作致保君建书。又致王文湘书以收据九张托代领薪。

五月十六日　主持大夏大学校务行政会,专为讨论教职员要求改善待遇案。

五月十九日　得钱永铭来电道贺,说财政部派先生为交通银行官股常驻监察人。先生当拟一电,托黄觉民发去谢贺。

五月二十日　函复盐务总局拟制代办训练会计业务人员合约及经费概算。

五月二十一日　接待平越交通大学唐山学院分校校长胡博渊来访,当即闻交大尚有不少小问题。

五月二十二日　接待何遂来访。

五月二十三日　上午,接上海陈丹士来信,言中国营业公司已换店主,原经手人收房租如故。

五月二十四日　参观李光祖画展,李欲以一幅见赠,先生婉辞。

五月二十五日　主持贵阳《中央日报》社王亚明社长为大夏大学作《抗战五年之回顾与前瞻》的讲演。

五月二十八日　闻张明来告贵州参政员已于本日发表,当选者为王亚明、黄宇人、张定华、马宗荣四人。先生认为保志宁不当选,亦不幸中之万幸,果当选,则黔人必有一部分受落选者之挑拨离间而仇怨,亦得不足以偿失。至傅文述、窦觉苍二人无一当选,可见政治斗争之烈。先生评傅太庸弱偏狭,窦亦为人所嫉视。

五月三十日　周蜀云由渝来参加大夏大学"六一"校庆,谈渝事甚详。

六月一日　上午,主持大夏大学建校十八周年校庆纪念。先生致辞云:自立校以迄于今,已历十八寒暑,初以牺牲创造而产生,继以师生合作而推进,终于刻苦奋斗而发展。盖创立于革命潮流方涨之中,生长于革命思想发扬之时,最富有革命精神者也。故由沪而赣而黔,五载以还,备历艰险,而我同仁同学之意志,依旧屹然不移,迈进无已。兹受国家当前严重局势的影响,一切设施,自不免愈感困难,倘稍懈怠,匪将现状不易维持,而前功亦将尽弃,瞻念前途,弥深慄慄,此就我校方面言也。[1]

---

[1]　王伯群:《大夏大学立校十八周年感言》,《大夏周报》,第 18 卷第 8 期,1942 年。

六月二日　作致王沿津信一件，附向国民政府消费合作社购领廉价布。

六月三日　赴贵州企业公司参观各种出品，至厂家稍休。

六月四日　赴欧元怀宴请，坐中有廖世承与《星洲日报》记者林霭民。

六月九日　为贵阳女青年会作篆。

六月十一日　为韩善甫作荐书，托财政部次长鲁佩璋向孔祥熙推荐为贵州税务管理局长、副局长或会计处等职。函中又托鲁佩璋询派自己为交通银行官股常驻监察人，是否事务上此必要？若为个人计则可不必，因自己对孔祥熙只要力所能及，自当忠贞以赴，不在名义之有无也。

下午，与刘玩泉谈建国公司改组事。

六月十四日　上午，与郑一平谈中国时局、国际大势、国内党派种种问题，二小时之久。先生觉得郑稍政治头脑，拟渐渐引之，始胜乡人中有思想、有才力能成大事者，颇不多见。

六月十六日　主持大夏大学第三十九次校务会议，通报理学院院长夏元瑮教授被教育部核准为物理科部聘教授候选人；讨论贵州大学校长张廷休来函与本校洽商两校间合作等事项，决定大夏大学文、法两院不分与贵大，大夏花溪校舍租借给贵大。

六月十七日　接贵州省府会计处王鸿儒函文，欲与大夏大学合办会计班。

六月十八日　作复侄子王复安信，命其凡事须请示王文彦。

六月二十日　作致刘经泮信发重庆。又作一信致保君建发加尔各答。

六月二十一日　接张平百来函，言行至金华，为战事所阻。又谓此次金华之失物资损失固多，而人命亦牺牲不少，失地尚其余事云。

六月二十二日　邀请《星洲日报》社长林霭民到大夏大学作《南洋华侨简史》演讲。

六月二十三日　赴刘玩泉宅宴，听杜惕生谈段叔瑜事久之。

六月二十四日　出席大夏大学宴金融界人员，与谈大夏募捐之原因及请金融界援助之理由，欢洽而散。

六月二十五日　接鲁佩璋复函，言已请示孔祥熙之交通官股监察人，仍盼就任；韩善甫事就职当已交主管者照办。

六月二十六日　阅梁启勋《中国韵文概论》。入夜，电灯不来，以烛代之。

六月二十七日　刘玩泉来告永岸运销商增资改组，加股本一千万，合老股为二千余万元。股东以黔人多于川人，欲邀先生加入，并有推先生为董事长之议。先生答曰："以向来于盐务不甚熟悉，未加研究，不知余之知识能力于永岸商团有无助益,果有助益,自接受诸君好意,况且余之为人处事责任心热重,既负名义则当尽责,可否请先给一点材料,使我先事研究耶。"刘玩泉允之而别。先生认为运销盐业只要经理者不作弊,则有为最稳妥之事。据刘云,此行年可倍利,果如此,彼高利月八分贷款尤强也。

六月二十九日 与赵发智商定中学部校务。

六月三十日 阅陆游诗,得一联云:"小楼一夜听春雨,深巷明朝卖杏花"。

六月 与刘玩泉、刘熙乙以三十万法币购买重庆"聚康银行"招牌,经国民政府经济部批准注册,聚康银行正式营业。推王伯群为董事长,刘熙乙、伍效高、帅灿章、孙蕴奇任常务理事,刘玩泉任总经理,刘熙乙任副总经理主持工作。银行下设业务、稽核和秘书三个处,由刘熙乙任业务处长、蒋徵祺任稽核处长、王裕凯任秘书主任。次年五月一日,在重庆改组成立聚康银行,设总行于重庆,注册资金为法币一千万。银行采取总管理处管理制度,迁贵阳办公,将重庆聚康银行总行改称分行,并于年底增加资本四千万。[1]

七月一日 应邀参加贵阳市政府成立一周年纪念会。见新署美轮美奂,闻市政府修理已达四十万元,先生感叹道:"市民之痛苦日增,只卫生一项,天气热则时疫流行,罹传染病者日死数十人,而传染病房则以市中心福德街会文路之正谊学校充之,致传染更烈,今日亲见由该病房抬出死尸五六人,即此一端,已觉市政府成立一年,与无市政府时说不出有何区别。其他会文路,短短一条马路,半年尚未完成,既无钱无工又何必将老路撤坏,使人不能行走欤,然无人敢言,可叹。"

七月三日 复宋述樵械,大意言社务偏劳,深为感荷,一时尚不能赴渝,嘱为函钱永铭设法增益收入籍维生活。

七月五日 往巴黎理发店理发,据云该店每人每月可入千余元,昆明尚不止此数,比一大学教授尚优裕,此种现象真出人意料之外。

七月六日 上午,接待苏联摄影公司俄国人及通译。据云欲在筑开一展览会,将苏联历年影片及今年二月所摄德国被苏联击退影片放演。会见后,主持大夏大学国父纪念周与国民月会,并做《格物致知为心理建设之基础》演讲。[2]

本日 为纪念"七七事变"五周年,撰《为反侵略而同盟战争——纪念七

① 刘裕远:《对聚康银行的回顾》,《抗战时期西南地区的金融》,西南师范大学出版社,1994年,第291页。
② 王伯群:《格物致知为心理建设之基础》,《大夏周报》,第18卷第11期,1943年。

七抗战五周年》文章。文章指出,"我中国五周年来的抗战,世界人士早已认识其伟大,关于我国抗战的成绩,不再费词了,而今已变成了同盟战争之一环,则"七七"这个神圣纪念,也不是单独的中国纪念日了。"①

七月八日 与谢六逸、夏元瑮等讨论院系负责人调整、教授加薪和课程设置等事项。

七月九日 在国父纪念周上做《暑假期间应如何努力》训词,指出,在今日物价高涨,学校经费困难之时,不是我一个人的困难,而是我们大家的困难,我们只有秉自强不息的校训,上下一心,共渡难关,以完成我们所负的时代使命。②

是日,得陈立言送来《资本论》三册。

七月十一日 何梦麟来访,详告渝中同人近况。先生答曰:"渝中同人希望我者至切,实则我常以驻渝,亦必使大家失望,如王正廷者。至行政职务,我更不愿,因我自维贱性耿介,不善处人,不能当行政最高机关之要。"

七月十二日 在家读《司空表圣诗集》。

七月十四日 出席大夏大学应届毕业生话别会,勉励诸生以"诚""大"两字立身处世,为社会服务。

七月十五日 与刘玩泉详谈仁岸与大业公司③关系。

七月十六日 李居平拟活动贵州省参议会副议长事,求先生相助。

七月十八日 偕张廷休赴花溪大夏大学校舍参观。

七月二十四日 何辑五出示何应钦电,言朱家骅欲去黄宇人,而以傅启学继任,征求何应钦意见,何特以电告。先生推测省党部有急转直下之势而改组。

七月三十日 接待书法家陈恒安来访。陈为陈嘉庚眷属租公馆西屋,

① 王伯群:《为反侵略而同盟战争——纪念七七抗战五周年》,《大夏周报》,第18卷第11期。
② 王伯群:《暑假期间应如何努力》,《大夏周报》,第18卷第12期1942年。
③ 1941年,贵州仁、綦、涪三岸盐商歇业,影响到贵州的食盐供应。为避免因食盐短缺造成民众恐慌和"民变",以孔祥熙幕后控制,由上海银行为背景的大业公司,获准接管仁岸川盐运销业务。1942年6月1日,大业公司在重庆筹备成立"贵州仁边销区官盐委托运销处"(后将总处设在合江县城南关),并将部分川盐直接从邓井关水运至重庆海棠溪,改用汽车经川黔公路运至贵阳,赤水河川盐运量从二十二载减至十八载。大业公司在仁岸各站设立的营业分处、转运站、趸售站,均冠以"仁边销区大业公司盐号"之名。大业公司插足贵州盐运,遭到贵州工商界反对,各地联名向国民政府财政部呈文,要求贵州川盐运销应由贵州人自己组织进行,以维护贵州工商界利益,经过王伯群等游说,迫使财政部下令大业公司结束在贵州的川盐运销业务。1943年10月,由伍效高等组成的"利民盐号"成立,接管大业公司盐号在仁岸的全部川盐运销业务,同时,成立"仁边销区官盐委托运销总处",在贵州省盐务局监督下办理食盐趸售业务。(综合李浩等:《抗日战争时期贵州盐商与地方社会发展研究》,伍效高:《贵州食盐运销的回忆》)

先生告已租出。

八月二日　徐盛堂欲加入黔省党部心切,先生当为之具一函与朱家骅介绍之。

八月三日　与窦觉苍、孙韫奇谈仁岸盐史及永岸案近顷改组情形。

八月四日　与姚吟舫与谈大业公司、利民合作问题。

八月五日　陈济浩欲应聘甘肃大学,先生为其作书介绍于王漱芳、谷正伦。

八月六日　接江竹一函,其注意到省参议会副议长问题,先生答复决意不过问黔事。

八月七日　上午,与郭润生谈青红帮近况久之,嗣又谈个人生计。先生赞成郭将兴义田产出售与李居恒,得价在省放利,可补家用。郭亦以为然。

晚,接宋述樵来信,告拟常居乡间,坚辞经济学社书记长。

八月十七日　刘玩泉率其侄刘熙乙来访,详告永岸盐务运销办法,并请先生担任董事长;旋与谈建国银行之现状,主张黔设分行,加入五百万元,刘等赞成。刘已有设农工矿银行之议,如建国能成,则不必再入工矿之设;又谈仁岸、利民与大业公司合作条件,先生主张合组一股份有限公司,资本五千万至六千万元,采董事制,刘等亦以为然。

八月二十一日　赴西湖路访李居平、李居恒昆仲新宅。宅甚大而精,李经商赚钱至数百万,对其兄弟姊妹甚厚。先生以篆书屏四幅赠之。

赴大夏中学部,见投考者踊跃万分,闻先后两次,共有一千数百人。

八月二十四日　湖南蓝田国立师范学院教授钟泰来电询薪金确数,先生当复以月薪四百四十元、米津四百元外,兼盐务班课可二百元。

八月二十五日　刘玩泉来述建国银行改组事,并出示刘经泮来信。

八月三十日　上午,接待交大唐山工学院茅以升、李书田、魏寿昆三人来访,请托电何应钦拨军部所辖平越伤兵病房和龙里辎重兵校一部分不用房屋,为工学院校舍。先生概允明日与何通话时提及,三人满意而去。

八月　为《贵州苗裔研究丛刊》作序。谓"吾大夏大学迁黔以后,即以研究西南各种问题为务,西南各种问题中,尤以苗夷问题为最重要,爰特设社会研究部,由社会学家吴泽霖博士为主任,陈国钧氏副之,拟定研究计划,延聘专门人员,率领本校社会系诸生,积极从事,先后分往本省各苗夷县份实地调查,不惜心力与时间,餐风宿露,博采周咨,阅时四年,所获綦富,曩已分编出版颇受社会欢迎。"①

①　汤涛编:《王伯群文集》,上海书店出版社,2018年1月,第459页。

九月六日　晚，宴道社同人并谈社务。张廷休向总社提议：(一)在黔组织经济分社，盼总社经费有所协助；(二)盼孔祥熙供给全社社员政治消息，俾有研究资料；(三)请总社速计划应付当前及胜利后建设事宜，勿再落人后；(四)救济张志韩等。

九月八日　本日为先生五十八岁初度。先生自忖，在此国难时期，不应称觞。先日即向戚友再四力却，有送礼物者，一概辞却，然仍未能竟却者。

九月十日　与夏元瑮联名发两信，一致汪辟疆，一致顾孟余。

九月十一日　为大夏大学南宁附中主任卢展雄备介绍信至广西省主席黄旭初。

九月十二日　往访江竹一宅，坐中有何季刚等十二人。何新自昆明移回筑中，居家未见，特来访恐不纳，故先由江竹一、郭润生借故约宴会谈。先生道"其实于彼无怨无德，民初贵州政变，自己亦非主动者，事前亦未参加，人不介怀，我更忘之矣。"

九月十四日　接鲁继曾、吴浩然函，汇报大夏沪校恢复办理情况。

九月十五日　永岸盐务运销营业处送来本月份舆马费三千元，出据收之。交通银行贵阳分行送来五月至九月五个月之常驻监察人月薪，亦具据收之。

九月十六日　接何应钦来电，促王如瑾赴渝，系借调海南省府。

九月十八日　刘玩泉持任可澄为王吉甫诸君撰赠滇南边区总司令部总司令卢汉之母夫人寿序一篇，央先生篆书。先生始觉太繁重，不敢承。何纵炎来电话促成，并谓大夏大学将来可托王吉甫募捐，遂允之。

九月十九日　刘玩泉、钱同宣二人又来商请为王吉甫等篆寿屏事，先生允之。

九月二十一日　赴江竹一宅，与刘熙乙、吴鲁卿、孙蕴奇诸人谈永岸盐务。

九月二十二日　访姚吟舫，探程欣木大业公司方面近况。

九月二十三日　杨秋帆来大夏大学见访，与谈其子在校情形后，同访刘玩泉。

九月二十四日　上午，赴贵阳招待所访王正廷，谈久之。

下午，在家准备为卢汉之母篆寿屏，此为先生生平首次寿屏巨作。因若干字尚不知如何篆法，遂一一检察之，至夜深始就寝。

九月二十五日　华问渠谓需款用至急，先生答无款借与。

九月二十六日　赴永岸办事处招待新闻界记者，略有谈话。

九月二十七日　为卢汉之母写寿屏成第四、五条。

九月二十八日 陪同王正廷到大夏大学主讲《太平洋之历史及将来》。王氏在演讲中详细剖析西方海洋强国的发展历史。他说：就我个人观察将来的太平洋，(一)荷只能保守，不能再有发展；(二)英美居最重要的地位；(三)俄也可能占一部分重要地位；(四)日本必一败涂地而降为三等国家(五)中国在太平洋居主要地位。但以上观察，须美国为首与日本决一大战，然后才有实现之可能。①

九月二十九日 余志明、聂传儒来访。聂此次在缅甸为敌所困，绕道数月始安抵黔中。向者人均言其已死，今竟逃出，觉大幸。

九月三十日 与王正廷、张廷休、何梦麟、傅启学、王亚明、欧元怀、程觉民、窦觉苍诸君谈经济学社社务。

十月一日 与江竹一、孙蕴奇二人谈盐务。

十月三日 为卢汉换篆屏一打，召钱同宣来，全部交之。此为先生生平首次寿屏巨作。寿屏色红伤目，绢粗费力伤笔墨，故全篆十三条，破十余日之光阴。先生写完后至疲困不堪，发誓以后决不再承篆。

十月八日 晚，致江竹一，送去所作篆书大小十件，拟义卖为筹防空洞经费。

十月十二日 上午，接汪辟疆来电，告"中大未获摆脱"，不能前来任教。先生再致函汪，说明推荐刘正荷来大夏大学任教具体安置。

十月十四日 贵州省党部监视新老主任委员黄宇人、傅启学交代，将清册一一盖章后发一文。

十月十五日 参加大夏大学导师聚餐会。

十月十六日 出席大夏大学校友总会茶话会，即席指出，本校校友不下万人，只要精诚团结，众志可以成城。际此举步维艰，各位替国家做事，应尽忠职守，报效党国。

十月十七日 上午，与孙蕴奇商谈永岸盐运近况及欲与盐务总局接洽的要点。

十月十九日 出席贵州省党部新任各委员、书记长、主任委员宣誓就职典礼。先生致词曰："党部居政府与人民之间，使上令下行、下情上达者，党部之责也。此次工作人员之经过长时期之考虑，以黔人为限，较之往届又不同，即本届当抗建最艰巨之时期，应动员人力、物力之处更大。而切物力，亦人力所成，如地方民众不与政府合作，则抗建前途无望，欲人民与政府合作，则必使人民信任政府，政府本身已健全，而人民仍疑其未也，则党尚矣。故

① 王正廷：《太平洋之过去与将来》，《大夏周报》，第19卷第2期，1942年11月5日。

目下之党部，非往届可比，诸同志或负时望，或有经验，尤以傅同志在中央地方任党务工作有年，必能领导务同志完成任务，此可预祝者也。"

十月二十一日　致王正廷一函，提议"以楼望缵为经济学社书记长，并以躯屡多校务为累而辞社长职，请儒堂商之，同人另推贤，以负众望。"

十月二十四日　致函何应钦、孔祥熙、孙科校董，转请教育部追加补助。

十月二十五日　浏览蒋介石言论军事的基本要旨篇。

十月二十六日　在大夏大学纪念周上做《生活军事化》报告。他说，"抗战以来，事事讲统制管理，就是将一切事物，纳于军事范畴，一切为的是军事，如军事教育，军事交通等等。大学要走到时代前面，世界潮流既已走上军事化，则过去所倡的自由主义已经没落，我们必须适应时代，为其先驱，勇敢地接受军事生活。""今日战争的事实告诉我们，争取胜利惟一的途径，只有彻底的军事化。我们处在这个大时代，从学校说，要领导时代，从个人说，要适应时代，希望认清目标，向前迈进！"①

十月二十七日　下午二时，顷突有警报，闻敌机一架侦察而已。

十月三十日　函请金企渊、王佩芬分别暂兼会计银行系和中文系主任。

十月三十一日　赴渝参加国民党五届十中全会，请夏元瑮代理校务。

十一月一日　抵嘉陵江边，直驰何应钦宅。

十一月二日　赴交通银行访王正廷、钱永铭、李紫云等，述辞经济学社社长理由，但都不赞同；闻参政会对赈济委员会不满，主张取消且已有决议，许世英愤而辞职。先生提议社务会议同人对许表示慰问，并研究对策，决议令楼望缵搜集材料，下次提会讨论。

十一月三日　至春森路经济学社，与宋述樵、楼望缵、邓汉祥商讨经济学社社务。

十一月五日　访刘经泮，询建国公司情形。刘答以初造木炭炉时为工程师所误，致迟期约两月，损失不小，以后拟以运输西北方面恢复之。

本日　在《大夏周报》第十九卷第二期发表《纪念国庆联想到目前的三大问题》，三大问题即"一第二战场问题，二印度问题，三统帅问题。"②

十一月六日　上午，宋述樵来访，言缝纫厂已筹备好，欲请先生为招揽军衣代制。先生嘱开一节略以供参考。

下午，访孙科，先告以大夏大学近况，次言黔局，再次谈战争。

十一月七日　上午，李烈钧夫妇率其次子来访何应钦。先生以久未相

①　王伯群：《生活军事化》，《大夏周报》第 19 卷第 3 期，1942 年。
②　王伯群：《纪念国庆联想到目前的三大问题》，《大夏周报》第 19 卷第 2 期。

见,出与之寒暄,见李精神萎靡,神智拙钝,谈话间常常发呆,行动需人扶持,中风后决不能复元。

晚,孔祥熙捐大夏大学校友会基金五千元。

十一月八日 上午,赴经济学社访楼望缵。

十一月九日 与缪秋杰谈拟改组社务会议后,同赴中华路一○七号聚餐会,参加者十八人。宋述樵、刘恺钟二人发言,宋主张军事第一,刘主不管制物价,皆因于现时孔祥熙主张表示反对。

十一月十日 上午,听刘恺钟来谈行政院近况,以及其与陈某不能相容之情形。

中午,在国泰饭店与史奎光、萧济刚、马宗荣、张定华、王亚明、宋述樵商谈仁岸盐务事。

下午,杨德昭来告,因飞机座位被有力者夺去,赴粤未成行。

十一月十一日 中午,何应钦宴各省主席,先生被约作陪。

下午,遇高应侯夫妇,询知段叔瑜已被判处有期徒刑二年半。①

十一月十二日 上午,赴国民政府出席五届十中全会开幕式及总理七十七岁诞辰纪念。礼毕,续开预备会。

十一月十三日 赴国民政府教育组审查会,因材料不全,只略讨论方法。

十一月十四日 出席五届十中全会第一次大会。居正报告党务,后有多人起而质询,皆对组织部不满,朱家骅部长一一答复,仍有人不满意。

十一月十五日 赴范庄参加孔祥熙宴会,坐中有外宾拉提摩尔、张厉生等。张告初由西北考察党政归来。

十一月十六日 上午,出席五届十中全会第二次大会。孔祥熙于纪念周后作政治报告,十时,英议员考察团到会参观,蒋介石致欢迎词,英议员三人系英各党代表,各致答词,颇觉精神振奋,全场肃穆。

下午,继续参会,听宋子文、顾维钧、邵力子三人相继报告外交工作后,有质询者数人,又就财政质询者数人。

晚,同王正廷、刘恺钟赴中华路聚餐会谈社务。与缪秋杰谈盐务及训练盐务各级人员之方法。

十一月十七日 上午,出席五届十中全会第三次大会。贺耀祖报告特种经济,毫无精彩,逾一小时,众为之厌倦。接着读蒋介石提交国参会管制

---

① 注:1942年,荔波县长段叔瑜调查省视察员巩思文在境内被杀一案,非法刑讯杀人,数十百姓沉冤入狱,一时弄得全县人心惶惶,而真凶却逍遥法外。段被人告上法庭,故被判刑。

物价方案后,由大家发表意见。

下午,继续与会,贺耀祖报告。先生不知其说些什么,一因坐位离得太远,二则因其讲话凌乱无序,众仍讨厌之极。

晚,与周仲良、李厚如、史奎光、宋述樵、庄禹灵、陈伯阳等谈仁岸盐务事,先生主张重行划分销区为最后解决办法。

十一月十八日 上午,出席五届十中全会第四次大会,听何应钦军事报告,三小时之久,会场静肃,至十二时一刻毕,有人尚欲起而质询,孔祥熙建议另定时间,众甚赞同,遂散。

下午,赴国民政府教育组审察会,陈立夫介绍教育部一年以来之措施,又讨论提案大体。

十一月十九日 上午,出席五届十中全会第五次大会,听张厉生、王庞惠二人报告党政考核工作,现场有人略事质询。

十一月二十日 上午,出席五届十中全会第六次大会,听各省党政报告,四川为黄季陆、张群,浙江为吴挹峰、黄绍竑,安徽李品仙,福建陈肇英、刘建绪,甘肃朱绍良、谷正伦,广东李汉魂先后登台。

下午,本有教育组审查会,因先生所主张缩短各级学校年限,与陈立夫、张道藩等意见不同,故避之未出席。

十一月二十一日 上午,出席五届十中全会第七次大会,仍系听各省党政报告,谷正伦有谓兰州至宝鸡车行,本只有三天,而现在近受管制后,往往延至十一二日。一段运输统制局负责人何应钦与俞飞鹏颇以为异,立马电西北公路局何靖武询问有无此种事实,如果不实,拟加以纠正。何靖武完全否认。

下午,出席五届十中全会第八次大会,作总检讨。张厉生、段锡朋、刘健群相继起而发言。最后蒋介石作结论,指出要健全党部基层,慎选领导人员,提倡劳动服役,调整各级人事,紧缩一切党费,恢复革命精神等等,至六时散。

晚,赴中央党部参加教育组审查会。

十一月二十二日 赴向家湾访许卣英,当见许伏案作小楷,抄陶诗,不知何用。壁间见阎锡山、蒋介石近赠寿文。先生以道高一尺、魔高一丈慰其被参政员罗衡提案弹之慊。

十一月二十三日 上午,赴国民政府扩大纪念周,蒋介石主持并训。话语多归纳昨日党务检讨之议论,加以指示,并提示要点:(一)注意基层;(二)切实合作;(三)努力地方自治;(四)加紧训练民众;(五)建设农村;(六)实行实业计划等。接开五届十中第九次大会,听各省市党政报告。

下午,续听各省市党政报告。

十一月二十四日　上午,出席五届十中全会第十次会议,仍听党务报告。

下午,继续出席全会,讨论建设西北,未有结果。因叶楚伧主席,未按总章办理表决,致为人指斥流会。

十一月二十五日　上午,赴国民政府出席五届十中全会第十一次大会,讨论提案审查会报告为多。

下午,继续开会,蒋介石主席举行政治总检讨。雷震、王世杰、黄绍竑三人发言后,蒋不待其他三人发言,即将其对党政检讨发表提示讲话,沿两小时。

十一月二十六日　上午,赴五届十中全会第十二次大会,讨论提案。

下午,出席五届十中全会第十三次大会,在讨论案至平抑物价与成立经济作战部时,延时甚久。

十一月二十七日　上午,出席五届十中全会第十四次大会。陈果夫主持报告,谈昨日提出经济作战部,蒋介石不准设立,对于物价管制,仍用原有之动员委员会。会场中有一部分颇为失望,刘健群起立质问,主席加以解释。旋又讨论提案,至一时方散。迳赴贺国光设宴,宴罢参观在复兴关外一山洞之中情报所,见设备完备,规模宏大。

下午,出席五届十中全会第十五次大会,蒋介石主持。对于党政工作指示多端,将大会宣言草稿付讨论。多人发言意见者,各人意见交起草人修改。蒋介石主持票选常委,陈果夫、何应钦、孔祥熙、邹鲁、冯玉祥、宋子文、丁维汾、邓家彦、李文龙、陈济棠、张厉生、吴忠信、潘公展、叶楚伧十五人当选。宣读大会宣言后开会。

十一月二十八日　张彭年来访,与话寒暄并谈政治。先生建议其回乡造势力,俾内外能配合,其亦似首肯。然其在黔已无根据不便说,谓在外造力量准备如何如何。

下午,往盐务总局访缪秋杰,商仁岸、永岸盐务事后,又与宋述樵、鲁佩璋等共商应付时局办法。

晚,赴中央党部蒋介石西餐宴,饮食不洁致腹痛,早归。

十一月二十九日　赴中苏文化协会参加黔籍党部工作同志公讌,归途于金城别墅三号看望张彭年,大谈时事,觉张有图穷匕见之状。

十一月三十日　上午,出席中央、国民政府联合纪念周,林森主席训话,谓注重精诚团结与努力团结互信互助诸意义,蒋介石补充之。

十二月一日　陈纯斋来访,谈国史馆筹备会近况,先生觉其颇有见地。

下午,往访陈立夫,详述大夏大学经费本年度所欠二十余万。陈答不成问题,明年列入专案办理。

十二月二日　上午,赴千厮门行街十号航业大楼参加吴淞商船专科学校毕业生招待宴,坐中遇宋建勋、金月石,均有讲演。

下午,访王正廷谈经济学社社务,赞成王正廷主与陈立夫、陈果夫合作。

晚,赴大华公司参加立法委员邓锡侯代表赵巨旭设宴。

十二月三日　上午,往访李宗仁、黄旭初。

下午,孙蕴奇、江竹一、刘玩泉、郭润生来,参加何应钦设宴,相谈银行及仁岸盐务事。

十二月四日　上午,与孔祥熙、王正廷、钱永铭谈经济学社社务。孔又提及学社公开问题,先生当主张道社停止活动,宣布全体加入民生主义经济学社,钱亦以为然。先生又力言联络中央各派及地方当局,健全机构,稳固根基等。

下午,访刘经沣,介绍与刘玩泉相识谈合作银行事宜。

十二月五日　至永岸公司约刘玩泉同访刘经沣,谈开源合作问题。

十二月六日　闻何应钦长兄何应祯病故。

十二月七日　与刘玩泉谈成立银行事,觉刘放不开,多所畏惧。

十二月八日　上午,应国立重庆商船学校①校长宋建勋约请,前往该校讲演。

十二月十日　访江竹一、刘玩泉,谈银行与盐政。又访缪秋杰,谈仁岸盐务及经济学社事。

十二月十一日　赴张文伯家晚宴,坐中有李宗仁、白崇禧、何应钦伉俪、蒋纬国等十二人。

十二月十二日　访刘经沣谈收束建国公司事,据出示账目,盈余二十余万元,与最初计划相去太远。

十二月十三日　听楼望缵来谈其赴西北计划,先生作函向谷正伦、王漱芳介绍。

十二月十四日　访孔祥熙。孔谓国家财政收支太悬殊,非大加节流不可,节流以军需为大数,嘱先生向何应钦言,可否采兵贵精不贵多主义,且现有人攻击其与何应钦。孔拟从健全自身入手,盼何亦整饬军风,以达精之目的。孔又谈派系现况和战后复员等。

---

①　注:交通部吴淞商船专科学校 1939 年西迁至重庆复校,择定江北溉澜溪为校址,更名为国立重庆商船专科学校,隶属教育部。除航海、轮机两科外,添设造船科。

十二月十六日　上午，与何应钦谈及仁岸盐务事，何答应出手援助，并谓已与陈光甫谈，陈答复大业公司可退出，且曩主张黔人自办云。

十二月十七日　往访陈光甫，其主张仁岸盐务应与黔人合作，并言已通知李桐村、吕苍严，与黔省代表一商。

十二月十八日　作篆书一幅，赠俞飞鹏周甲寿庆。

十二月十九日　参观黄君璧书画展，佳品数幅已为他人预定去。然稍佳者价总在两千元以上，最贵者万元，次则六千元。

十二月二十一日　上午，作致李仲公函并寄篆书一纸。闻朱家骅另派他人为贵州党务工作会议出席指导人。

晚，陈立新托进行某军长职，先生以其非黄埔出身，恐稍困难。

十二月二十四日　闻中山文化教育馆由孔祥熙拨某项数百万为基金，孙科言借款，非拨款。

十二月二十五日　赴中华路一〇七号，与缪秋杰谈盐务及会计专修班计划。

十二月二十八日　上午，与郭润生、孙蕴奇商盐号事，一一解决后别去。

下午，访范绍增，商警告徐贤乐事，范表示当仁不让。

十二月二十九日　与宋述樵、孙蕴奇乘车赴北碚，于牌坊湾一一四号访王毓祥，见瓦屋楼上污秽不堪，足证抗战军兴之后生活之不易。

十二月三十日　上午，游北碚市。见各街市虽小，乃有计划之建设且建设计划尚属内行。市中央是学校及文化教育团体不下十余个，市居嘉陵江畔，水陆皆便，将来必发达也。

中午，访中国书学研究会总干事沈子善。沈曾在复旦大夏联合大学时担任教务，能草书，书宗二王，教育部每月给予两千元研究书法。该研究会以先生好作篆书，遂通讯结墨。缘此次相见，先生有恨晚之慨。

十二月三十一日　上午，赴陈家桥访李仲公、李侠公，乘兴为李仲公篆联："于地如庐，人生如客；流污不染，气节不捐。"联为李仲公自撰，不脱棱角。

下午，到歌乐山先后访李侠公、居正。

一九四三年(民国三十二年　癸未)　五十九岁

一月一日　赴国民政府参加遥拜及庆祝元旦团拜等典礼后,先后赴孔祥熙、宋子文、孙科诸家贺新年。

一月二日　中午,赴范绍增家宴。范因好猎,近获野猪、獐、山羊、野鸡之类,以西法烹调,味绝厥美,真可谓山珍者也。

下午,至永岸办事处与邓汉祥、孙蕴奇、宋述樵、吴梦白等商讨仁岸盐务事。先生主张黔人争办仁岸之理由。

一月三日　先访王正廷谈经济学社改组问题,推其为理事长。以茅酒十二瓶分赠王正廷、钱永铭等三人。

一月四日　上午,偕王晓籁访虞洽卿。

下午,携黄剑灵以六瓶茅酒送缪秋杰。

一月五日　何应钦由行政院会议归来,告已在行政会上提出仁岸应归黔人承办运销之议题,孔祥熙主席,决定交财政部分为调整。

一月六日　访白崇禧,由国家经费问题谈到国家百年大计时,已三钟,白办公时到,兴犹未阑,只好暂止相约再会。

一月七日　上午,接邓汉祥电话,告昨晚晤孔祥熙谈到仁岸问题,孔顾虑黔方人力、财力不济,如果此两点不成问题,则交黔人办亦可。先生答黔人目下财力已足,人力虽偏于商界,当可加入数人补充之。

中午,虞洽卿、王晓籁、虞怡祖来访何应钦夫妇,先生被邀作陪。

一月八日　赴宋子文晚宴,赞西菜至佳。

一月九日　上午,黄瑞来谈川康近况,并转述人事更动情形及邓汉祥与光华大学之关系。先生由黄语气中,知光华毕业生成绩不佳。

晚,赴四明银行虞怡祖设宴。宴罢,赴新平戏团观张德成唱《哭祖庙》。

一月十日　上午,与刘经沣谈建国公司事。刘谓西北运输账尚未寄来,旧钢板有涨价趋势,不欲出售,故有主张不即结束者,如愿退股者,可否采照官息退出给二分再加微息或给三分比期息。先生建议可先结算,如盈余多应多给,盈余少少给,如亏本则只有亏,总之,开股东会决定为妥。

中午,偕何应钦伉俪赴山洞胡仲实、邱丙乙、徐次珊三人宴。徐托先生说项邓锡侯部被服事。先生觉四川将领,财不厌多,此刻尚被服自办,殊不可解,当以再调查癖结所在再答复。胡仲实谈其已建立四种事业,煤厂、水泥厂等资本共五千万,不过尚不能言经济之基础,如先生有意,不妨再谈。

下午,偕何应钦往中央图书馆参观书画篆刻等展览会,认为元明诸人之画为最精,近人不及,至于画更衰落,除一二写甲骨,并不佳,小篆更寥落如晨星,今不如古可极。

晚,致李侠公函,赠篆郑珍诗一幅。

一月十一日　上午,与刘玩泉同赴聚康银号,详谈聚康改组状况。刘提出谈仁岸将来以纯利百分之二十办公益之条件,恐于招股有碍,欲变更。先生答,既由同乡会决定,恐难变更,只有将用途限制或可办到。

下午,往访钱永铭,以借款生利作基金之事请教钱。钱允援中山文化教育馆之案,一研究再说。

一月十二日　赴开源出席建国公司董事会。

一月十三日　上午,访孔祥熙,谈三个问题:(一)道社整理问题,以经济学社集中力量从事学术研究;(二)仁岸问题。孔允,令依托储局各退若干;(三)大夏大学问题。孔以抗战不久胜利,胜利后则易办也。先生以非求孔特别不可,孔亦表示当然。

下午二时,访胡仲实,谈实业涉及西南地方自治问题,见胡有远大计划,望相互联络。

一月十四日　赴牛角宅二十一号参加俞飞鹏晚宴。

一月十五日　在邓汉祥宅与刘航琛谈政治、经济、社会诸问题。

一月十六日　引江竹一、郭润生、孙蕴奇见何应钦,略谈仁岸与孔祥熙之主张。何嘱江、郭等再具一节略,为之转孔。

一月十八日　奉谕在重庆中央委员均须出席中央联合纪念周。

一月十九日　与刘经泮谈建国公司股票转售事,决于二十二日在经济学社年会时交割清白,利息拟比各行比期稍优给付。先生答以文梅红股如此办,自己名下者亏折净尽亦无妨也。

一月二十日　赴交通银行祝王正廷太夫人九旬大寿。宴席有清唱为余兴,杜月笙夫人姚玉兰参加,颇集地时盛。

一月二十一日　与缪秋杰、王佩衡谈委托大夏代办盐务专修办法。

一月二十二日　赴两路口社会服务处出席民生主义经济学社第一届年会,以理事长身份主持并做《民生主义经济学社与文化使命》致辞。在讲话中指出,国父中山先生,明乎此义,以不变应万变之理在民生主义中,主张节制资本,平均地权,以改善工业时代生产关系。同时采用国营企业方式,俾于防止资本独占之中,促进生产技术,使国民经济平衡发展,生产分配,兼筹并顾。此种经济制度,固非偏执乎个人主义以及阶级斗争者所能望其项贷,实为世界文化发展之康庄坦途。[①] 会议通过(一)刊发民生主义经济学报;(二)成立战后经济建设研究委员会,撰写战后经济建设具体方案供政府参考;(三)发动社员研究战后经济复员工作;(四)组织专项研究委员会,研究民生主义的社会保险;(五)与国立大学采冶地质研究所切实合作,藉以推动全国工矿事业而裕民生。[②] 会议选举王伯群、邓汉祥、钱永铭、梁寒操、祝世康、刘航琛等八人为第二届理事,杜月笙、吴蕴初等七人为监事。

一月二十四日 赴嘉陵新村五号访陈光甫,坐中有何应钦、顾翊群、俞鸿钧等,终席谈金融问题。

一月二十五日 主持民生主义经济学社理事会会议,推举常务理事五人,推举各部主任、总干事及名誉理事,通过基金委员会设计委员会等。

本日 在《大夏周刊》发表《私立大学存在和发展的条件》。指出:"私立大学能存在发展之条件有四:一为校董会,一为教授,一为毕业校友,一为肄业学生。""本人维持本校,十九年如一日,为着国家,为着青年,觉有欲罢不能,责无旁贷之势,致其他事业无暇过问,未免可惜,尚望全体校友当仁不让共体校艰,发扬本校创造,牺牲,奋斗等立校精神,以维持本校的生活和发展。"

一月二十六日 赴胜利大厦出席李厚如约宴、由张道藩召集的滇黔同乡会,会上推举七人为会产整理保管委员会委员。

赴交通银行会钱永铭,钱告王正廷的红十字会会长已被行政院决议撤职,由蒋梦麟代任。先生认为孔祥熙的行政院不能左袒,殊不顾交义,或王正廷好酒狂言,此结果究其所以失败之由,当引以为戒为要。

一月二十七日 李仲公、王仲武先后来访。与李谈近况并为之电陈尧阶约见孔祥熙;与王谈交通部问题,作一函介绍与钱永铭。

一月二十八日 上午,遇杜月笙在王正廷处安慰之。

下午,赴交通银行访杜月笙及其夫人姚玉兰,略谈王正廷及注意航业问题。

晚,赴何应钦为于右任之设宴,坐中有张廷休、宋述樵。

一月二十九日 偕保志宁、孙希衍参加宋子文晚宴,坐中有何应钦、刘

① 王伯群:《民生主义经济学社与文化使命》,《时事新报(重庆)》,1943年1月22日,第5版。
② 《民生主义经济学社昨首开年会》,《时事新报(重庆)》,1943年1月23日,第3版。

纪文、钱大钧等四伉俪共十二人，西餐至佳，谈话亦乐。

一月三十日 杜月笙在范宅设晚宴，因脚痛未往。

二月一日 与宋子文谈航业公司计划。宋赞成，嘱拟具体方案，一面寄美商办，一面送介石同志一阅。宋似有病，未能畅谈。

二月二日 偕保志宁等由渝返筑，撰《夜上花秋坪记》一文。

二月三日 晚，刘玩泉来访，告以渝中对仁岸问题之努力，至更深方别。

二月五日 蒋介石发出"侍秘字第 1568 号代电"饬令陈立夫：贵州大学本定由大夏大学改名所以批准国立，今闻大夏大学仍未改组，而贵州大学又新行成立，此种不经济不负责而且毫无设备有名无实之大学，任意设立，是真以国家教育为儿戏，何以办事如此官僚敷衍？应将此事照原定方针归并，否则该两大学经费一律停止。①

二月八日 宴请任志清、何季刚、袁乾臣、郭润生、江竹一、窦觉苍、商文立、刘玩泉等，畅言近在渝努力奔走情形。

二月十二日 接大夏南宁附中主任卢展雄函，恳请保留大夏大学附中南宁分校校名。

二月十四日 应何绍周夫人之约，赴花溪一游。

二月十七日 函电聘请陈钟凡来大夏大学担任文学院院长。

二月二十一日 函复大夏大学沪校鲁继曾等书，谈大学申请国立以及办学经费困难等事。

二月二十二日 叶再鸣、杜惕生同来访。先生当与仁岸接洽经过，希望杜劝周绍阳等加入仁岸股份，以厚黔人之力量，以争黔人之面子。杜以为然，唯须有统军各方之人出而主持，易为力云。

二月二十三日 与刘熙乙、孙蕴奇谈仁岸集资问题。先生提议：刘、孙以及安顺帅灿章、邓若符等担任一千万，筑方三千万，贵州银行五百万，某某五百万，故五千万之数已经凑足，专俟管理局之调查与测验。至业务人选缪秋杰特别注意渝中乡人，一致主张刘熙乙担任，缪表示信任，以不必再推让为妥。至组织银团，先生主张仿大业公司办法，不必正式立案，非正式之组织以理事会为银团代表可也。先生再询孙蕴奇银行问题如何解决？孙告以筹备经过。先生谓以刘玩泉赴渝，颇有劳绩，第一届银行总经理主张以刘玩泉驻渝担任。

二月二十五日 郭润生来告仁岸股东推选先生任董事长，永岸则须让

---

① 《陈立夫呈复陈处理大夏大学改组问题及设置国立贵州大学之经过以及对于本案之意见当否祈核示》（1943 年 2 月 5 日），台北，"国史馆"藏，国民政府档案·大专院校设立改组，001/0901000/0010/70a/60。

与何辑五。先生闻之，立备一函送刘玩泉，辞永岸董事长职。

二月二十六日　刘玩泉来谈昨日函辞永岸董事长职事，刘代表刘熙乙表示挽留，谓先生即欲辞，应请至六月为期。先生略将受永岸董事长职，乃重公义与私交二义，非个人有何企图，而后进何辑五不明此理，不免令人不快，旋又将仁岸及银行情形泛谈而别。

本日　主持大夏大学春季开学仪式，六百余师生出席。先生勉励全体学生"奋发有为，自强不息"。指出，我国对倭抗战，已经有六个年头，由于我国抗战意志的坚决，能够忍受最大的痛苦，不惜最大的牺牲，我国国际地位因之增高了很多，欧美各国政论家，自从亲身受到德意日铁蹄蹂躏后，才恍然大悟过去纵容他们的错误，并钦佩中国抗战之为世界和平的英勇精神，于是国际对我国的观感，由轻视而尊敬，由同情而援助，更由中立而同盟，我们在这时更加奋发努力，夺得抗战胜利的锦标，在世界上便可成为一个新的强国，反之，如果我们忍不住长期抗战的艰苦，遂懈怠颓丧起来，纵算是抗战侥幸胜利了，而国际地位仍不能永久与列强并立。[①]

二月二十七日　主持聚康银行股东大会，通过章程草案，发起人认股，依照章程选举监事、董事十五人，监察即王亚明、杜惕生、戴子儒、赖永初、陈芷休五人。旋开董事预备会，拟定选帅灿章、刘玩泉、刘熙乙、伍效高、王伯群五人为常务董事，决定三月一号再开董事会。

三月一日　出席聚康银行董事会，选举常务董事，即帅灿章、刘颂虞、刘熙乙、伍效高、王容公，推帅灿章为董事长。董事除前五人外，还有刘玩泉、刘裕远、孙蕴奇、丁达三、邓若符、李文裳、章伯陵、萧济刚、庞怀林、倪季云十人。监察为王亚明、杜惕生、戴子儒、赖永初、刘芷休等五人。

三月二日　电邓汉祥，告黔绅商已准备物力人力接办仁岸。又告黔人数千之款筹齐多时，若仁岸迟而不决，殊受损失，请邓与盐务总局洽商，早解决为要。

三月三日　接邓汉祥来电，告昨日集缪秋杰、鲁伯纯讨论经济学社基金募集事已有结果，共筹一百五十万元。又告仁岸事已与缪秋杰商定，由贵州盐务管理局黔人接办事手续，则大业公司辞退无问题。管理局属第三者，可公平解决，如有不当再到盐务总局商定。先生即将此意转达刘熙乙，促其进行。

三月四日　何辑五来见，声明不允任仁岸或永岸董事长。

三月五日　上午，曾毓嵩来见，告近回兴义归来，备言兴义教育退步之

---

① 王伯群：《奋发有为自强不息》，《大夏周报》第 19 卷第 6 期，1943 年。

情形。先生闻后至为可忧,作篆书数十字(说文部首)。

三月六日　赴大夏中学部,闻蒋介石日内将来贵阳,嘱各校整饬校容。先生闻之,当令吴照恩视查各处后再返大学部巡查。

三月八日　赴大夏大学主持纪念周,听夏元瑮主讲《相对论》,感到殊有趣。

三月十日　接邓汉祥电话,言已与何应钦商定,仍盼先生任仁岸董事长,盖欲借此团结黔省内外乡人也。

三月十二日　视察盐务专修科班入学考试。

三月十三日　赴刘熙乙家开利民盐号股东大会。当将认股人签订,推选理事二十七人,监事七人,授权理事会草拟章程并进行一切应办手续。接着续开第一次理、监连席会议,推出常务五人,即王伯群、邓汉祥、何辑五、刘熙乙、帅灿章,并推王伯群为董事长。

三月十四日　俞曙方求先生为杨文杰荐书于何应钦。先生觉不妥,遂改荐于钱慕尹,然不知是否有效。

三月十五日　蒋介石抵贵阳视察。

三月十六日　上午,往黔灵山蒋介石邸,侍从室请示后言有事,改日约会。中午十二时,接何辑五电话,告顷晤蒋介石询及先生住处,二三日再见访。

下午,拟赴贵州临时省参议会,后思有吴鼎昌在场,不便说话,便作罢。

三月十七日　刘健群来访,谈彼近况及此次来黔工作甚详。

三月二十日　筹划大夏大学本年度办学经费。

三月二十二日　上午,赴大夏大学组织参加蒋介石出席的扩大纪念周。蒋做《建设贵州的急务》的报告,训示道:此次到黔,与二十四年初次到黔之观感大概,谓昔只见鸦片烟花、鸦片灯枪,今则见遍地黄花、菜花、桃李花,足证禁烟除毒之策已效,异常称快,并嘱以后须积极造林与教育二事。[①]

下午,赴蒋介石茶会。蒋询大夏大学近况如何?先生详做解答。

三月二十三日　宴请林蔚文、陈希曾、刘健群等。

三月二十五日　接邓汉祥电话,告昨与宋述樵、史奎光商仁岸事,拟定几个要点:(一)希望理事会正式征求旅渝乡人入股;(二)聘张道藩、谷正纲、李厚如等诸人为顾问;(三)庄禹灵为驻渝办事处主任,萧济刚、陈伯阳二人副之;(四)仁岸以采用董事制为妥;(五)与盐务总局接洽结果,仍以由贵州

---

① 《巡视贵州的观感与建设贵州的急务》,高素兰编辑:《蒋中正总统档案:事略稿本53(民国三十二年三月下至六月)》,国史馆2011年9月,第3页;《中央党务公报》,1943年第5卷第8期,第8—10页。

管理局解决为妥,总局再电催管理局。

三月二十六日 受蒋介石之约,赴黔灵山蒋之寓所午饭。席间谈贵州文化,先生以遵义、安顺为甚,因之联想到郑珍、莫芝友,又连想到夏同和、赵以炯。先生更举严修创办的经世学堂,出人才不少,文化之退步,在民国十年以后。担忧中国抗战胜利后,沿海人才归还本省,贵州必有人才恐慌之事发生,故努力以造就人才为职志。蒋介石闻后,嘉之。旋又谈到修志、团结异党问题。

三月二十七日 闻蒋介石下午二时离贵阳赴遵义。

三月二十八日 致何应钦函,略及大夏大学近况,并转告蒋与谈话内容。

三月三十日 与张廷休谈大夏大学花溪房租估价,计息一年约二十万元。

四月一日 函复南宁附中主任卢展雄,谈南宁附中校名毋须立案,校名准可改为"南宁私立大夏中学"。

四月三日 接张元局长复函告,劝捐十万元已到账。

四月六日 招待杨秋帆率吴颂平来访,顺为毕节人参选参议员事。

四月七日 上午,接邓汉祥长途电话,言须有电陈孔祥熙、何应钦二公说明仁岸交涉经过及现在状况,加紧运作,始能解决,否则多沿时日,必生枝节。先生闻之,赴江竹一家拟二电发出。

四月八日 接待华问渠来访。华谈渠欲赴渝,嘱向邓汉祥先容冀相援,允之。

晚,宴何绍周、刘作民、陈敏章诸君伉俪及章乃器夫人杨美贞。

四月十一日 赴花溪访何绍周。

四月十二日 嘱窦觉苍备十瓶茅酒赠缪秋杰。

晚,约屈映光①家宴。屈视察江浙粤桂赈务,离渝半载,此次率一女二子经筑赴渝,特约便饭谈天。

四月十九日 招待虞洽卿、王晓籁、俞飞鹏来访,相谈甚久。虞年已七十有余,尚能跋涉山川,与青年人无异,先生可佩之至。

四月二十日 读《伦理学》和《国民道德底线》。

四月二十二日 在校长室主持大夏大学第九十九次校务行政委员会,孙亢曾、何维凝、谢嗣升、窦觉苍、王裕凯、金企渊参加。会议讨论设立军事

---

① 屈映光(1883—1973),字文六,法名法贤,浙江临海人。早年与秋瑾、徐锡麟等人参加革命,历任浙江民政厅长、山东都督、省长等要职。北伐以后,退出政坛,专志学佛及救灾慈善事业。

训练总队和边疆建设讲座定期举行等议案。

四月二十三日　赴何辑五新居宴。

四月二十七日　得邓汉祥来电云,盐务总局已奉财政部令,速解决仁岸问题。缪秋杰已根据财政部令,命令贵州盐务管理局执行仁岸问题。

四月三十日　再次致函重庆市长贺耀祖,恳请通融办理重庆大夏中学备案。

五月一日　就法律系毕业生就业复函贵州高等法院。

五月二日　赴卡尔登参加李宗恩、张孝骞、王克仁欢迎英国人陶育礼、蒲乐道之宴。

五月四日　在大夏大学科学馆主持欢迎陶育礼、蒲乐道仪式,并致词。

五月五日　陪同陶、蒲二人为大夏大学大、中两部学生千人做讲演。

五月九日　为保君建作致董子文一信,大意略报近况,请践前约,赐以迁调,并言复兴中国航业计划书尚未脱稿。

五月上旬　函送财政部盐务总局《委托大夏大学代办盐务专修科民国三十二年经费概算书》,提出自三十二年春季起每学期招收新生一班(五十名),两年毕业,经费总共月支七万两千元。

五月十一日　赴大夏大学视夏元瓅疾。

五月十三日　上午,函复王毓祥,告知无法为田德明出具毕业证明书。

五月十四日　招待刘玩泉、杨秋帆来访。杨出周素园书,求在仁岸得一名义,便支若干元维持生活。先生告以顾问名额已不能再加之经过,刘玩泉拟由股额分配理事,毕节方面似可再加理事一名,先生答俟仁岸接办后再议。

五月十五日　访刘熙乙,交大夏校友基金十万,总计有三十万元作仁岸股款。

五月十七日　上午,主持英国援军委员会主席何明华博士做《战时的英国》讲演。

晚,宴请王晓籁、虞洽卿、杨秋帆、周绍阳、王聘贤。

五月十八日　主持大夏大学第四十三次校务会议。讨论通过学生公假规则、训导处与军训总队部职权划分办法等事项。散后,宴干部同人及本期新增加之教职员,计三席,尽欢而散。

五月二十日　发函促请张世禄尽快返校任中文系主任。

五月二十三日　主持大夏大学纪念周,听总务长窦觉苍做《地方自治下新县治的认识》讲演。

五月二十八日　上午,与周绍阳谈经商事。先生当以五万元交通银行支票、三千现款、七千元邮政储汇局支票、四万出入款共计十万交之,以"保定怀"名义,加入其等商业股份。

下午,与戴厚基谈为学之方,当约编辑王文华遗墨。

五月三十日 与曾毓嵩谈近日各县政治。因其在训练委员会工作,颇悉各县情况。

五月 接周素园来函,谈编辑王文华文集事。函云:"闻兄此次赴渝,公私顺适,经济上企图已圆满实现,且忻后慰。电公遗稿弟釉绎数过,拟题为《果严剩墨》。内容分两类,甲类得三则,乙类得二百六十首,作序一篇。惜无书手代将原稿缮清。编辑次序仅写成目录一帙,编次意见,另加小注若干条应附本文之后者,今亦只能暂抄于目录下方。它日付印时请督书手移易位置。弟虽如此拟办,而最后决定仍须兄自妥酌。概括言之,本编以保存史料为主,故去取详略悉依此为标准。又由公生平志事本一纯粹民党,然不废自我批评,今为避免误会计,凡语涉民党处盖从割弃。原稿三十二册,编辑目录一册,烦刘熙乙带上,乞查收。顺颂俪福。"

六月一日 主持大夏大学建校十九周年纪念大会并致开会词,此次回母校参加庆祝毕业一百七十八十人。他在致辞中提出三点与同仁及诸生共勉:第一,转移社会风气;第二,认清政治环境;第三,克服当前困难。[①]

六月三日 接待李大光来访。李谈兴义家中乡中情形:(一)兴义之旧新两派始终不和,故王同荣欲联甲制乙,联丙制丁,终亦失败,唯有设法调和,俾均协助政府方有办法;(二)省立中学恐非战事结束方有办好之可能,现则无人前去任教;(三)老四王文渊如不离开,必成废人,或短促其寿岁,盖嫖赌吹皆不可免,如此戕贼,胡能久乎。

六月五日 读《资治通鉴》汉纪高帝、惠帝、吕后三卷。

六月八日 上午,赴都匀,会杨秋帆、缉私参谋长吴厚安、交通银行支行主任盛家骏、中国银行支行主任董立兴等。

六月十三日 与任志清、丁宜中,谈黔情久之。先生觉丁之为人不足以言深,而言稍深,殊失言也。

六月十四日 主持欧兀怀报告出席全国教育行政工作检讨会议的经过及感想。

六月十六日 上午,接邓汉祥电话,询仁岸盐务接收情形若何。先生答以大业公司方面尚多方拖延,利民公司另呈管理局请七月起接办,盼此公文到总局时速呈部批准。邓允催促。

---

① 王伯群:《今后吾人应有的努力》,《大夏周报》,第19卷第9期,1943年6月1日。

六月十八日　赴云南实业银行贺开幕典礼,经理马骥良、襄理吴志高招待殷勤。

六月二十一日　上午,主持贵州军管区司令部参谋长朱笃祐来大夏大学作《敌我军事态势的比较》演讲。

下午,主持前黄埔军校代理校长、现任国民党立法院军事委员会委员何旭甫到大夏大学做《当前我国之政略与战略》的演讲。

六月二十二日　接邓汉祥来电,询仁岸接办近况。先生答以大业公司代表许某毫无诚意,一味延宕,而黔管理局张元局长亦无善法应付,现由利民公司代表孙蕴奇、窦觉苍函黔管局,请自七月一日交仁岸与利民接办。黔管局根据此公文呈总局,希望邓向总局接洽批准,以免利民股东受大损失而怨望或解体。邓答昨向总局探询黔管局之文,迄未到总局,故须再催之。先生以此情告孙蕴奇,又嘱访张元晓以利害,望多负责解决,勿使黔人失望而生枝节。

晚,接王文湘来信,为大夏大学募捐有二十万之希望。

六月二十三日　上午,听李公复来告,昨晤张元,据云大业公司已知仁岸不能继续,故意拖延,知亦无益,不过不免略多拷竹杠。然张处第三者立场,决不左右袒,必秉公处置,现正研究方案,提出七月一日接收恐来不及,然不出一月必解决。

六月二十四日　上午,接待云南退伍军官伍文渊、高荫槐中将来访。

下午,接邓汉祥电话,言已晤盐务总局会办张绣文。据张称,大业公司在渝已有定议,始派许良怀来筑,许不应翻悔,或者因盐价增加,大业公司为盐有利恐局方不与而故刁难耶。抑或因详悉海棠溪一段官运困难而迟疑不愿接办耶。总之,嘱先生应渝筑双方促之,不可稍为放松最要紧。

六月二十五日　接到窦觉苍来访。听窦谈兴义近况:(一)一般人见经商有利皆趋之,教育界行政之人尤多,致教育事业退化不堪;(二)兴义中学至本年为止,经费全由省款负担,乡人决议办职业学校,内分教育、农业、商业三部分;(三)粮价因天旱大涨,已每斗三百六十元,物价亦因之提高,盐价每斤已达二十二元余矣;(四)征实征购以往均未办妥善,以后更难办理,如收成佳,或将大乱;(五)周元椿经商发财,过三百余万,周之团体共资本六十万,已盈余一千二百万,计周出资不过十五万耳;(六)吸鸦片之风甚盛,鸦片多由滇输入,每两值六百元,百两值六万;(七)生洋小板每元七十元,大板值八十元,皆滇中来收买,似用以购鸦片最合宜。

六月二十七日　蒋徵祺昨由渝回筑,谈聚康银行渝行内容甚悉要点。蒋谓聚康对外异常有声誉,只内部不健全,尤以刘玩泉之无能,而任总经理为不当。刘太好易为人用，而用人亦不择别，致内部无一部分健全。先生答，以刘玩泉虽有短处，尚易与其他之人，则为人利用之成分多，吾人更不另操纵也。

六月二十八日　赴孙蕴奇家商依盐管局交来大业公司所开条件。该件分移交通部分与损失部分两点，各有一千余百万，合计为二千四百数十万。闻张元亦以为有十分之九，毫无理由，然由张元不加以审核原文交来，不知是何用意。当决定明日由窦、孙二代表晤张元，请先加公平审核，再用公文交下，以便召开利民公司理事会讨论。

六月二十九日　主持大夏大学校友会会员大会。

六月三十日　得李公复来言，昨访张元，告以仁岸若不从速解决，则夜长梦多，最可虑者为再有运动，则集失总局矣。张亦似了解，然未彻底，拟召来一详言之。孙蕴奇来，汇报与张元接洽经过。张似对大业公司欲与以三四百万元之好处请示可允否？先生答，如能羊毛出在羊身上，接收仁岸后，此一笔巨款可以取回，则不妨承允，否则无取偿余地，不能允也。孙以为早得接办，当然可以设法收回，拖延下去则损失更大。

七月二日　赴贵州省党部出席执委会会议。

七月三日　赴益祥访杨秋帆，谈商业及各方近况。杨告益祥一批货为法院抄获，特来设法救济，现法院如此严厉，亦生财之机会。

七月四日　与吴维初、蒋徽祺谈久之。吴欲为其子入仁岸工作；蒋谈聚康银行事。先生告以俟刘玩泉与刘熙乙分治后再订方针，总冀做到合法法制，勿因人而转移为要。

七月五日　与杨秋帆、刘玩泉谈仁岸、聚康、永岸各商业机关问题。

七月六日　读《资治通鉴》东汉以后各卷。

七月七日　本日为抗战第七年开始之期，黔省党部于民教馆开纪念会，又在青年团前举行阅兵，先生感鸟兽不可以同群，虽被约为陪阅官，未往。

七月八日　上午，访贵阳市府财政局长赵鸿德，谈三事：（一）大井坎房产登记缴费问题。赵允代办，且声明并未逾限，而市府通知逾限书当面交赵办理；（二）大夏中学所请赵加拨官山坡地二十亩，为数太少，请赵加拨并向何辑五市长处多说好话；（三）请赵速将五六七三个月水口市碓房租价送来，亟待应用。

七月十三日　与刘熙乙、孙蕴奇谈仁岸事及利民公司股本生息情形。问刘利民给大业公司损失三百万是否有法可收回？刘以取偿固不易，然如接办，两年或可徐徐图之。又告刘大夏大学借款已将成立，希望借与抵押品。刘答已准备五百万元之股票，随时可取用。

七月十四日　主持大夏大学校务行政委员会。会议通报在重庆、桂林、曲江及贵阳区统考等事宜;通过补助张伯箴教授治病费一万元、拨给政济研究室本年度四千元事业费等事项。

本日　国民政府教育部发出限制私立师范学校的代电。电文云:依照《修正师范学校规程》,私立师范学校应加以限制。如已立案,确有成绩,且为省市所需,即由省市收归公办;未经立案,应限期停办。

七月十五日　听宋导江告,其系刚由江西回筑,询前方情形,尚觉安定,即伪军与国军间常可通消息,且有合作之机会。

七月十六日　接待监护总队长王国忠少将来访。

七月十七日　与刘熙乙、孙蕴奇、窦觉苍谈仁岸事。决定派孙赴渝与邓汉祥接洽应付盐务总局,因缪秋杰对大业公司似尚袒庇,于利民公司不免苛待。

七月十八日　接待由渝赴昆明便道过筑的邓汉祥之子来访。

七月十九日　赴贵阳招待所参加陈立夫与各国立大学、各学院公宴。

七月二十一日　被虞洽卿约往观金素琴演《梁红玉》。

七月二十二日　上午,接邹郑叔电话,言钱永铭不久生辰(旧历七月二十日),欲得桂百铸一画为寿,托为致之。先生旋访桂百铸,桂开口便生活不易,当视报酬之多寡为优劣。先生答以酬不计,当使满意,画亦宜教人满意方善,允之。

七月二十三日　先后接待段叔瑜、王裕凯等来访。

七月二十六日　上午,接待兵工署白聘珍少将来访。白告此次因视察厂库来筑,谈及黔之匪患于地方当局,深致不满。先生询老友欧阳秋帆近况,答以仍在兵工厂服务,其子均长成为大学教授和公务员。

晚,赴何绍周家,与王文湘等共饭。观何绍周新屋,见结构新颖,陈设虽不十分堂皇,然亦值百万以上,此皆抗战后崛起者也。

七月二十七日　王文湘为刘燧昌带来玉章二枚,言祝寿之用。

七月二十九日　孔祥熙就大夏大学事致函蒋介石:据称大夏大学原系在沪设立,历届毕业学生服务党国及社会颇不乏人。抗战军兴,为不甘被敌伪利用,且为充实后方教育收容内迁学生起见,迁设贵阳开课。该校产业校址均在上海,现被敌伪强占,倘现与国立贵大合并,废除大夏校名,则恐促成敌伪利用汉奸侵夺校产,此后产权与毕业学生均将失所凭借,将来迁回上海,惹起法律上困难问题,尤苦无法解决。至于该校现况,则自贵大成立后,已由五院减为三院,与贵大两校分工合作,内容并无重复冲突。抗战胜利在望,战后各校院设置教部势将通盘筹划,从事调整,为顾全目前事实困难,拟恳转请两校暂维持现状，从缓归并等情请，弟相机代为面陈，因连日彼此公忙，未获奉谒，顷立夫兄复来电称兹事亟待解决，弟以该校所陈确有困难，用敢冒昧转陈，可否准予暂缓归并之处敬祈裁夺。①

七月 接周素园函，希望在仁岸公司谋一职业。函曰："伯群大哥左右：前奉惠函，具悉一是。参议会随人俯仰，太无意义；又个人企图专以有裨经济状况为主。似此鸡肋殊不足恋，故决计辞职。所憾失此机会，不获诣省。欲谋良觌不知又在何时矣！仁岸盐务，仰藉大力收归本省人之手。闻此事正在组织，弟欲就中觅一位置(拿干薪而已，非有野心也)。但前半段虽曾参与，若无成绩表现，又不能认购或劝募若干股本，故颇难于启齿。拟烦鼎有向当事人一为提议。若辈席兄之荫，食兄之赐，条件纵或欠缺，谅必乐于接受。究竟出以何种方式为宜，弟在远难于遥度，统乞全权处理。迩来手眼俱病，作字困难。草草乞恕。"

八月一日 闻国民政府主席林森辞世。

八月二日 偕王文湘、保志宁出席聚康银行开幕式并观剪彩。

八月三日 赴贵阳招待所访朱家骅。朱云原拟小住三日，因林森主席去世，不能不速归，故决本日即往渝。

八月五日 致函农林部长沈鸿烈，为大夏大学土木工程系毕业生黄肇模推介工作。

八月六日 接刘玩泉电话，汇报永岸股东董事会已开毕，现在开业务会议，待有结果再来报告；又告前日赴花溪，闻四日夜，花溪有匪劫县政府监狱事，逃去要犯四十名，打死七人，不知是匪是犯。

八月七日 会见之江大学李培恩校长。

八月八日 接孙蕴奇电话，告盐务总局呈财政部文，仍主全部接收大业公司，如此则须损失数千万元，恐难照办。先生以为仁岸事如不能解决，自己之信誉攸关，无任焦灼，只好待邓汉祥消息。

八月十一日 接何应钦电话，告中常会决定九月六日开五届十一中全会，先生答必赴。

八月十二日 接待陆时来访。陆述刘仰方校友任荔波、榕江两县县长，皆有能名，可为大夏争光。

八月十三日 赴云南实业银行参加李培恩晚宴。

八月十六日 赴交通银行邹郑叔设宴，乃为酬桂百铸作画之劳。宴罢，

① 《孔祥熙特陈大夏大学请缓合并于贵大原因转呈请鉴核》(1943 年 7 月 29 日)，台北，"国史馆"藏，国民政府档案·大专院校设立改组，001/0901000/0010/76a/68。

又观邹所藏名人书画等。

八月十七日 何绍周来,拟观所藏图章扇面等物,一一示之。

八月十九日 上午,出席贵阳省党部、贵阳市政府共同筹办的王漱芳追悼会。先生主祭,傅启学、何辑五陪祭,行礼如仪后,刘健群报告王漱芳生平事略。

晚,接待胡政之来访。先生略询《大公报》近况,胡答桂林销八千,每月支出七十万元,重庆销三万份,支出在二百万左右。

八月二十日 主持聚康银行董事会,讨论管理处办事规则等多件。

八月二十六日 交六万元支票给杨秋帆托交周绍阳为经商股资。赴贵州省党部出席党政联席小组会议。

八月二十七日 偕刘熙乙赴冠生园晤王亚明,听其在渝所得政情及仁岸盐务接受方法。听杨秋帆来言,二十九日回都匀,先生强留二十九日小聚。杨恐白崇禧月底赴独山,过都匀时相左,欲早回以待晤。

八月二十八日 本日为先生五十九岁初度。杨秋帆、王裕凯、周绍阳来贺。

八月二十九日 接何应钦祝寿电话。

八月三十一日 赴聚康公司开常务董事会。

九月一日 赴贵州省党部出席执委会会议。

九月四日 上午,出发赴渝出席国民党五届十一中全会。

晚,寓桐梓四十一兵工厂招待所,不得佳眠,悬念家中,意兴索怨。是日记载道:“此人生老年应有之境像耶?予真有老像耶?以后宜养成一种春夏气,活泼易动,生气蓬勃,方足以克服暮气,培养生机乃天其勉之。”

九月五日 由桐梓招待所出发,晚抵重庆,仍寓何应钦家中。做诗一首:

> 桐梓北行十里许,花秋坪上凉风垭。
> 全坪内景何处奇,曲曲弯弯一盘蛇。

九月六日 上午,见龙治周、卫立煌来访何应钦,先生当与一晤,略谈近况,然后相与出席国民党五届十一中全会。此次到会委员特多,远如新疆之盛世才,近如云南龙云,皆从未出席,此次均蕙然肯来,行礼如仪后,续开预备会。

下午,出席国民党五届十一中全会第一次大会,听取居正报告党务,何应钦报告军事。

晚,参加缪秋杰在中华路西楼经济学社同人小聚,远来者有陆子安。宴罢,略谈时局,组织一临时小组会议,研究时事。

九月七日 上午,出席国民党五届十一中全会第二次大会,听孔祥熙政治报告和盛世才做新疆党政报告。先生觉均尚不恶,盛为东三省人,口齿亦清。

下午,作为召集人参加教育组审查会。此次共五案,不甚重要,至六时余全部审查毕,委托秘书作报告送召集人签发。

晚,赴交通银行钱永铭之约,谈政况。

九月八日 与邓汉祥先谈仁岸问题,次言与龙云晤谈情形。

下午,出席国民党五届十一中全会第三次大会,讨论党政各组审查案,关于国民大会召集一案,决定抗战胜利后一年内办理。

九月九日 上午,赴国民政府出席国民党五届十一中全会举第一次起义纪念。蒋介石主持致词,历述第一次起义之经过及吾人对此次起义应有认识,及今后所努力之方向。十时,出席五届十一中全会第四次大会,听沈鸿烈报告限价问题,听者已不满以其虚伪,而孔祥熙发表意见似觉蛇足。旋讨论教育组审查案。

晚,赴交通银行与经济学社同人集议多时。先生主张先征询孔祥熙态度与意见,然后计划吾社应付时局之方策。政治只有积极而无消极,只有前进而无退后,若孔的态度消极,则吾人另取积极之道,如孔之态度积极则更善也。

九月十日 上午,出席国民党五届十一中全会第五次大会,讨论六届全代大会召集时间,决议在抗战胜利结束半年内为至迟期,如可能则提前召集。其余工业建设利用外资等案均交付审查。

下午,出席国民党五届十一中全会第六次大会,讨论国民政府组织法,其要点:(一)国民政府设主席一人,委员二十四至三十六人,由中国国民党中央执行委员会选任之;(二)国民政府主席为中华民国元首,对外代表中华民国;(三)国民政府主席为海陆空军大元帅;(四)国民政府主席及委员任期二年,连选得连载任,如主席因故不能视事时,行政院长代埋;(五)国民政府公布法律、发布命令由国民政府主席依法署名行之,前项公布之法律发布之命令由关系院院长副署之;(六)国民政府五院院长、副院长由国民政府主席与国民政府委员中提出人选,送中国国民党中央执行委员会通过,交国民政府任免之等修正条文。

晚,赴蒋介石宴,坐中黄衡秋、时子周、区芳浦、马超俊、萧铮、赖琏、洪兰友、蒋纬国等。与蒋略谈滇黔近况及本日会场情形。

九月十一日　上午,驱车直赴国民政府,见各委员均到齐,时知本日为孔祥熙院长生日。出席国民党五届十一中全会第七次大会,讨论常务、政治、经济各组审查报告。秘书长宣布下午无会,明日至山洞公祭林森。

下午,先后访刘燧昌、邓汉祥。

晚,赴龙云设宴,坐中有李伯英、周惺甫、马崇六、张邦珍、陆子安等。

九月十二日　上午,往访龙云,谈时事沿两小时之久。见傅作义亦来访,傅、龙初次见面,殆如故旧。

中午,赴范庄参加孔祥熙宴。孔专为外省远来之大吏而设,菜用鱼翅,恐为人议,特别声明。

下午,赴双河桥公祭林森后,至歌乐山王正廷处一游。

九月十三日　上午,出席国民党五届十一中全会第八次大会,讨论对付共产党问题,结果毫不彻底,优容而已。

下午,参加大会选举主席用签名式,全体出席委员无不照签者,至其他委员,则由吴铁城秘书长报告。

晚,赴范宅参加杨虎、杜月笙、范绍增、顾嘉棠四人之宴,餐后有票友唱京戏。

九月十四日　接邓汉祥电话,言已与刘熙乙沟通,刘以对官厅有不便处之感,欲辞利民、仁岸总经理,推伍效高继任。先生表示赞成,嘱邓汉祥电复之。

九月十五日　上午,与商文立、萧济刚谈利民公司向中国、交通银行借款事。又嘱萧问刘熙乙是否五千万元之外尚需增资否,增到何程度?万一中、交银行来不及,有何法可以凑足五千至七千五百万元之数?

下午,赴交通银行访钱永铭、杜月笙谈社务。盐务总局告之钱永铭嘱备一公函,便与中国银行洽商。先生旋访邓汉祥谈与钱接洽情形,命庄禹灵办理公函事。归途,于学田湾访陈果夫。

九月十六日　参加聚康银行正式开幕典礼。

晚,赴飞来寺参加陈果夫、张道藩、曾养甫三人之宴后,又赴中央党部参加吴铁城宴,且观电影至十时半。

九月十七日　赴孔祥熙宅参加经济学社会议。王正廷先报告社务,先生略补充之,钱永铭亦略言利害,孔表示无成见。会后,孔告先生说,蒋介石自筑返渝,手谕陈立夫命将大夏大学与贵大合并,陈商何应钦与孔祥熙。孔为大夏大学具函蒋解释后,无下文。先生答:"大夏大学属私人捐助而来,政府不能非法抢夺,政府如不欲其存在,停止补助可也。否则令国内大学一律停办,则大夏大学当不例外,否则太不公道。"

九月十八日　出席国民参政会开会式。

九月二十日　访萧济刚,询贵阳方面筹款接收仁岸情形。萧答五千万已凑齐,财务处明日必交盐务总局,以免临时又生枝节。先生又闻大业公司尚不肯交出,觉殊可恶也。又至聚康公司一视,见钱庄银号熟人颇多。

又访钱永铭,询利民公司押款事。钱答只提出中国、交通银行各一千万,殊为不满,钱谓先定二千万,将来可再提,一次数目太大,恐反不能成就。钱又告参政会今昨气氛对孔祥熙不利,而黄宇人尤激昂。

九月二十一日　上午,接待刘汉东来访,与谈航业与航政两问题。

下午,以利民公司董事长名义作主宴客,计到邓汉祥、宋述樵、谷正纲、张道藩、霍亚民、萧济刚等诸人。

九月二十二日　接受俞飞鹏捐大夏大学基金五万元。

九月二十三日　上午,闻陈敏章来求介绍工作,先生允函曾养甫试试,不敢期其必效。

晚,先赴祝世康宴。坐中有徐天一者,曾从胡汉民,善作文,赴日本入早稻田大学研究政治经济,现为经济学社编社刊,先生嘱其撰写关于航业文章。与何墨林谈航业问题,据何云,交通部与宋子文意欲先成立一航业总公司。

九月二十四日　参加兴业银行云贵同乡会谈话会。

晚,得邓汉祥转来刘熙乙、伍效高电,言仁岸交款手续已清,嘱促缪秋杰发电令张元局长签约。

九月二十五日　下午,与何应钦同至参政会旁听,蒋介石出席会议并对参政谈内政外交两要政宣示方针。

晚,赴钱永铭、杜月笙两伉俪宴。钱告今日利民公司向中、交两行借款两千万已在四联总处通过,并发电至贵州分行,先行支用再办手续。

九月二十六日　赴参政会旁听,本日讨论审查案进行颇速。结束后,晤鲁荡平、陈裕光,当商向政府请求学术研究补助费事。

九月二十七日　因病未出席参政会,闻粮食部长徐堪书面答复之语太不客气,遭攻击,结果徐道歉后始无事。

九月二十八日　与邓汉祥赴新开市探视孔祥熙病。

九月二十九日　接邓汉祥来电,谓萧济刚转告星期一即二十七日已在筑签承办仁岸盐运之约,第一次应交之款交通银行之一千万元已拨到渝,中国银行之一千万元明日亦可办妥交盐务总局。惟大业公司之三百万交何处,尚不可云。至此,利民公司承办仁岸事至今日始,可谓基本解决。

九月三十日　赴中国银行参加贝祖诒宴后,与潘昌猷、刘航琛二人谈经济建设。

十月二日 至永岸办事处晤霍亚民、萧济刚,商利民公司宴客问题。

中午,参加何应钦于本宅招待马鸿宾宴。

十月三日 与何纵炎夫妇同赴山洞王东臣、萧振瀛两伉俪宴。

十月四日 上午,国民党中央常务委员会二三九次会通过选任国民政府委员十八人,王伯群再次当选。其他委员为张静江、邹鲁、叶楚伧、阎锡山、冯玉祥、宋庆龄、张继、柏文蔚、熊克武、李烈钧、李文范、胡毅生、钮永建等。

下午,赴国民政府出席国史馆筹备委员。邹鲁、张继、叶楚伧、邓家彦、胡毅生等代表出席。决定但焘为总干事、张蔿臣为副总干事。

晚,赴邮政储金汇业局大厦参加徐继庄宴。

十月五日 下午,与卢作孚谈航业问题。先生深觉卢有经练,有见地。

贺国光来贺先生当选国民政府委员之禧。先生曰:"我固未以为荣,人或以为至可贺。凡事见仁见智,各有立场,未可一概论此。"

十月六日 上午,接邓汉祥等告贵阳讯,利民公司召开二十余人理事会,齐往贵州省盐务管理局要求接收。张元局长召集大业公司代表,严责履行契约,张答未能负责,殆为大业公司总处所欺骗。利民代表谓张元曰既不能负责,请交还八千数百万付款或登报声明,否则请官厅将张扣留,利民自行宣布其罪状而采有效行动。张于是限大业公司八日实行移交,否则官厅强制执行。邓汉祥将此经过告缪秋杰,缪会大业公司负责人派代表立赴合江移交,自上月二十日起,利民损失官厅承认援给。如此解决是利民公司办理仁岸至本日方可谓完全解决。

下午,访陈立夫谈大夏大学问题,沿一小时之久。陈希望注重大夏大学贵大之合作,勿令党外之人有隙可乘,再施破坏之离间。先生曰:"大夏大学此刻为群单独负责,予与张廷休、任东伯、华仲麐三人交,非泛泛之交,又属乡党,合作毫无问题,至不负责任者之谰言,请勿轻听。"

晚,在胜利大厦宴请金融界同人,顾季高、缪秋杰、张绣文、钱永铭、霍亚民、徐广迟、赵雨圃、吴梦白、浦心雅、邹郑叔、康心如、潘昌猷、宋述樵、王亚明、庄禹灵、萧济刚、何纵炎等二十余人,贝祖诒、赵棣华、徐子青、汤筱斋四人函谢,至十时始散归。

十月八日 上午,接待内政部次长张维翰来访。张谈其以内政部次长,清苦过甚,欲变换一收入较丰之工作,并云孔祥熙也颇为关注其生活。

下午,接待楼望缵来访。楼说在西北经营并未发达,只在甘肃煮海为盐而已;又告谷正伦、朱家骅二人之摩擦,谷不能去,因助手不力,政绩毫无。

楼询经济学社社务,先生告以近况及王正廷政治上已难活动之症结。

十月九日　听庄禹灵来言,其与萧济刚有摩擦。先生嘱其学会忍耐,徐图纠正,并须先健全规则章程,次调整人事,一步一步推进,勿使粗疏而不明事理,理资本须有畏惧心为要。

十月十日　偕何应钦赴国民政府参加国庆典礼和蒋介石就职宣誓典礼。

本日　《大夏周报》第二十卷第二期发表先生《三件大事——为纪念三十二年双十节而作》文章,指出三件大事即第一,实现宪政建设。第二,加紧经济工业建设。第三,加紧准备实行反攻。①

十月十一日　赴国民政府举行联合纪念周、国民政府委员就职宣誓、五院院长受印,国民政府主席授印,吴稚晖委员监誓。

十月十二日　访宋子文,见其病,未长谈。

十月十四日　先后访萧振瀛、钱永铭。

十月十五日　会见陆传籍,知四川教育学院在闹学生风潮。

十月十六日　听自合江接收归来的陈伯阳报告仁岸接收情形甚详。

十月十七日　有孙立人师长搭乘汽车,求先生送至蒋介石主席官邸,允之。先生与孙虽不素识,然询之乃远征军师长,此次偕蒙巴顿等来渝,深悔未能优遇之。

十月二十日　为沈逊斯作一介绍书致中央信托局局长俞鸿钧,求调信托局较优位置。

十月二十一日　接待刘恺钟来访,其赴陕西过渝。

十月二十三日　与宋述樵祝居正寿诞,送茅酒四瓶,

十月二十五日　下午,访宋子文,谈现时政治、经济等问题至半小时,宋卧病未出,不欲久扰之,遂此。致孔祥熙函,婉拒担任交通银行监察。

十月二十七日　上午,赴聚康公司与王树人谈学社事。王树人建议先拟定经济论衡应发表文章之范围,即本社政见及纲领,然后本之征求文章,否则意见不一,力量分散。先生深以为然。

下午,赴航业学会,与吴昌遇等畅谈航业复兴问题。

十月二十八日　参加何应钦招待美大使高恩晚宴。坐中有吴铁城、梁寒操、张道藩、俞大维、刘纪文等。

十月二十九日　与史奎光、邓汉祥赴谭祉祥之宴。席间听史详述此次考察两广党政经过,又言本月二十号贵阳附近砂子哨有枪案,被抢者司法界

---

①　王伯群:《三件大事——为纪念三十二年双十节而作》,《大夏周报》第20卷第2期。

调训数人,有一女眷大衣旗袍均被脱光。

十月三十日　往国民政府签名祝蒋介石五十七岁寿诞。中央议决不举行仪式,签名于册,以作纪念。

十月三十一日　再读姚华《曲海一勺》,认为姚对曲词提倡最早,有独特之见。

本日　中、美、英、苏签署四国宣言。中国参加签署四国宣言,奠定了在战后的国际组织——联合国安全理事会中的常任理事国地位。

十一月二日　在渝公毕返筑,次日抵家。

十一月四日　在正义路(今正谊路)七十号私宅主持大夏大学校务会议。

十一月十五日　在大夏大学纪念周上向全体同学通报重要校务并训话。

十一月二十日　致函重庆国民政府赈济委员会委员长许世英,请周济重庆大夏大学附中。函谓:

静仁先生前辈勋右:

　　都门拜别,不胜依依。遥维政躬康胜,仁慈普济为颂无量。敝校附中,战区学生处境窘迫而校中经费维艰,未能一一以济。向蒙贵会赐助,群情感奋,目下物价益觉飞涨,其困苦之状更倍于昔,故特电达贵会,伏乞仁怀广济,甘露宏施,则莘莘学子戴大德于无涯矣。

后学　伯群[1]

十一月二十二日　致函屈映光,请周济重庆大夏大学附中。

十一月二十三日　主持大夏大学校务行政委员会。会议通报注册学生八百二十二人,专兼任教员一百三十三人。

十一月二十四日　发函致谢萧振瀛为大夏大学捐款。

十一月二十五日　致函行政院秘书长兼国家总动员会议秘书长张厉生,请予接见申屠宸并介绍工作。

十一月二十六日　中、美、英三国政府首脑发表《开罗宣言》,宣布打败日本后,将东北和台湾等地归还中国。

十二月五日　特邀英国兰福特女士到大夏大学作《战时英国生活》的演讲。

---

[1]　汤涛主编:《王伯群与大夏大学》,上海人民出版社,2015年8月,第194页。

十二月六日　主持大夏大学盐务专修科主任任宗济作《抗战以来之中国盐政》的报告。

本日　就学生周春根、赵学钧学籍情况致函国立贵阳师范学院。"案准贵院本年十一月二十六日教业字第四七四号公函:"以学生周春根是否改为正式生及赵学钧何时转入教育学院,嘱查明见复"等由。查周春根业已改为正式生,奉教育部三十年五月二十二日第一九九二三号指令核准备案;赵学钧系二十九年转入教育学院,奉教育部二十九年十二月二日第四○二○七号指令准予备查各在案。准函前由,相应复请查照为荷!"①

十二月七日　复函婉拒蒋慰祖校友希望通过何应钦倖进事。

十二月九日　主持大夏大学全体导师会议。

十二月十四日　邀请江苏省政府主席韩德勤到大夏大学做《战时江苏情况》报告。

十二月二十八日　出席大夏大学经济学会茶话会,欢送毕业同学。

---

① 蒲芝权、伍鹏程主编:《贵州师范大学校史资料选集 1 雪涯肇基》,方志出版社,2011 年 10月,第 89 页。

一九四四年（民国三十三年　甲申）　六十岁

一月一日　《大夏周刊》刊登先生《回顾与前瞻——为三十三年元旦纪念而作》一文。预言"一九四三年过去了，它结束了中国一百年来的耻辱，它展开了盟国胜利的序幕，所以这一年是中华民族否去泰来的分水岭，是同盟国家转败为胜的转折点。"①

一月二日　上午，与蒋微祺谈聚康银行业务和仁、永两岸盐务近情，谓："吾辈处人接物，出以至诚，兼以科学方法充实内容，不畏其不成功也。"

下午，探访何辑五疾。见李居平亦至，其谈兴义教育退步，误人子女之极；又谈贵州省党团近史。窦居仁、吴照恩同来访，谈及兴义家中山林树林丧失殆尽，老家败坏不堪，有令人不忍寻思之苦。先生闻后道："余如归乡睹此情况，必更伤心，幸未归也。"

一月三日　赴贵州省党部参加大夏中学恳请游艺会，并向家长略致词。

一月四日　接农民李名山书，表示愿捐大夏大学基金二万元，此为熊震明所介绍。

一月五日　上午，接待杨孝慈来访。杨与先生同年赴日留学，毕业于早稻田大学经济系。多年不见，杨称一直在中央银行工作，现为成都中央银行分行经理，此次请假回毕节省墓。先生认为杨比以前壮硕，若非投刺而入，几不能相识。

一月八日　接待李公复来请示仁岸事。听吴梦白谈中国银行派考查盐务，由自流井绕毕节、大定来筑。

一月十一日　上午，听刘玩泉谈聚康银行事。先生追念昔日建议刘多加入若干股本，可全权处理，不必迁就他人，刘不听，现果感不便矣。

下午，赴仁岸主持聚康公司常务董事会议，决定要紧事务多件，会中以调整人事为最紧要，亦最困难。

---

① 王伯群：《回顾与前瞻——为三十三年元旦纪念而作》，《大夏周报》，第20卷第9期，1944年1月1日。

一月十二日　发一电请假，谓："重庆国民政府文官长勋鉴：支械青奉删前府会，因病不克出席，敬烦代呈请假为荷。王伯群叩。文。"

一月十三日　为金远宁为其友人顾钟全题某小学"钟全堂"三字额，先生当托金为大夏大学募捐。

一月十七日　赴贵阳师范学院参加该校第五届毕业典礼，并做《教育家之风度》讲演。

一月十八日　听李公复来言，永岸欲托先生写信致戴笠要求释放被扣车辆。先生答以刘熙乙等既与黄加持等有交情，当然由黄办为妥，否则惹起诉意，反为不妙。

一月二十日　闻马宗荣病逝，亲往唁吊。

一月二十一日　赴重庆银行吴志高晚宴。

一月二十二日　叶再鸣来谈，因有人密告周元椿囤积居奇、花纱布匹达数千元之钜，故当局非查辩不可。

一月二十三日　作致周元椿、邓汉祥、倪松寿各一械。

一月二十四日　接待张维翰率女秘书来访，先谈别后三月状况；旋看某之印谱，有刻得最佳者，有不堪一顾者，张必须刻一印相赠，却之不可，乃以"学不厌，教不倦，行不惑"三语属刻，逾时方别去。

一月二十五日　招待张元来贺年，并谈盐务近况。

一月二十八日　偕保志宁赴益华银行参加揭幕典礼。

一月三十一日　赴聚康银行访孙蕴奇，谈三事：（一）以盐管局对四岸请求之各项已准，惟数目尚待研究；（二）渝处向邮政储金局所借一百五十万元满期后，由大夏大学续借，孙允办；（三）推荐莫德容在仁岸工作，孙约明日在聚康接谈。

二月二日　招待清华大学校长梅贻琦、吴泽霖来访。

二月四日　往聚康银行召刘熙乙、孙蕴奇详询是否应照张元所言交款。孙表示已设法交若干以塞责，至永岸则与綦、涪两岸取一致行动，若要缴不遂，则应邀之官价收入，只有缓交以抵制之。

二月五日　在宅篆《正气歌》。

二月六日　为南宁大夏中学写榜书"私立南宁大夏中学"。

二月七日　邀请吴泽霖到大夏大学作《征召译员的意义》的演讲。

二月八日　在贵阳招待所宴请梅贻琦、吴泽霖两伉俪。

二月十日　作致王文湘书，附国民政府领款收据。

二月十一日　上午，浏览日报，见太平洋战事有进步，倭寇之败象愈显，可为之慰。天气渐佳，至下午则阳光可爱。

一九四四年（民国三十三年　甲申）　六十岁

387

晚,在贵阳招待所宴徐悲鸿、刘含章、桂百铸等。

二月十二日　赴三民主义青年团支部为中央干部学校招生口试。吴鼎昌、严慎予、欧元怀等已先往,当将与试人员四十余分作三组,与王亚明、张孝骞考试第一组十六人。其中以浙江大学毕业生较为可爱,而三青年团干部多中学生,知识都不够,不过于党义较明了而已。

二月十四日　在聚康银行主持召开常务董事会。

二月十五日　赴仁岸召开理事会,讨论增加资本事宜,成立以王亚明、刘熙乙、伍效高、孙蕴奇等五人的审查会,由伍效高召集。

二月二十日　与伍效高、王亚明、孙蕴奇谈利民公司资本及财务状况。讨论结果为:(一)目前以向国家银行借贷应付为交通、中国银行两家,共达九千万;(二)资本拟增加至一亿元,然须邓若符返筑后,彼时将仁岸已往六个月之账结算一次后再进行;(三)先仅有关系者进行,次则以黔人为限,再次则约及外人,并约下月初同赴渝向中、交总行周旋。

二月二十一日　有黄国华呈贵阳市政府文,拟将私人产业之南面外地十三亩树林若干捐为何应钦森林园,先生觉其不伦不类,未置可否。

二月二十七日　赴城南新村访康时振夫妇。坐中闻傅式说在杭州遇刺身死。先生欣慰曰:"如果属实,亦咎由自取也。为汉奸卖国求荣者又死一个,亦足以寒贼之胆。"

二月　得重庆老友欧阳秋帆书,云"向不作诗,今伯群书篆贴一远寄,聊以志感。"

> 右军家法本天然,铁画银钩古篆研。
> 寄与诗情香草意,笔花开向早梅先。

先生原韵答,聊当晤语:

> 鲍叔知我非偶然,卅载交游道义研。
> 昔年亲故零落尽,数来数去秋帆先。

三月一日　赴聚康银行开常董会,讨论:(一)钱存之不就渝行经理职;(二)派人赴长沙、柳州设支行;(三)在毕节设办事处;(四)增加各处人员津贴。

三月二日　主持大夏大学校友会理事会议,会到者十三四人,决议募集基金足二百万元,决定校友每人至少二十周年校庆献金百元,多多益善。

三月三日　与刘熙乙、伍效高乘车出发,次日抵渝。

三月五日　与邓汉祥同赴仁岸办事处报告近况。

三月六日　偕何应钦伉俪往五十兵工厂避寿,俞大维夫妇等同行。

三月八日　偕邓汉祥参加在渝金融界巨子宴,会场计有黄墨涵、刘航琛、潘昌猷、康心如、吴晋航、卢作孚、胡子昂等十七人。先生乘机略言西南经济与战时关系,并请求支持大夏大学。

三月九日　与王正廷参加交通银行董事会。

三月十日　上午,阅《中央日报》,见国军攻缅倭寇,颇有斩获,为之欣慰。

下午,赴李家花园访张维翰。张赠周哲文秘书所刻图章两枚,一白文"容公周甲后书"字,二"学不厌、教不倦、行不惑"九字。

晚,赴范宅参加范绍增、杨虎、杜月笙、顾嘉棠四伉俪之宴。

三月十一日　往访邓汉祥。邓告近日川中金融界联系情形及刘文辉前次来渝经过。先生以宜仁永岸早有成绩,扩大至滇桂为要。

三月十三日　与张维翰谈川滇黔桂经济合作条件和文化合作办法。张拟赴滇躬自调查,然后决定办法。

三月十四日　访王正廷、钱永铭,谈经济学社社务。

三月十五日　应卢作孚之约,与邓汉祥同往民生公司,在青草坝参观造船机器厂。

三月十六日　赴川康公司刘航琛之宴,谈航业及西南经济合作问题。

三月十七日　以仁岸名义宴黔人旅渝者,致词并报告仁岸接收后情形,伍效高报告业务状况,刘熙乙报告本省经济情形及同人目的。

三月十八日　上午,赴胜利大厦参加同乡会干事会,周仲良、史奎光、郭登敖、宋述樵、张道藩、李厚如在座。

下午,访孔祥熙,与谈财政。孔即以中国将破产为辞,谈到盐政收入,则以去年蒋介石不许加价而亏空不堪,似一筹莫展。先生提及大夏大学情形,孔亦颇有难色。

三月十九日　与何应钦同赴山洞邱内乙、胡仲实内伉俪为何补祝寿诞宴。坐中有宁子村、萧振瀛两伉俪。

三月二十日　以校长名义发布大夏大学《立校二十周年纪念筹募基金征求名家展览义卖的启事》:"今年六月一日为本校立校二十周年纪念,拟举行书画展览会,征求当代名家作品,以为义卖之资,而增基金之量。伏维台端誉望隆崇,久董声于艺苑,作品优越,早耀彩于神州。尚祈不吝挥毫,襄兹盛举,庶几云烟纸落,并价重于连城,雨露及时,其功等于河海。此次展览名家书画,虽以当代为主,然亦不废前贤,并蓄兼收,相得益美。"[1]

三月二十一日　上午,与李藻孙同往中央大学访黄君璧求画,承允诺作画相赠。

晚,赴何键宅参加王东臣、陈希曾、陈午明、何键四夫妇设宴。

三月二十二日　赴范庄参加孔祥熙午宴,坐中有邓龙光稍生疏,余皆熟人。

三月二十三日　赴傅汝霖家午宴,坐中有何应钦、王宠惠、商震、萧振瀛诸伉俪等。

三月二十五日　与刘航琛谈经济界团结方法。刘主张应成立三个组织:(一)各行联合办事处,供给资金之团结;(二)国际贸易组织,专门运输进出口货物;(三)工矿开发组织,专开采工矿货物以出口。(四)三组织之上,再来一团结为总枢。先生甚赞刘之办法。

三月二十六日　赴陕西路卢宅参加杨虎、范绍增、顾嘉棠三人晚宴。

三月二十七日　赴萧振瀛夫妇为商震饯行宴。商将赴美,担任军事代表团团长,坐中有何应钦伉俪、驻美大使魏道明。

三月二十八日　听彭石年来谈贵州企业公司与资源委员会合办临东煤矿事。煤矿需要资金一亿四千万元,此款拟五千万作股本,九千万向国家银行借贷。先生以为头轻脚重,恐四联总处不允,能否改为资本七千万,借款七千万,在数字上较易通过。彭以为然。

三月二十九日　上午,访孙科,当托孙向陈立夫增加大夏大学补助费七十万元。

中午,赴留德同学会参加同乡王吉甫、谢伯元等三十六人聚会。先生在致词中表示,同乡不团结之理,在长于独主奋斗之民性,短于群体生活,以后应发挥群力,与世竞争。

晚,参加何应钦招待唐生智、熊斌、何键、张笃伦、丁次鹤设宴。

四月一日　接邓汉祥送来为大夏大学捐款八张支票共三十万元,刘航琛代募二十万元。

四月三日　与邓汉祥、伍效高、刘熙乙宴请川省金融界,有银行、盐务关系之政界人士四十余人,共破费两万余元。

四月四日　与黄剑灵、刘纪文等启程返筑。

四月六日　代保志宁致函胡蝶,请其主持大夏大学立校二十周年纪念

---

[1]　《本校立校二十周年纪念筹募基金征求名家展览义卖启》,《大夏周报》,第 20 卷第 14 期,1944 年 4 月 10 日。

筹募基金公演。函曰："顷闻大驾将过筑赴渝,深为忭慰。""本年六月一日,为宁母校大夏大学立校二十周年纪念。校方定于本日热烈庆祝,筹募基金,除举办名家书画展览义卖外,并举行戏剧公演。拟乘台端过筑赴渝之便,藉重鼎力,主持大夏大学立校二十周年纪念筹募基金公演。"

四月七日 与孙蕴奇、刘熙乙、伍效高三人谈仁岸、聚康改进办法。

四月十一日 赴聚康银行开常董会,与伍效高、孙蕴奇谈仁岸大夏大学存款投资问题。刘允代交萧济刚的蜀大公司,按月取息大一分,决定先以一百万元办理。

四月十二日 赴民众教育馆参加清党纪念大会及全市党员总检阅并致词训话。

四月十四日 接教育部陈立夫关于迅速编具三十二年度研究报告的令。

四月十五日 清理为大夏大学书画展览所作篆书书目,得三十余件,一一署名盖章。

四月十七日 接待段叔瑜、何纵炎来访,段嘱篆"双槐轩"款。先生托段为撰杨秋帆寿对。

四月二十五日 赴贵阳市党部干训班做讲演,由抗战大局说到救国,必先不许党救党,必先自救引例甚多,尤其贵州目前之危机四伏,促起学员注意。末后,提出黔人性格弱点,属学员等补救。

四月二十六日 出席大夏大学校友总会理、监事联席会议,报告学校经费极端困难,希望全体校友继续募捐,决定发动募集千万基金运动。

四月二十八日 赴贵州省党部参加执委会会议。

四月三十日 上午,接待杨秋帆、戴蕴珊、赖永初。三人欲集资办盐务。先生以非一厢可能情愿,当为电张元局长探有辞永岸者否。又谈怡兴昌银行事,先生以戴早不听建议,致失种种机会,现急起直追或尚有可为之道,再进则无法矣。

五月一日 在大夏大学纪念月会与纪念周做训词。要求全体学生挽回风气,发扬大夏大学刻苦奋斗精神,并将学生应担负千万基金之一部,至少一万元引瑜举例反复说明。

五月二日 出发赴渝为大夏大学筹款。

五月三日 抵何应钦宅。为聂开一题挽词:"翊赞交通,时依臂助。创办民航,端劳部署。惨谈经营,肤功炯着。遽丧英才,凄怆且悚。"

五月五日 上午,出席国民政府革命成立纪念典及授勋典礼。本日参加者约二百余人,蒋介石领导行礼如仪后,一一受领勋章。第一排十六人,先生位列西第一排第八席，授勋简短致词，半小时而散。

中午，赴红岩村宋子文之约，谈航业问题久之。西餐后，又谈结论与集合西南两粤、东南各省人才资金，从事内河航业。

下午，赴大同晤萧振瀛，告以黔中近情。

五月六日 上午，与祝世康、缪秋杰谈经济学社近况。目前基金只余三十九万，加刘熙乙、伍效高、孙蕴奇所捐十万，不过五十万元。建议应再筹募，至少有百万，月可生息六万元方能持久。又谈道社规定，每月集会二次，在第二周及第四周之星期二，故九日为一会期。

下午，赴百龄餐厅为张绣文接子媳贺喜。据庄禹灵云，四岸各送贺仪二万元，由某老盐官示意岸商而送。先生叹曰："国民政府之官要钱之方式，愈出愈奇也。"

晚，会见初由西北归来特来见访的陶馥记陶桂林。

五月七日 赴罗汉寺参加聂开一追悼会。闻聂之死系盲肠炎，庸医先注射止痛，剧致诊断不确延误而死。

下午，赴劳动局参加贵州旅渝同乡会，到者百余人。先生致词谓，黔民族性为独立，创造不求人助，即是互助爱、精诚团结精神在现代为弱点，吾人当速补此缺，否则无力存在于竞争最烈之现代。

五月九日 作致李仲公函，告已来渝近况，约有暇来谋面。

五月十日 晚十一时，忽闻警，敌机六十架由武汉溯江而上，急收拾行李。十二时，敌机则到梁山投弹，到万县扫射，不知其目的何在。

五月十一日 与徐继庄谈航业问题久之至快，秉机谈大夏大学向邮政储金局借款事，当定九十五万元，徐慨诺别去。

五月十二日 右坐骨神经大痛，终夜转辗，坐卧不安。

五月十三日 上午，见王正廷远来造访，忍痛与谈约半小时别去。

五月十四日 上午，与庄禹灵夫妇谈聚康银行改革问题。先生建议刘玩泉任董事长，刘熙乙任总经理，孙蕴奇任协理兼总稽核，蒋徽祺任协理兼筑行经理，业务室另觅人，人事室组织一委员会掌理之。至于聚康银行渝行经理，认为待蒋徽祺态度确定后，自不难觅一健者。庄禹灵转告信托局通过的二千万，系筑非渝。何应钦归，对黔事询邓等甚详。

下午，致陈光甫一函，告上海银行股东会今日因病不能出席主持，请其代表并具委托书一纸送陈。

五月十五日 赴上清寺访缪秋杰，见其狼狈状，谈大局后又及个人，其拟辞职就商，先生表赞成。旋访张绣文、王佩衡，据云大夏大学专修科补助费公文系二月间送财政部会计处，并非滞于盐务总局。先生属王佩衡想有效办法,王引与张绣文谈,结果决定先拨一款,先生索至少八十万元,再三叮嘱日内办妥。

五月十六日 访王正廷,谈经济团体事业等。

五月十七日 上午,接待卢炳衡来访,询其工作,知聚康渝行内容更坏,嘱其以"勤慎"二字处之,静待改革。

下午,与王晓籁谈实业,颇同意于航业,先生嘱共图之。

五月十八日 往中央党部报到,领取证章。

五月十九日 往访许世英后,赴交通银行参加董事会。

五月二十日 上午八时,赴国民政府大礼堂出席国民党五届十二中全会。典礼结束后,召开预备会,通过议事规则,选举主席团,填具欲担任审查组自愿书,先生当填经济、教育两组。

五月二十一日 出席国民党五届十二中全会第一次会议,党务报告质询者多。冯玉祥主持又不善应付,致枉费时间甚多。

五月二十二日 出席国民党五届十二中全会第二次会议,听党务质词和政治报告。

五月二十三日 上午八时,出席国民党五届十二中全会第三次会议,听政治质询、军事报告。政治质询时,戴季陶发言冗长,又不扼要,占去时间三十五分钟之久。李敬斋起而诘之,戴愤,甚有"十六年老院长发言稍久,同志即不能耐,我可不言"之语,众请毕其词而退。先生闻戴因此消极,将辞去一切职务。

下午,参加太平洋谈话会后,赴邓汉祥处,晤刘文辉、刘航琛,谈黔中近况。

五月二十四日 上午八时,出席国民党五届十二中全会第四次会议,何应钦继续报告军事,有二三人质询。嗣宋子文报告外交,王正廷质询,亦颇精彩,惜未能公开答复,以业面答复应付了事。端木恺报告管理物价,亦无人质询,盖因时间已到,大家困疲,不愿问矣。

中午,赴邹鲁午宴。

下午,继续出席国民党五届十二中全会大会第五次会议,听张群、谷正伦、黄绍竑、黄旭初、刘建绪、吴鼎昌、曹浩森、刘文辉等各省主席相继报告。

晚,在白崇禧宅晚宴后,赴国防最高委员会秘书处出席经济组审查会。

五月二十五日 上午八时,继续出席国民党五届十二中全会第六次会议,讨论政治、经济、教育各组提案。

下午,赴大同银行晤萧振瀛,结算存款,利可倍徙,后日再往支取。

晚,在中央党部参加经济组特别审查会。

五月二十六日　上午,出席国民党五届十二中全会第七次会议。会议先通过平抑物价案,讨论大会宣言,举行闭幕典礼。

下午,在川康公司与邓汉祥、刘文辉谈西南大局。刘为现在川中将领之最优者,谈话两小时,颇得要领。

五月二十七日　往访邓汉祥,告以钱永铭主张分头谒蒋介石、孔祥熙之办法。再往晤孔祥熙,谈航业计划,孔原则赞成,嘱先生草拟计划再商。

中午,为给大夏大学筹款,宴请钱永铭、杜月笙、王正廷等,计两席。钱永铭起呈介绍,先生报告大夏大学经济拮据,有不能维持之况,来者均表同情,最后捐得百万元。在渝期间,先生总共为大夏募集基金一百一十万元。

晚,蒋介石于中央党部设宴招待,先生感疲极,未往。

五月二十八日　从渝返筑。

五月三十一日　与伍效高、孙蕴奇谈仁岸、聚康事务,孙颇怀恨。先生当告当以团体事宜委曲求全,以牺牲精神处之方妥。

六月一日　上午,主持大夏大学建校二十周年校庆纪念大会。致辞曰:大夏大学为私立学校,二十年来,经费来源,一部分得之于政府之津贴挹注,一部分得之于社会人士之捐助维持,虽不能与其他国立院校之优薪厚给相比,而所赖以长期奋斗者,为全校员生一本苦教苦干苦学之三苦精神,精诚团结,通力合作,以事业为中心,以信义相结合,百折不挠,贯彻到底,向最后之目标迈进。旷观世界著名之学府如牛津剑桥皆属私立者,其原因亦何莫不出于此。本大学为革命产儿,今天已进入成年人的黄金时代了。此后望我全体师生,更应发挥我们修养有素的立校精神,继续努力,再接再厉,以期在中华民族复兴史上,写下光荣灿烂的一页。伯群致力本校垂二十年,愿与我同人及同学共勉之,并祝大夏大学前途无量。①

六月二日至四日　大夏大学在贵州艺术馆举行书画义卖展览,展出徐悲鸿、任可澄、吕超、桂百铸、梁寒操夫人及先生等名家书画,得义卖金二十余万元。

六月三日　下午,赴聚康公司出席常务董事会,嘱刘熙乙在渝为永岸进行各事,建议聚康在渝买房地应请邓汉祥参加,邓同意即可决定,不必往返渝筑商酌,免失时机,会议均表赞同。

晚,得刘文辉捐大夏大学十万元款。

六月七日　与刘玩泉、孙蕴奇、刘熙乙商谈仁岸、永岸和聚康机构近况。永岸决定今年不分红息,留充股本,由五千四百万增为八千万元,如此即可

---

① 王伯群:《立校二十周年纪念志盛》,《大夏周报》,第20卷第19期,1944年6月25日。

恢复旧日有利状况。聚康决定执行先生之建议，以力行制度建设，蒋徵祺近已到筑行办公，数月之后必有可观。仁岸黔管局有不良之处置，如官收存盐之类，希望先生晤张元时加以疏通。

六月九日　主持大夏大学基金应用委员及书画展览委员会会议，讨论结果基金以经商为妥，推王裕凯、傅汝霖、吴志高三人为常委负责进行，未销完书画缓缓出售。

六月十一日　浏览书报，感到毫无记忆能力，殊觉闷损。

六月十二日　接待贵州最高法院庭长赵惠民老友来访。

六月十七日　接待吴经熊来晤。

六月十九日　接待樊震初来访，谈话间知渝政局动向，孔祥熙已出国，继任财政部长人未定，暂由次长俞鸿钧代部长。先生认为孔祥熙如此仓卒而行，不外两因：一因财政收支相差太大，国内无可弥补之法，非求美国不可，求之美国，以财政部长亲自出马为妥；二因各有对军需差额不肯负担，中央又无办法，财政当局借此下台。若出前者，无大更动，政局之福；如出后者，则因财政部长继任人选问题牵涉各方，政局动荡，不知其于胡底，非政治之福也。

六月二十日　赴贵阳招待所宴樊震初父子、吴经熊、欧元怀五人。

本日　美国副总统华莱士飞抵重庆，对中国进行为期五天访问。华莱士对国民党政权的印象并不好，认为它是"一个由地主、军阀和银行家支持的落后无能的政府"，"广大人民普遍不喜欢国民党政府"。

六月二十五日　与黄宇人谈久之。黄不外贵州党务，责备傅启学不合作，仍系陈家狭隘口吻。先生劝黄以地方利益为重，不可再分派别，授人以柄，以快謷者，恐不免言者谆谆，听者邈邈也。

本日　发布《大夏大学立校二十周年纪念书画展览会鸣谢启事》。"本校此次"六一"校庆，举行书画展览并义卖，承海内名家不吝赐墨，美不胜收"，"此次承诸先生爱护本校，襄成盛举，感激之余，除专函伸谢外，特再露布，希诸先生垂誉为幸！"

六月二十六日　作致何应钦函，请备一介绍函致龙云，以便赴昆明托其捐款。

六月二十八日　赴贵州省党务参加执委会，谈论尚传道、赵连福党籍问题。先生表示，守法如于法不合，则斥之，于法已合，则维护之，而党内派别之争剧烈异常，只好力持公正光明态度，以党国地方之利害为重，不偏于任何方。

七月一日　作篆准备赴滇为大夏大学筹基金赠人之用。作篆逾时，头昏眼花,疲困异常。先生自我励志曰:"衰备渐增,可畏可畏,应力求养身之道,冀稍延年,否则儿辈幼弱无人抚育,劳瘁集于保志宁身,殊可悯也。然则养生之道如何,余以为宜从精神与形质两方注意,精神要活泼,时时有春夏气。凡一切以刺激神经使人不快者,一来则排遣,总不令一日十二时一时六十分有分秒不快意存留,一面以起居有节,饮食有用,以培补之,并常练习八段锦,如能觅得太极拳老师加以研究更妙,'有恒'二字尤为必要。"

七月三日 见孙蕴奇为其乃弟孙昌贤之县党部执委问题再来请托维持,先生答无问题。

七月五日 上午,参加贵州省党部执委会,得悉有数县皆因政方竞选县长,以非法手段夺取压迫。先生提出凡非法选出之代表,应不于承认党部,不能行使职时,宁可停止或撤销之,以免助纣为虐。

下午,杜月笙、钱永铭代募大夏大学基金五万元送到。

本日 闻湖南战事好转,有谓日本人主动撤退,其原因为苏联对日交涉变化云云。先生认为未必如是之速,苏日外交即使恶化,也有相当时期或者因战争损失太大而保全实力。

七月七日 接待刘汉东来访,告其自桂林来,将往芷江去主持飞机修理厂。刘为兴义赴美留学生第一人。

七月八日 赴聚康开常董会,与刘熙乙、伍效高谈仁永两岸问题,知贵州银行非法放款损失甚巨,钱春祺应负责任。

七月十一日 与何辑五谈时局大势。何由某处得消息,言中苏、中美关系有极动听之证明。

七月十二日 再作《正气歌》二幅,准备赠龙云。

七月十三日 与叶再鸣赴乌当视察水利工程。该工程筑坝引水,灌溉农田,增加收入颇多,贵阳省立高中亦在该地,校长胡协中与叶再鸣为同学。校已放假,设备简陋,参观即步行至停车处,疲极而归。

七月十四日 上午,任家宥由中央党部陈果夫作函介绍来黔协助监选,先生当以谈党务及黔中近况至详。

下午,出席贵州省党部会议。因为省执行委员形成两派,双方相持不下,为小问题延时甚多,致大小问题不能解决,殊令先生不快。

七月十五日 任家宥来访,任出示党务法规中关于监选员权责,十八年决议为四项:(一)说明选举手续;(二)纠正错误;(三)注意舞弊;(四)解决纠纷,如有重大问题不能解决者,呈诸中央解决之。任见昨日会议因小问题不能遂决,徒牺牲时间,拟明日起根据前四项原则行使。先生希望任劝告有关同志,勿生极端,免此次选举为之破坏。

七月十六日　赴贵州省党部开会，因主席团问题又起争执。先生以且劝且责态度，令将正式会议作谈话会，再一次协商，如商得办法，则明日开正式会，否则不再过问贵州党务，遂退席而归。

七月十七日　参加省党部执委会，推选主席团人选，傅启学、李居平、周达时皆在被推之列，然傅与李、周双方仍争持不下。

七月十八日　赴贵州党部参加执委会，仍遇一问题，双方不决，决定下午再协商。任家宥提议延期，欲请先生电中央请核。先生表示，尚需慎重，因恐明天彼等有办法可以开，岂不无的放矢乎。拟到明天，如再无开会可能，然后电请延期。先生以为症结之点须陈果夫抑止少数捣乱，即使傅启学派优胜，陈果夫亦当罗致，勿再存狭隘态度，则黔省党务尚有可为，否则因少数捣乱而破裂选举，不特党的威信扫地，陈果夫亦无面目，故希望任以电话劝陈果夫宽大而促成，勿狭隘以破裂。

七月十九日　上午，赴贵州省党部开会，傅启学言与周达时等妥协，各县党部代表已商量，大会决定不延期。

七月二十日　上午，参加国民党贵州省党部第一次省代表大会开幕典礼。以监选员资格主席致开会词。在训词中表示，现在世界大战盟军中，资本主义民主国家、社会主义民主国家及三民主义之中国，吾中国如不能建设合乎现代需要，换言不能建设三民主义之新中国，则第三次之世界大战必不可免，且将以吾国为战场。若三民主义之中国已建设成功，则其他两种主义自不至冲突，有中国居间调处均也。词毕，吴鼎昌发言，词颇简赅。伍家宥、黄宇人均各致简词。

下午，被邀参加吴鼎昌以荣会方式招待全体代表，且座在第一位，又略说话。

本日　闻日本内阁东条英机已辞阁席，军阀势力渐呈崩溃之象，继奉命组阁者二人小矶米内云。

七月二十一日　赴贵州省党部出席候选人资格审查委员会，计有六十余人。何辑五本被推出，旋又自动来函放弃。

晚，被邀参加何辑五在贵阳市府招待全体党部人员设宴。

七月二十二日　与田庆年谈贵州党务。

七月二十三日　阅伍家宥出示《监选秩序》，属明日备用，又谈了许多关于选举方法。

七月二十四日　上午七时半，将伍家宥所留之《监选秩序》一稿加封，送傅启学家，申明因大病请假，监选事由伍家宥代理。

下午，见谢永谦至，告已选举毕，结果周达时居第一，傅启学次之，李居平、郑一平等均在执委,王亚明等均在监委。计傅派只出八人,占总数三分之一强,亦云幸矣。

七月二十五日 听傅启学来言选举结果,说有孤军奋斗成功之态。先生心忧之,因孤军即能奋斗,终恐必失败之,当指示其做法。

七月二十九日 上午,与伍效高、孙蕴奇详谈仁永两岸经营问题。

晚,发致王文湘书,言近况及不能如约赴昆明。

七月三十日 收裱装店人送来装运龙云的四幅《正气歌》。

八月三日 作致陈果夫、黄剑灵函,同呈中央执行委员会代电组织部,报告此次贵州全省代表大会选举结果。

八月四日 与杜惕生、叶再鸣二人谈贵州经济建设事,决定设法派何纵炎、叶再鸣二人出国考察,取得一经济事业首领资格。

八月五日 赴聚康公司开常董会,以一万零五百元交孙蕴奇支付购盐两担之款。

八月六日 得贵阳医学院通知夏元琛病危后,一面通知王裕凯准备救治,一面前往医学院省视。

八月七日 得张维翰、马崇六各来一电,促赴滇游览。该电上月三十发今始到。先生叹曰:"交通要政腐败至于此,可为痛恨,由此可推知今日之一切政治矣。"

本日 湖南衡阳失陷。

八月九日 与卢焘谈及为王文华昭雪事,当请卢将彼时为国家革命之情形录出,先为存作史料,至纪念办法稍缓再办。先生以王文华遗墨示卢,偶然发现在渝欲辞职赴日就医,已有川资两千元,尚差一千元,请先生接济。足证其之廉洁,公私之分明也。

八月十二日 接李厚如电,催速赴昆明。又接中央党部秘书处电,催速报告贵州省党部监选情形。

八月二十三日 罗斯福再电蒋介石,敦促速授史迪威指挥中国军队全权,并要求与中共无条件妥协,共同对付日本。次日蒋以辞去盟军中国战区统帅来答复罗斯福的要求。

八月十四日 闻夏元琛病流血过多,函请中国红十字会军政部卫生人员训练所为夏元琛提供血浆。

八月十八日 阅夏元琛死亡通知书后,当决意十万元厚予丧葬。

八月二十日 致函夏元瑜,通报其哥哥夏元琛逝世及丧事办理情况。

八月二十三日 抱病参加夏元琛追悼会。

八月二十六日 主持大夏大学常务会,讨论校务急件颇多。

八月二十九日　窦觉苍、王裕凯来谈校务，均迎至榻前与谈。

八月三十日　近日，贵阳米价暴涨，闻贵州省府粮政局已提高为每市石四千八百元，如此则大夏大学对教职员仅半代金一项，已达国币三十八万四千元之谱，幸已向粮仓部办通官价购米办法可节省，否则又恐慌万状。

八月　闻张道藩父亲张铭渠去世，专撰一首挽诗。诗云：

> 老寿世所稀，白首同齐眉。
> 七十庆悬弧，比翼今忽离。
> 公志素淡泊，采菊在东篱。
> 优游话桑麻，怡情多寄诗。
> 有子教成才，庭训幼始基。
> 今为党国重，宣政海外驰。
> 桐落凉风起，叹逝吾兴悲。
> 明德既云殂，典范应长垂。

九月中旬　先生胃痛又作，不欲饮食。保志宁忆述[1]：

我极焦虑，先生反告我此疾不久可愈，不要忧愁，但我始终为之担忧，屡次促他赶快觅医诊视，但先生有非常人的毅力。虽自知肠胃有病，但每日仍到校办公，并料理永仁两岸盐销处和聚康银行的事务，参加各种会议。我看了这种情形，非常焦急，即商王裕凯先生，速代觅医诊治视。王先生请了吴执中医生检查，遂先处一方，维持现状，待某名医来筑后，再用 X 光检查确定后，方能根本治疗。以每二小时进食一次，每天可食七次，量不可多，以免胃痛，营养以流质为妥，如牛奶、鸡汁、牛肉汁等，可多食藕粉、牛粥亦可。

医生去后，我即命用人每日照医生吩咐，预备食物。但先生自进吴医生的用之药，觉胃部更不舒适，所以又改主持张孝骞医生诊治，并到湘雅医院检查一切及照 X 光等，尚未得到结果时，而黔边告警，伯群先生即以全副心力与大夏大学教职员商决，组织疏建委员会，以便早日疏散全体员生。

---

[1]　汤涛编著：《人生事总堪伤——海上名媛保志宁回忆录》，上海书店出版社，2018 年 1 月，第 147 页。

九月十四日 日军攻克广西桂东门户全州，打开了进攻桂林、柳州的大门。桂柳会战开始。十月十一日柳州失陷。

十月十四日 接张伯篪教授函，汇报副教授韩善甫资格审查事。函曰："顷经本系系务会议决议"，"呈请钧座赐准转呈教育部，请为讲师韩善甫作升等审查，不胜感祷！"

本日 蒋介石提出"一寸河山一寸血，十万青年十万军"，发动知识青年从军。

十月二十五日 接教育部从优抚恤夏元瑮院长的代电。电文曰："夏院长元瑮病逝"，"除已由本部另电致唁并汇赙仪一万元外，关于抚恤一项，应由该校参照学校教职员抚恤条例之规定，酌量给予抚恤金。"

十一月二十三日 上午，致电教育部长朱家骅，请求拨付国币九百万元疏散费。

十一月二十五日 主持大夏大学第四十九次校务会议，通报电邮教育部发给疏建费九百万元、迁校地址之选择及应顾及各方情形之经过。议决组织成立疏散委员会，校长为主任委员。

十一月二十七日 主持大夏大学疏散委员会第一次委员会议。会议分配具体职务，讨论详细疏散办法。

本日 第三次致函教育部长朱家骅惠予拨给疏建费。

本日 函请赤水县长何干群协助代觅校舍。

十一月二十八日 主持大夏大学疏散委员会第二次委员会议。讨论通过本会议所拟之简则及办法、交通工具如何接洽案、疏费经费应如何筹措等事项。

十一月二十九日 派遣王裕凯前往赤水县接洽校址校舍事宜。

十一月三十日 主持大夏大学疏散委员会第三次委员会议。报告所悉战讯概况、今后本会应行办理诸事宜。

十一月底 闻前方消息，独山失守，贵阳奉令疏散，先生日显焦灼。

十二月一日 函请贵州省民政厅派警护卫，确保大夏大学师生疏散安全。

十二月二日 接待到贵阳督战的何应钦，得知抗战前线情状。告以军事吃紧，倘敌人再前进，我方即炸毁川黔交界处之铁索桥，川黔交通，即行中断，"当嘱王校长即日赴渝。"[①]

---

① 王裕凯：《学府纪闻：抗战中的大夏大学》，载陈明章编：《私立大夏大学》，南京出版社，1982年2月，第30页。

本日 何应钦拟定黔南作战总方针："确保黔边，屏障陪都，相机击破敌人"，同时动员贵州省政府迁毕节。

本日 大夏大学第一批图书仪器、教职员偕眷属、图书仪器撤离贵阳，赴赤水新校址。

十二月四日 主持大夏大学疏散委员会第五次委员会议，报告今后应行亟办诸事宜。

本日 第四次致函教育部长朱家骅，惠准拨给疏建费并赐交王裕凯。

十二月五日 致函湘桂黔边区总司令部，恳请惠赐护照以便疏散车辆通行。

本日 函请国民党中央后勤部长俞飞鹏拨给疏散车辆。

十二月六日 致函给贵州公路局，请拨给由贵阳开往鸭溪的粮车一辆，车费自当照奉。

十二月七日 率妻儿、王文华遗族、岳母等乘车赴渝。妻子保志宁深恐先生长途旅行引发胃痛或将加剧，焦虑之至。但先生一再安慰，说到渝后，其妹王文湘必觅名医代为医治，勿担心。

十二月八日 先生一行抵渝后，宿何应钦宅。王文湘安排保志宁、岳母、孩辈住山洞老鹰岩军政部招待所。

本日 函请鸭溪、茅台两地仁岸盐业公司经理给予疏散车辆。

十二月九日 函请陆军通信兵学校中将教育长童元亮，训饬官员保护学校公务及注意公共清洁。

十二月十二日 胃肠病复发，出血病危。王文湘嘱保志宁前来照应。[1]

十二月十三日 晨，由保志宁护送到陆军医院治疗。先生在病重念念不忘大夏大学迁移情形和进展。

本日 闻大夏大学终接教育部电文，告知"前据电请拨发疏建费已为转呈行政院补助，俟奉核示，再行令知。"[2] 得此回复，在病中的先生稍感欣慰。欧元怀忆述道："除由教育部公费办法外，学校自筹财源并向各界人士请求协助……我们的精神也得到了极大的安慰。"[3]

---

① 汤涛编著：《人生事总堪伤——海上名媛保志宁回忆录》，上海书店出版社，2018 年 1 月，第 149 页。

② 《疏散委员会第六次委员会议》，《战时疏散校户、迁移校址、战后复校复课等的会议记录及往来文书》，第 22—23 页，华东师范大学档案馆藏，档号 81—2—13。

③ 欧元怀：《大夏大学的西迁与复员》，《中华教育界》，1947 年 12 月 15 日，复刊第 1 卷第 12 期。

十二月十四日　在病榻闻何应钦汇送医药之资,跟保志宁道:"敬之一生清苦,我绝不能受其资助。"①

十二月十五日　抱病函请社会部部长谷正纲训饬对大夏大学住校难胞严加管理。

十二月十九日　受先生之托,大夏大学召开疏散委员会第七次委员会议。孙亢曾报告疏散情形、王校长抵渝后因病入医院事宜。

十二月二十日　上午六时二十分,先生因十二指肠出血过多医治无效,于重庆陆军医院与世长辞,享年六十岁。

本日　先生留有遗嘱,云:

> 余追随先总理奔走革命,于兹三十余年,才力绵薄,愧少建树。正思振奋精神,努力补救,今竟一病不起,事与愿违。此后切望吾党同志,在总裁领导下一心一意,共同努力,争取胜利,以完成抗战大业。吾大夏大学校友,服务国家,尤须力行公诚二字,以发扬大夏大学之精神。余虽不及亲见国家复兴世界和平,但知革命成功之有日,此心亦无憾矣。

①　刘绍唐主编:《民国人物小传第十册》,生活・读书・新知三联书店,2015 年 8 月,第 42 页。

故后荣哀

十二月二十一日　蒋介石前来吊祭。同时发来唁电并送挽词："勋留党国"。唁电谓："伯群同志许身党国，驰驱革命，历着勋勤，比年供职中枢，疚心教育，作育青年，更历艰难，久而靡倦。近由筑来渝，遽以笃疾谢世，闻噩耗良深悼惜。惟望善体先型节哀承志为盼！特电致唁。"[1]

本日　《中央日报》刊登《王伯群昨逝世》新闻，谓[2]：

[中央社讯]中央委员王伯群以胃溃疡疾，二十日上午六时二十五分逝于江北陆军医院，享年六十岁。王氏历年服务中枢，卓著勋劳，致体力日衰，时患胃病湿痹。此次因公来渝，突患十二指肠出血，经其家属送往陆军医院治疗，但因心脏衰弱多方救治，均属无效。氏贵州兴义人，早年东渡，毕业于日本中央大学。归国后，曾任约法会议员，嗣服务桑梓，任黔中道尹、贵州省长等职。护法之役，与其弟电轮先生率师出黔，于役广州，颇为总理所倚重。北伐后当选为第三届中央候补执委，第四届、第五届中央执委。民国十七年至二十年，曾任交通部长。民国二十一年，被选任国府委员，蝉联至今。

自民国十七年起，即任大夏大学校长职务，晚年尤专心致力于校务，临终前夕，尚有遗嘱，勉励同志完成抗建大业。兹志于后："余追随先总理奔走革命，于兹三十余年，才力绵薄，愧少建树。正思振奋精神，努力补救，今竟一病不起，事与愿违，此后切望吾党同志，在总裁领导下一心一意，共同努力，争取胜利，以完成抗战大业。吾大夏大学校友，服务国家，尤须力行公诚二字，以发扬大夏大学之精神，余虽不及亲见国家复兴世界和平，但知革命成功之有日，此心亦无憾矣。

---

[1]　保志宁述：《王伯群先生荣哀录》，1945年1月。
[2]　《王伯群昨逝世》，《中央日报》，1944年12月21日，第2版。

十二月二十二日　何应钦、王文湘挽联：

革命作先驱共在国家桃李满门泽不朽
积劳悲永诀情深手足音容回首泪难干

十二月二十九日　上午，在重庆大樑子长安寺公举行公祭。蒋介石特派文官长魏怀谨以清酌香花之仪，致祭于先生之灵，曰[1]：

呜呼！
回飚翳暑，严霰凝泉。惊传噩耗，遽乎勋贤。
紧维先生，灵钟黔筑。异秉瑰琦，高才卓越。
壮游瀛海，目击新潮。归趋正谊，同气聊镛。
洪宪诪张，邦基机陧。义帜高扬，响应滇粤。
风声既播，恶焰旋催。出膺省政，治绩咸推。
获法西南，中更多故。风雨危舟，惊涛共渡。
朔南统一，奠都金陵。中枢翊赞，气象淳兴。
爰掌交通，究心建设。硕画良筹，规摹恢绰。
东倭构祸，抗战军兴。廑情国难，愤慨弥襟。
抗建并行，盟邦赞助。方启曙光，共循坦路。
如何不吊，丧我国祯。景沉濛氾，志辍经纶。
百年树人，平生雅志。教泽留贻，梓乡永式。
追思勋绩，感念难忘。英灵来格，敬荐馨香。
尚飨。

十二月三十日　先生安葬在重庆江北猫耳石久安公墓。

一九四五年

一月二十五日　国民政府为王伯群发表褒扬令："国民政府委员王伯群，性行端谨，学识闳通。自讨袁护法诸役，无不奔走策勋，克勷大业。首都奠定，入掌交通，规划设施务臻完善，厥后翊赞枢府，献替尤多。比岁殚心教育，为国储才，学府西迁，备极劳瘁，国难未已，倚畀实深。遽闻溘逝，曷胜轸悼。应予明令褒扬，生平事迹，存备宣付国史馆，以彰忠荩，此令。"

---

① 保志宁述：《王伯群先生荣哀录》，1945 年 1 月。

征引文献

1. 馆藏档案文献

中国第二历史档案馆、上海市档案馆、上海图书馆、贵州省档案馆、贵阳市档案馆、黔西南州档案馆、兴义市档案馆、重庆市档案馆、清华大学档案馆、上海交通大学档案馆、西南交通大学图书馆、华东师范大学档案馆、贵州大学档案馆、贵州师范大学档案馆等馆藏档案。

2. 相关史志

政协兴义市委员会文史资料委员会编:《兴义文史资料第 1 辑》,1963 年;

政协黔西南州委员会文史资料委员会编:《黔西南州文史资料选辑第 2 辑》,1983 年10 月;

涂月僧主编:《兴义刘、王、何三大家族》,中国文史出版社,1990 年 8 月;

政协兴义市委员会文史资料委员会编:《兴义历史风云人物:兴义文史资料第 8辑》,2000 年 12 月;

政协黔西南州委员会文史资料委员会编:《贵州省黔西南州文史资料第 14 辑〈盘江历史风云人物〉》,2002 年 1 月;

游学生监督处编:《馆报》,国家图书馆出版社,2009 年;

王甫尤、王必盛主编:《兴义一中史话》,社会科学文献出版社,2014 年 10 月;

政协贵州大方县委员会文史资料研究委员会编:《大方文史资料选辑第 4 辑》,1988年 5 月;

政协贵州大方县委员会文史资料研究委员会编:《大方文史资料选辑第 5 辑》,1989年 10 月;

遵义县金融志编纂领导小组编:《遵义县志丛书之九遵义县金融志》,1992 年 10 月;

鲍吉锐主编:《贵州省黔西南州文史资料第 16 辑〈刘氏庄园〉》,2004 年 3 月;

平刚著:《贵州革命先烈事略》,贵阳 1936 年印行;

章德华主编:《〈姚华评介〉贵阳文史资料选辑第 18 辑》,1986 年 6 月;

政协贵阳市南明区委员会文史资料委员会编:《〈文史荟萃〉南明文史资料选第 20辑》,2002 年 9 月;

贵阳市志办《金筑丛书》编辑室编:《民国贵阳经济》,贵州教育出版社,1993 年;

卢惠龙:《贵州六百年经济史》,贵州人民出版社,1998 年;

何仁仲总编:《贵州通史(第 4 卷):民国时期的贵州》,当代中国出版社,2003 年;

《贵州省政府公报》,第 16、第 17、第 18 期合刊;

《贵州省政府工作报告》,1938 年 9 月;

《盐改实录·贵州区分志》,1944 年 6 月;

贵州省盐务管理局编:《盐政实录贵州区分志》,1944 年;

贵州省地方志编纂委员会编:《贵州省志·教育志》,贵州人民出版社,1990 年 2 月;

贵州省地方志编委会编:《贵州省志·商业志》,贵州人民出版社,1990 年;

贵州省地方志编辑委员会编:《贵州省志·财政志》,贵州人民出版社,1993 年;

四川南充盐业志编纂委员会编:《南充盐业志·概述》,四川人民出版社,1991 年;

四川自贡市盐务管理局编:《自贡市盐业志》,四川人民出版社,1995 年;

田秋野、周维亮著:《中华盐业史》,台湾商务印书馆,1997 年;

吴慧,李明明著:《中国盐法史》,台湾文津出版社,1997 年;

丁长清、唐仁粤编:《中国盐业史·近代、当代编》,人民出版社,1997 年;

南开大学经济研究所经济史研究室编:《中国近代盐务史资料选辑(第 1 辑)》,南开大学出版社,1985 年;

南开大学经济研究所经济史研究室编:《中国近代盐务史资料选辑》(第 2—4 辑),南开大学出版社,1991 年;

《护国军纪事第二期》,上海中华新报馆,1916 年;

中国科学院近代史研究所编辑:《一九一九年南北议和资料》,中华书局,1962 年;

中国社会科学院近代史研究所《近代史资料》编译室主编:《一九一九年南北议和资料》,知识产权出版社,2013 年 1 月;

谢本书等著:《护国运动史》,贵州人民出版社,1984 年 4 月;

李希泌、曾业英、徐辉琪编:《护国运动资料选编》,中华书局,1984 年;

中国第二历史档案馆等编:《护国运动》,江苏古籍出版社,1988 年;

中国第二历史档案馆编:《善后会议》,档案出版社,1985 年;

马洪林、郭绪印编:《中国近现代史大事记》,知识出版社,1982 年;

来新夏主编:《北洋军阀》,上海人民出版社,1993 年 4 月;

钱实甫编著:《北洋政府职官年表》,华东师范大学出版社,1991 年;

上海社会科学院历史研究所编:《五卅运动史料》第一卷,上海人民出版社,1981 年;

陶菊隐著:《北洋军阀统治时期史话》,生活·读书·新知三联书店,1983 年;

钱实甫著:《北洋政府时期的政治制度》,中华书局,1984 年;

章伯锋、李宗一主编:《北洋军阀 1912—1928》,武汉出版社,1990 年;

江长仁编:《三一八惨案资料汇编》,北京出版社,1985 年;

《中华民国国民政府公报第二期》,国民政府秘书处,1927(9);

郭廷以编著:《中华民国史事日志》第 1 至 3 册,台湾中央研究院近代史研究所,1979、1984 年;

中国第二历史档案馆编:《中华民国史档案资料汇编》第 1—2 辑,江苏古籍出版社,

1991 年；

中国第二历史档案馆编：《中华民国史档案资料汇编》第 3 辑，江苏古籍出版社，1991 年；

李松林主编：《中国国民党史大辞典》，安徽人民出版社，1993 年 8 月；

中国第二历史档案馆编：《国民党政府政治制度档案史料选编》，安徽教育出版社，1994 年；

李新总编，韩信夫、姜克夫主编：《中华民国大事记》第 1—3 册，中国文史出版社，1996 年；

张宪文、方庆秋、黄美真主编：《中华民国史大辞典》，江苏古籍出版社，2001 年；

王敏著：《民国国会简史》，中国民主法制出版社，2015 年 5 月；

《私立大夏大学一览》，1931 年；

《交通大学校史》撰写组编：《交通大学校史资料选编第二卷》，西安交通大学出版社，1986 年 5 月；

惠世如主编：《抗战时期内迁西南的高等院校》，贵州民族出版社，1988 年；

政协上海市委员会文史资料工作委员会编：《解放前上海的学校》，上海人民出版社，1988 年；

吴淞商船专科学校同学会编：《吴淞商船专科学校校史》，1996 年 7 月；

娄岙菲主编：《大夏大学编年事辑》，华东师范大学出版社，2014 年 5 月；

汤涛主编：《王伯群与大夏大学》，上海人民出版社，2015 年 8 月；

汤涛主编：《欧元怀校长与大夏大学》，上海人民出版社，2017 年 9 月；

汤涛、汪洪林主编：《大夏大学与赤水》，上海人民出版社，2018 年 8 月；

赵健、汤涛主编：《大夏大学光华大学附属中学史料选辑》，上海三联书店，2018 年 10 月；

汤涛主编：《马君武校长与大夏大学》，上海书店出版社，2020 年 8 月。

3. 人物日记、文集、年谱和传记

王伯群撰：《王伯群日记》(1908—1944)，未刊稿；

Edward D. Wang: Patriots and Warlords: Brothers' Journey Towards Republican China, Qilin Publishing Evanston, 2014.7；

毛思诚编：《民国十五年以前之蒋介石先生》，南京 1937 年版；

《蒋介石日记》(手稿本)，美国斯坦福大学胡佛研究所档案馆；

中国第二历史档案馆编：《蒋介石年谱初稿》，中国档案出版社，1992 年；

张秀章编著：《蒋介石日记揭秘》，团结出版社，2010 年 7 月；

罗家伦主编：《国父批牍墨迹》，正中书局，1955 年；

广东省哲学社会科学研究所历史研究室等编：《孙中山年谱》，中华书局，1980 年；

中国国民党中央党史委员会编：《国父全集》第 2 册，中央文物供应社，民国 69 年 8 月；

中国社会科学院近代史研究所等编：《孙中山全集》，中华书局，1981—1986 年；

中山大学历史系孙中山研究室等编：《孙中山全集》第 4 卷，中华书局，1985 年 10 月；

陈锡祺主编：《孙中山年谱长编》，中华书局，1991 年；

林家有、张磊主编：《孙中山评传》，广东人民出版社，2014 年 2 月；

章炳麟撰：《太炎先生自定年谱》，龙门书店，1965 年 11 月；

丁文江撰：《梁任公年谱长编》，台湾世界书局，1972 年再版；

董方奎编著：《梁启超与护国战争》，重庆出版社，1986 年；

韦宏孔著：《布衣将军卢焘》，广西民族出版社，2009 年 4 月；

费敬仲著：《段祺瑞》，台湾《近代中国史料丛刊》正编第 90 辑；

刘振岚、张树勇著：《傀儡总统黎元洪》，河南人民出版社，1990 年；

吴廷燮编：《合肥执政年谱初稿》，民国二十七年铅印本，收入来新夏主编《北洋军阀》（五），上海人民出版社，1993 年；

谢本书著：《袁世凯与北洋军阀》，上海人民出版社，1984 年；

侯宜杰著：《袁世凯全传》，当代中国出版社，1994 年；

陶菊隐著：《筹安会"六君子"传》，中华书局，1981 年；

邓宗岳著：《护国护法的功臣王文华》，《贵州文史丛刊》2002 年第一期；

谢本书著：《唐继尧评传》，河南教育出版社，1985 年 2 月；

熊宗仁著：《何应钦传》，贵州人民出版社，1991 年 7 月；

熊宗仁著：《何应钦全传》（上下），团结出版社，2016 年 1 月；

蔡端编：《蔡锷集》，文史资料出版社，1982 年；

毛注青等编：《蔡锷集》，湖南人民出版社，1983 年；

丁贤俊、喻作风编：《伍廷芳集》，中华书局，1993 年；

尚明轩等编：《宋庆龄年谱》，中国社会科学出版社，1986 年；

蒋永敬编著：《胡汉民先生年谱》，中国国民党中央委员会党史委员会，1978 年；

周天度著：《蔡元培传》，人民出版社，1984 年；

安徽省政协文史资料委员会等编：《许世英》，中国文史出版社，1989 年；

段云章、倪俊明编：《陈炯明集》，中山大学出版社，1998 年；

湖南省社会科学院编：《黄兴集》，中华书局，1981 年；

简叔乾、徐健师撰：《谭祖安先生年谱》，中国国民党中央委员会党史委员会，1979 年；

李茂盛著：《孔祥熙传》，中国广播电视出版社，1992 年 2 月；

赵荣达著：《孔祥熙述评》，山西高校联合出版社，1992 年 12 月；

吴景平、郭岱君著：《宋子文与他的时代》，复旦大学出版社，2008 年 3 月；

吴景平主编：《宋子文生平与资料文献研究》，复旦大学出版社，2010 年 5 月；

吴景平著：《宋子文政治生涯编年》，福建人民出版社，1998 年 10 月；

胡汉民、李烈钧、柏文蔚著：《党人三督传》，上海书店出版社，2000 年；

沈云龙编著：《黄膺白先生年谱长编》，台湾联经出版事业公司，1976 年；

许汉三编：《黄炎培年谱》，文史资料出版社，1985 年；

政协广西自治区委文史资料委员会编：《李宗仁回忆录》，1980 年；

山西省政协文史资料委员会编著：《阎锡山统治山西史实》，山西人民出版社，1981 年；

释印顺编著：《太虚法师年谱》，宗教文化出版社，1995 年；

复旦大学等《鲁迅年谱》编写组：《鲁迅年谱》，安徽人民出版社，1979 年；

公孙訇编著：《冯国璋年谱》，河北人民出版社，1989 年；

杨跃进著：《蒋介石的终身幕僚：张群》，团结出版社，2007 年 11 月；

陈铭枢著：《陈铭枢回忆录》，中国文史出版社，2012 年 6 月；

蒋作宾著，北京师范大学、上海市档案馆编：《蒋作宾日记》，江苏古籍出版社，1990 年 10 月；

沈潜著：《顾维钧》，河北教育出版社，2002 年 1 月；

高俊著：《穆藕初评传》，上海人民出版社，2007 年 12 月；

蔡惠霖等主编：《百万国民党军起义投诚纪实：续集下》，中国文史出版社，1999 年 6 月；

凌立坤、凌匡东著：《陈济棠传》，花城出版社，1998 年 1 月；

居正著：《居正日记书信未刊稿》，广西师范大学出版社，2004 年 9 月；

完颜绍元著：《王正廷传》，河北人民出版社，1999 年 12 月；

褚民谊著、建设编辑部编《褚民谊先生最近言论集》，建设出版部，1939 年；

汪先生撰：《曾仲鸣先生行状》，香港南华日报社，1939 年 6 月；

帅文清著：《民国第一谋士何成濬》，湖北人民出版社，2014 年 4 月；

白吉庵著：《章士钊传》，作家出版社，2004 年 9 月；

章金萍著：《民国银行家李铭金融思想研究》，中国金融出版社，2015 年 10 月；

彭迪先主编：《刘文辉史话》，四川大学出版社，1990 年 5 月；

周开庆编著：《刘湘先生年谱》，四川文献研究社，1975 年；

童世璋著：《忠荩垂型：谷正伦传》，近代中国出版社，1986 年 4 月；

萱野长知著：《中华民国革命秘笈》影印原件，东京昭和 15 年；

林建曾、肖先治等编著：《贵州著名历史人物传》，贵州人民出版社，2001 年 10 月；

史继忠、黄小川编著：《贵阳名人》，贵阳教育出版社，1990 年；

恒社旅台同人编：《近代中国史料丛刊编辑 260：杜月笙先生纪念集》，文海出版社，1976 年 2 月；

政协河北省委员会文史资料研究委员会编：《河北文史资料第 23 辑〈商震将军〉》，河北人民出版社，1987 年 11 月；

《萧振瀛先生纪念文集》编辑委员会编：《萧振瀛先生纪念文集》，世界书局，1990 年 9 月；

湖南政协省文史资料研究委员会，政协东安县委员会编：《唐生智先生诞辰一百周年纪念专辑 1889—1989》，1989 年；

李涵等著:《缪秋杰与民国盐务》,中国科学技术出版社,1990 年 10 月;

毛知砺著:《张嘉璈与中国银行的经营与发展》,国史馆,1996 年;

赵培中主编:《吴泽霖执教 60 周年暨 90 寿辰纪念文集》,湖北科学技术出版社,1988 年 9 月;

陈江、陈达文编著:《谢六逸年谱》,商务印书馆,2009 年 8 月;

陈旭麓著:《陈旭麓文集》第二卷,华东师范大学出版社,1996 年 12 月;

叶方明主编:《周素园文集》,贵州人民出版社,1994 年 7 月;

保志宁述:《王伯群先生荣哀录》,1945 年 1 月;

《龙达夫》、刘国铭主编:《中国国民党百年人物全书上》,团结出版社,2005 年 12 月;

李仲公撰:《我所知道的何应钦》,政协全国委员会等编《护国讨袁亲历记》,文史资料出版社,1985 年 12 月;

政协贵阳市白云区委员会、文教卫生与文史学习委员会编:《白云文史资料专集贵阳李氏昆仲诗稿:李仲公诗存 李侠公诗选》总第 21 集,2013 年 1 月;

李祖明编著:《黔军史略:贵州文史资料专辑》,贵州人民出版社,2011 年 9 月;

徐宏慧撰:《孙中山与王文华》,何长凤、顾大全主编《孙中山与贵州民主革命》,贵州人民出版社,1987 年 9 月;

蒋仲民撰:《杨秋帆》,政协榕江文史资料研究委员会编《榕江文史资料第 4 辑人物专辑》,1989 年 12 月;

杨虎、王俯民编著:《民国军人志》,中国广播电视出版社,1992 年 10 月;

《走出贵州的港商帅灿章》,陈金萍,王亚平主编,贵阳市政协文史和学习委员会编《贵阳历史人物丛书科技经济卷》,贵州人民出版社,2004 年 9 月;

《钱春祺》,刘国铭主编《中国国民党百年人物全书下》,团结出版社,2005 年 12 月;

刘达禹撰:《河南省代省主席刘燧昌》,政协黔西南州委员会文史资料委员会编《贵州省黔西南州文史资料 第 14 辑 盘江历史风云人物》,2002 年 1 月;

钱定权撰:《张志韩先生生平》,政协贵州省委员会文史资料委员会编《文史资料存稿选编 第 3 卷》,贵州人民出版社,2006 年 3 月;

《杜惕生》,政协黔东南州委员会编《黔东南人物(1912—1949)》,云南民族出版社,2011 年 12 月;

《何辑五》,陈予欢编著《黄埔军校将帅录》,广州出版社,1998 年 9 月;

《钱新之》,熊月之主编《上海名人名事名物大观》,上海人民出版社,2005 年 1 月;

田琳撰:《宋述樵先生传略》,政协贵州省委员会文史资料委员会编《乡思·友谊·故园情:台港澳及海外文史资料专辑》,贵州人民出版社,1992 年 11 月;

《双清》,林建曾等编著《贵州著名历史人物传》,贵州人民出版社,2001 年 10 月;

任可知、胡大尧撰:《刘熙乙与贵州经济》,政协贵阳市南明区委员会文史资料委员会编《〈文史荟萃〉南明文史资料选第 20 辑》,2002 年 9 月;

郑海涛撰:《姚华年谱》,伏俊琏,徐正英主编《古代文学特色文献研究第一辑》,2016 年;

《王漱芳》,中国社会科学院台湾研究所编《中国国民党全书(上)》,陕西人民出版社,2001年4月;

王志萍撰:《一代富商戴蕴珊》,政协黔东南州委员会编《黔东南人物(1912—1949)》,云南民族出版社,2011年12月;

朱纪华主编:《上海市档案馆藏中国近现代名人墨迹》,上海书画出版社,2014年8月;

邓汉祥撰:《我所知道的段祺瑞》,中国文史出版社,2008年1月;

汤涛编:《王伯群文集》,上海书店出版社,2018年1月;

汤涛编著:《人生事 总堪伤——海上名媛保志宁回忆录》,上海书店出版社,2018年1月;

汤涛著:《乱世清流:王伯群及其时代》,上海书店出版社,2021年6月;

汤涛撰著:《王伯群教育生涯编年》,上海三联书店,2021年9月。

4. 主要著作

张肖梅著:《贵州经济》,中国国民经济研究所,1939年;

张绣文著:《三十年来之盐政》,财政部盐务总局,1943年;

中国史学会主编:《辛亥革命》,上海人民出版社,1956年;

李建昌著:《官僚资本与盐业》,生活·读书·新知三联书店,1963年;

朱宗震、杨光辉编:《民初政争与二次革命》,上海人民出版社,1983年;

熊宗仁著:《五四运动在贵州》,贵州人民出版社,1986年6月;

陈锋著:《清代盐政与盐税》,中州古籍出版社,1988年;

抗日战争时期国民政府财政经济战略措施研究课题组:《抗日战争时期国民政府财政经济战略措施研究》,西南财经大学出版社,1988年;

董建中、张守宪编:《中国现代史研究文集》,天则出版社,1989年5月;

朱宗震著:《民国初年政坛风云》,河南人民出版社,1990年;

陈然编:《中国盐史论著目录索引》,中国社会科学出版社,1990年;

李涵等著:《缪秋杰与民国盐政》,中国科学技术出版社,1990年;

宋良曦、钟长永著:《川盐史论》,四川人民出版社,1990年;

谢本书主编:《西南十军阀》,上海人民出版社,1993年;

贾熟村著:《北洋军阀时期的交通系》,河南人民出版社,1993年;

刘光顺主编:《唐继尧研究集》,云南民族出版社,1996年;

吴景平主编:《上海金融业与国民政府关系研究1927—1937》,上海财经大学出版社,2002年3月;

何长凤编著:《贵阳文通书局1909—1952》,贵州教育出版社,2002年10月;

莫子刚著:《贵州企业公司研究1939—1949》,贵州人民出版社,2005年;

肖良武著:《云贵区域市场研究(1889—1945)》,中国时代经济出版社,2007年;

程晓蘋等编:《复旦大夏联合大学西迁史料选》,复旦大学出版社,2008年;

张远恒著:《热血共和》,湖南人民出版社,2011年5月;

姚钟伍、吴大华、熊宗仁主编：《民族复兴的起点：贵州省纪念辛亥革命100周年学术研讨会论文集》，光明日报出版社，2012年6月；

李浩著：《国民政府主黔时期贵州盐政研究1935—1949》，中国经济出版社，2012年9月；

梁中美著：《晚清民国时期贵州留学生与贵州近代化》，西南交通大学出版社，2014年10月。

5. 主要报刊

《大共和日报》、《民立报》、云南《振华日报》、云南《滇声报》、《贵州公报》、《贵州商报》、《申报》、天津《益世报》、天津《大公报》、长沙《大公报》、《新闻报》、《临时政府公报》、上海《民国日报》、广州《民国日报》、《广东群报》、《民报》、《铎报》、北京《政府公报》、《军政府公报》、《中央党务月刊》、《中国国民党本部通讯》、《中央半月刊》、《世界日报》、《国货评论刊》、《日本研究（上海）》、《扬子江水道整理委员会月刊》、《自求》杂志、《浙江省建设月刊》、《航空杂志》、《交通丛报》、《交通杂志》、《兴槎周刊》、《建国月刊》、《军事杂志（南京）》、《生活》周刊、《时事新报》、《晶报》、《大夏周刊》、《大夏大学一览》、《大夏年刊》、《大夏年鉴》、《大夏大学季刊》、《交大学生》、《教育研究通讯》、《大夏月刊》、《大夏半月刊》、《大夏大学教育学会会刊》、大夏《社会季刊》、《新大夏》、大夏《天南》、大夏《章贡》、《大夏贵州同学会季刊》、《大夏民族复兴促进会会刊》大夏《改造》、《飞报》、《立报》、《东方杂志》、《革命日报》、《时代精神》、《经济论衡》、《中华教育界》、《教育杂志》、《文汇报》等。

6. 主要论文

刘妍慧：《民初盐政改革与政局》，华中师范大学硕士学位论文，2007年；

张文武：《北洋时期西南军阀袁祖铭北京遇刺案》，《中国档案》，2008年第1期；

潘荣阳：《抗日战争时期福建盐业经济管理研究》，福建师范大学博士学位论文，2009年；

刘文生、唐春芳：《滇黔两省在讨袁护国战争中的表现》，《黑龙江史志》，2015年第13期；

韩戍：《抗战时期的部校之争与政学关系——以私立大夏大学改国立风波为中心的研究》，《近代史研究》，2016年第1期；

汤涛：《被遮蔽的王伯群》，《中华读书报》，2016年2月3日；

汤涛：《"大夏先生"王伯群》，《贵州文史丛刊》，2019年第2期；

汤涛：《王伯群两次资助王若飞》，《档案春秋》，2019年第8期；

汤涛：《"笃念师长实足为今世楷范"——王伯群资助业师姚华〈弗堂类稿〉出版前后》，《文汇报》，2019年11月9日；

汤涛：《乱世潜流：王伯群眼中的民国官场》，《世纪》，2020年第1期；

汤涛：《从东京到兴义——王伯群〈云崇山人自记——震章戊申年小史〉述略》，《贵州文史丛刊》，2020年第3期；

汤涛：《王伯群的励志五记》，《档案春秋》，2020年第5期；

汤涛:《王伯群组织大夏大学西迁赤水活动述略》,《兴义民族师范学院学报》,2020年第6期;

汤涛:《何应钦与大夏大学》,《文史天地》,2020年第7期;

汤涛:《王伯群与杜月笙间的公谊私交》,《世纪》,2020年第6期;

汤涛:《共克时艰:王伯群与蒋百里的一次合作》,《文史天地》,2020年第2期;

汤涛:《王伯群与"永年烟土"案钩沉》,《档案春秋》,2020年第11期;

汤涛:《王伯群与卢作孚:为了信仰中的现代中国》,《中华读书报》,2021年2月7日;

汤涛:《王伯群与李烈钧的交往》,《文史天地》,2021年第7期;

汤涛:《锦瑟惊弦:王伯群与汪精卫关系新探》,《历史教学问题》,2022年第2期。

人名索引①

---

① 按拼音次序排列。

跋

《王伯群年谱》自收集资料到编撰完稿,数度寒暑,前后达十载。

王伯群生于晚清,在其六十年的生涯岁月中,无论是时代还是他个人的经历,都极其跌宕、传奇和斑斓。他从孩提以迄花甲,历经洋务运动、甲午战争、戊戌变法、辛亥革命、洪宪帝制、护国战争、护法战争、南北和议、五四运动、国共合作、国民革命军北伐、国民政府定都南京、九一八事变、淞沪抗战、七七事变、淞沪会战、太平洋战争、桂西会战、黔南事变等国内外重大事变。凡此乱世潜流及社会变迁,对于王伯群莫不产生影响。综其一生活动与事功,当以护国、护法,以及在交通和教育等方面,贡献至巨。

本年谱的出版,得到华东师大党委原书记童世骏教授,原校长、校档案工作委员会主任俞立中教授、陈群教授;现校党委书记梅兵教授,校长、校档案工作委员会主任钱旭红院士的心怀和支持。得到历届分管校领导范军、汪荣明、戴立益、孙真荣、雷启立等教授的鼓励和鞭策,在此特致感谢!

本年谱史料,得到中国第二历史档案馆、上海市档案馆、贵州省档案馆、清华大学档案馆、上海交通大学档案馆、西南交通大学图书馆、贵州大学档案馆、贵州师范大学档案馆和华东师范大学档案馆等单位的慷慨襄助,允值佩谢!

本年谱在编撰过程中,始终得到王伯群长子王德辅先生的支持,他远从美国为我提供其父母王伯群、保志宁,祖母刘显屏、叔叔王文华、堂叔王文彦,以及姑父何应钦夫妇等人物的笔记、日记、书信和照片等珍藏资料,以供参用,特此感谢。著名书画家、舒同之子舒安先生特为本书题签,谨致无限谢意!

本年谱编撰得到华东师大档案馆和校史党史办公室同仁的支持。国家社科基金后期资助项目组成员马湘临、俞玮琦、符玲玲贡献良多。得到金富军、欧七斤、彭晓亮、杨永琪、喻世红、周永兴等同仁的帮助。本书能够出版,得益于上海三联书店以及资深编辑钱震华先生的辛勤付出,在此一并致谢!

最后,我要感谢我的父母,以及马湘临博士和上海纽约大学汤君逸同学,他们在繁忙的工作和学习之余,经常对我如禅宗般打坐的工作状态不仅没有怨言,还总是不吝溢美之词,鼓舞我心无旁骛且怀抱信心坚持完成这项漫长而艰巨的工作。

《王伯群年谱》是继《乱世清流——王伯群及其时代》《王伯群教育生涯编年》《王伯群文集》《海上名媛保志宁回忆录》《王伯群与大夏大学》《尊前谈笑——王伯群及其友朋》之后,我研究王伯群的又一部作品,这七部著作是我近十年学术研究的重要成果。王伯群作为近现代史上的一位独特人物,特别值得关注,在进一步发掘档案史料的基础上,我将继续为读者奉献新的关于王伯群的研究成果。

本年谱虽竭尽全力广罗档案文献,但限于种种条件之故,以致阙如,实为憾事。同时加之笔者智识不逮,当有疏漏之处,敬请读者诸君指教!

汤　涛

癸卯冬于海上吴兴路青云书斋

跋

图书在版编目（CIP）数据

王伯群年谱 / 汤涛著.
—上海：上海三联书店，2024.

ISBN 978 - 7 - 5426 - 8357 - 1

Ⅰ.①王…　Ⅱ.①汤…　Ⅲ.①王伯群—年谱　Ⅳ.
①K825.46

中国国家版本馆 CIP 数据核字（2024）第 019562 号

王伯群年谱

著　　者　汤　涛

责任编辑　钱震华
装帧设计　陈益平

出版发行　上海三联书店
　　　　　中国上海市威海路 755 号
印　　刷　上海晨熙印刷有限公司

版　　次　2024 年 2 月第 1 版
印　　次　2024 年 2 月第 1 次印刷
开　　本　700×1000　1 / 16
字　　数　510 千字
印　　张　28.75
书　　号　ISBN 978 - 7 - 5426 - 8357 - 1 / K・761
定　　价　98.00 元